租税法と数理

関本大樹 著

成文堂

はじめに

　本論文集は，筆者がこれまでに作成してきた租税法関連の公刊・未公刊の論文を収集・整理したものである。これらの論文の多くは，筆者が行政官として国税不服審判所や税務大学校において勤務した時期に作成したものであり，そのテーマも専ら筆者の実務家としての視点による興味や問題意識を反映したものとなっている。

　筆者のこれまでの主要な研究領域を大雑把に振り返ってみると，まず，ストック・オプションやスワップ取引の課税上の取扱いについて金融工学的観点からの検討を行うものを嚆矢として，その関連からスワップ取引やFX取引などの金融取引の課税上の取扱いに関する分析的な検討を行ったのち，最近では金融工学に限らず，広く租税法分野への数理学的アプローチを目指すものに至っている。本論文集では，この流れに沿って，各論文を整理して配置することとした。

　ところで，金融工学的知見の一般化により，経済社会において金融工学を基礎としたオプション取引やスワップ取引などのデリバティブ取引が広範かつ大量に行われるようになってきている。それらのうち，オプション取引は，現代金融工学の先駆けとなったブラック＝ショールズ式に代表されるオプション理論に基づくものであり，評価対象となる資産の不確実である将来的な価格変動を具体的なオプション・プレミアムとして評価することを目的としたものであった。また，スワップ取引も，二つの変動するキャッシュ・フローを将来的に等価交換することを目的として，それらの等価性を評価するための金融工学的手法によって理論的な裏打ちがなされている。したがって，租税法においても，このような予測に基づく金融商品取引について，当該予測と現実の経済状況の推移とのギャップについてどのように取り扱うべきかが課題となり，法人税法においては，いわゆる実現主義ないし権利確定主義による安定的な損益の認識基準を放棄して，金融商品取引については，時価

主義による認識基準（期末時価評価制度）が導入されるに至っている。ただし，所得税法では，実現主義の例外として一定の農産物に対して，いわゆる収穫基準が採用されているものの，金融商品取引については，時価主義に基づく認識基準の導入には未だ至っておらず，今後の課題といえよう。

さらに，金融工学上の基礎的な知見として，オプション取引にはプット・コール・パリティと呼ばれる性質があり，オプション取引を組み合わせることにより，対象資産（原資産）を取引することと等価な経済的効果を得ることが可能であることが知られており，また，スワップ取引についても，通常は契約当事者間で反復して交換される各キャッシュ・フローを同時期にではなく，一方の当事者が一括して受け取ることにより，消費貸借契約と等価な経済的効果を得ることが可能であることもよく知られている。したがって，金融工学的な手法を用いると金融商品取引に係る従来型の課税要件の充足を回避して，経済的に等価な取引が行えることとなり，これらの想定される等価な取引についても，租税公平主義に基づいて合理的に課税していくことが租税法の今後の大きな課題となるものと考えられる。

一方，パソコンの高性能化やインターネット等の情報インフラの整備などICT技術の高度化やいわゆるユビキタス化が一段と進み，金融商品取引やその他の経済活動においても，従来型ではない，新たな形態の取引が行われるようになってきている。そして，それに伴い，これまでの経験則では課税処分の妥当性を判断しにくい事例も発生してきている。また，マイナンバー制度等の導入により，課税分野においても，いわゆるビッグデータの活用の可能性が今後更に高まる可能性もあろう。このような社会・経済環境の変化に伴い，租税法の一定の分野においても数理学的なアプローチが今後更に有効になるものと思われる。

以上述べたような問題意識から読者が今後検討する際に，金融工学的手法を含め，本論文集に収集した各論文で採用している租税法分野における数理学的アプローチ方法が何らかの参考となれば幸いである。

以下，本論文集に収集した主な論文について，その内容等を簡単に紹介し

ておきたい。

　まず，第1章「税務への金融工学的アプローチ」の第1節「ストック・オプションの付与時評価とその際の譲渡制限の取扱いについて」は，ストック・オプションに係る最高裁判決（最高裁判所第三小法廷平成17年1月25日判決）を素材として，オプション取引などデリバティブ取引に関連する税務上の取扱いについて検討する上で必須である金融工学面の知識について調査研究したものであり，特に，譲渡制限があることがストック・オプションの価値に与える影響について調査研究した結果を取りまとめたものである。なお，金融工学面の知識を課税実務に携わる実務家になるべく平易に紹介するため，オプション取引に係る基礎的な理論から分かりやすく解説するように心掛けたものである。

　そして，同章の第2節「米国におけるストック・オプションを濫用した租税回避的行為の規制について」は，上記論文の補論として，米国における非適格ストック・オプションの課税の現状について非適格ストック・オプションを濫用した租税回避的行為への対処方法の面から紹介するとともに，我が国におけるストック・オプション関連税制の見直しの必要性について論じたものである。

　つぎに，同章の第3節「トータル・リターン・スワップの課税上の取扱いについて—期末時価評価は万能か？」は，金融商品取引に係る先進国である米国における税制に注目して調査研究していく過程で，スワップ取引に係る内国歳入規則の改正案が提案されていることを把握したが，その内容が前述のスワップ取引に係る問題点を踏まえたものであり，我が国における期末時価評価制度においても今後検討する必要があるのではないかという問題意識から，主に当該改正案を素材として調査研究した結果を取りまとめたものである。

　なお，上記論文で紹介する改正案においては，不確定な支払額のあるスワップ取引について「確定スワップ方式」という複雑な損益計算方法が提案されているが，その背景を理解するための一助として，同章の第4節「米国にお

けるデリバティブ取引を用いた節税策に対する規制の概要」を参考資料として簡単に取りまとめておいた。

また，第2章「金融商品課税面の幾つかの論点」の第1節「米国における金利スワップ取引の税務上の時価評価に関する論点について―企業会計と税務会計との調整上の留意点」は，米国において金利スワップ取引の期末時価評価に係る歴史的な裁判であり，当時いまだ係争中であった「JPMorgan Chase事件」を素材として，金利スワップ取引の期末時価評価に係る信用リスク及び未発生の事務管理費用の取扱いについて米国における論点を紹介したものである。

そして，同章の第2節「スワップ取引における自己側信用リスクの課税上の取扱い（試論）―JPMorgan Chase事件訴訟の終結を踏まえて」は，上記訴訟の終結を受けてその確定判決の内容を紹介するとともに，併せて，スワップ取引の期末時価評価においてその取扱いが難しい自己側信用リスクの評価方法に係る課税上の取扱いについて問題提起を行ったものである。

さらに，同章の第3節「FX取引における損益の確定時期について―FX取引のFXスワップ取引内包性」は，所得税法上のFX取引の損益計上時期が争点となった審査請求事案を素材として，特定の金融商品を複数の要素取引に分解して課税上の取扱いの妥当性を検討する手法であるバイファケーション（bifurcation）の考え方を用いて，これまでの課税実務上の取扱いが一貫性に乏しいものであると考えられる点について問題提起を行ったものである。

そして，第3章「租税法分野への数理学的アプローチの有効性」の第1節「倍半基準による推計課税の数理学的構造に関する一考察―より妥当性の高い推計課税方法をめざして」は，租税法分野における数理学的アプローチの可能性を具体的に示す一例として，推計課税事案において類似同業者の選定基準として用いられ，課税訴訟上も尊重されてきた，いわゆる「倍半基準」について，これまで余り検討されてこなかった，どのような指標に基づく倍半基準がより合理的なのかについて，回帰分析などで用いられる最小2乗法に基づく評価方法を提案するとともに，それらを含め推計課税方法の妥当性

ないし合理性の更なる追究が今後必要であることを指摘した論文である。

　最後に，同章の第2節「『馬券裁判』の数理―所得税法上の所得区分の判定に数理学的検討が有効と考えられる事例」は，勝馬投票の払戻金に係る所得区分が争点となった，いわゆる「馬券裁判」において，第一審判決（大阪地判平成25年5月23日）で認定されながら，所得の性質よりもむしろ結果的な営利性を重視する高裁判決（大阪高判平成26年5月9日）では採用されなかった本件馬券購入行為の所得源泉性について，一定の馬券購入方法においては，所得源泉性が認められることを具体例に基づき確率論を用いて論証しようとするものであり，租税法分野における数理学的アプローチの可能性を更に示す例として作成したものである。

　なお，第4章に筆者が国税不服審判所勤務時代に作成した裁決事案に係る幾つかの小論文についても，参考まで収集・整理しておくこととした。

　おって，公刊済の論文及び第4章の小論文については，参照したURLの更新及び必要最小限の補正を除き原則として公刊時又は作成時の内容のまま収録したため，それらの中で参照している法令や参考資料は，必ずしも本論文集の発行の時点におけるアップツーデートなものではないので，あらかじめお断りしておきたい。

目　　次

はじめに

第1章　税務への金融工学的アプローチ ……………………………1
第1節　ストック・オプションの付与時評価とその際の譲渡制限の取扱いについて……………………………………………1
1．はじめに（1）
2．最高裁判決における譲渡制限の意義（6）
3．ストック・オプションの経済的価値（11）
　(1) オプション取引（11）　(2) ストック・オプションの譲渡制限の性格（11）
　(3) ストック・オプションの評価方法（12）
4．企業会計におけるストック・オプションの経済的価値の認定方法（13）
　(1) 公開草案第3号（13）　(2) ストック・オプションの経済的価値（15）
　(3) 新FAS第123号（22）
5．米国におけるストック・オプションの譲渡制限管見（24）
　(1) 譲渡制限のないストック・オプションを用いたタックス・シェルター（24）　(2) ゴールデン・パラシュート関連税制におけるストック・オプションの評価（25）
6．ストック・オプションの譲渡制限について（29）
　(1) Valrex®モデル（29）　(2) プット・オプション想定モデル（31）　(3) ストック・オプションの譲渡制限に係る今後の検討の方向性（33）　(4) ストック・オプションの評価の難しさ（33）
7．おわりに（36）

第2節　米国におけるストック・オプションを濫用した租税回避的行為の規制について……………………41
概要（41）
1．背景（42）
2．本件指定取引の仕組み（44）

3．本件指定取引の目論見 (*45*)
4．IRS の対処方針 (*46*)
5．検討 (*47*)

第**3**節 トータル・リターン・スワップの課税上の取扱いについて
　　　　──期末時価評価は万能か？──……………………*51*

1．はじめに (*51*)
2．我が国における TRS の税法上の取扱いの概要 (*53*)
3．米国における TRS の税法上の取扱いの概要 (*54*)
　(1) 想定元本取引 (*54*)　(2) 租税回避的な NPC への対応策 (*55*)　(3) 契約当事者等に係る指標の不適用 (*56*)
4．TRS の法人税法上の位置付け (*57*)
5．TRS のみなし決済金額の取扱い (*59*)
　(1) みなし決済金額の算出が可能な場合 (*59*)　(2) みなし決済金額の算出が困難な場合 (*59*)
6．一括支払型スワップ取引に係る課税上の問題点 (*61*)
　(1) 割引現在価値法によるスワップ取引の評価方法 (*62*)　(2) 不確定な一括支払額の評価上の課題 (*81*)
7．おわりに (*100*)

第**4**節 米国におけるデリバティブ取引を用いた
　　　　節税策に対する規制の概要……………………*107*

概要 (*107*)
1．確定債券方式 (*108*)
　(1) 規定の概要 (*108*)　(2) タックス・シェルター対策 (*109*)
2．変換取引 (*111*)
　(1) 規定の概要 (*111*)　(2) タックス・シェルター対策 (*112*)
3．相殺関係にあるポジションに起因するみなし売却 (*112*)
　(1) 規定の概要 (*112*)　(2) タックス・シェルター対策 (*113*)
4．みなし所有権取引 (*114*)
　(1) 規定の概要 (*114*)　(2) タックス・シェルター対策 (*115*)
5．検討 (*116*)

目 次　ix

第2章　金融商品課税面の幾つかの論点 ……………………… 117
第1節　米国における金利スワップ取引の税務上の時価評価に関する論点について――企業会計と税務会計との調整上の留意点―― …………………………………………… 117

概要（117）
1．米国における金利スワップ取引の期末時価評価に関する訴訟の概要（119）
　(1) 事件の背景と経緯（119）　(2) 租税裁判所2003年5月2日判決（121）
　(3) 第7巡回控訴審裁判所2006年8月9日判決（124）
2．金融商品の評価に関する企業会計上の取扱い（125）
　(1) 金利スワップ取引の特徴（125）　(2) 公正価値と公正市場価値の違い（127）　(3) 金利スワップ取引の一般的な評価方法（128）　(4) 調整中値方式における調整項目の概要（133）　(5) 調整中値方式の妥当性と問題点（136）
3．時価評価関連の課税上の考え方（138）
　(1) 金利スワップ取引に係る時価会計制度（138）　(2) 企業会計と税務会計との関係（138）　(3) 企業会計と税務会計の相違の具体例（140）　(4) 中値が相当であるとする課税当局の根拠（141）　(5) Book-Taxの指摘する問題点（143）
4．許容規則の提案（144）
　(1) 背景（144）　(2) 許容規則案の概要（146）　(3) 許容規則案に対する批判（147）　(4) 許容規則の必須要件（149）　(5) 許容規則において許容されるべき調整（152）
5．おわりに（153）

第2節　スワップ取引における自己側信用リスクの課税上の取扱い（試論）――JPMorgan Chase事件訴訟の終結を踏まえて――
……………………………………………………………… 161

1．はじめに（161）
2．再控訴審判決のポイント（162）
　(1) 調整中値方式による期末時価評価の許容（162）　(2) 課税当局による管理運営費用に係る調整額の認容の背景（162）　(3) 課税当局による管理運営費用に係る調整額の当初否認の理由（164）　(4) 租税裁判所が費用等調整額の控除を認めた理由（166）

3．JPMorgan Chase 事件の残した課題（*168*）
　　4．我が国における信用リスク評価の会計制度上の取扱い（*170*）
　　　⑴　デリバティブ評価の基本的な考え方（*170*）　⑵　信用リスクの調整方法（*171*）　⑶　信用リスクの調整方法のバリエーションとその現在価値評価への影響度合い（*175*）　⑷　自己側信用リスクの各調整方法の課税への影響度合い（*181*）　⑸　検討（*185*）
　　5．おわりに（*187*）

（**資料**）JPMorgan Chase 事件再控訴審判決［仮訳］……………*201*
　　Ⅰ　背景（*202*）
　　Ⅱ　審議（*206*）
　　Ⅲ　結論（*211*）

第**3**節　FX 取引に係る損益の確定時期について——FX 取引の
　　　　　 FX スワップ取引内包性——……………………………………*212*
　　1．はじめに（*212*）
　　2．FX 取引に係るこれまでの個人課税上の取扱い（*213*）
　　　⑴　値洗いの有無による分類（*213*）　⑵　裁判例・裁決例における値洗いの取扱い（*215*）
　　3．米国における FX 取引に係る課税上の取扱い（*217*）
　　4．商品先物取引との比較（*220*）
　　　⑴　商品先物取引における値洗いの取扱い（*220*）　⑵　商品先物取引と FX 取引との相違点（*221*）
　　5．FX 取引のバイファケーションによる検討（*222*）
　　　⑴　FX 取引のバイファケーション例（*222*）　⑵　検討（*227*）
　　6．まとめ（*228*）

第**3**章　租税法分野への数理学的アプローチの有効性……*231*
第**1**節　倍半基準による推計課税の数理学的構造に関する一考
　　　　　 察——より妥当性の高い推計課税方法をめざして——…*231*
　　1．はじめに（*231*）
　　2．同業者比率法の仕組み（*233*）
　　　⑴　売上金額を推計基準額とする場合（直接法）（*233*）　⑵　売上原価を推計基準額とする場合（間接法）（*233*）
　　3．同業者比率法の事例研究（*234*）

(1) 同業者調査票（235）　(2) 間接法と一括法による推計所得金額の相違（235）　(3) 売上金額の推計額の計算方法による違い（239）　(4) 本件における平均酒類等仕入率と平均仕入売上倍率による推計の優劣（241）　(5) 一般の場合の平均酒類等仕入率と平均仕入売上倍率による推計の優劣（242）　(6) 間接法と一括法における推計所得金額の相違の理由（244）　(7) 本件における間接法と一括法による推計方法の優劣（246）　(8) 一般の場合の間接法と一括法による推計方法の優劣（251）　(9) 検討（252）
　4．おわりに（253）
第2節　「馬券裁判」の数理——所得税法上の所得区分の判定に数理学的検討が有効と考えられる事例—— ……………………254
　1．はじめに（254）
　2．本節における数理学的アプローチの概要（256）
　　(1) 所得源泉性（256）　(2) 馬券購入行為に係る所得蓋然性（258）　(3) 本節における分析方法の概要（259）
　3．競馬データに基づいた所得蓋然性の分析結果（260）
　　(1) 本分析の基礎的な前提（260）　(2) 単勝式馬券における得票率と勝率との関係（260）　(3) 個別競馬データに基づく分析（261）　(4) 単勝式個別競馬データに基づく分析（263）　(5) 馬単式個別競馬データに基づく分析（266）　(6) 三連単式個別競馬データに基づく分析（269）
　4．まとめ（272）
　　(1) 質的変容命題の検討（272）　(2) 馬券の払戻金に係る今後の取扱い（273）　(3) 一時所得課税の見直しの必要性（276）

第4章　裁決事例等に係る小論文 ……………………285
第1節　簡易課税制度における事業認定について ……………………285
　1．事案の概要（285）
　2．裁決（285）
　　(1) 裁決のポイント（285）　(2) 裁決の要旨（285）
　3．解説　286
　　(1) 簡易課税制度の変遷（286）　(2) みなし仕入率の認定に係る裁決等（287）　(3) 事業区分の分かりにくさ（287）　(4) 労働者派遣か業務請負か（289）　(5) 本件における請負契約の性格（289）　(6) 審判所の判断（290）　(7) 派遣側のメリットと発注側のメリット（291）　(8) 今後の展望（291）

第2節 セールス・アンド・リースバック取引に係る今後の課題について……………294
 1．事案の概要（294）
 2．裁決（294）
  (1) 裁決のポイント（294） (2) 裁決の要旨（294）
 3．検討（295）
  (1) SLB取引の法人税法上の取扱規定（295） (2) 本件における当てはめ（297） (3) 訴訟における取扱い（303） (4) まとめ（309）

第3節 所得税法施行令第94条《事業所得の収入金額とされる保険金等》第1項第2号の射程について ……………313
 1．事件の概要（313）
 2．裁決（313）
  (1) 裁決のポイント（313） (2) 裁決の要旨（313）
 3．検討（314）
  (1) 課税実務上の取扱い（314） (2) 本件裁決と課税実務上の取扱いとの整合性とその差異（316） (3) 本件返還不要保証金の性格（317） (4) 付随収入としての取扱い（321） (5) 違約罰的な違約損害金が設定されている場合の取扱い（324）

第4節 生命保険年金二重課税──分かりやすく，説得力のある，納得できる裁決を目指して──……………326
 1．事案の概要（326）
 2．裁決のポイント（326）
 3．裁決の要旨（327）
 4．解説（328）
  (1) 本節における検討内容（328） (2) 本件裁決の論理構造上の問題点（329） (3) 請求人の疑問に対する回答状況（330） (4) 納得できる裁決を目指して（330）

おわりに

初出一覧

第1章
- 第1節　ストック・オプションの付与時評価とその際の譲渡制限の取扱いについて，
  税大ジャーナル，第3号，81頁（2005.12）
- 第3節　トータル・リターン・スワップの課税上の取扱いについて
  ―期末時価評価は万能か？―，
  税大ジャーナル，第4号，59頁（2006.11）

第2章
- 第1節　米国における金利スワップ取引の税務上の時価評価に関する論点について　―企業会計と税務会計との調整上の留意点―，
  税大ジャーナル，第6号，40頁（2007.11）
- 第2節　スワップ取引における自己側信用リスクの課税上の取扱い（試論）―JPMorgan Chase 事件訴訟の終結を踏まえて―，
  税大ジャーナル，第11号，71頁（2009.6）
- 第3節　FX 取引に係る損益の確定時期について
  ―FX 取引の FX スワップ取引内包性―，
  税大ジャーナル，第17号，45頁（2011.10）

第3章
- 第1節　倍半基準による推計課税の数理学的構造に関する一考察
  ―より妥当性の高い推計課税方法をめざして―
  税大ジャーナル，第22号，107頁（2013.11）

第1章　税務への金融工学的アプローチ

第1節　ストック・オプションの付与時評価とその際の譲渡制限の取扱いについて

1．はじめに

　ストック・オプションについては，最高裁判決（最高裁判所第三小法廷平成16年（行ヒ）第141号平成17年1月25日判決[1]）において，いわゆるストック・オプション制度に基づき米国親会社から譲渡制限付で付与されたストック・オプションの権利行使益が所得税法上，権利行使された年分の給与所得に当たることが判示された。この判決によって，下級審で争点となったストック・オプションの付与時における所得認定については，ストック・オプションに譲渡制限があることから，当該ストック・オプションの権利付与時ではなく権利行使時点で権利行使益を給与所得として認定すべきとする最高裁の判断が示されたことになる。これは，ある資産について継続的に発生するキャピタル・ゲイン又はキャピタル・ロスを当該資産の譲渡の時点で累積的に課税するのと同様に，譲渡制限があるストック・オプションについては，その経済的価値が確定する権利行使時において課税所得が実現したと取り扱うことが相当であるという主旨であるものと考えられ，また，我が国の商法に基づくストック・オプションに係る所得税法施行令第84条《株式等を取得する権利の価額》の規定とも整合的である。

---

[1]　安井和彦「ストックオプション事件についての最高裁判所の判決」国税速報第5684号（平成17年）9頁。

一方，視点を変えて，当該ストック・オプションを付与した企業側からみれば，我が国においても平成13年11月の商法改正により新株予約権制度[2]が導入されたことにより，新株予約権のストック・オプションとしての利用[3]が活発化しており，当該ストック・オプションの付与自体が給与支給の代替的効果を有する，いわゆる「インセンティブ報酬」として認識されるようになってきている[4]。

　また，ストック・オプション制度の活用の一般化に伴い，企業会計の分野においては，ストック・オプションの付与自体の経済的価値について，平成16年（2004年）12月28日には企業会計基準委員会から企業会計基準公開草案第3号「ストック・オプション等に関する会計基準（案）」（以下，「公開草案第3号」という。）が公表されている。これによれば，ストック・オプションに係

---

[2] 我が国では，平成13年の商法改正前は，ストック・オプションの譲渡は，認められていなかったが，改正後は，譲渡可能となった。ただし，取締役会の承認を譲渡の条件とすることもできる。（商法第280条ノ33）

[3] 商法第280条ノ21は，株主以外の者に対する特に有利な条件による新株予約権の発行について，その発行価格等を株主総会の特別決議の対象としているが，ストック・オプションも取締役等に対する無償による新株予約権の発行であることから当該規制の対象となる（秋坂朝則『商法改正の変遷とその要点』（一橋出版, 2005）168頁参照）。この規定は，新株予約権が一般的には有償で発行される権利であることを前提としているものと考えられる。

[4] 例えば，ストック・オプションについて東京証券取引所のホームページ（http://www.tse.or.jp/glossary/gloss_s/su_stockop.html（平成27年2月12日現在））には，次のような解説が掲載されている：

　　会社役員や従業員等があらかじめ定めた価格で自社株式を購入できる権利をいいます。株価が行使価格を上回れば，その差額がそのまま報酬となるため，ストックオプション制度は，会社役員等に対する業績連動型のインセンティブ報酬として，利用されています。

　　日本においては，自己株式の取得が原則禁止されていたことなどから，ストックオプション制度の導入は困難であったため，旧新株引受権付社債の新株引受権部分を取締役の報酬として支給するという試み（ストックオプション型新株引受権付社債）等が行われましたが，平成9年の商法改正により，ストックオプションのための自己株式取得及びその保有が最長10年まで認められ，同時に，自己株式方式とワラント方式という2つの方式のストックオプションが導入されました。

　　その後，平成13年臨時国会における商法改正により，新株予約権制度が創設され，付与の対象や期限の限定なくワラント方式によるストックオプションを発行することが可能となりました。

る権利付与の費用は，付与日における当該ストック・オプションの「公正な評価額」に基づいて算定し，付与日から権利確定日[5]までの期間に合理的に配分することとされ，この公正な評価額を求めるための「公正な評価単価」は，第一義的には，市場において形成されている取引価格であるが，市場価格が観察できない場合には，例えば，ブラック・ショールズ・モデルや二項モデルなどの，いわゆる「株式オプション価格算定モデル」等のオプション評価技法を利用して見積もることとされている。

なお，上記公開草案は，平成16年2月に国際会計基準審議会（IASB）から国際財務報告基準書第2号「株式報酬」[6]が公表され，また，米国においても，財務会計基準委員会（FASB）から平成6年（1995年）10月に公表された米国財務会計基準書（FAS）第123号「株式報酬会計」[7]の改訂版「株式報酬」[8]（以下，「新FAS第123号」という。）が平成16年12月16日に公表されるなどの国際的な動向をも踏まえたものである。

おって，米国内国歳入法上は，一般的に特定の時点におけるストック・オプション等の「本源的価値[9]」を基礎として税務上の損金とされるため，ストック・オプション等の公正な評価額と本源的価値との差額（いわゆる「時間的価値[10]」）がある場合には，税効果会計（FAS第109号[11]）の対象となる[12]。また，

---

[5] 公開草案第3号によれば，「ストック・オプション」とは，自社株式オプションのうち，特に企業がその従業員等に，報酬として付与するものをいい，その権利の確定について勤務条件や業績条件などの権利確定条件が付されているものが多い（同草案第2項(3)参照）。そして，「権利確定日」とは，そのような権利確定条件が成就した日をいい，権利確定日が明らかではない場合には，ストック・オプションを付与された従業員等がその権利を行使できる期間（権利行使期間）の開始日の前日が権利確定日とみなされる（同項(8)参照）。

[6] IASB. (2004). International Financial Reporting Standard 2 "Share-based Payment".

[7] FASB. (1995). FAS No. 123 "Accounting for Stock-Based Compensation".

[8] FASB. (2004). FAS No. 123 (revised 2004) "Share-Based Payment".

[9] ストック・オプションの本源的価値（intrinsic value）とは，評価時点におけるストック・オプションの原資産である自社株式の評価額と行使価格との差額をいう。詳細，本文4の(2)のロ参照。

[10] ストック・オプションの時間的価値（time value）の詳細については，本文4の(2)のロ参照。

[11] FASB. (1992). FAS No. 109 "Accounting for Income Taxes".

サービスの対価として資産を取得した場合には，当該資産に係る権利が譲渡可能になるか，あるいは，当該権利を喪失する恐れがなくなる（以下，「権利確定時」という。）か，いずれか早い時点で収入とすべきとされている[13]ことから，原則としてストック・オプションの権利確定時に「公正市場価額（fair market value）」により課税されるが，市場で取引されないストック・オプションについては，ほとんどの場合，公正市場価額を有しないものとして権利行使時に課税が行われる[14]。

　以上に概観したようにストック・オプションに係る我が国の会計制度や税制は，いわば発展途上にあるものと考えられ，今後更にストック・オプションの経済的価値を評価する社会環境・会計制度等が整い，ストック・オプションが更に認知されるにつれ，例えば，IT化の進展等に伴い無形固定資産として資産計上が行われるようになったソフトウェアなどと同様に，その評価方法や資産性が社会的に受け入れられるようになる可能性は高いものと考えられる。

　そこで，本節においては，ストック・オプションに係る課税上の取扱いを今後更に検討する上で重要であると考えられるストック・オプションの譲渡制限について，ストック・オプションの付与時における経済的評価に対する譲渡制限の影響度の観点から検討することとした。なお，その検討の手順としては，まず，譲渡制限のあるストック・オプションに対する企業会計面における取扱いについて公開草案第3号及び新FAS第123号に基づき概観することとする。そして，つぎにストック・オプション先進国である米国にお

---

12) FASB・前掲注8, op. cit., para. 58.
13) 26 USC Sec. 83 "Property transferred in connection with performance of services", Subsec. (a) "General rule".
　　（注）同条及び関連規則については，渡辺徹也「ストック・オプションに関する課税上の諸問題―非適格ストック・オプションを中心に」税法学550号（日本税法学会, 2003）67頁以下が詳しい。
14) 後掲注70参照。なお，我が国の租税特別措置法第29条の2《特定の取締役等が受ける新株予約権等の行使による株式の取得に係る経済的利益の非課税等》の規定と同様に一定の条件を満たす場合には，権利行使により取得した株式を譲渡する時まで課税を繰り延べる規定がある（cf. 26 USC Sec. 422 "Incentive stock options"）。

けるストック・オプションの譲渡制限に関連する内国歳入法上の規定等について管見したのち，我が国における今後のストック・オプションに係る譲渡制限を税務上どのように取り扱うべきか，その方向性について検討した。

その結果，①新FAS第123号においては，ストック・オプションの譲渡制限については，単に付与時のストック・オプションの「期待存続期間[15]」の短縮要因として捕らえられていること，②譲渡制限のネガティブな効果について特殊なオプション取引（put-on-callオプション[16]）によるヘッジを仮定して譲渡制限のあるストック・オプションを評価する手法（Valrex®モデル[17]）が開発されていることなどを踏まえると，ストック・オプションの譲渡制限は，単にストック・オプションの経済的価値を評価するための一要素であると考えることができる。特に，上記②が仮定するような特殊なオプションが実際に取引可能である場合には，譲渡制限を実質的に無効にする（ヘッジする）ことが可能となる。

いずれにしても，今後ストック・オプションが新株予約権として更に社会的に認知され，関連する企業会計制度等が整備されていくに従い，前述のソフトウェアと同様にストック・オプションそれ自体の資産性が一般に認識されるようになるものと考えられ，もしそうなれば，ストック・オプションに係る譲渡制限の有無は，課税上の取扱いを異にするための絶対的な区分ではなくなり，単なる課税標準評価上の一要素として位置付けられることになる可能性もあろう。ただし，ストック・オプションに係る譲渡制限の有無の効果を議論する前提として，ストック・オプションの評価には，期待ボラティリティ[18]等を求める困難性や恣意的な判断が入りやすい性質があることから，ストック・オプションの課税上の評価方法等を具体的にルール化する必要があり，その点について今後前広に検討しておく必要があるものと考えら

---

15) 期待存続期間（expected term）とは，ストック・オプションが付与されてから実際に権利行使されるまでの推定期間をいう。
16) 後掲注86参照。
17) Valrex®は，Chaffe & Associates, Inc. の登録商標である。
18) 後掲注54参照。

れる。

2. 最高裁判決における譲渡制限の意義

米国親会社から日本子会社の従業員等に付与されたストック・オプションの権利行使益に係る所得区分が争われた所得税更正処分取消事件（最高裁判所第三小法廷平成17年1月25日判決）において，最高裁は，その判決文の中で「本件ストックオプション制度に基づき付与されたストックオプションについては，被付与者の生存中は，その者のみがこれを行使することができ，<u>その権利を譲渡し，又は移転することはできないものとされている</u>というのであり，<u>被付与者は，これを行使することによって，初めて経済的な利益を受けることができる</u>ものとされているということができる。」（下線は引用者。以下同じ。）と述べて，譲渡制限のあるストック・オプションに係る収益を認識すべき時期を権利行使時[19]と判示した。これは，商法上のストック・オプションに係る所得税法施行令第84条《株式等を取得する権利の価額》の規定[20]とも整合性のある判断である。

ところで，本事件の納税者側は，ストック・オプションの付与時にストック・オプション自体の経済的価値を給与所得として課税することが理論的に可能であることから，付与時において課税すべきであると主張した。これに対し，第一審判決[21]（東京地方裁判所平成15年8月26日判決）は，納税者側の主張を認めて，「いわゆる分離型の新株引受権付社債を発行した後，ワラント部分

---

[19] ストック・オプションに対する課税時期としては，①当該ストック・オプションの権利が付与された時点（付与時），②勤務継続期間等の当該ストック・オプションに付されている停止条件等を満たして当該ストック・オプションが行使できるようになる時点（権利確定時），③当該ストック・オプションの権利を行使して株式等の取得を行う時（権利行使時）の三つの時点が考えられる。

[20] 所得税法施行令第84条は，発行法人から商法上のストック・オプション（新株予約権）を与えられた場合における当該権利に係る収入金額を当該権利の<u>行使により取得した株式のその行使の日における価額</u>から当該権利の<u>行使に係る新株の発行価額</u>を控除した金額によることとしている。

[21] 東京地裁平成15年8月26日判決，平成13年（行ウ）第49号所得税更正処分等取消請求事件（判例タイムズ1129号（2003），285頁参照）。

第1章　税務への金融工学的アプローチ　7

を買い戻して従業員等に支給する，いわゆる擬似ストック・オプションの場合，ワラント部分の権利はストック・オプションと同様に一種の形成権と解され，譲渡が制限されるにもかかわらず，支給時において当該ワラント自体の価額相当部分に対し，給与所得として課税されることに照らせば，形成権自体について経済的利益の実現が認められないとしたり，<u>譲渡制限により経済的利益が実現できないことを理由に，ストック・オプション自体の価値に対して付与時に所得税を課税する余地がないとは解されない。</u>」とするとともに，その評価方法についても「相続人が被相続人の有していたストック・オプションを相続した場合，相続時における株価と権利行使価格との差額について相続税を課税する扱いとされていること，ストック・オプションのような特定の有価証券，商品等を一定の価格で買い受ける権利（コール・オプション）については，その価格をブラック＝ショールズ式等の方式により算定することが可能であることに照らせば，当該権利に係る経済的価値の評価が困難であることを理由として，権利行使時以前に所得税を課税することができないとはいえ」ず，結論として「将来の一定期間に行使することが想定される期待権の経済的価値として把握されるべき」であるとして，ストック・オプションを付与された時あるいは少なくとも一定期間の就労等の停止条件が成就して権利行使が可能となった時点には，所得が発生する可能性を示唆している[22]。

　これに対して控訴審判決[23]では，所得税法が権利確定主義を採用していることを示した上で，「しかし，<u>ワラントは，有価証券上の権利として，本来的に譲渡性があり，市場における経済的価値を有するため，担税力の点でストック・オプションとは異なることが明らかである。</u>」と付与時点における擬似ストック・オプションの課税[24]を是認した後，「相続税は，相続によって取得し

---

22) 安井・前掲注1，22頁参照。
23) 東京高裁平成16年2月19日判決，平成15年（行コ）第235号所得税更正処分等取消請求事件（高裁判例集57巻1号1頁参照）。
24) 所得税基本通達36―36《有価証券の評価》。

た財産に対して課税するものであるのに対して，所得税は，実現した所得に対して課税するものであって，両者は課税対象を異にしているというべきであるから，相続税法上ストック・オプションが課税対象とされたからといって，所得税法上も課税対象とされなければならないものではない。」と必ずしも相続税法上の取扱いに拘束されるものではないことを判示するとともに，「ストック・オプションは，株式の売買の一方の予約又はこれに類似する法律関係から発生した予約完結権であり，それ自体は，株式の引渡しを請求できる権利ではなく，株式譲渡契約を成立させることのできる権利にすぎないのであって，<u>譲渡が禁止され，換価可能性もないのであるから，このようなストック・オプション自体が所得税の担税力を増加させる経済的利益たる『所得』に該当し，その付与時に現実の収入の原因となる権利を被付与者が取得したものということもできない</u>。なお，ストック・オプションについて，それ自体の理論的な価格を算出することは不可能ではないとしても，だからといって，ストック・オプション自体が所得税の担税力ある経済的利益に該当するということにはならないというべきである。」と理由を述べた後，結論として「ストック・オプションについては，権利行使益こそが現実収入として課税対象となるべきところ，所得税法36条1項が，所得金額の計算につき，権利確定主義を採用していると解されることは，前記のとおりである。そして，権利行使益は，権利行使時にその価格が確定するのであるから，権利行使時が課税の時期になるというべきである。」として，権利行使時に所得が発生する旨判示している[25]。

　以上の各判決を検討する上で，重要となる点は，当該ストック・オプションに付された譲渡制限の意味をどのように捕らえるかであると考えられる。つまり，第一審判決は，それ自身譲渡が禁止されている擬似ストック・オプションについては，取得時に課税がされることを根拠として，ストック・オプションに譲渡制限があっても，付与時あるいは遅くとも権利確定時以降に

---

25) 安井・前掲注1，23頁参照。

おける課税は可能であるとしているのに対して、第二審及び上告審は、ストック・オプションに譲渡制限がある場合には、被付与者は、これを行使することによって、初めて経済的な利益を受けることができると考えられることから、権利行使時において、当該経済的利益の実現が認識され、課税適状となるとしている。しかし、第二審及び上告審判決は、仮にストック・オプションが譲渡可能であった場合の課税上の取扱いについては、明示的には判示していない。

結局、商法に基づいて付与されるストック・オプションについては、譲渡制限の有無にかかわらず所得税法施行令第84条の規定が適用されることから、権利行使時における課税となることに議論の余地はないものと考えられるが、上記裁判例のように外国法人株式を原株式[26]とするストック・オプションの場合には、同条の適用はないものと考えられる[27]ことから、所得税法第36条《収入金額》第2項の規定に戻って、「金銭以外の物又は権利その他経済的な利益の価額は、当該物若しくは権利を取得し、又は当該利益を享受する時における価額」となる。したがって、譲渡制限のあるストック・オプションに関する最高裁の判断を踏まえた上で、譲渡制限のないストック・オプションの場合に付与時、権利確定時又は権利行使時のいずれにおいて課税適状とすべきかが今後に残された課題であると考えられるわけである。

確かに、ストック・オプションがインセンティブ報酬[28]であるという点で、ストック・オプションの譲渡制限は本質的であるものと考えられることから、このような課題が顕在化する可能性は比較的低いかもしれない。しかし、米国においては、後述するように譲渡可能なストック・オプションを用いた脱

---

26) 当該オプションの基礎となっている株式をいう。
27) ただし、所得税法施行令第84条に係る所得区分については、所得税基本通達23〜35共―6《株式等を取得する権利を与えられた場合の所得区分》注書において、発行法人が外国法人である場合においても内国法人の場合と同様に取り扱うこととされている。
28) インセンティブ報酬とは、業績連動型インセンティブ報酬とも呼ばれ、企業業績と取締役や幹部従業員の報酬額とを連動させてその士気を鼓舞し、会社の業績向上を期待する制度である（https://www.tabisland.ne.jp/explain/shouhou/shoh_Q04.htm（平成27年2月12日現在））。

法的な (abusive) タックス・シェルターが内国歳入法上問題となっており（下記 5 の(1)参照），外国株式を基礎とした譲渡制限のないストック・オプションの課税上の取扱いについて検討すべき時期は，それほど遠い将来ではないものとも考えられる。

　さらに，現行の所得税法施行令第 84 条の権利行使時における課税適状の規定は，同施行令の制定[29]された当初からのものであるが，平成 13 年 11 月の改正前の商法が新株引受権を譲渡禁止としていたこと[30]を背景としていたものであると考えられることから，①改正後の商法が新株予約権を譲渡可能としたこと[31]による課税面への影響，②外国法人株式を原株式としたストック・オプションとのバランス，③原株式に対して市場性のある株式オプション[32]がある場合とのバランスなどの観点から，政令改正の検討が必要となるものとも考えられる。

　そこで，以下，ストック・オプションの譲渡制限の課税上の取扱いについて今後検討していく上でまずその基礎となるであろう，①そもそも付与時等におけるストック・オプションの経済的価値は何か，そして，②その経済的価値はどのように評価されるのか，さらに，③その経済的価値の評価において，譲渡制限の影響度をどのように斟酌すべきかなどの点について検討することとしたい。なお，検討を簡明にするため，本節においては，新株予約権の付与に基づくストック・オプションのみを検討対象とする。

29）　昭和 40 年 3 月 31 日政令 96 号。
30）　旧商法第 280 条ノ 20。
31）　商法第 280 条ノ 33 第 1 項。なお，租税特別措置法第 29 条の 2《特定の取締役等が受ける新株予約権等の行使による株式の取得に係る経済的利益の非課税等》は，権利行使により取得した株式を譲渡する時まで課税を繰り延べる特例を規定しているが，第 1 項第 4 号において譲渡制限を付すことを適用要件としている。
32）　後掲注 33 参照。

3．ストック・オプションの経済的価値
(1) オプション取引

　ストック・オプションは，金融デリバティブ取引の一分野であるオプション取引のうち，コール・オプションに該当する。このコール・オプションは，対象となる株式等を特定の価格（「権利行使価格」と呼ばれる。）で買い取る権利であり，このコール・オプションと逆に株式等を権利行使価格で売る権利であるプット・オプションと対を成すものである。したがって，コール・オプションとプット・オプションは，それぞれに売り手（又は付与者）と買い手（又は被付与者）が存在する。また，オプションの売り手や買い手には，だれがなっても構わず，原株式の発行企業とは限らない。したがって，ストック・オプションは，原株式の発行企業が売り手で，その取締役等が買い手である，停止条件付きで無償の特殊なコール・オプションであるとみなすことができる。

　なお，株式のオプション取引には，市場性のある株式オプション[33]とそれ以外の市場性のないオプション取引があり，譲渡制限のあるストック・オプションは，後者に属する。なお，株式オプションは，取引の際に実際の原株式の引渡し等は一般に行われず，いわゆる差金決済が行われる点でも，ストック・オプションとは異なる。

(2) ストック・オプションの譲渡制限の性格

　ストック・オプションに係る譲渡制限は，原株式の譲渡制限とは性格を全く異にするものである。例えば，ストック・オプション自体が譲渡不能であったとしても，ストック・オプションが権利行使可能となっていれば，ストック・オプションの所有者は，当該ストック・オプションを権利行使して原株式を取得することができる。そして，原株式自体に譲渡制限がなければ[34]，当該ストック・オプションの所有者の自由意志により，原株式を譲渡するこ

---

[33] 証券取引法では，同法の規制対象となる株式オプションを「有価証券オプション取引」として定義している（同法第2条第22項）。なお，東京・大阪両証券取引所に上場している有価証券オプション取引（「株券オプション」と呼ばれる。）は，それぞれ149, 104銘柄である（平成17年4月現在）。

とが可能である。つまり，譲渡不可能なストック・オプションを付与されているとしても，その権利行使が可能でさえあれば，原株式を所有していることとほぼ同値であると考えられる。

それに対して，譲渡が不可能な株式は，株主としての権利行使ができないという点で，通常第三者にとって資産的価値はないものと考えられる。

したがって，第三者への効果の面でストック・オプションに係る譲渡制限は，原株式の譲渡制限に比べて，緩やかな制限であると考えられ，評価面においても，その違いに留意する必要がある。

(3) ストック・オプションの評価方法

オプションの経済的価値については，上記(1)の株式オプションを除き，具体的な指標となるべき市場価格[35]が存在しない。そこでストック・オプションの経済的価値については，一般にその原株式について株式オプションがある場合を除いて，個別的に評価する必要がある。そして，ストック・オプションの経済的価値を個別的に評価する方法は，①付与する企業側から見た付与するための原価として測定するものと，②付与される側から見た資産として評価するものに大別することができよう。

以下では，主に上記①のスタンスからの検討を行うこととする。なお，上記②のスタンスは，課税面では，ストック・オプションの相続や贈与が発生した場合の評価の問題として位置づけられるものと考えられるが，ストック・オプションに係る現行の財産評価基本通達上の評価方法[36]は，ストック・オプションの譲渡制限の有無の取扱いについては特に規定していない[37]。

---

34) 未公開会社の場合にもストック・オプションがインセンティブ報酬として意味があるためには，権利行使の時点においては，新規株式公開などを通じて，権利行使によって取得した株式を譲渡等により換金できることが必要であろう。
35) 市場価格とは，市場において形成されている取引価格，気配値又は指標その他の相場に基づく価格をいう（公開草案第3号第2項(12)参照）。

4．企業会計におけるストック・オプションの経済的価値の認定方法
(1) 公開草案第3号

　企業会計基準委員会では，平成13年11月の商法改正における新株予約権制度の導入を受け，新株予約権等の会計処理について平成14年3月29日に実務対応報告第1号「新株予約権及び新株予約権付社債の会計処理に関する実務上の取扱い」を公表した。当該報告においては，ストック・オプションに係る会計基準が設定されるまでの当面の会計処理として，その経済的実質が同じと考えられる新株予約権の会計処理に準じて処理することとされている。

　つまり，新株予約権については，その発行価額を，負債の部に計上し，権利が行使されたときは，資本金又は資本金及び資本準備金に振り替え，権利行使がされずに権利行使期限が到来したときには，利益として処理することが適当とされている。したがって，結論として現行の会計処理基準では，ストック・オプションについては，新株予約権が無償で付与されることから，発行時点では，負債も費用も認識されないこととなる[38]。

　以上のような経緯を経て，企業会計基準委員会は，企業が従業員等に対し，

---

36) 財産評価基本通達193—2《ストックオプションの評価》は，次のとおり規定している：

　　その目的たる株式が上場株式又は気配相場等のある株式であり，かつ，課税時期が権利行使可能期間内にあるストックオプションの価額は，課税時期におけるその株式の価額から権利行使価額を控除した金額に，ストックオプション1個の行使により取得することができる株式数を乗じて計算した金額（その金額が負数のときは，0とする。）によって評価する。この場合の「課税時期におけるその株式の価額」は，169《上場株式の評価》から172《上場株式についての最終価格の月平均額の特例》まで又は174《気配相場等のある株式の評価》から177—2《登録銘柄及び店頭管理銘柄の取引価格の月平均額の特例》までの定めによって評価する。

37) 譲渡制限よりもむしろ，当該ストック・オプションの相続可能性がそもそも問題となるであろう。なお，ストック・オプションの付与後，権利行使可能期間に入る前に相続が発生した場合の発行会社の取扱いについては，国税庁によるサンプル調査によって，相続開始と同時に権利行使ができるストック・オプションが，全体の14％と推定されている。詳細は，国税庁『『財産評価基本通達の一部改正について』通達等のあらましについて（情報）」平成15年7月4日付資産評価企画官情報第1号参照。

ストック・オプションを付与する取引の会計処理について検討した結果について平成16年12月28日に企業会計基準の公開草案第3号[39]として公表している。

同公開草案におけるストック・オプションに関する原則的な会計処理の概要は，次のとおりである[40]。

　イ　権利確定日以前の会計処理
㈵　ストック・オプションを付与した場合
A　従業員等からのサービスの取得に応じ，費用として会計処理する。
B　対応する金額は，ストック・オプションの権利行使又は失効までの間，負債の部と資本の部の中間に独立の項目（新株予約権）として計上する。
㈺　各報告期間の費用処理額
　ストック・オプションの「公正な評価額」を対象勤務期間（通常，付与日から権利確定日までの期間）を基礎とする方法その他の合理的な方法に基づき配分して算定する。ここで，ストック・オプションの公正な評価額は，株式オプション価格算定モデル（下記(2)のハ参照）等の評価技法を用いて付与日現在で算定され，その後の見直しはされない。

　ロ　権利確定日より後の会計処理
㈵　権利行使の場合
　権利行使に対応する部分は，払込資本に振り替える。
㈺　各報告期間の費用処理額
　失効に対応する部分は，原則として，当該失効が生じた期に利益として会計処理する。

---

38)　安井千尋「ストック・オプション課税」，西村善朗・松崎為久編著『税理士・FPのための個人金融商品の仕組みと税務』（中央経済社，平成15年），第2部第Ⅰ章，136頁参照。
39)　企業会計基準委員会平成16年12月28日付企業会計基準公開草案第3号「ストック・オプション等に関する会計基準（案）」。
40)　企業会計基準委員会平成16年12月28日付「企業会計基準公開草案第3号『ストック・オプション等に関する会計基準（案）』の公表」。

ハ　ストック・オプションの譲渡制限の取扱い

ストック・オプションの譲渡制限の有無に関する規定は，特に明記されていない。ただし，同案の「設例」において会計処理例が3例示されているが，そのいずれもが他者に譲渡できないこととされていることから，同案は，譲渡制限があることを前提として構成されているものと考えられる。

以上のとおり，公開草案第3号においては，ストック・オプションに係る権利付与の費用は，付与日における当該ストック・オプションの「公正な評価額」に基づいて算定し，付与日から権利確定日までの期間に合理的に配分することとされ，この公正な評価額を求めるための「公正な評価単価」は，第一義的には，市場において形成されている取引価格であるが，市場価格が観察できない場合には，例えば，ブラック・ショールズ・モデルや二項モデルなどの，いわゆる「株式オプション価格算定モデル」等のオプション評価技法を利用して見積もることとされている。つまり，企業会計上は，ストック・オプションを付与することについてインセンティブ報酬としての対価性が認められる限り，これに対応したサービスの消費を費用として認識することが適当であると考えるわけである[41]。

なお，ストック・オプションの譲渡制限については，公開草案第3号において，上記のとおりストック・オプション制度の前提として置かれており，特に検討の対象とされていないが，少なくとも，ストック・オプションに係る譲渡制限の有無は，発生主義に基づくサービスの消費の認識自体に何ら影響を与えるものではないというスタンスは明らかであろう[42]。

(2) **ストック・オプションの経済的価値**

公開草案第3号において前提とされている株式オプション価格算定モデルに基づくオプションの評価方法について概観しておくこととしたい。

---

[41]　取得したサービスの費用認識については，公開草案第3号第28項から第33項においてその妥当性の検討が行われている。

[42]　後述のとおり新FAS第123号においては，譲渡制限は，明示的に当該ストック・オプションの評価の問題として位置づけられているが，経緯的にみて，公開草案第3号は，この取扱いを暗黙的に肯定しているものと考えられる。

イ　オプションの理論的価値

　株式オプション等の理論的な評価は，オプション価格付け理論（option pricing theory）に基づいて行うことができる[43]。例えば，下記ハの(ロ)の二項モデルでは，原株式の価格の変動を網目状の格子の上での動きで表すが，いわゆる無裁定[44]を仮定することにより，ある1期間をカバーするオプションの価格Cは，次の式で表すことができる。なお，この式は，コール・オプションでもプット・オプションでも同じである。

$$C = \frac{1}{(1+r)}[qC_u + (1-q)C_d]$$

　ここで，r, q, C_u, C_dは，それぞれ無リスク利子率[45]，リスク中立確率[46]，原株式が当該期間に上昇した場合のオプション価格，同下降した場合のオプション価格を表す。そして，これを言い換えれば，オプション価格Cは，リスク中立確率qによって重み付けられた1期間経過後のオプション価格の期待値を無リスク資産の利子率rで割り引いたものであるということができる。

　したがって，オプションの価格は，コール・オプションの場合には，1期間

43）　二項格子を用いたオプション価格付け理論については，デービッド・G・ルーエンバーガー（今野浩ほか訳）『金融工学入門』（日本経済新聞社，2002年）412頁以下等を参照のこと。
44）　投資リスクを負担することなしに必ず利益を上げられるような都合のよい裁定機会は存在しないという前提条件のこと。
45）　無リスク資産（例えば，国債などの利息等の収益が確定している資産）の利子率をいう。
46）　リスク中立確率（risk-neutral probability）は，次の式によって求められる。

$$q = \frac{(1+r) - d}{u - d}$$

　ここで，r, u, dは，それぞれ無リスク利子率，価格上昇率及び同下降率を表している。無裁定を仮定すると二項モデルにおいては，このリスク中立確率qによって株価が上昇し，$(1-q)$で下降するものとみなすことができる。ルーエンバーガー・前掲注43, 415頁参照。
　なお，リスク中立確率qは，原株式を価格上昇率uで必ず値上がりする株式Aと価格下降率dで必ず値下がりする株式Bに仮想的に分解し，それらを組み合わせて構成したポートフォリオの期待される値上がり率が無リスク資産の利子率rに等しくなるようにするための株式Aの構成比率であると考えることもできる。

後の原株式の価格が権利行使価格をどの程度上回るかその程度の期待値を，また，プット・オプションの場合には，同じく権利行使価格をどの程度下回るかその程度の期待値を現在価値で表していると考えることができる。

　ちなみに，オプションの性格を比喩的に表現するとすれば，コール・オプションは，宝くじに相当し，プット・オプションは，保険に相当するものと考えられ，コール・オプション及びプット・オプションの価格は，それぞれ一枚当たりの販売価格や契約ごとの保険料に相当するものと考えられよう。また，権利行使価格が同額のコール・オプションの買いとプット・オプションの売り，それに加えて，一定の国債等の無リスク資産を組み合わせて運用すると，満期時において原株式を取得したのと同じ収支になること（「プット・コール・パリティ」と呼ばれる。）が知られている[47]。

　ロ　オプションの動的な価値

　オプションの価値は，本源的価値と時間的価値[48]の二つの合計であると考えられる。

　本源的価値は，原株式の時価からオプションの権利行使価格を差し引いた値で，ストック・オプションのようなコール・オプションの場合にはその時の株価に応じて，下図における満期時の価格曲線[49]で表される値をとる。つまり，株価が権利行使価格以下であれば，無価値であり，株価が権利行使価格を超えていれば（株価－権利行使価格）として求まる。

　一方，時間的価値は，オプションの価値のうち時間の経過に伴って減衰していく価値であり，満期までの期間が長ければ長いほど大きくなる。下図において満期6ヶ月前の価格曲線が満期3ヶ月前の価格曲線よりも上方に位置

---

47) ここで「一定の国債等の無リスク資産」は，権利行使のために必要な資金を安全に運用するための手段と考えることができる。そして，その要取得金額は，権利行使価格を当該無リスク資産の期待利子率で割り引いた現在価値相当額である。ルーエンバーガー・前掲注43，410頁～411頁参照。
48) オプションの時間的価値は，「時間価値（time value）」とも呼ばれる。ルーエンバーガー・前掲注43，407頁～409頁参照。
49) オプションの価格曲線については，ルーエンバーガー・前掲注43，406頁～409頁参照。

していることがそれを表している。これは，満期までの期間が長くなるとそれだけ株価も上昇する可能性が高まり，最終的な期待収益も増加するからである[50]。したがって，ある時点におけるオプションの時間的価値は，原株式の時価に対応して求められる，その時点におけるオプション価格と満期時のオプション価格の差額であるということができる。

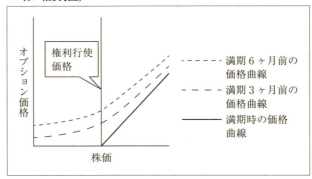

○満期までの期間とコール・オプションの価格曲線との関係（説明図）

ハ　株式オプション価格算定モデル

　ストック・オプションの価格を具体的に求めるためには，一定の仮定を置いて将来の株価変動等を表現するモデルを設定する必要がある。そして，そのため複数のモデルが考案されているが，ここでは，公開草案第3号に例示されているブラック・ショールズ・モデルと二項モデルについて触れておきたい。

(イ)　ブラック・ショールズ・モデル

　下図に示すブラック・ショールズ・モデル[51]は，同図に掲げた各係数をス

---

50)　前掲注 48 参照。
51)　当該モデルは，コール・オプションに対するものであり，プット・オプションに対するものとは異なる。なお，ブラック・ショールズ・モデルの更に詳しい説明及びその応用については，今井潤一「リアル・オプション―投資プロジェクト評価の工学的アプローチ」（中央経済社，平成 16 年）68 頁以下を参照。

トック・オプションに設定された条件に基づいて与えれば，標準正規分布の累積密度関数の計算を除いて，比較的容易にコール・オプションの理論的な価格を計算できることから，オプションのマクロ的な評価を行う上で有用である[52]。ただし，複雑なオプション評価には適しておらず[53]，また，二項モデルに比べ，原株式のボラティリティ[54]の影響が過大に評価されやすいと言われている[55]。

○配当を考慮したブラック・ショールズ・モデル

$$c_0 = X_0 e^{-\delta T} N(d) - K e^{-rT} N(d - \sigma\sqrt{T})$$

$$d = \frac{\ln(X_0/K) + \left(r - \delta + \frac{1}{2}\sigma^2\right)T}{\sigma\sqrt{T}}$$

ここで，T は満期時点，K は行使価格，X_0 は現在の原資産価格，σ は将来の株価収益率の標準偏差（ボラティリティ），r は無リスク利子率，δ は予想配当率，$N(x)$ は標準正規分布の累積密度関数を表す。

ちなみに，各係数とコール・オプションの価格 c_0 との関係は，次のとおりである。なお，矢印記号↑・↓は，それぞれ各係数とオプション価格の上昇・下降を示す。

$T \uparrow \Rightarrow c_0 \uparrow$　　$K \uparrow \Rightarrow c_0 \downarrow$　　$X_0 \uparrow \Rightarrow c_0 \uparrow$
$\sigma \uparrow \Rightarrow c_0 \uparrow$　　$r \uparrow \Rightarrow c_0 \uparrow$　　$\delta \uparrow \Rightarrow c_0 \downarrow$

---

52) 例えば，国税庁文書回答事例「権利行使価格が1円である新株予約権（ストックオプション）を付与された場合の税務上の取扱いについて」（平成15年4月11日，東京国税局審理課長）が想定しているようなストック・オプションの場合には，その権利行使価格Kが備忘的であることから，$N(\infty)=1$ より相当するブラック・ショールズ式は，$c_0 \fallingdotseq X_0 e^{-\delta T}$ となり，その付与時の経済的価値は，現在の株価を予想配当率で割り引いたものとなることが分かる。なお，ブラック・ショールズ式における無リスク利子率及び予想配当率は，連続複利ベースのものである。ここで，連続複利率 R とは，元本を P_0，時点 t における元利合計を P_t としたときに，次の式を満たす値である：

$$\frac{P_t}{P_0} = e^{Rt} \quad \text{i.e.} \quad R = \frac{\ln(P_t) - \ln(P_0)}{t}$$

53) 評価できるのは，満期時においてのみ権利行使ができるヨーロピアン・オプションのみであり，例えば，権利確定時以降満期時まで随時権利行使ができるアメリカン・オプションの評価はできない。

㈻　二項モデル

　二項格子モデルとも呼ばれ，上記㈶のブラック・ショールズ・モデルよりも後に開発されたもの[56]で，より多様な設定条件のオプションの価格評価に対応することができる[57]。

　二項モデルは，2段階によりオプションの評価を行う。まず，第1段階として，付与日から満期時までの期間を複数の小区間に区切り，原株式のボラティリティから理論的に算出される株価上昇率・下降率に基づき，現在の株価を出発点として満期時に向けて株価の推移をそれぞれの区間ごとに推計していく。次に，第2段階として，上記イで述べたオプションの価格式に基づいて，

---

[54]　ボラティリティ（volatility）は，新FAS第123号においては，次のように解説されている（同基準付録E）：

　　株価のような金融変数（financial variable）がある期間において変動した又は変動すると予測される量を表す指標であり，実績によるものをヒストリカル・ボラティリティ（historical volatility），予測されるものを期待ボラティリティ（expected volatility）という。ボラティリティは，利益（又は損失）の平均値に対するバラツキを確率的に重み付けた（probability-weighted）指標としても定義できる。株価のボラティリティは，特定の期間における当該株式の連続複利による収益率の標準偏差である。つまり，当該期間における株価に配当があればそれを加えたものの自然対数値の差の標準偏差である。ボラティリティが高くなればなるほど株式の利益（又は損失）はより大きく上又は下に変動する可能性がある。ボラティリティは，通常年率で表現される。

　結局，ボラティリティ σ は，S_0 を初期証券価格，S_T を1年後の（配当調整後の）証券価格とすると，次の式で定義される（ルーエンバーガー・前掲注43，376頁参照）：

$$\sigma = \sqrt{\mathrm{var}\left[\ln\left(\frac{S_T}{S_0}\right)\right]} = \mathrm{stdev}\{\ln(S_T) - \ln(S_0)\}$$

なお，過去の株価の分析から，ほとんどの株式の収益率の自然対数値は，標準偏差が上記 σ の正規分布にほぼ従うことが分かっている（ルーエンバーガー・前掲注43，381頁参照）。おって，例えば，日経平均株価の平成17年上半期のヒストリカル・ボラティリティは，ほぼ10％を中心として推移している（「ボラティリティーと日経平均の長期推移」オプション道場ホームページ，http://www.option-dojo.com/kn/225_latest.html（平成27年2月12日現在）参照）が，これは，同株価の1年間の上昇（又は下降）率が，同株価の長期的又は平均的な上昇（又は下降）率を中心として，その上下10％ポイント弱程度は平均的に変動し得ることを示している。

[55]　Jonathan Mun. (2004). "Valuing Employee Stock Options Under 2004 FAS 123" Wiley Finance, pp. 22-25. (注) 期待ボラティリティよりも，ブラック・ショールズ・モデルの入力パラメータではない権利確定・権利喪失（失効）・早期権利行使などの態様の方がオプションの評価額への影響が大きい場合があることが例示されている。

今度は，逆に満期時から付与日へ向けて戻りながらそれぞれの区間に対するオプションの価格を逆算していく。

下図に，具体的なコール・オプションの計算例を掲げる。この例[58]では，付与日における株価が3,000円，権利行使価格も3,000円，無リスク利子率は5％，リスク中立確率，価格上昇率，価格下降率は，それぞれ64.3％，115％，87％[59]であり，無配当と仮定している。各段階におけるオプション価格は，例えば，2年目の上段のオプション価格（3,968−3,000＝968円）と中段のオプション価格（3,000−3,000＝0円）から1年目の上段のオプション価格が（0.643×968＋0.357×0）÷1.05≒597円）として算定される。

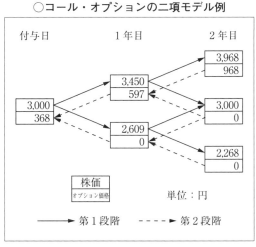

○コール・オプションの二項モデル例

---

56) 格子モデルは，W.F. Sharpeが1978年にオプションの価値の導出を説明するために最初に用いたとされており，その後，Cox, Ross & Rubinsteinが1979年に多期間の二項モデルを用いてヨーロピアン・コール・オプションの評価を行い，各区間をより細分化することによって，同モデルによる評価結果がブラック・ショールズ・モデルによる公式に収束することを示した。今井・前掲注51，98頁参照。
57) 例えば，ブラック・ショールズ・モデルでは評価できない，満期前でも権利行使できるアメリカン・オプションや満期時にさまざまなキャッシュフローを生ずるような複雑なオプションの価値を評価できる。詳細については，今井・前掲注51，98頁参照。
58) Les Barenbaum, Walt Schubert, and Bonnie O'Rourke. (2004). "Valuing Employee Stock Options Using a Lattice Model" The CPA Journal, http://www.nysscpa.org/printversions/cpaj/2004/1204/p16.htm（平成27年2月12日現在）.

なお，二項モデルにおいては，価格上昇率 u 及び下降率 d は，期待ボラティリティ[60] σ と1区間の時間 Δt から次の算式により求められる。結局，1区間の時間は，適宜に決められる[61]ので，期待ボラティリティさえ分かれば，二項格子上の株価の推移をシミュレートすることができるわけである：

$$u=e^{\sigma\sqrt{\Delta t}}, \quad d=e^{-\sigma\sqrt{\Delta t}}=\frac{1}{u}$$

(3) 新 FAS 第 123 号

我が国の公開草案第3号に対応する米国の会計基準は，FASB によって平成7年（1995年）10月に公表された FAS 第123号「株式報酬会計」(以下，「旧FAS 第123号」という。）であったが，FASB は，平成16年（2004年）12月にこれを改訂し，新 FAS 第123号「株式報酬」を公表した。

イ　新 FAS 第 123 号の概要

この新 FAS 第123号は，ストック・オプションについて本源的価値による会計を許容していた旧 FAS 第123号の規定を改め，ストック・オプションについては，その付与日におけるオプション価格算定モデル（option-pricing model）によって推計された「公正価格（fair value）」に基づいて，次のとおり会計することを規定した[62]：

・公開企業は，原則として，付与日におけるストック・オプションの公正価格に基づいて，ストック・オプションの付与と交換に従業員等から受け取るサービスの費用を測定する。
・上記の費用は，ストック・オプションの付与の対価として従業員等がサー

---

59) 二項モデルにおいては，価格下降率及びリスク中立確率は，価格上昇率等から算出される。具体的には，価格下降率は，価格上昇率の逆数として，リスク中立確率は，前掲注46の算式により求められる。
60) 前掲注54参照。
61) ただし，二項モデルの場合，ストック・オプションの有効な評価結果を得るためには，付与時から満期時までの期間を少なくとも1,000区間に分割して分析する必要があるものとされている（Mun・前掲注55, op. cit., p.129)。
62) FASB・前掲注8, op. cit., pp. ii-iii．（注）公開企業に係る部分のみ示した。

ビスを提供しなければならない期間[63]に配分する。
- 権利確定に必要なサービスを提供しない従業員等に係るストック・オプションについては，報酬費用（compensation cost）を認識しない。
- 従業員持ち株プラン（employee share purchase plan）については，特定の条件を満たす場合には，報酬費用を認識しない。

なお，以上の各点は，ストック・オプションを公正価格に基づいて評価する点を除いて旧FAS第123号とほぼ同じである。ちなみに，大きく変更があった点は，未公開企業について付与日におけるストック・オプションの公正価格が算定できない場合に，類似同業種等のヒストリカル・ボラティリティを用いて算定した価格によることとした点である[64]。

ロ　新FAS第123号における譲渡制限の取扱い

新FAS第123号第17項は，ストック・オプション等の株式オプションについて譲渡制限（nontransferability）の効果は，従業員等の予想される権利行使の態様や権利確定後の退職行動の影響を公正価格の推計に反映することによって考慮されるものと規定している。具体的には，譲渡可能なストック・オプションは，契約期間（contractual term）が終わるまで権利行使されないものとして評価されるのに対して，譲渡制限のあるストック・オプションは，その契約期間の早い時期に権利行使される傾向がある[65]ことから，契約期間よりも短い期待存続期間に基づいて評価することとされている。なお，譲渡可能なストック・オプションが契約期間終了まで権利行使されないとする理由は，譲渡可能なストック・オプションについては，契約期間終了までは当該ストック・オプションを権利行使するよりも売却する方が一般には有利で

---

[63]　「必須サービス期間（requisite service period）」と呼ばれる。通常，「権利確定期間（vesting period）」に等しい。

[64]　算定価格法（calculated value method）と呼ばれる（新FAS第123号第23項）。なお，このような場合，旧FAS第123号においては，最少価格法（minimum value method：期待ボラティリティを零と仮定する評価方法）によることとされていた。

[65]　新FAS第123号第B75項参照。

ある[66]ためである。

　結局，契約期間よりも短い期待存続期間に基づいて評価されるため，譲渡制限のあるストック・オプションの付与時における評価額は，譲渡制限のないストック・オプションの評価額よりも他の条件が同じであれば，一般的に低くなる（上記(2)のハの(イ)参照）。

　なお，米国における調査研究によれば，譲渡制限株式等の市場性の無さ（nonmarketability）に係る割引率（marketability discount）は，30～35％を中央値として10～50％であることが知られている[67]。

5．米国におけるストック・オプションの譲渡制限管見
(1) 譲渡制限のないストック・オプションを用いたタックス・シェルター

　ストック・オプション制度は，企業に対する取締役等の貢献を強く誘引するためのものであることから，その譲渡制限は，本質的なものであるとも考えられるが，米国においては，取締役等の家族等が主宰するLLP（family limited partnership：以下，「同族的LLP」という。）等に対するストック・オプションの譲渡を用いた脱法的なタックス・シェルターが問題となっている[68]。

　米国歳入法上，ストック・オプションが譲渡可能であっても，それが「容易に算定可能な公正市場価格[69]（readily ascertainable fair market value）」を有し

---

66) 権利行使して株式を取得してしまうと，株価が低下するリスクをそれ以後負ってしまうことになるため。詳細は，ルーエンバーガー・前掲注43, 412頁参照。
67) Mun・前掲注55, op. cit., p. 297, see the note no. 2 for the Chapter 4.
68) IRS. (2003). Notice 2003-47 "Transfers of Compensatory Stock Options to Related Persons" Internal Revenue Bulletin 2003-30 and IRS. (2005). Announcement 2005-19 "Executive Stock Options Settlement Initiative" Internal Revenue Bulletin 2005-11.
69) 26 CFR Sec. 1.83-7 "Taxation of nonqualified stock options.", Subsec. (b) "Readily ascertainable defined".
　（注）例えば，常設の市場（established market）で取引されているものは，容易に算定可能とされ，また，市場性のないものであっても，①当該オプションが譲渡可能であり，②当該オプションが直ちに権利行使可能であり，③当該オプションないしその原株式の公正市場価格（fair market value）に重大に影響する制限がなく，かつ，④オプションの価値（option privilege）の公正市場価格が容易に算定可能である場合には，容易に算定可能であるとされる。

ない限り，付与時には課税されず，権利行使時に行使利益が課税対象となる[70]。しかし，当該ストック・オプションが独立当事者間取引（arm's length transaction）において譲渡された場合には，その時点で権利行使が行われたものとみなして，その譲渡価格で課税が行われる[71]。

しかるに，当該タックス・シェルターは，取締役等が取得したストック・オプションを上記規定に基づいて当該取締役等の同族的 LLP に対してオプション価格付け理論による一定の評価額で譲渡し，ただし，その支払を長期間（15～30 年）にわたるバルーン・ペイメント[72]（balloon payment）等によって行うことにより，結果として，当該取締役等に係る現金主義による所得認定を濫用して，①同族的 LLP へ譲渡したストック・オプションの権利行使により同族的 LLP が取得する原株式の売却益を長期間繰り延べること，そして，②原株式の売却益に対するキャピタル・ゲインとしての有利な税率での課税を実現することを目論むものである[73]。

(2) ゴールデン・パラシュート関連税制におけるストック・オプションの評価

イ 制度の概要

米国歳入法第 280G 条（過大なゴールデン・パラシュート関連支出の損金不算入）及び第 4999 条（過大なゴールデン・パラシュート関連支出に対する連邦消費税（excise tax）の源泉徴収）によって規定されるゴールデン・パラシュート関連税制は，敵対的な企業合併・買収に対する対抗策の一つであるゴールデン・パラシュート[74]契約に基づき，企業の経営権の異動に伴って前経営者等に過大な報酬（具

---

70) 26 USC Sec. 83 Subsec.（e）"Applicability of section" Clause（3）and 26 CFR Sec. 1.83-7 Subsec.（a）"In general."
71) 26 CFR Sec. 1.83-7（a）.
72) 延払い（deferred payment）の一種で，支払期間の当初は，利息相当部分のみ支払い，元本部分については，支払期間の最後に支払われるような支払方法。
73) IRS.（2005）. Fact Sheet FS-2005-11 "Executive Stock Option Settlement Initiative".
74) 企業買収を防衛する方策の一つで，敵対的買収で経営陣が解雇された場合，巨額の退職金を支払う契約を結ぶこと。会社の価値を低下させるのが目的。山内敏典「敵対的買収に備えて～あなたの会社は大丈夫ですか～」（TRC EYE, vol. 116）2 頁，http://www.tokiorisk.co.jp/risk_info/up_file/200703201.pdf（平成 27 年 2 月 12 日現在）参照。

体的には，経営権の異動が発生する直前5年間の前経営者等の平均報酬を基準額（base amount）として，その3倍を超える額（以下，「超過額」という。））の支払が行われた場合に，その超過額については，当該企業の所得計算上損金に算入されず，また，併せて連邦消費税の源泉徴収（税率20％）の対象となるというものである。なお，中小企業や未公開企業等に係る適用除外規定がある[75]。

ロ　ストック・オプションの評価の必要性

上記イの経営権の異動に伴ってストック・オプションが権利確定する場合などには，当該権利確定の時点で経営権の異動に伴う支払が行われたものとみなされる。そして，その際のストック・オプションの評価においては，上記(1)で述べた当該オプションの公正市場価格が容易に算定可能か否かにかかわらず，権利確定時点（付与時点で権利確定していればその時）において[76]その公正市場価格によって支払が行われたと見なされる[77]。これは，同法第280G条(d)(3)項《資産の移転》において，いかなる資産の移転も支払とみなして，その公正市場価格によって評価することとされているためであると考えられる。

ハ　市場性のないストック・オプションの評価方法

そこで，市場性のないストック・オプションの場合には，経営権の異動に伴って権利確定するものについて，当該ストック・オプションをどのように評価するかが課題となるが，米国内国歳入庁（IRS）は，原則として当該ストック・オプションを新FAS第123号のような一般会計原則（generally accepted accounting principles）に基づいて評価すべきこととするとともに，いわゆるセ

---

[75]　26 USC Sec. 280G "Golden parachute payments", Subsec. (b) "Excess parachute payment", Paragraph (5) "Exemption for small business corporations, etc."

[76]　26 CFR Sec. 1.280G-1 "Golden parachute payments." Q/A-13 "How are transfers of statutory and nonstatutory stock options treated?"
　　（注）前掲注69の「容易に算定可能な公正市場価格」の有無にかかわらず，ストック・オプションの権利確定時において，課税対象となる資産としての移転が行われたものとして取り扱われることが明記されている。

[77]　前掲注76，同条，Q/A-12 "If a property transfer to a disqualified individual is a payment in the nature of compensation, when is the payment considered made (or to be made), and how is the amount of the payment determined?"

イフ・ハーバー・ルールとして，許容される簡便な評価方法を通達化している[78]。なお，その評価方法は，ブラック・ショールズ・モデルを基礎としており，評価時点（権利確定時点）における次の各要素を基礎としている：

① 原株式のボラティリティ
② 当該オプションの権利行使価格
③ 原株式の時価（spot price）
④ オプションの契約期間

ただし，実際の計算は，①期待ボラティリティの程度（高・中・低）[79]，②原株式の時価に対する権利行使価格の割合（スプレッド・ファクター[80]），③オプションの契約期間[81]の三つの判定基準から，原株式の時価を分母としたストック・オプション価格の比率を簡便に求めることができる計算表（以下，「簡易計算表」といい，当該計算表を別表「ストック・オプション評価のための簡易計算表」に掲げる。）が規定されており，これに基づいてストック・オプションの価格を評価することとなる[82]。

このように期待ボラティリティについては，ストック・オプション価格の

---

[78] IRS Revenue Procedure 2003-68.
　（注）なお，当該通達において，基礎となる株式の公開・未公開にかかわらず，旧FAS第123号やその改訂版のような一般会計原則と整合性のある評価方法により当該オプションを評価すべきことが明示されている（Sec. 3.01 "General rule."）。したがって，ストック・オプション自体の譲渡制限についても，新FAS第123号に準じて取り扱われることになる（本文4の(3)のロ参照）ものと考えられる。なお，当該通達では，ストック・オプションの譲渡可能性の有無については，特に規定されていない。

[79] 実際には，特定期間のヒストリカル・ボラティリティを期待ボラティリティとみなして，次のとおり判定する（前掲注78，同通達 Sec. 4.02 "Volatility"）：
　・低：原株式の当該ボラティリティが年換算で30％以下である場合
　・中：同30％超70％未満の場合
　・高：同70％以上の場合

[80] スプレッド・ファクター（spread factor）は，次の算式によって計算される（前掲注78，同通達 Sec. 4.03 "Spread between exercise price and spot price"）：

$$（スプレッド・ファクター）= \frac{（現株式の時価）}{（権利行使価格）} - 1$$

[81] 契約期間は，12ヶ月ごとに切り捨て，12ヶ月未満の場合には，3ヶ月とする。なお，新旧FAS第123号における期待存続期間と整合性のある期間を用いても良い（前掲注78，同通達 Sec. 4.04 "Term of the option" 参照）。

[82] 前掲注78，同通達 Sec. 4 "Valuation Safe Harbor"。

評価の重要な要素であるにもかかわらず，セイフ・ハーバー・ルールにおいて，ヒストリカル・ボラティリティを準用し，しかも，大雑把な区分を採用せざるを得なかったのは，期待ボラティリティ自体を精度よく予測することの困難性を表しているものと考えられよう。

　ニ　ストック・オプションの再評価

　ストック・オプションの評価額は，権利確定時における現況又は予測値に基づいて評価されるため，事後に状況が変わり，当初の評価額が結果として過大になる可能性がある。そこで，上記ハの通達において，経営権の異動後18ヶ月間以内は，当該オプションの再評価を行い，その結果に基づき訂正申告（amended return）が行えることとされている[83]。

　この再評価は，当該期間内に①雇用の終了に伴うオプションの契約期間の変更又は②原株式のボラティリティに変化があった場合に認められる[84]。なお，再評価は，飽くまでも当初評価時点（権利確定時点）を基準として行われることから，上記ハのスプレッド・ファクターや（無リスク資産の）利子率は，当初のものを用いなければならない。

　この再評価規定は，当初の評価額を算定する上で，推定しなければならない事項のうち，当該企業に責任を負わせるのが酷な上記①及び②について，当該事項が実際に確認できた段階で救済することを意図するものであろう。

　オプション価格の評価は，種々の未確定な予測データに基づいて行う必要があり，評価方法自体が確立されたとしても，その基礎となる当該予測データ自体の予測誤りに係る補正は，課税関係が事後的に清算される点で不可避であろう。

　いずれにしても，米国における上記のゴールデン・パラシュート関連税制

---

83)　前掲注78，同通達 Sec. 3.04 "Recalculation."
84)　本文①は，当初の予定よりも早く前経営者等が辞任してしまったような場合が考えられる。一般にコール・オプションの存続期間が短くなるとオプション価格は低下する（本文4の(2)のハの(イ)参照）。また，本文②についても，経営権の異動に伴って原株式のボラティリティの傾向が変化することが考えられよう。そして，ボラティリティが低下する場合には，オプション価格も低下する（同上）。

に係る諸規定は，我が国においても今後ストック・オプションの課税面における重要性が増すにつれ，譲渡制限の有無にこだわらず，ストック・オプションの権利確定時における評価を行うべき場合があり得ることを示唆しているものと考えられよう。

6．ストック・オプションの譲渡制限について
(1) Valrex®モデル

企業会計面におけるストック・オプションの譲渡制限の取扱いについては，新 FAS 第 123 号においては，期待存続期間の短縮要因として認識されていることについて述べたが（上記 4 の(3)のロ参照），これとは別に，特別なオプションを想定して理論的かつ直接に譲渡制限自体のマイナスの経済的価値を求める Valrex®モデル[85]という評価方法が考案されている。

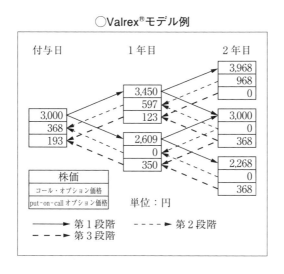

---

85) Marc S. Katsanis. (2001). "A New Pricing Model for Valuing Employee Stock Options" The Journal of Employee Ownership Law and Finance, Volume 13, No. 3.

このモデルは，ストック・オプションの譲渡制限に係る評価上の斟酌について，上記の新FAS第123号とは別に，ストック・オプションを構成するコール・オプションに対するプット・オプション（put-on-call option），つまり，オプションのオプション[86]を想定して，当該プット・オプションの評価額を譲渡制限自体の評価額とみなし，これを譲渡制限がないと仮定した場合の基礎となるコール・オプションの評価額から減額することによって評価する方法である。これは，当該プット・オプションの評価額（当該コール・オプションの損失をヘッジするための費用）を譲渡制限に伴って失う可能性のある期待損失額とみなすことができるという考え方（上記4の(2)のイ参照）に基づいているものと考えられる。

具体的には，まず，ストック・オプションに譲渡制限がないものと仮定したコール・オプションとして上記4の(2)のハの(ロ)で用いたコール・オプションの例を用いることとし，さらに，その期待される権利行使時（2年目とする。）において当該コール・オプションを付与日時点におけるその評価額（上図において368円）で売るためのプット・オプションを想定する。そして，コール・オプションの付与日時点におけるプット・オプションの評価額相当額（上図において193円）を当該コール・オプションの付与日時点における評価額から減額した価額（上図において368 - 193 = 175円）を当初のストック・オプションの評価額とするものである。なお，当該プット・オプションの価格の算出方法は，上記4の(2)のハの(ロ)に述べたコール・オプションの手順と同様であるが，プット・オプションであることから，2年目の各プット・オプションの価格は，対応するコール・オプションの価格が368円を超えれば無価値となり，368円未満であれば，368円との差額がプット・オプションの価格となる（上図における2年目の各段のput-on-callオプション価格参照）。

実際に，ストック・オプションを付与された者が，もしもそのようなプッ

---

[86] 複合オプション（compound option）と呼ばれる。put-on-callのほかに，put-on-put，call-on-put，call-on-callの全部で4通りの構成が考えられる。

ト・オプションを購入できれば，譲渡制限期間中に株価が下がってしまい，所有するコール・オプションの価値がなくなってしまった場合にも，当該プット・オプションを行使することによって当該コール・オプションの当初の評価額（368円）については補填（ヘッジ）することが可能となるわけである。つまり，譲渡制限によって万一ストック・オプションが売却できなかったとしても，それに係る期待損失が回復できるわけである。

上記のValrex®モデルが想定するようなヘッジが実際に設定可能であるとは一般にはいえないが，反面，原株式に係る株式オプションに市場性がある場合などには，その可能性が全くないともいえない。また，譲渡制限による期待損失額を譲渡制限が仮にないとしたストック・オプションの評価額から控除するという考え方も一定の経済合理性を有するものと考えられる。したがって，そのような観点からは，ストック・オプションに係る譲渡制限は，株式について一般に認識されているような絶対的なものではなく，その効果を実質的に無効とするような何らかのヘッジが構成できる場合には，当該ヘッジと総合的に捉えることにより，単にストック・オプションの付与時等における評価の問題として認識することが可能であろう。

(2) プット・オプション想定モデル

Valrex®モデルは，付与時点におけるストック・オプション自体の時間的価値を含めた経済的価値を複合オプションによってヘッジすることを想定するものであるが，これと類似したものとして，単に，原株式の価格が付与時点よりも低下することをヘッジできれば十分であると想定するモデルも考えられる[87]。具体的には，当該ストック・オプションと設定条件が同一の対になるプット・オプションを想定し，ストック・オプションの付与を受けた従業員等に対してストック・オプションの発行企業が当該プット・オプションを売却すると仮定して，その売却価格相当分を譲渡制限がないとしたストック・オプションの評価額から控除する方法（以下，「プット・オプション想定モデ

---

87) Mun・前掲注55, op. cit., pp. 41-45.

ル」という。）である[88]。つまり，譲渡制限があることによって当該プット・オプションの売却価格相当分だけストック・オプションの付与コストの減少が期待できると考えるわけである。

なお，実際にそのようなプット・オプションがストック・オプションの発行企業との間で取引される場合には，当該ストック・オプションと当該プット・オプションは，一体のものとして評価する必要があろう[89]。

当該モデルの具体例を前掲のValrex®モデル例に準じて下図に示す。

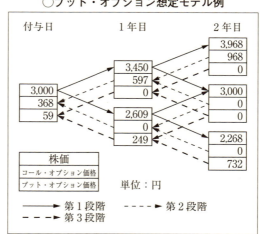

○プット・オプション想定モデル例

----

[88] ストック・オプションの付与を受けた者は，権利行使時に原株式の株価が権利行使価格を下回ってしまっても，当該プット・オプションを行使することによって，ストック・オプションの権利行使によって取得した株式を権利行使価格で売り抜けることが可能となる。

[89] 新FAS第123号第31項は，発行企業による再購入（repurchase）条件の付された株式（puttable share）に基づくストック・オプションについては，当該株式発行後6ヶ月以上の株式保有期間が確保されない限り，資本勘定ではなく，負債として認識すべきであるとしている。そして，プット・オプション想定モデルが想定しているようなプット・オプションが実際に発行企業から従業員等へ付与される場合にも，原株式は，puttable shareとして取り扱われる（同項脚注）。なお，ストック・オプションが負債として認識される場合には，毎期の再評価が必要となるなど，資本勘定となる場合と比較してより厳密な会計処理が要求される（同第36項）。

この例の場合，ストック・オプションの譲渡制限調整後の評価額は，309 円となり，Valrex®モデル例の 175 円よりも 134 円ほど高くなる。

このように採用する評価モデルによってストック・オプションの評価額が大きく変動する場合もある点について留意する必要があろう。

(3) ストック・オプションの譲渡制限に係る今後の検討の方向性

今後，公開草案第 3 号による企業会計面における取扱いと課税上の取扱いの間に乖離が生じる場合には，我が国においても米国と同様に，まず税効果会計面においてその調整が行われることとなろう。

さらに，①ストック・オプションの譲渡制限は，原株式の譲渡制限とは性格が全く異なること（上記 3 の(2)参照），②企業会計面では，例えば新 FAS 第 123 号において，ストック・オプションの譲渡制限が，単に当該ストック・オプションの評価額の減額要因として考えられている（上記 4 の(3)のロ参照）など，ストック・オプションの譲渡制限を絶対視しない傾向にあること，③オプション取引がさらに一般的になるにつれ，Valrex®モデル等が想定しているようなヘッジが可能になる可能性が今後高まっていくと考えられること，④所得税法施行令第 84 条の規定などの現行のストック・オプションの取扱いは，ストック・オプションの譲渡制限を前提として構成されており，譲渡可能な株式オプションなどの新しい金融商品の影響等について考慮されていないものと考えられることなどから，譲渡制限を基盤とする現行のストック・オプションの課税上の取扱いについても今後再検討する必要性が生ずるものと予想される。

また，米国における譲渡制限のないストック・オプションを用いたタックス・シェルターの例や我が国においても商法改正によりストック・オプションが譲渡可能となったことを踏まえれば，少なくとも，譲渡可能なストック・オプションに係る課税上の取扱規定の整備が必要な段階にきているものと考えられる。

(4) ストック・オプションの評価の難しさ

ただし，上記(3)に述べたストック・オプションの課税上の取扱いについて

検討する上で、ストック・オプションの評価方法については、ストック・オプションに係る所得認定に対する一部の下級審判決（上記2参照）において、株式オプションが取引市場においてブラック・ショールズ・モデルを前提として値決めされ、取引されていることを根拠として、ストック・オプションについてもその付与時における経済的価値が具体的に評価可能であると判示されているところであるが、それほど容易なものではないものと考えられる[90]。

なぜなら、株式オプション取引においては、ほぼ原株式の期待ボラティリティを基礎として、つまり、一般に周知されている原株式の過去の値動き等から予測されるボラティリティを基礎として、他のほぼ確定的なパラメータを用いてブラック・ショールズ・モデルから比較的短期[91]のオプションの市場価格が算定されるのに対し、ストック・オプションについては、一般的にはそのような株価の変動自体が把握できないことが多いためである。例えば、特にストック・オプションのニーズが高いと考えられるベンチャー企業などのこれから企業としての活動や評価が行われるような未公開企業においては、ストック・オプションの評価に必要な市場によって定められる株価というものがそもそも存在しない。したがって、未公開企業等については、ボラティリティに関する何らかの擬制をしなければならない[92]。

さらに、ストック・オプションの付与時の価値を新FAS第123号ベースで評価するとしても、より現実的に二項モデルで評価する場合には、ブラッ

---

[90] 渡辺・前掲注13、62頁において、「実際の課税実務において（引用者注：付与時におけるストック・オプションの時間的価値の）当該評価がいかに困難であるかは、既にわが国においても指摘されている。とりわけ、オプションが閉鎖会社から付与された場合には、この問題が顕在化する。また、オプションに行使制限や譲渡制限が付いている場合にも、当該制限を織り込んで付与時におけるd（引用者注：時間的価値）の具体的な評価をすることは困難を極める。つまり付与時における課税には、評価という執行上の問題が伴う」ことが指摘されている。

[91] 株券オプションの場合、各限月のオプションの取引期間は、2ヶ月又は8ヶ月である。

[92] 本文4の(3)のイ参照。また、本文5の(2)のハについては、未公開企業の場合には、期待ボラティリティを中位（medium）とみなして取り扱うこととされている（前掲注78、同通達 Sec. 4.02）。

ク・ショールズ・モデルが要求するような原株式の時価，権利行使価格，満期，安全利子率，予想配当率，期待ボラティリティのほかに，権利確定時期（time to vesting），権利喪失（失効）割合（forfeiture rates），権利行使の実態[93]，権利行使停止期間（blackout periods）なども考慮しなければならない[94]。したがって，このような点で個々の納税者の恣意的な判断をどのように排除するかが，ストック・オプションの課税面における評価方法を検討する上で重要な課題であるものと考えられるが，一定のルール化が行われない限り，その排除は容易ではないものと考えられる。

おって，ストック・オプションが長期にわたるものである場合には，上記に列挙したようなパラメータを，課税関係を律するほどに合理的かつ精度よく予測することは，個々の納税者にとっても課税当局にとっても，大変難しいものと考えられ，保守主義に基づく企業会計において，費用を発生主義に基づき合理的に見積もる上ではさておき，税務会計上，課税関係を明瞭に規定する上で問題なしとしない。

したがって，我が国における今後の制度設計に当たっては，上記5の(2)で紹介した米国におけるストック・オプションの評価手法のように公平性に配慮しつつ，手法としての明瞭性や簡便性，そして，事後的な訂正手段等に配慮したものとする必要があろう。また，課税適状の時期としても，権利関係や評価するためのパラメータがそれなりに安定するストック・オプションの権利確定時点を原則とすることが妥当であろう。

---

93) 具体的には，権利行使倍率（suboptimal exercise behavior multiple）と呼ばれる比率を過去の権利行使の実績等から予測する必要がある。当該比率は，権利確定後，ストック・オプションが実際に権利行使される時点における原株式価格の権利行使価格に対する標準的な倍率を表す（Mun・前掲注55, op. cit., pp. 126-127）。そして，二項モデルにおいては，譲渡制限のあるストック・オプションの場合，株価の倍率が当該比率以上になった時点（区間）でストック・オプションが権利行使され，それ以降，消滅するものと見なして評価が行われる。

94) Mun・前掲注55, op. cit., pp. 119-158.
　（注）同書において，本文の各パラメータの意義及び具体的な事例に基づいたストック・オプションの二項モデルによる評価方法が紹介されている。なお，ブラック・ショールズ・モデルによる評価は，本文のようなパラメータを考慮した二項モデルよりも過大にストック・オプションを評価する傾向があることも示されている。

7. おわりに

オプション取引の税務上の取扱いを吟味する上で，例えば，上記4の(2)のイにおいて述べたプット・コール・パリティのように複数のオプション取引等を組み合わせることにより，現株式を取得したことと同じ経済的効果を実現できることなどを考慮すると，適正かつ公平な課税を行うためには，当該取引を構成するオプション取引を個々に吟味して，その結果を総合するだけでは不十分であり，当該オプション取引に関連性のあるすべての取引を包括的に検討して全体としてみた経済的価値やその確定時期に注目する必要があるものと考えられる[95]。特に，当該オプション取引についてヘッジする手段がある場合には，ストック・オプションのように譲渡制限がある場合についてもその影響について慎重に判断する必要があるものと考えられる[96]。

また，そもそもオプション理論は，不確実な将来の株価の変動を合理的に予測し，定量化することを目的としたものであり，実現主義を基本とする一般的な所得課税上の取扱いとは整合的なものではないものとも考えられる。しかし，例えば，極端な例ではあるが，法人から個人に贈与された宝くじ[97]が，その当落が未確定であるにもかかわらず，贈与された時点（付与時及び権利確定時に相当）で売価を基礎として一時所得として認識され，その後当せんし，当せん金を受領した場合（権利行使時点に相当）の所得は，非課税ではある[98]が，改めて一時所得に相当するものと考えられることからすれば，今後ストック・オプションの評価方法が企業会計上確立され，さらに，新株予約

---

[95] 駒宮史博「デリバティブと所得課税」，金子宏編著『所得税の理論と課題〔二訂版〕』（税務経理協会，平成13年），第9章，161頁において，「複数のデリバティブ取引を組合わせたり，デリバティブ取引と基本的な金融商品取引を組合わせた取引の場合に，取引を個々の機能毎に分解して所得の種類を決定する（bifurcation）場合と取引全体として所得の種類を決定する（integration）場合とでは，所得の認定の結果に違いが生じうる」ことが指摘されている。

[96] 新FAS第123号第17項では，オプション取引等がヘッジできないことと譲渡制限のあることには同様な効果がある旨述べられている。

[97] ちなみに，当せん金付証票法第6条《当せん金付証票の売買》第8項で宝くじの転売が禁止されているが，これは，ストック・オプションにおける譲渡制限に対応する制限であるものと考えられよう。

[98] 当せん金付証票法第13条（所得税の非課税）

権としての認知が進むに従って，米国のように権利確定時を基準として原則的な課税を行い[99]，併せて，その前後において所得区分を調整した上で所得認定を行うことも検討すべきであろう。

おって，本節では，特に検討しなかったが，ストック・オプションを付与する企業における課税上の取扱いについても，新株予約権自体が譲渡可能となったことから，現行の権利行使時における資本等取引として捉える取扱い[100]のほか，米国におけるように付与された者に係る所得認定に応じて企業側の費用計上を認めるという方法[101]やストック・オプションの付与が税務会計上も負債[102]や負債性引当金[103]と同様の性格を有すると整理できる場合において企業会計上の取扱いと整合的な費用認定を行うことについても前広に検討すべきであろう[104]。

いずれにしても，オプション取引を含むデリバティブ取引のいわば多様性

---

[99] なお，渡辺・前掲注13, 76頁脚注78において，「ストック・オプションそのものについても，制限解除時［条件成就時］に課税すべきであるという見解がありえるだろう。しかし，制限解除時にオプションのFMV［公正市場価格］が存しなければ，(FMVのないオプション付与の場合と同様に）課税は困難であるし，仮に条件成就段階ではじめてFMVが算定できるようになったとしても，執行上の理由［本来，通常所得として課税されるべき部分までキャピタル・ゲインへ転換され得る危険性］から，FMVの判定時を（財務省規則1.83-7(a)において）オプション付与時と決定した以上，再度にわたるFMV算定という作業をせずに，オプション行使を待って（株式そのものが現物支給された場合と同様に）83条適用の土俵に上げるという立法的選択をしたと考えることができるように思える」として，米国内国歳入法上，公正市場価格が付与時に定まっていない場合に，原則的な権利確定時（同論文71頁参照）ではなく，同条(a)項に基づき権利行使時に課税することについて検討されている。

[100] 金子宏『租税法〔第10版〕』（弘文堂，平成17年）310頁参照。(注) 同書において，ストック・オプションのうち，新株引受権方式及び新株予約権方式による場合は，資本取引であるため，法人税法上の問題は生じないとされている。

[101] 前掲注13, 同条, Subsec. (h) "Deduction by employer". (注) 同項において，同条第(a)項に基づいてサービスの提供者（従業員等）がストック・オプション等について収益を所得に算入した場合にのみ，その時点でストック・オプション等の付与者の損金とすることができる旨規定されている。

[102] 前掲注89参照。

[103] 費用収益対応の観点から将来の支出又は損失のために引当金勘定を設定し，そこへの繰入額を当年度の費用又は損失として計上するためには，①将来におけるその費用又は損失の発生が確実に予想されること，②その費用又は損失の金額が相当に正確に予測できること，③その費用又は損失が当年度の収益と対応関係に立っていること，の三つの要件を満たすべきと考えられている（金子・前掲注100, 318頁参照）。

の大海の中で，納税者にとっても課税当局にとっても適正かつ公平な航行ルールが求められているといえよう。

【追記】

　本文 4 の(1)において，公開草案第 3 号ではストック・オプションに係る譲渡制限の影響について明示的な検討が行われていないと述べたが，原論文脱稿後の平成 17 年 10 月 19 日に企業会計基準委員会から公開草案第 3 号の改訂版として企業会計基準公開草案第 11 号「ストック・オプション等に関する会計基準（案）」及びその適用指針案である企業会計基準適用指針公開草案第 14 号「ストック・オプション等に関する会計基準の適用指針（案）」が公表されている。当該適用指針案では，その第 7 項《ストック・オプションに共通する特性の算定技法への反映》において「ストック・オプションに共通する，譲渡が禁止（又は制限）されているという特性は，（中略）公正な評価単価の算定に用いる算定技法に反映する。」として本文 4 の(3)のロで述べた新 FAS 第 123 号における譲渡制限の取扱いと同様の立場であることを明らかにするとともに，我が国におけるストック・オプション制度ではストック・オプションに係る譲渡制限が共通した性質であるという認識も併せて示している。

　なお，本節中に引用した商法は，平成 17 年 7 月 26 日法律第 87 号による改正前のものである。

　おって，本文 7 で触れたストック・オプションが「付与された者に係る所得認定に応じて企業側の費用計上を認める方法」については，平成 18 年 3 月 31 日法律第 10 号による法人税法の改正により，我が国でも認められることになった（改正後の同法第 54 条《新株予約権を対価とする費用の帰属年度の特例等》第 1 項）。ただし，この場合も，この取扱いの対象となる新株予約権は，譲渡制限のあるものに限定されている（法人税法施行令第 111 条の 2《給

---

104) 渡辺・前掲注 13，78 頁において，「従業員と法人で対称的な取り扱いをすべきという前提をとる限り，わが国においても，従業員が課税された段階で法人側の控除を認めるべきである」としている。

与等課税事由を生ずべき所得の種類》)。

(別表) ストック・オプション評価のための簡易計算表 (IRS Rev. Proc. 2003-68)

Table of Valuation of Stock Options

Volatility	Spread Factor* \ Term (months)	3	12	24	36	48	60	72	84	96	108	120
Low	200%	66.8%	67.3%	67.9%	68.4%	69.0%	69.5%	69.9%	70.3%	70.7%	71.0%	71.2%
Low	180%	64.5%	65.0%	65.7%	66.4%	67.1%	67.7%	68.3%	68.8%	69.3%	69.6%	69.9%
Low	160%	61.8%	62.4%	63.3%	64.1%	65.0%	65.8%	66.5%	67.1%	67.7%	68.1%	68.5%
Low	140%	58.6%	59.4%	60.4%	61.5%	62.5%	63.5%	64.4%	65.1%	65.8%	66.4%	66.9%
Low	120%	54.9%	55.8%	57.1%	58.4%	59.7%	60.9%	62.0%	62.9%	63.7%	64.5%	65.1%
Low	100%	50.4%	51.5%	53.2%	54.8%	56.4%	57.9%	59.1%	60.3%	61.3%	62.2%	63.0%
Low	80%	44.9%	46.3%	48.5%	50.6%	52.6%	54.3%	55.9%	57.3%	58.5%	59.6%	60.5%
Low	60%	38.0%	40.0%	42.9%	45.6%	48.0%	50.1%	52.0%	53.7%	55.2%	56.5%	57.6%
Low	40%	29.3%	32.3%	36.3%	39.7%	42.6%	45.2%	47.4%	49.4%	51.2%	52.7%	54.1%
Low	20%	18.1%	23.3%	28.5%	32.7%	36.2%	39.3%	41.9%	44.3%	46.4%	48.2%	49.9%
Low	0%	6.4%	13.6%	19.9%	24.7%	28.8%	32.3%	35.4%	38.1%	40.5%	42.7%	44.7%
Low	−20%	0.6%	5.4%	11.2%	16.1%	20.4%	24.2%	27.6%	30.6%	33.4%	35.9%	38.1%
Low	−40%	0.0%	0.9%	4.1%	7.9%	11.6%	15.2%	18.5%	21.7%	24.6%	27.3%	29.9%
Low	−60%	0.0%	0.0%	0.6%	2.0%	4.0%	6.4%	9.0%	11.6%	14.3%	16.8%	19.3%
Medium	200%	66.8%	67.4%	68.6%	69.9%	71.1%	72.2%	73.1%	73.9%	74.5%	75.0%	75.4%
Medium	180%	64.5%	65.2%	66.7%	68.2%	69.6%	70.9%	71.9%	72.8%	73.5%	74.1%	74.6%
Medium	160%	61.8%	62.7%	64.5%	66.3%	68.0%	69.4%	70.6%	71.6%	72.5%	73.2%	73.7%
Medium	140%	58.6%	59.8%	62.0%	64.2%	66.1%	67.7%	69.1%	70.3%	71.2%	72.0%	72.7%
Medium	120%	54.9%	56.4%	59.2%	61.7%	63.9%	65.8%	67.4%	68.8%	69.9%	70.8%	71.6%
Medium	100%	50.4%	52.5%	55.9%	58.9%	61.5%	63.7%	65.5%	67.0%	68.3%	69.4%	70.3%
Medium	80%	44.9%	47.9%	52.2%	55.7%	58.7%	61.2%	63.2%	65.0%	66.5%	67.7%	68.8%
Medium	60%	38.2%	42.6%	47.8%	52.0%	55.4%	58.3%	60.6%	62.7%	64.3%	65.8%	67.0%
Medium	40%	30.0%	36.3%	42.7%	47.6%	51.6%	54.8%	57.6%	59.9%	61.8%	63.5%	64.9%
Medium	20%	20.3%	29.1%	36.8%	42.5%	47.0%	50.8%	53.9%	56.5%	58.8%	60.7%	62.3%
Medium	0%	10.4%	21.2%	30.0%	36.4%	41.6%	45.8%	49.4%	52.4%	55.0%	57.2%	59.1%
Medium	−20%	3.0%	13.0%	22.2%	29.2%	34.9%	39.7%	43.7%	47.2%	50.2%	52.8%	55.0%
Medium	−40%	0.3%	5.7%	13.8%	20.8%	26.8%	32.0%	36.4%	40.4%	43.8%	46.8%	49.5%
Medium	−60%	0.0%	1.2%	5.9%	11.4%	16.9%	22.1%	26.7%	31.0%	34.8%	38.3%	41.4%
High	200%	66.8%	68.1%	70.7%	73.1%	75.0%	76.6%	77.8%	78.8%	79.5%	80.0%	80.4%
High	180%	64.5%	66.1%	69.1%	71.7%	73.9%	75.6%	77.0%	78.1%	78.9%	79.5%	79.9%
High	160%	61.8%	63.8%	67.3%	70.3%	72.7%	74.6%	76.1%	77.3%	78.2%	78.9%	79.4%
High	140%	58.6%	61.3%	65.3%	68.6%	71.3%	73.4%	75.1%	76.4%	77.4%	78.2%	78.8%
High	120%	54.9%	58.3%	63.0%	66.8%	69.7%	72.1%	73.9%	75.4%	76.6%	77.4%	78.1%
High	100%	50.6%	55.0%	60.4%	64.6%	67.9%	70.6%	72.6%	74.3%	75.6%	76.6%	77.3%
High	80%	45.3%	51.1%	57.4%	62.2%	65.9%	68.8%	71.1%	73.0%	74.4%	75.6%	76.5%
High	60%	39.1%	46.6%	54.0%	59.4%	63.5%	66.8%	69.4%	71.4%	73.1%	74.4%	75.4%
High	40%	31.7%	41.4%	50.0%	56.1%	60.7%	64.4%	67.3%	69.6%	71.5%	73.0%	74.2%
High	20%	23.2%	35.4%	45.3%	52.1%	57.4%	61.5%	64.8%	67.4%	69.6%	71.3%	72.7%
High	0%	14.3%	28.5%	39.6%	47.4%	53.3%	57.9%	61.6%	64.7%	67.1%	69.1%	70.8%
High	−20%	6.4%	20.8%	32.9%	41.5%	48.1%	53.4%	57.6%	61.1%	64.0%	66.4%	68.3%
High	−40%	1.5%	12.7%	24.8%	34.0%	41.4%	47.3%	52.2%	56.3%	59.7%	62.5%	64.8%
High	−60%	0.1%	5.2%	15.2%	24.3%	32.1%	38.8%	44.4%	49.1%	53.2%	56.6%	59.5%

*Spot (market) Price/Exercise Price −1 or (S/X−1)

第1章 税務への金融工学的アプローチ 41

第2節 米国におけるストック・オプションを濫用した租税回避的行為の規制について

概要

　米国では，2000年ごろに前節の5の(1)でその概要を紹介したような従業員ストック・オプション（employee stock option）を濫用したタックス・シェルターが流行したことから，米国内国歳入庁（U. S. Internal Revenue Service，以下「IRS」という。）は，これを指定取引（listed transaction）として指定する通牒を2003年に発遣している[1]。当該指定取引は，従業員ストック・オプションの課税適状時期に関する取扱いの複雑さ及び便宜性を奇貨として，当該オプションの譲渡益を大幅に繰り延べしつつ，当該オプションの権利行使によって得られる株式を関係者に取得させることを目論むもの（以下「本件指定取引」という。）であるが，米国における非適格ストック・オプションの課税上の取扱いを知る上で，参考になると思われるので，本節において説明を補足しておきたい。

　なお，2014年2月に米国議会下院歳入委員会のDave Camp委員長から提案された米国内国歳入法の改正検討案（discussion draft）では，その取扱いを簡素化するとともに税収増を図るため，当該非適格ストック・オプションについては，課税適状時期をこれまで一般的であった権利行使時から実質的権利確定時（後述）に前倒しで課税を行うべきことが提案されている[2]。また，我

---

1) 2003年7月28日付IRS通牒2003-47「報酬としてのストック・オプションの関係者への譲渡」（IRS Notice 2003-47 "Transfers of Compensatory Stock Options to Related Persons"）http://www.irs.gov/irb/2003-30_IRB/ar10.html（平成26年9月8日現在）参照。なお，「指定取引」は，濫用的なタックス・シェルターとして摘発対象となる取引類型をいうが，詳細については，本庄資編著『タックス・シェルター事例研究』（税務経理協会，平成16年）375〜377頁参照。
2) Joint Committee on Taxation, "Technical Explanation of the Tax Reform Act of 2014, A Discussion Draft of the Chairman of the House Committee on Ways and Means to Reform the Internal Revenue Code: Title Ⅲ-Business Tax Reform", JCX-14-14 (2014), http://waysandmeans.house.gov/uploadedfiles/jct_technical_explanation__title_iii__business_jcx_14_14__022614.pdf（平成26年9月8日現在），pp. 324-325参照。

が国においても，税制適格ストックオプション[3]の制度上の制約から，一般に「有償ストック・オプション」と呼ばれる従業員等に対する有償による新株予約権の時価発行が私募形態で行われるようになってきている[4]。

したがって，就労環境のグローバル化なども踏まえ，ストック・オプション税制についても，特に国際的な課税制度との整合性や税制適格ストックオプションに該当しない従業員ストック・オプションの取扱いを中心に，再検討に着手すべき時期に来ているものと考えられる。

1．背景

米国では，一定の要件を満たす従業員ストック・オプションについては，我が国と同様に当該オプション（「statutory stock option」又は「incentive stock option」と呼ばれ，以下「適格ストック・オプション」という。）を権利行使して取得した株式を譲渡するまで譲渡所得（capital gain）としての所得計上が繰り延べられる[5]。一方，権利行使により取得される株式の総額が許容される10万ドルの限度額を超えるなど適格ストック・オプションに該当しない従業員ストック・オプション（「non-statutory stock option」又は「unqualified stock option」と呼ばれ，以下「非適格ストック・オプション」という。）については，当該オプションが権利行使又は譲渡される際に，給与所得（compensation income）としての課税が行われることが一般的である[6]。

ただし，非適格ストック・オプションについて，権利付与時において，当

---

[3] 租税特別措置法29条の2《特定の取締役等が受ける新株予約権等の行使による株式の取得に係る経済的利益の非課税等》における「特定新株予約権等」及び同29条の3における「特定外国新株予約権」を参照。

[4] 水谷亥伊彦「『有償ストック・オプション』を考える」（大和総研，2012年）http://www.dir.co.jp/library/column/120125.html（平成26年9月8日現在），「有償ストックオプションについての考察」（ZECOOパートナーズ News Letter，2012年6月）http://zecoop.com/sysimg/update/120629054644_f30002.PDF（平成26年9月8日現在）など参照。

[5] Marvin A. Chirelstein and Lawrence A. Zelenak, "Federal Income Taxation-A Law Student's Guide to the Leading Cases and Concepts", Foundation Press, 2012, pp. 463-464 参照。

該オプションが実際に金融商品市場で取引されている場合など，「現に確認可能な公正市場価格」(readily ascertainable fair market value) があるときには，権利行使を待たずに，当該オプションについて，譲渡可能となるかほとんど解除不能となるか何れか早い時点（以下「実質的権利確定時」という。）においてオプション自体の公正市場価格に基づいて給与所得課税が行われることとされている[7]。ところが，この場合にも，当該オプションの付与時において権利行使価格が対象株式の公正市場価格を下回らないなどの一定の条件を満たす場合には，報酬の繰り延べ（deferral of compensation）には該当しないこととされるため，給与所得としての課税を権利行使時まで繰り延べることが可能である[8]。

一方，非適格ストック・オプションについて権利付与時において，現に確認可能な公正市場価格がない場合には，権利行使により取得された株式自体の実質的権利確定時（通常は，当該オプションの権利行使時と同時であろう。したがって，以下の説明では，便宜的に当該権利行使時とみなすこととする。）において，その時の株式の公正市場価格に基づいて給与所得課税が行われるわけであるが，当該権利行使が行われる以前に当該オプションが独立当事者間取引（arm's

---

6) IRS「株式に基づく報酬に係る調査技術ガイド（Stock Based Compensation Audit Techniques）(02-2005)」http://www.irs.gov/Businesses/Corporations/Stock-Based-Compensation-Audit-Techniques-Guide-(02-2005)（平成26年9月8日現在）の「非適格ストック・オプション（Non-statutory Stock Option）」の項目参照。

7) 米国内国歳入規則1.83-7条《非適格ストック・オプションの課税》(a)項（総則）及び前掲注5，同資料p.463参照。なお，付与時において現に確認可能な公正市場価格がなかったオプションについて，仮に権利行使ないし譲渡する時までに，現に確認可能な公正市場価格が出現したとしても，権利行使時ないし譲渡時まで課税は繰り延べされる（同項）。

8) 米国内国歳入規則1.409A-1条《[米国内国歳入法409A条《非適格給与延べ払いプランに基づく延べ払い給与の総所得への算入（Inclusion in gross income of deferred-compensation under nonqualified deferred compensation plans）》に係る]定義及び対象プラン（Definitions and covered plans）》(b)(5)項（ストック・オプション，株価上昇による権利及びその他の持分に基づく給与（Stock options, stock appreciation rights, and other equity-based compensation））参照。なお，この取扱いの理由としては，オプションの付与時ないし実質的権利確定時における評価がそれほど容易ではないため，付与時における当該オプションが受益者にとって無価値（at-the-money か out-of-the-money）であれば，便宜的に実質的権利確定時課税を宥恕する趣旨のものと考えられる。

length transaction) により譲渡された場合には，納税者の選択により，その時点で対価として受け取られた現金等の資産について，当該オプションの権利行使の対象となる株式と同様に取り扱うことができる[9]。つまり，その譲渡対価を報酬とみなす選択をすること（以下「本件選択的特例」という。）ができるわけである。

2．本件指定取引の仕組み

　本件指定取引では，非適格ストック・オプション（以下「本件オプション」という。）の保有者である個人（以下「当初オプション保有者」という。）が，本件オプションを当初オプション保有者の関係者（以下「本件関係者」という。），例えば，当初オプション保有者の同族的な有限責任パートナーシップ[10]（family limited partnership）に権利行使前に譲渡し，その対価の支払手段として支払期日が15年から30年後という超長期で一括支払（balloon payment）条件である譲渡不能で流通性もなく無保証の約束手形（promissory note）など[11]が利用される。そして，当初オプション保有者については，その申告が現金主義により行われる[12]ことから，当該譲渡に係る給与所得を当該約束手形の支払期日を基準として計上すべきことが主張されることになる[13]。

9）　米国内国歳入法83条《サービス提供に関連して譲渡される資産（Property transferred in connection with performance of services）》(b)項及び前掲注7，同項参照。この規定の趣旨は，当該オプションが独立当事者間で取引された場合には，当該オプション自体に対する一定の経済合理的な値決めが行われることを前提として，当該取引による所得金額を尊重するというものと考えられる。

10）　本件指定取引には，当該パートナーシップに当初オプション所有者の資産を集約し，多角的に運用するという経済合理的な目的があることを課税当局に認めさせようとする狙いがあるようである。前掲注6，IRS資料の「問題の所在（Issue Description）」の項目参照。

11）　当該約束手形については，通常，定期的な利息の支払が規定され，当該利息については，当初オプション保有者が毎年申告することになる。また，対価の支払が繰り延べられることを証明する手段（deferred payment obligation）として，約束手形以外では，譲渡契約書や国外信託や外国法人を用いた年金契約書などが利用されるようである。

12）　ほとんどの給与所得者が現金主義（cash receipts and disbursements method）を採用しているといわれている。前掲注5，同書 p.311参照。

13）　前掲注10，同資料の同項目参照。

本件指定取引においては，本件オプションについてブラック・ショールズ・モデルなどを用いた評価がプロモーターによって行われ，譲渡の際の当該オプションの公正市場価格は，当該評価額であると主張される。そして，通常，上記約束手形の支払元本総額は，その評価額の総額に等しく設定されることになる[14]。

典型的な取引の場合，本件オプションの譲渡と権利行使は，当日中ないし1週間以内という大変短い期間で行われることが一般的であり，本件関係者による本件オプションの権利行使及びそれにより取得される株式自体の譲渡についても，本件オプションの譲渡から2か月ほどの間に行われることがたびたびである。ただし，本件オプションについて，権利が確定していない場合には，本件関係者による当該株式の譲渡は，本件オプションの権利確定時点まで延期されることになる[15]。

本件オプションの付与法人についてみると，当該オプションの譲渡があった年に報酬としての控除を行う場合もあるが，行わない場合もある。なお，付与法人が，本件指定取引の一部として，約束手形に基づき報酬としての支払が実際に行われるまで控除を控えることに合意することも多い[16]。

3．本件指定取引の目論見

本件指定取引は，本件オプションについて現に確認可能な公正市場価格がない場合に譲渡が行われたときの本件選択的特例を濫用して，本件オプションに係る給与所得額を本件オプションの評価額に基づく譲渡価格として確定し，さらに，現金主義により所得計上を長期にわたって繰延べるとともに，本件オプションの権利行使に伴う所得を本件関係者に付け替えることにより所得分散を図るものであるといえよう[17]。

---

14) 前掲注10，同資料の同項目参照。
15) 前掲注10，同資料の同項目参照。
16) 前掲注10，同資料の同項目参照。
17) 前掲注1，同通牒の項目Ⅰ《取引の概要（The Transaction）》参照。

4. IRS の対処方針

本件指定取引は、タックス・シェルターとして、開示規制を主体としたタックス・シェルター規制の対象となる[18]が、それとともに、本件指定取引については、主に次の二つの点について個別具体的に適法性が検討されることになる[19]。すなわち、①当該オプションの付与時に現に確認可能な公正市場価格がない場合であっても、当該権利行使が行われる以前に当該オプションが譲渡されたときには、その譲渡対価を報酬とみなす選択をすることができるという本件選択的特例の適用要件である当該譲渡の独立当事者間取引該当性、そして、②当該指定取引において、当該オプション付与時には現に確認可能な公正市場価格がなかったオプションが譲渡され、しかも、約束手形等の対価の支払が繰り延べられることを証明する手段[20]が譲渡対価とされたことに対する所得の繰延べ (deferral of income) 該当性の2点である。

つまり、上記①について、当該指定取引における当該オプションの譲渡が独立当事者間取引ではないと認定できれば、当該譲渡には、本件選択的特例が適用できないことから、原則どおり当該オプションの権利行使時に給与所得として課税適状となる[21]。

また、上記②については、所得の繰延べであると認定されれば、たとえ納税者が現金主義を採用していたとしても、当該譲渡の対価として譲渡者が受け取った約束手形等の支払元本総額 (その他に交付される金銭等があればそれを含む。) から譲渡者が当該オプションの付与時に支払った金額が仮にあればそれを控除した金額が総所得に加えられることになる[22]。

---

18) 米国における一般的なタックス・シェルター規制については、前掲注1,同書第4編第2章「行政上の対抗措置」、373〜377頁、また、判例上のタックス・シェルターの否認原則については、同第3章「判例理論の形成と確立した判例原則」、378〜382頁参照。
19) 前掲注1,同通牒の項目Ⅱ《取引摘発の意思 (Intent to Challenge Transaction)》参照。
20) 前掲注11参照。

5．検討

　我が国において上場企業などで一般的に付与されている従業員ストック・オプションには譲渡制限が付されることが多いと考えられる[23]ことから，本件指定取引に類似する取引は，実行されにくいものと考えられる。しかし，従業員等に対する私募形態による有償の新株予約権の付与，いわゆる有償ストック・オプションが付与されることも多くなってきており[24]，そして，その場合には，公募による新株予約権の付与と同様に，権利行使時には単に株式を取得したものとして取り扱われるため，権利行使時に課税が行われることはないといわれている[25]。仮にそうであれば，有償ストック・オプションにおいては，譲渡制限が付されるとは限らないため，原則として現金主義が許容されていない我が国においても，少なくとも本件指定取引と同じように有償ストック・オプションの譲渡を通じた株式の値上がり益の付け替え等の操作が可能となってきているといえよう。

　したがって，特に私募形態により付与される新株予約権について「現に確認可能な公正市場価格がない場合」の課税上の取扱いを明確化する必要があろう。なぜなら，私募形態の場合には，付与される新株予約権の付与時評価

---

21) 当該オプションは，譲渡済ではあるものの，譲渡した相手が当該オプションの権利行使を行った時点で，はじめて権利行使された株式が実際に譲渡可能になるものと認識することによって，その時の当該株式の公正市場価格に基づいて当初のオプション保有者に対して改めて給与所得課税が行われることになるものと考えられる。なお，譲渡した際に約束手形等で受け取った対価については，受け取った時点での総所得に算入され，改めて給与所得課税が行われる際には，所得計算上控除されることになる。IRS「報酬としてのストック・オプションの関係者への譲渡に係る調査技術ガイド（Transfers of Compensatory Stock Options to Related Persons Audit Techniques Guide（02-2005））」http://www.irs.gov/Businesses/Corporations/Transfers-of-Compensatory-Stock-Options-to-Related-Persons-Audit-Techniques-Guide-(02-2005)（平成26年9月8日現在）の「要検討事項（Potential Issues）」の項目参照。おって，この取扱いは，独立当事者間ではない場合の権利確定前の資産の再譲渡の取扱いを定めた米国内国歳入規則1.83-1条《サービス提供に関連して譲渡された資産（Property transferred in connection with the performance of services）》(c)項の規定に準じた取扱いであろう。
22) 前掲注1，同通牒の項目ⅡのB《対価の支払が繰り延べられることを証明する手段（Treatment of the Deferred Payment Obligation）》参照。なお，同項目には課税適状時期については，明確に記載されていないが当該手段が受け取られたことが前提とされているので，当該手段が受け取られた時点となろう。

に価格操作ないし恣意性が入り込むおそれが高く[26]、また、仮に被付与者にとって殊更に有利な価額が設定された場合には、譲渡制限等が付されていないため、所得税法施行令84条《株式等を取得する権利の価額》の適用対象とはならないことから、所得税法36条《収入金額》に基づき正当額との差額について権利付与時において原則的には課税適状となると考えられる[27]ためである。果たして、付与時において現に確認可能な公正市場価格がない場合において、前記1で述べた米国における現行の取扱方法のように、権利行使時まで課税を繰り延べることとするか、あるいは、有償の場合であれば、納税者が正当と考えるオプションの評価額が想定される以上、課税上許容され得る評価方法のガイドラインを作成するか、どちらがより現実的であろうか。

---

23) 一般に従業員ストック・オプションに係る新株予約権については、新株予約権に係る公正な評価額を勤務対象期間において費用計上することを前提に、従業員等に対する役務提供の対価として、新株予約権に係る金銭の払込みに代えて報酬債権をもって相殺する方法により発行されるが、譲渡制限の付されている場合にのみ、株式の発行法人は、法人税法上、付与を受けた従業員等について権利行使時に給与等課税事由が生じたときには、当該課税対象額について役務提供に係る費用の額として損金に算入することができるためである。法人税法54条《新株予約権を対価とする費用の帰属年度の特例等》1項及び法人税法施行令111条の2《給与等課税事由を生ずべき所得の種類》2項参照。そして、更に当該新株予約権に譲渡制限が付されている場合には、付与を受けた従業員等が権利行使するまで所得税の課税関係が生じないためである。国税庁質疑応答事例「金銭の払込みに代えて報酬債権をもって相殺するストックオプションの課税関係」https://www.nta.go.jp/shiraberu/zeiho-kaishaku/shitsugi/shotoku/02/33.htm（平成26年9月8日現在）参照。
24) 前掲注4参照。
25) 佐瀬和宏「ストックオプションの税務」（AZX Super Highway）http://www.azx.co.jp/blog/?p=479（平成26年9月8日現在）参照。
26) 当該新株予約権にいろいろな制限を付加することにより、評価額を低くすることができるといわれている。例えば、「有償ストックオプションの活用」（資本政策.com）http://www.shihonseisaku.com/stockoptionkatihyouka/（平成26年9月8日現在）、「未上場オーナー向けオプション」（PLUTUS CONSULTING）http://www.plutuscon.jp/services/article/80/（平成26年9月8日現在）など参照。
27) 新株予約権の買い手である個人については、時価との差額に対して所得税が課され、発行法人と個人間に雇用関係等があれば、給与所得となり、雇用関係等がなければ一時所得となるものと考えられる。なお、渡辺徹也教授も「わが国でも、実際に市場で取引されるストック・オプションが出てきた場合などは、オプションの時価が容易に評価できることになるため、所得税法36条に基づいて、付与時段階で課税する余地が残されていると解しておきたい」と今後の状況変化によりストック・オプションの付与時課税が可能となるべきことを示唆されている。渡辺徹也「引き抜き防止」佐藤英明編著『租税法演習ノート［第3版］―租税法を楽しむ21問』（弘文堂、2013年）205頁参照。

なお，平成26年度の税制改正では，発行法人から与えられた株式を取得する権利のうち所得税法施行令84条の対象となるような譲渡制限等の付されたものを発行法人自体へ譲渡する場合の収入金額について，それまでの譲渡所得としての取扱いを改め，本来の権利行使の際の取扱いと同様な所得区分とみなす改正が行われた[28]が，これについては，米国では，既に1978年には前記1に述べたように，付与時に現に確認可能な公正市場価格がない場合においても，当該権利行使が行われる以前に当該オプションが当該オプションの付与法人を含む独立当事者間取引により譲渡されたときには，納税者の選択により，その時点で対価として受け取られた現金等の資産によって権利行使が行われたものとみなせることが規則として成文化されている[29]。このように米国におけるストック・オプション税制は，長い運用の歴史に裏付けされたものであり，我が国の今後のストック・オプション税制について再検討する際には大変参考になるものと考えられる。

　また，我が国企業の事業活動のグローバル化を踏まえれば，ストック・オプション税制のように長期にわたり課税の繰延べが行われる場合には，受益者である従業員等がその契約期間内において我が国の納税義務者であったり，なかったりすることが考えられ，その際の国際的な二重課税の防止が課題であろう[30]。その意味で，国際的な取扱いと可能な限り整合性のあるストック・オプション税制を目指す必要があるといえよう。ちなみに，2014年2月に米国議会下院歳入委員会（U. S. House Committee on Ways and Means）のDave Camp委員長（ミシガン州選出・共和党）から提案された，税制を簡素化するとと

---

28) 財務省『平成26年度税制改正の解説』http://www.mof.go.jp/tax_policy/tax_reform/outline/fy2014/explanation/pdf/p0138-0212.pdf（平成26年9月8日現在）185〜188頁参照。
29) 前掲注9参照。
30) 例えば，国税庁質疑応答事例「米国支店に出向中の従業員が税制適格ストックオプションを行使して取得した株式を譲渡した場合」https://www.nta.go.jp/shiraberu/zeiho-kaishaku/shitsugi/shotoku/02/34.htm（平成26年9月8日現在），同「非居住者である役員が税制適格ストックオプションを行使して取得した株式を譲渡した場合」https://www.nta.go.jp/shiraberu/zeiho-kaishaku/shitsugi/shotoku/02/36.htm（平成26年9月8日現在）など参照。

もに税収増を図るための米国内国歳入法の改正検討案では，非適格ストック・オプションについては，課税適状時期をこれまで一般的であった権利行使時から実質的権利確定時に前倒しすることが提案されている[31]。Camp委員長が2014年末で退任することなどから，当該提案が実際に法改正に結び付くか否かは定かではない[32]ものの，仮に法律化されれば，非適格ストック・オプションに係る課税上の取扱いに関する彼我の差は，顕著になるものと考えられる。

---

31) 前掲注2参照。
32) 今村卓「ワシントンDC共和党議員が銀行課税提案反応した金融界の深謀遠慮」週刊エコノミスト，2014年4日8日特大号，http://www.weekly-economist.com/2014/04/08/ワシントンdc-2014年4月8日特大号/（平成26年9月8日現在）参照。なお，米国における税制改革の今後の方向性については，Mary Burke Baker, et al., 'Tax Policy Issues Prepare for a Rumble on the Gridiron', K & L Gates LLP, 26 August 2014, http://www.klgates.com/tax-policy-issues-prepare-for-a-rumble-on-the-gridiron-08-26-2014/（平成26年9月8日現在）に詳しい。

第1章 税務への金融工学的アプローチ　51

第3節　トータル・リターン・スワップの課税上の取扱いについて
──期末時価評価は万能か？──

1. はじめに

　金融派生商品（デリバティブ）のうち信用リスク（credit risk）を取引対象とするクレジット・デリバティブ（credit derivatives）の一種であるトータル・リターン・スワップ（total return swap；以下，「TRS」という。）については，契約形態によっては，利益の繰延べ等の手段となり得る性格があるとして，米国内国歳入庁（IRS）によって濫用的なタックス・シェルター等に該当し得る取引（listed transactions）の一つとしてリストアップされている[1]。これは，米国税制上，デリバティブ取引のディーラー等を除く一般の納税者については，我が国のように期末時価評価の強制が行われていないことが一つの原因であるものと考えられる。

　また，例えば，一般的な金利スワップが変動金利と固定金利との，いわばフロー・ベースのスワップ取引であり，取引形態も市場流通性が高く標準化された先物取引タイプのものもある[2]のに対して，TRSは，契約期間における参照資産の利息や配当等のフローだけでなく，ストック・ベースの参照資産自体のキャピタル・ゲイン又はロスをも含めた総合的な運用利回りと特定の支払との全体的（total）なスワップ取引[3]であり，契約形態も個別性が強い相対取引であるというTRSの特徴も，タックス・シェルターに濫用されやすい理由の一つであろう。

---

1)　IRS（2004）Notice 2004-67 "Listed Transactions" Sec. 2. "Current Listed Transactions", Item（15）"Notice 2002-35", 2004-41 I.R.B. 601 参照。なお，ここで「2004-41 I.R.B. 601」は，Internal Revenue Bulletin No. 2004-41, p. 601 を表している。以下，同じ。おって，リストアップされている取引は，正確には，特定のTRSを含む一定の想定元本取引（本文3の(1)参照）である。
2)　例えば，金融先物取引所における円金利スワップ先物など。

このような期間損益操作等に濫用されやすい性格を踏まえ，デリバティブ取引については，企業会計の透明性を一層高めていくために，「金融商品に係る会計基準」(企業会計審議会，平成11年1月22日)において時価会計によることが求められ，それを受けて，法人税法にも平成12年度改正において同法第61条の5《デリバティブ取引に係る利益相当額又は損失相当額の益金又は損金算入等》の規定，いわゆる「みなし決済」による期末時価評価規定が導入された経緯がある。しかし，後述するとおり，多額の一括支払が行われるスワップ取引については，通常，時間価値(time value)と呼ばれる利息相当額の認定面で，課税上，期末時価評価のみでは解決できない問題点が存在しているものと考えられる[4]。本節では，TRSに着目しつつ[5]，スワップ取引に係る上記のような期末時価評価自体の限界について，米国における関連税制の動向等を参考にしながら，具体例に基づき明らかにすることとしたい。

---

3) TRSの具体な取引例としては，次のようなものが考えられる：
   ・参照資産＝A社発行社債（期間5年，クーポン・レート2%，年2回後払い）
   ・契約期間＝2年
   ・変動金利＝6ヶ月ものLIBOR＋0.25%
   ・参照資産の時価変動＝TRSの終了日に一括で現金決済

   この例では，半年ごとに信用リスクに投資する側（レシーバー）は2%（クーポン相当額）を受け取り，LIBOR＋0.25%を支払うこととなる。2年が経過してTRSが終了した時点で，参照資産である社債は，残存期間がまだ3年間あることから，終了日時点における社債の時価は，その時の金利水準によって上昇又は下降することとなる。そこで，当該時価変動相当額が終了日の一括決済となっており，取引開始時の社債の時価（参照価格）に比べて契約終了日の時価が上昇していれば上昇分をレシーバーが受け取り，下落していれば下落分をレシーバーが支払うこととなる。また，契約期間中にA社にデフォルト等のクレジット・イベントが発生すればTRSは，その時点で終了し，その時点における参照資産の時価と参照価格の差がレシーバーから相手側（ペイヤー）に支払われる。河合裕子＝糸田真吾『クレジット・デリバティブのすべて』（財経詳報社，平成17年）38頁参照。
4) なお，デリバティブ取引に係る平成12年度の抜本的な税制改正の後に残された未解決の税制上の問題としては，①所得課税において所得の種類の変更を自由に行うことが可能となっている点や②国際間の課税権の調整を行う際の基準となっている所得源泉地の決定を困難にしている点が既に指摘されている。駒宮史博「デリバティブと所得課税」金子宏編著『21世紀を支える税制の論理 第2巻 所得税の理論と課題〔二訂版〕』(税務経理協会，平成13年) 157頁以下参照。
5) TRSは，他の金利スワップ，通貨スワップなどのフロー・ベースのスワップ取引や商品スワップ，エクイティ・スワップなどのストック・ベースのスワップ取引を包含するより一般的なスワップ取引であると考えられる。

2．我が国における TRS の税法上の取扱いの概要

　TRS については，所得税法上，特段の取扱いは規定されていない。したがって，所得金額の計算の通則を定めた同法第 36 条《収入金額》，第 37 条《必要経費》及び第 38 条《譲渡所得の金額の計算上控除する取得費》の規定が適用されるものと考えられる[6]。

　資産税関連でも TRS については，財産評価基本通達においても特段の取扱いは規定されていないことから，同通達 5《評価方法の定めのない財産の評価》又は同 6《この通達の定めにより難い場合の評価》に基づいて評価されるものと考えられる[7]。

　そこで，下記 4 以下においては，TRS 等のデリバティブ取引について具体的な取扱いを規定している法人税法に基づいて専ら検討することとするが，その前に，デリバティブ取引で長い歴史を有する米国における TRS 関連税制を主に租税回避防止策の面から概観しておくこととする。なお，米国における当該税制のその他の点については，我が国における取扱い等の説明内容

---

[6] 平成 16 年 12 月 17 日付東京国税局審理課長文書回答「事業又は不動産貸付業を営む個人が取得した金利キャップ・オプションに係る所得税法上の取扱いについて」では，想定元本取引（本文 3 の(1)参照）の一種であるキャップ取引について，ヘッジ目的の「負担軽減キャップ・オプション」の場合には，時価評価することなく，①超過金利相当額の受取が確定した日の年分の事業所得及び不動産所得の金額の計算上，総収入金額に算入する，一方，②当該オプション料については，当該契約期間に合理的に配分して各年分の必要経費に算入するという照会者の会計処理が認容されている。そして，当該文書回答において当該照会に関係する法令条項等としては，「所得税法第 36 条，37 条ほか」とされている。また，租税特別措置法第 41 条の 14《先物取引に係る雑所得等の課税の特例》においては，金融先物取引所において取引される標準化された上場金利スワップ取引である円金利スワップ先物等に係る源泉分離課税の特例が規定されている。

[7] 平成 16 年 12 月 21 日付資産評価企画官情報第 4 号「資産税関係質疑応答事例について（情報）」の第 4 項《金利スワップ（デリバティブ）の純資産価額計算上の取扱い》では，金利スワップ取引（デリバティブ取引）を開始した法人について法人税法上のみなし決済（時価評価）に基づくデリバティブ資産・負債が計上されている場合において，純資産価額方式によって当該法人の株式を評価するときには，当該デリバティブ資産・負債は，無視すべきこととされている。この取扱いは，それらが単なる評価損益であることから確実な資産・負債とはいえないことを理由としている。ただし，類似業種比準価額方式によるときには，その基準となる純資産価額計算上は，法人税法上の利益積立金を基に計算することとしている（評基通 182(3)）ことから，デリバティブ資産・負債を資産・負債に含めることとされている。

に応じ，それらに関連する事項について更に付言することとしたい。

3．米国における TRS の税法上の取扱いの概要
(1) 想定元本取引

　米国内国歳入法上，TRS の取扱いは，内国歳入規則 1.446-3 条[8]《想定元本取引》(以下，「現行規則」という。) に具体的に規定されている[9]。この想定元本取引 (notional principal contract；以下「NPC」という。) は，「一方の当事者が他方の当事者に特定の間隔で，ある想定元本額に係る特定の指標 (specified index) に基づいて計算された金額を，特定の対価と交換に，又は同様の金額を支払う約束と交換に支払うことを規定している金融商品 (financial instrument) である」と定義されており (同条(c)(1)(i)項 (NPC の一般的な定義))，具体例として，金利スワップ，通貨スワップ，ベーシス・スワップ[10]，商品スワップ，エクイティ・スワップ[11]，エクイティ・インデックス・スワップ[12]などのスワップ取引のほか，金利キャップ取引や金利フロア取引などの継続的な金利オプション取引

---

8) 当該規定は，納税者がその会計帳簿に記帳する上で通常所得を計算する会計方法に基づいて計算されるべきことを規定する内国歳入法第 446 条《会計方法の一般規則》における財務省長官の規則制定権 (同条(b)項《例外規定》) に基づくものである。
9) TRS が不確定不定期支払 (contingent nonperiodic payment) のある NPC として位置づけられる点については，Thomas R. Popplewell and William B. Freeman (2005) "Contingent Notional Principal Contracts: No More Wait-and-See?" http://www.andrewskurth.com/pressroom-publications-104.pdf (平成 27 年 2 月 11 日現在) 参照。
10) ベーシス・スワップとは，異なる変動金利間の金利スワップ取引をいう。例えば，1ヶ月もの米ドル建て LIBOR と 6ヶ月もの米ドル建て LIBOR の交換などがある。米国以外では，対象となる変動金利が少なく，余り一般的ではない。http://riskencyclopedia.com/articles/basis-swap/ (平成 27 年 2 月 11 日現在) 参照。
11) エクイティ・スワップ (equity swap) は，少なくとも当事者の一方のキャッシュ・フローが特定の株式又は複数の株式のバスケットの運用成績を指標として構成された NPC である。http://www.finpipe.com/equity-swaps-cash-flows/ (平成 27 年 2 月 11 日現在) 参照。配当等の遣り取りがない点で TRS とは異なるが，TRS の特殊な形態とみることもできよう。なお，エクイティ・スワップは，我が国における旧有価証券取引税のような流通税や配当課税を実質的に避ける目的で用いられることが指摘されている。http://en.wikipedia.org/wiki/Equity_swap 参照。
12) エクイティ・インデックス・スワップ (equity index swap) は，S&P 500 株価指数やダウ・ジョーンズ株価指数を指標として構成された NPC を指すものと考えられる。上掲注 11 のエクイティ・スワップに含められる場合もある。

が例示されている（同項）。

(2) 租税回避的な NPC への対応策

租税回避的な NPC を防止あるいは摘発するための仕組みとしては，まず，ある納税者とその特定事業単位[13]（qualified business unit）との間や同一の納税者の特定事業単位間において NPC 類似の合意があったとしても，「自分自身とは契約を締結できない」ことから NPC には該当しないものとされている（現行規則(c)(1)(i)項）。これは，例えば，本支店間における国際的なスワップ取引類似行為を規制するものと考えられる。

また，NPC の一般的な濫用防止規定が現行規則に定められている。これは，もしも，納税者が「所得に重大なゆがみを生じさせるために［現行規則］の規定を適用することを主な目的として当該取引を行った」場合には，IRS は，現行規則の規定には捕らわれずに「当該取引に係る収入及び控除の適切な計上時期を反映するために必要とされるよう」な方法で課税を行うというものである（現行規則(i)項《濫用防止規定》）。

さらに，NPC 等のデリバティブ取引が課税上問題である場合には，一般に，租税回避行為を規制するための次のような課税当局による否認規定が適用されることになる[14]：

① 租税回避を動機とした特定の取引の場合

内国歳入法 269 条《所得税を回避するために行われる企業買収》

② 納税者の会計処理方法が所得を明確に反映していない場合

---

13) 特定事業単位とは，「ある納税者の事業に係る分離され，かつ明らかに識別された事業単位であって，区分された会計帳簿等を保持しているもの」と定義されている（内国歳入法 989 条(a)項《関連事業者》）。
14) Alvin C. Warren（2004）"U.S. Income Taxation of New Financial Products", Journal of Public Economics Vol. 88, pp. 899-923, http://elsa.berkeley.edu/~burch/Warren.pdf （平成 27 年 2 月 11 日現在），p. 40 参照。なお，当該論文は，新しい金融商品全般に関する米国における課税上の取扱いについて総括するとともに，関連する諸問題に対する種々のアプローチを紹介し，今後の検討の方向性について，①時価評価による課税（mark-to-market taxation）の全般的な採用，②公式による課税（formulaic taxation）の拡充，③課税庁による広範な否認規定の整備などを提案しているなど，大変示唆に富む内容のものである。

同法446条(b)項（納税者の会計方法が所得を明確に反映しない場合の課税当局の見解に基づく課税所得の計算）

③　契約当事者が事業関係者である場合

同法482条《納税者間における収入額及び控除額の配分》

④　特定の複数当事者による導管的取引（multi-party conduit transaction）である場合

同法7701条(1)項《導管取引[15]（conduit arrangements）に関連する規則制定権》

そして，最終的には，課税訴訟において，①虚偽取引（sham transaction）の禁止，②事業目的の必要性，③実質優先主義（substance-over-form），④経済的実質（economic substance）の必要性[16]などこれまでに認められてきた租税回避否認に関する法理に基づいて，その適法性が争われることとなる[17]。

(3)　契約当事者等に係る指標の不適用

上記(1)の定義にあるとおり，NPCとして取り扱われるためには，支払額が特定の指標に基づいて計算されなければならないが，特定の指標として，確定している固定利率等や取引に通常用いられる金利インデックス以外の指標を用いる場合には，当該指標は，客観的な財務情報（objective financial information）に基づくものでなければならないものとされている（現行規則1.446-3条(c)(2)(iii)項（客観的な財務情報に基づく指標））。そして，当該客観的な財務情報は，当該契約のいずれかの当事者によってコントロールすることができるものであってはならず，また，例えば，一方の当事者（当該当事者の子会社や連結納税対

---

15)　導管取引とは，複数の当事者が参加する金融取引であって，例えば，一部の当事者に係る配当等の支払額が当初は多く，その後減少するように仕組まれている（fast-pay arrangement）など利益操作に用いられる可能性のある取引をいう（内国歳入規則1.7701(1)-3条《早期支払型株式（fast-pay stock）を含む金融取引の再構成》参照）。

16)　経済的実質の意味としては，①当該取引について一定の税引き前利益が確保されること，②課税面における利益とその他の面における利益との間で量的比較が可能であることが挙げられる（前掲注14，同論文同頁参照）。

17)　前掲注14，同論文同頁参照。米国における一般的な否認法理については，岡村忠生「税負担回避の意図と二分岐テスト」税法学543号（日本税法学会，2000）13頁参照。

象グループ法人などの事業関係者を含む。）の配当，利益，株価など，当該当事者の環境に固有のものであってもならないものとされている（同(4)(ii)項《客観的な財務情報》）。したがって，指標を操作することによって恣意的なキャッシュ・フローを生成するようなNPCを現行規則で許容されるように構成することはできない仕組みとなっている。

4．TRSの法人税法上の位置付け

　法人税法第61条の5第1項は，「内国法人がデリバティブ取引（金利，通貨の価格，商品の価格その他の指標の数値としてあらかじめ当事者間で約定された数値と将来の一定の時期における現実の当該指標の数値との差に基づいて算出される金銭の授受を約する取引又はこれに類似する取引であって，財務省令で定めるものをいう。…）を行った場合において，当該デリバティブ取引のうち事業年度終了の時において決済されていないもの…があるときは，その時において当該未決済デリバティブ取引を決済したものとみなして財務省令で定めるところにより算出した利益の額又は損失の額に相当する金額は，当該事業年度の所得の金額の計算上，益金の額又は損金の額に算入する」として，未決済デリバティブ取引については，原則的に期末時価による評価損益を認識すべきことを定めている。同条を受けて法人税法施行規則第27条の7《デリバティブ取引》第1項第6号は，「銀行法施行規則第13条の2第1項第6号に規定するクレジットデリバティブ取引」としてクレジットデリバティブ取引がデリバティブ取引に含まれることを規定している。

　しかるに，銀行法施行規則第13条の2《金融等デリバティブ取引》第1項第6号は，「当事者が元本として定めた金額について，当該当事者間で取り決めた者の信用状況等を反映する利率又は価格に基づき金銭の支払を相互に約する取引，当該当事者間で取り決めた者の信用状態等に係る事象の発生に基づき金銭の支払又は財産の移転を相互に約する取引その他これに類似する取引」をクレジットデリバティブ取引と規定している。そして，平成18年金融庁告示第19号「銀行法第十四条の二の規定に基づき，銀行がその保有する資

産等に照らし自己資本の充実の状況が適当であるかどうかを判断するための基準」第1条《定義》第17号（クレジット・デリバティブ）において，同告示におけるクレジット・デリバティブの意義は，上記の法人税法施行規則と同じく銀行法施行規則第13条の2第1項第6号に規定する取引であるとされ，さらに，同告示第79条の2《カレント・エクスポージャー方式》第3項第1号ロ（クレジット・デリバティブの掛目）において，TRSがクレジット・デフォルト・スワップ[18]とともに，当該クレジット・デリバティブに分類されることが示されている[19]。

結局，TRSは，法人税法施行規則第27条の7第1項第6号に該当することとなり，したがって，同条第3項第5号において，「前各号に定める金額に準ずる金額として合理的な方法により算出した金額」が，TRSが未決済デリバティブ取引である場合における利益の額又は損失の額に相当する金額とされることとなる。具体的には，取引形態の類似性から同項各号のうちスワップ取引等の取扱いを定めた同項第1号に基づき，「金利先渡取引，為替先渡取引，直物為替先渡取引，スワップ取引及び先物外国為替取引につき，これらの取引により当事者間で授受することを約した金額（その金額が事業年度終了の時において確定していない場合には，金利，通貨の価格，有価証券市場における相場その他の指標…の予想される数値に基づき算出される金額）を事業年度終了の時の現在価値に割り引く合理的な方法により割り引いた金額」に準じて合理的な方法により算出した金額により評価されるものと考えられる。

---

[18] クレジット・デフォルト・スワップは，クレジットデリバティブ取引の一種であり，法人税基本通達2―3―40《債務保証等類似デリバティブ取引の意義》において，「当事者の一方が第三者の債務不履行，自然災害その他これらに類する特定の事実が生じた場合に一定の金銭を支払うことを約し，他方の当事者がその対価としてプレミアムを支払うことを約するデリバティブ取引」と説明されている債務保証等類似デリバティブ取引に該当する取引である。

[19] TRSについては，その性格的には，法人税法施行規則第27条の7第1項第7号の「銀行法施行規則第13条の2第1項第7号に規定するスワップ取引」に分類することも考えられよう。ただし，いずれにしても，TRSの課税上の取扱いは，本文後述のとおり，スワップ取引に準じて行うべきものと考えられる。

5．TRSのみなし決済金額の取扱い

上記4を受けて，法人税基本通達2—3—39《みなし決済金額》は，TRSのように，その性格上，非上場であり，取引システムの気配値もないデリバティブ取引については，①事業年度終了の時に決済したものとみなしたところにより算出する利益の額又は損失の額に相当する金額（みなし決済金額）の算出が可能なもの（同通達第(3)項）と②みなし決済金額の算出が困難なもの（同第(4)項）とに区分して，その取扱いを次のとおり定めている：

(1) みなし決済金額の算出が可能な場合

デリバティブ取引のみなし決済金額を算出する専担者又は専担部署（関係会社を含む。）を有する等により常時みなし決済金額を算定している法人が行うデリバティブ取引については，下記イ又はロに掲げる金額とし，それ以外の法人が行うデリバティブ取引については下記ロに掲げる金額をみなし決済金額とする。

　イ　当該デリバティブ取引の見積将来キャッシュ・フローを現在価値に割り引く方法，オプション価格モデルを用いて算定する方法その他合理的な方法で，法人があらかじめ定めている方法により算出した金額
　ロ　銀行，証券会社，情報ベンダー等から入手した金額（上記イの方法に基づいて算定されたこれらの者の提示価額に限る。）

(2) みなし決済金額の算出が困難な場合

　イ　債務保証等類似デリバティブ取引[20]のとき

みなし決済金額はないものとする。この場合において，法人が債務保証等類似デリバティブ取引について支払を受ける又は支払うプレミアムの額は，期間の経過に応じて益金の額又は損金の額に算入する。

---

20)　前掲注18参照。

ロ　上記イ以外のデリバティブ取引で，市場価格のない株式の価格に係る数値，信用リスクに係る数値，気温等の気候の変動に係る数値，地震等の災害の発生に係る数値その他の算定をすることが極めて困難な数値を基礎数値とするデリバティブ取引のとき

　みなし決済金額はないものとする。この場合において，当該デリバティブ取引については，授受をする金銭等の価額をもってその授受の都度資産又は負債に計上し，当該資産又は負債に計上した金額は，当該デリバティブ取引の消滅が確定した日の属する事業年度の益金の額又は損金の額に算入する。

　以下，一般的なTRSを前提とすれば，当該TRSが経済取引として成立するためには，少なくとも契約成立時点において，TRSの売り手と買い手の両当事者において当該TRSに係る将来キャッシュ・フローを合理的に算定するための評価が個別的かつ具体的に行われるはずであり，それに準じて未決済デリバティブの時価評価が可能と考えられることから，通常，上記(2)には該当せず，上記(1)の対象となるものと考えられる。ただし，例えば，時の経過によりTRSの原資産の信用リスクが異常に高まった場合など，時価評価が困難となる場合も想定されるところであり，そのような場合には，上記(2)の対象となることから，評価損益は認識されないこととなる。以下の検討においては，議論を簡明とするため，TRSが時価評価可能であるものと仮定する。

　なお，企業会計上，クレジットデリバティブ取引については，平成12年1月31日付「金融商品会計に関する実務指針」（日本公認会計士協会会計制度委員会報告第14号）第104項《時価のないデリバティブ取引の会計処理》において，「非上場デリバティブ取引の時価評価に当たっては最善の見積額を使用するが，取引慣行が成熟していないため内容が定まっていない一部のクレジット・デリバティブ，ウェザー・デリバティブ等で公正な評価額を算定することが極めて困難と認められるデリバティブ取引については，取得価格をもって貸借対照表価額とする」こととして，時価評価の例外としてよいことが示

されている。さらに，同第138項《クレジット・デリバティブ及びウェザー・デリバティブの会計処理》において，「クレジット・デリバティブ及びウェザー・デリバティブのうちデリバティブの特徴を満たし，市場価格に基づく価額又は合理的に算定された価額がある場合には当該価額をもって評価する。ただし，クレジット・デフォルト・オプション[21]のうち市場価格に基づく価額又は合理的に算定された価額がないものについては，債務保証に準じて処理する」こととされており，債務保証等類似デリバティブ取引に係る上記通達の規定は，当該取扱いを踏まえたものであるものと考えられる[22]。

6．一括支払型スワップ取引に係る課税上の問題点

　TRSに係る参照資産のキャピタル・ゲイン又はロスの部分について確定後一括して支払われる場合には，当該一括支払額自体が変動することとなるが，下記(2)のイに述べるとおり，米国においては，そのような不確定な一括支払額の取扱いが課税上の大きな課題となっている。

　我が国においては，TRSは，通常のスワップ取引と同様に，上記5の(1)のイに示したとおり，当該デリバティブ取引の見積将来キャッシュ・フローを現在価値に割り引く方法（以下「割引現在価値法」という。）を基礎として期末時価評価されるものと考えられ，上記のような一括支払額の変動については，当然に当該期末時価評価額に織り込まれるものと考えられる。

　しかし，下記(2)のイに述べるとおり，米国においては，多額な一括支払のあるスワップ取引について我が国におけるように単に期末時価評価によるだ

---

21) クレジット・デフォルト・オプションは，クレジット・デフォルト・スワップと同義であるが，プレミアムの支払が前払いで行われる場合には，前者が用いられ，プレミアムの支払が契約期間に渡って支払われる場合には，後者が用いられる傾向にある。Janet Tavakoli "Introduction to Credit Derivatives and Credit Default Swaps" http://www.tavakolistructuredfinance.com/cds/（平成27年2月11日現在），p.2参照。
22) 我が国においては，明確な基準がないことから，実務上，クレジット・デフォルト・スワップが保証として取り扱われる場合とデリバティブ取引として取り扱われる場合とがあり，企業会計上も処理方法が区々である点については，秋葉賢一「デリバティブ類似取引の会計処理―クレジット・デリバティブとコミットメント・ラインについて―」金融研究19巻1号（日本銀行金融研究所，2000）130頁参照。

けでは，利息認定面で課税上の弊害があることが指摘されている。そこで，以下，一括支払型のスワップ取引の取扱いに関して，課税上どのような問題点があるのか，具体的に紹介し，明らかにすることとしたい。

以下では，まず，その検討の基礎として割引現在価値法に基づくスワップ取引の基本的な期末時価評価方法について具体例に基づき解説し，その後，不確定な一括支払額の取扱いに特有の部分について検討することとする。

(1) 割引現在価値法によるスワップ取引の評価方法

スワップ取引には，交換対象物が商品であるような商品スワップや金利(に基づくキャッシュ・フロー)であるような金利スワップなどが考えられる。スワップ取引のうち最も一般的な契約形態は，プレーン・バニラ・スワップ（plain vanilla swap）と呼ばれるものであり，これは，契約の一方の当事者が固定支払の系列を他方の当事者の変動支払の系列と交換するものである[23]。ここでは，金利に係るプレーン・バニラ・スワップ（以下，「プレーン・バニラ型金利スワップ」という。）について具体的な事例に基づき，その税務会計上の評価方法を時系列的に解説する。

イ　プレーン・バニラ型金利スワップの時価評価方法

プレーン・バニラ型金利スワップの時価評価額を決めるのは，評価時点における「金利の期間構造」[24]と呼ばれる，契約期間の各年分に係るスポット・レート[25]の状況である。例えば，スワップ契約の当事者Ａが変動金利の支払系列を当事者Ｂの固定金利の支払系列と交換する[26]契約期間3年のプレーン・バニラ型金利スワップにおいて，当該期間構造が（0.38％，0.82％，1.15％）

---

[23] デービッド・G・ルーエンバーガー（今野浩ほか訳）『金融工学入門』（日本経済新聞社，2004）345頁。なお，本文に掲げたプレーン・バニラ型金利スワップの評価方法については，同書347頁参照。

[24] 金利の期間構造の詳細については，上掲注23，同書90頁〜94頁参照。

[25] 年複利の下でのスポット・レートとは，1単位の資金をt年間保有したときにそれが，$(1+s_t)^t$倍になるようなs_tのことをいう。これを言い換えると，ある時点におけるt年満期の割引債（又はゼロ・クーポン債）の年複利で表した利回りであるということができる。前掲注23，同書90頁〜91頁参照。

[26] つまり，Ａは，変動利息を支払い，固定利息を受け取ることとなる。Ｂは，その逆である。

（例1-1）プレーン・バニラ型金利スワップの価値（契約当初）

単位・円

No. ①	年 ②	スポット・レート ③	割引率 ④	想定短期金利 ⑤	想定元本額 ⑥	変動利息見積額 ⑦	変動利息現在価値 ⑧	固定利率（算定額）⑨	固定利息見積額 ⑩	固定利息現在価値 ⑪
1	2006	0.0038	1.0038	0.0038	1,000,000	3,763	3,749	0.0115	11,473	11,430
2	2007	0.0082	1.0165	0.0127	1,000,000	12,728	12,521	0.0115	11,473	11,286
3	2008	0.0115	1.0350	0.0181	1,000,000	18,144	17,531	0.0115	11,473	11,085
計						34,635	33,801		34,418	33,801

⑫Aにとっての時価評価額　0　⑯Bにとっての時価評価額　0

（注）各項目の値は，以下のとおり：
③スポット・レート　＝契約期間の始期における各年ものの割引債（又は，ゼロ・クーポン債）の利回り（年複利）に相当する値
④割引率　＝(1＋③)^①
⑤想定短期金利　＝(その年の割引率④)／(前年の割引率④)－1
⑥想定元本額　＝百万円
⑦変動利息見積額　＝⑤×⑥
⑧変動利息現在価値　＝⑦／④
⑨固定利率（算定額）＝変動利息現在価値⑧の合計額と固定利息現在価値⑪の合計額が等しくなるように定めた利率
⑩固定利息見積額　＝⑨×⑥
⑪固定利息現在価値　＝⑩／④
⑫Aにとっての時価評価額＝(Aの受取額の現在価値)－(Aの支払額の現在価値)＝(⑪の合計額)－(⑧の合計額)＝－⑯

であるようなスワップの場合，仮に想定元本額が百万円であるときの契約時点における評価損益を**例1-1**に示す。なお，計算を簡略化するため，両当事者の事業年度は，ともに暦年ベースであり，当該スワップの契約期間は，2006年の期首から始まるものとする。また，支払は，期首現在の短期金利に基づいて差引正味金額が期末に支払われるものとする。

(イ) 契約時

　表等の見方について，若干，補足説明する。表中の「スポット・レート」は，「金融商品会計に関する実務指針」（会計制度委員会報告第14号，平成12年）第102項《非上場デリバティブ取引の時価評価》第(2)号（割引現在価値による方法）において，「類似する取引に気配値のないデリバティブ取引については，将来キャッシュ・フローを見積もり，それを適切な市場利子率で割り引くことにより現在価値を算定する」ものとしているが，その「適切な市場利子率」

に該当するものである。なお，スポット・レートは，同号にあるように「金利スワップの気配値等を参考にして」求めることができる[27]。

また，各年分のスポット・レートが決まることによって，各年ごとに将来キャッシュ・フローを現在価値に割り引くための「割引率」が表の注書④に示した算式により求められ，さらに，前年分と当年分の当該割引率から当年分の1年もののスポット・レートに相当する「想定短期金利」を注書⑤の算式により求めることができる。

なお，この例で分かるように，固定金利を調整する（つまり，約1.15％とする）ことにより，変動利息の契約時点における現在価値の合計額と固定利息の契約時点における現在価値の合計額を等しくすることが可能である[28]。したがって，Aにとっても，Bにとっても当該スワップ取引の契約開始時点における時価評価額は0円となる（項目⑫及び⑯）。

㈹　1年目決算時

つぎに，2006年末における当該スワップに係る会計処理について説明したものが例1-2である。以下，短期金利が想定されたとおりに，実際に推移す

---

[27] 金利スワップは，途中の支払がある点で割引債とはキャッシュ・フローが異なる点を調整する必要がある。金利スワップの気配値（「スワップ・レート」と呼ばれる）からスポット・レートを求める具体的な方法は，固定レート側のキャッシュ・フローと変動レート側のキャッシュ・フローが等価であるとみなして，LIBOR等の既知の値から順次かつ段階的に個々のスポット・レートを算出するものであるが，詳細については，田渕直也『図解でわかるデリバティブのすべて』（日本実業出版社，2004年）93頁〜103頁参照。ちなみに，本設例のスポット・レートは，平成18年4月ごろの金融データに基づき当該方法によって算定したものである。

[28] 両当事者のキャッシュ・フローがバランスするような固定利率は，変動利息側と固定利息側のキャッシュ・フローの現在価値が当初等しいことに着目して，変動利息側のキャッシュ・フローの契約開始時における現在価値を，想定元本額にディスカウント・ファクター（本設例の「割引率」の逆数）の合計額を乗じたもので除算することによって求めることができる。また，その他の方法としては，Microsoft® Office Excelの「ゴールシーク」機能を用いて固定利率欄の値を自動的に変化させて探索し，決定する方法がある。なお，本設例は，後者のゴールシーク機能を用いて作成したものであるが，このゴールシーク機能を用いる方法は，前者のような解析的な分析を行わなくてもよい点で便利であるが，飽くまでも近似解を求める方法である点について留意する必要がある。一方，ゴールシーク機能は，希望する適宜のキャッシュ・フローを実現するようなスワップを構成するためのシミュレーションにおいても活用できる柔軟性のある技法である。おって，ゴールシーク機能の詳細については，同Excelのヘルプ等を参照のこと。

第1章　税務への金融工学的アプローチ　65

（例1-2）プレーン・バニラ型金利スワップの価値（2006年末）

単位：円

No. ①	年 ②	スポット ・レート ③	割引率 ④	想定短 期金利 ⑤	想定 元本額 ⑥	変動利息 見積額 ⑦	変動利息 現在価値 ⑧	固定利率 （算定額） ⑨	固定利率 見積額 ⑩	固定利息 現在価値 ⑪
1	2007	0.0127	1.0127	0.0127	1,000,000	12,728	12,568	0.0115	11,473	11,329
2	2008	0.0154	1.0311	0.0181	1,000,000	18,144	17,597	0.0115	11,473	11,127
計						30,872	30,165		22,945	22,455

⑫Aにとっての時価評価額 −7,710	⑯Bにとっての時価評価額 7,710
⑬Aにとってのスワップ損益 7,710	⑰Bにとってのスワップ損益 −7,710
⑭Aにとっての正味評価損益 −7,710	⑱Bにとっての正味評価損益 7,710
⑮Aにとっての当期損益 0	⑲Bにとっての当期損益 0

（注）追加項目の値は，以下のとおり．
　⑬Aにとってのスワップ損益＝（Aのその年の受取額）−（Aのその年の支払額）＝（直前の例のNo.1の⑩）−（直前の例のNo.1の⑦）＝−⑰
　⑭Aにとっての正味評価損益＝（その年の時価評価額）−（前年の時価評価額）＝（その年の⑫）−（直前の例の⑫）＝−⑱
　⑮Aにとっての当期損益　＝⑬＋⑭＝−⑲

るものと仮定する[29]。

　まず，2006年末時点における当該スワップの時価評価額は，想定短期金利は，変動しないものの，スポット・レートが変動することから，翌年以降の変動利息の期末時点における現在価値の合計額が30,165円となり，一方，固定利息の同時点における現在価値の合計額が22,455円となることから，固定利息を受け取るAにとっては，当該スワップについて7,710円の時価評価損（項目⑭）が発生し，その見合いとして，当該スワップは，7,710円の金融負債（項目⑫）となる。一方，変動利息を受け取るBにとっては，同額の

---

[29]　そのように仮定するためには，当年のスポット・レート・カーブ（一連のスポット・レートを時系列的に表示した曲線）に基づき翌年以降のスポット・レート・カーブを整合的に推定し直さなければならない。具体的には，当年のスポット・レート・カーブは，当年の短期金利から始まっているが，これを翌年のスポット・レート・カーブにおいて翌年の想定短期金利から始まるように修正する必要がある。この予測方式は，「期待ダイナミクス（expectation dynamics）」と呼ばれるが，本設例では，当該方式に基づき各例のスポット・レートに所要の調整を行ってある点に留意されたい。詳細については，前掲注23，同書102頁～108頁参照。

(例1-3) プレーン・バニラ型金利スワップの価値 (2007年末)

単位:円

No. ①	年 ②	スポット・レート ③	割引率 ④	想定短期金利 ⑤	想定元本額 ⑥	変動利息見積額 ⑦	変動利息現在価値 ⑧	固定利率(算定額) ⑨	固定利息見積額 ⑩	固定利息現在価値 ⑪
1	2008	0.0181	1.0181	0.0181	1,000,000	18,144	17,821	0.0115	11,473	11,268
計						18,144	17,821		11,473	11,268

⑫Aにとっての時価評価額 −6,553　⑯Bにとっての時価評価額 6,553
⑬Aにとってのスワップ損益 −1,255　⑰Bにとってのスワップ損益 1,255
⑭Aにとっての正味評価額 1,157　⑱Bにとっての正味評価損益 −1,157
⑮Aにとっての当期損益 −98　⑲Bにとっての当期損益 98

時価評価益及び金融債権となる (項目⑱及び⑯)。

また,期初の想定短期金利 (約0.38%) が固定金利 (約1.15%) よりも低いことから,Aは,Bから互いの支払額の正味差額7,710円を受け取ることができ,したがって,当期における当該スワップに係る受取額から支払額を控除した額 (以下,「スワップ損益」等という。) は,Aにとって7,710円の利益 (項目⑬) となる。この金額は,Aの金融負債額 (項目⑫) と等しいが,これは,この時点で見れば,当期中に受領した金額に見合う現在価値の支払を将来的に行わなければならないことを示している。一方,Bにとっては,Aとは逆に同額のスワップ損失 (項目⑰) 及び金融債権 (項目⑯) となる。

結局,時価評価損益 (項目⑭又は⑱) とスワップ損益 (項目⑬又は⑰) が均衡して,Aにとっても,Bにとっても当該取引に係る当期の総合的な損益 (以下,「当期損益」という。) は,0円となる (項目⑮又は⑲)。

(ハ) 2年目決算時

つぎに,2007年末における当該スワップに係る会計処理について説明したものが例1-3である。想定短期金利は,前年と変わらないが,スポット・レートが前年同様変動することから,翌年以降の変動利息の期末における現在価値は,17,821円となり,一方,固定利息の期末における現在価値は,11,268円となる。したがって,Aにとっては,当該スワップは,6,553円の金融負債

（項目⑫）として評価され，その見合いとして，当該スワップについて同額の時価評価損が発生する。ただし，当該時価評価損については，前期分の時価評価損 7,710 円の洗い替えが行われる[30]ことによって生じる利益 7,710 円と注書⑭の算式により相殺され，結局，当期は，正味 1,157 円の時価評価益（項目⑭）が計上される。一方，Bにとっては，Aとは逆に，当該スワップは，6,553 円の金融債権（項目⑯）として時価評価されるとともに，正味 1,157 円の時価評価損（項目⑱）が計上される。

また，当期は，前期とは反対に，期初の想定短期金利（約 1.27％）が固定金利（約 1.15％）よりも高いことから，Aは，Bに対して互いの支払額の正味差額 1,255 円を支払わねばならず，したがって，当期のスワップ損益は，Aにとっては 1,255 円の損失（項目⑬）となり，Bにとっては，同額の利益（項目⑰）となる。

結局，Aにとっての当該スワップ契約に係る当期損益は，当該スワップに係る正味時価評価益 1,157 円とスワップ損失 1,255 円の差引合計額 98 円の損失（項目⑮）となり，一方，Bにとっては，同額の当期利益（項目⑲）となる。このように，前期とは異なり，AとBの当期損益が 0 円とならないのは，そもそも契約の当初に想定されていた金利の期間構造によって決まるキャッシュ・フローが時価評価損益をも含めて評価すれば，A（固定利息受取側）に不利なものであり，B（変動利息受取側）に有利なものであったことが原因であると考えられる[31]。

(二) 契約期間終了時

最後に，2008 年末における当該スワップの契約期間終了時点における会計

---

[30] 法人税法第 61 条の 5 第 3 項及びそれを受けた法人税法施行令第 120 条《未決済デリバティブ取引に係る利益相当額又は損失相当額の翌事業年度における処理等》参照。

[31] 固定金利を調整することによって，2 期目の当期損益を 0 円とすることは可能である。具体的には，固定金利を約 1.15％から約 1.54％に増加させればよい。しかし，その場合には，契約時の当該スワップの時価評価額は，Aにとって 11,656 円の金融債権（Bにとっての同額の金融負債）となり，キャッシュ・フローは，両当事者間で等価とはならない。なお，後掲注 36 参照。

(例1-4) プレーン・バニラ型金利スワップの価値 (2008年末)			
			単位:円
⑫Aにとっての時価評価額	0	⑯Bにとっての時価評価額	0
⑬Aにとってのスワップ損益	−6,671	⑰Bにとってのスワップ損益	6,671
⑭Aにとっての正味評価損益	6,553	⑱Bにとっての正味評価損益	−6,553
⑮Aにとっての当期損益	−118	⑲Bにとっての当期損益	118

処理について説明したものが**例1-4**である。翌期以降にキャッシュ・フローは無いことから期末における時価評価額は,A,B共に0円である(項目⑫及び⑯)。したがって,Aにとっても,Bにとっても当該スワップは,金融債権又は金融負債とはならず,当該スワップについて時価評価損益も発生しない。ただし,上記(ハ)と同様に,Aにとっては,前期分の金融負債6,553円の洗い替えが行われることによって生じる利益6,553円が計上されることから,当期は,正味6,553円の時価評価益(項目⑭)が計上される。一方,Bにとっては,同額の時価評価損(項目⑱)が計上される。

また,当期は,前期と同様に期初の想定短期金利(約1.81%)が固定金利(約1.15%)よりも高いことから,Aは,Bに対して互いの支払額の正味差額6,671円を支払わねばならず,したがって,当期のスワップ損益は,Aにとっては6,671円の損失(項目⑬)となり,Bにとっては,同額の利益(項目⑰)となる。

結局,Aにとっての当該スワップ契約に係る当期損益は,当該スワップに係る正味時価評価益6,553円とスワップ損失6,671円の差引合計額118円の損失(項目⑮)となり,一方,Bにとっては,同額の当期利益(項目⑲)となる。

(ホ) 検討

上記(ハ)でも触れたように,プレーン・バニラ型金利スワップのような基本的な金利スワップ取引についても,契約開始時において契約の両当事者間で交換されるキャッシュ・フローの時価評価額が等価であるということが,当

当初想定どおり金利水準が推移したとしても、必ずしも契約期間中の当該スワップに係る税法上の損益が両当事者間でバランスすることを保証するものではないことに留意する必要があろう。そして、プレーン・バニラ型金利スワップの場合には、このアンバランスの原因は、専らスポット・レート・カーブ[32]の形状によって決まるスワップ取引のキャッシュ・フローの形状によるものと考えられる。なお、このような点も含め、時価評価に伴う損益に対する課税を避けるため、金利スワップ取引においても、いわゆる特例処理[33]や繰延ヘッジ処理[34]が実務上重要となっているものと考えられる。

以下では、時価評価が行われる場合にも、スワップ取引に係るキャッシュ・フローの形状によって税務上の損益が区々となることについて、一括支払型の金利スワップを例に採って、更に検討することとしたい。

ロ 一括支払型金利スワップの時価評価方法

プレーン・バニラ型金利スワップのバリエーションとして一方の当事者がその支払分を一括して支払う形態がある。当該一括支払が前払又は後払か、あるいは、他方の当事者が変額受取型又は定額受取型か、によって4通りの取引形態が考えられる。

(イ) 具体例

支払方法以外は、上記イと全く同様[35]として上記の各取引形態における各期の会計処理方法を次のとおり例示した。各例の契約当初における変動利息及び固定利息の現在価値の合計額がプレーン・バニラ型金利スワップと同額の33,801円である点に留意されたい。なお、各スワップ取引の下記の呼称は、

---

[32] スポット・レート・カーブについては、前掲注29参照。
[33] 特例処理は、金利スワップを時価評価せず、その金銭の受払の純額等を当該資産又は負債に係る利息に加減して処理すること（金融商品に係る会計基準注解（注14））。なお、これを受けた法人税法上の取扱いについては、法人税法第61条の5第1項、法人税法施行規則第27条の7第2項《金利スワップ取引等の特例処理》、法人税基本通達2—3—38《金利スワップ取引等の特例処理》参照。
[34] 法人税法第61条の6《繰延ヘッジ処理による利益額又は損失額の繰延べ》参照。
[35] ただし、一括前払金については、変動又は固定利息現在価値合計額33,801円が契約開始時に支払われることとなる。

当事者Aからみた支払方法に基づく便宜的なものである。

① 前受け・変額支払型金利スワップ（例2-1～例2-4）
② 前払・定額受取型金利スワップ（例3-1～例3-4）
③ 後受け・変額支払型金利スワップ（例4-1～例4-4）
④ 後払・定額受取型金利スワップ（例5-1～例5-4）

上記の各スワップ取引の当事者Aにとって想定される当期損益を時系列的に示すと次のとおりである。なお，プレーン・バニラ型金利スワップも参考として含めて表示する：

（単位：円）

No.	取引形態	2006年	2007年	2008年	計
①	前受け・変額支払型金利スワップ	0	-384	-323	-707
②	前払・定額受取型金利スワップ	0	286	205	491
③	後受け・変額支払型金利スワップ	0	48	300	348
④	後払・定額受取型金利スワップ	0	-146	-418	-564
参考	プレーン・バニラ型金利スワップ	0	-98	-118	-216

(ロ) 検討

上記(イ)に示したとおり，支払方法が一括支払型になるとプレーン・バニラ型金利スワップと比較して各期の当期損益の絶対額は，全般的に大きくなる傾向にある。これは，当該スワップの各期末における時価評価額が一括支払によるキャッシュ・フローによって想定短期金利の変動の影響をより大きく受けることとなるためであると考えられる。

なお，これらの例からも，上記イの(ホ)で述べたとおり，契約時における各当事者のキャッシュ・フローの現在価値が等しく，かつ，短期金利が当初想定どおり推移したとしても，当該キャッシュ・フローの形状に応じて税法上の当期損益が区々となることが確認できよう[36]。

第1章 税務への金融工学的アプローチ 71

(例2-1) 前受け・変額支払型金利スワップの価値（契約当初）

単位：円

No. ①	年 ②	スポット・レート ③	割引率 ④	想定短期金利 ⑤	想定元本額 ⑥	変動利息見積額 ⑦	変動利息現在価値 ⑧	固定利率（算定額）⑨	固定利息見積額 ⑩	固定利息現在価値 ⑪
1	2006	0.0038	1.0038	0.0038	1,000,000	3,763	3,749	#N/A	33,928	33,801
2	2007	0.0082	1.0165	0.0127	1,000,000	12,728	12,521	#N/A	0	0
3	2008	0.0115	1.0350	0.0181	1,000,000	18,144	17,531	#N/A	0	0
計						34,635	33,801		33,928	33,801

⑫Aにとっての時価評価額　0　⑯Bにとっての時価評価額　0

(注) 各項目の値は，以下のとおり：
　③スポット・レート　＝契約期間の始期における各年ものの割引債（又は，ゼロ・クーポン債）の利回り（年複利）に相当する値
　④割引率　　　　　　＝(1＋③)^①
　⑤想定短期金利　　　＝(その年の割引率④)／(前年の割引率④)－1
　⑥想定元本額　　　　＝百万円
　⑦変動利息見積額　　＝⑤×⑥
　⑧変動利息現在価値　＝⑦／④
　⑨固定利率（算定額）＝変動利息現在価値⑧の合計額と固定利息現在価値⑪の合計額が等しくなるように定めた利率
　⑩固定利息見積額　　＝⑨×⑥
　⑪固定利息現在価値　＝⑩／④
　⑫Aにとっての時価評価額＝(Aの受取額の現在価値)－(Aの支払額の現在価値)＝(⑪の合計額)－(⑧の合計額)＝－⑯

(例2-2) 前受け・変額支払型金利スワップの価値（2006年末）

単位：円

No. ①	年 ②	スポット・レート ③	割引率 ④	想定短期金利 ⑤	想定元本額 ⑥	変動利息見積額 ⑦	変動利息現在価値 ⑧	固定利率（算定額）⑨	固定利息見積額 ⑩	固定利息現在価値 ⑪
1	2007	0.0127	1.0127	0.0127	1,000,000	12,728	12,568	#N/A	0	0
2	2008	0.0154	1.0311	0.0181	1,000,000	18,144	17,597	#N/A	0	0
計						30,872	30,165		0	0

⑫Aにとっての時価評価額　－30,165　⑯Bにとっての時価評価額　30,165
⑬Aにとってのスワップ損益　30,165　⑰Bにとってのスワップ損益　－30,165
⑭Aにとっての正味評価損益　－30,165　⑱Bにとっての正味評価損益　30,165
⑮Aにとっての当期損益　0　⑲Bにとっての当期損益　0

(注) 追加項目の値は，以下のとおり：
　⑬Aにとってのスワップ損益＝(Aのその年の受取額)－(Aのその年の支払額)＝(直前の例のNo.1の⑩)－(直前の例のNo.1の⑦)＝－⑰
　⑭Aにとっての正味評価損益＝(その年の時価評価額)－(前年の時価評価額)＝(その年の⑫)－(直前の例の⑫)＝－⑱
　⑮Aにとっての当期損益　　＝⑬＋⑭＝－⑲

(例2-3) 前受け・変額支払型金利スワップの価値 (2007年末)

単位：円

No. ①	年 ②	スポット・レート ③	割引率 ④	想定短期金利 ⑤	想定元本額 ⑥	変動利息見積額 ⑦	変動利息現在価値 ⑧	固定利率(算定額) ⑨	固定利息見積額 ⑩	固定利息現在価値 ⑪
1	2008	0.0181	1.0181	0.0181	1,000,000	18,144	17,821	#N/A	0	0
計						18,144	17,821		0	0

⑫Aにとっての時価評価額	−17,821	⑯Bにとっての時価評価額	17,821
⑬Aにとってのスワップ損益	−12,728	⑰Bにとってのスワップ損益	12,728
⑭Aにとっての正味評価損益	12,344	⑱Bにとっての正味評価損益	−12,344
⑮Aにとっての当期損益	−384	⑲Bにとっての当期損益	384

(例2-4) 前受け・変額支払型金利スワップの価値 (2008年末)

単位：円

⑫Aにとっての時価評価額	0	⑯Bにとっての時価評価額	0
⑬Aにとってのスワップ損益	−18,144	⑰Bにとってのスワップ損益	18,144
⑭Aにとっての正味評価損益	17,821	⑱Bにとっての正味評価損益	−17,821
⑮Aにとっての当期損益	−323	⑲Bにとっての当期損益	323

(例3-1) 前払・定額受取型金利スワップの価値 (契約当初)

単位：円

No. ①	年 ②	スポット・レート ③	割引率 ④	想定短期金利 ⑤	想定元本額 ⑥	変動利息見積額 ⑦	変動利息現在価値 ⑧	固定利率(算定額) ⑨	固定利息見積額 ⑩	固定利息現在価値 ⑪
1	2006	0.0038	1.0038	0.0038	1,000,000	33,928	33,801	0.0115	11,473	11,430
2	2007	0.0082	1.0165	0.0127	1,000,000	0	0	0.0115	11,473	11,286
3	2008	0.0115	1.0350	0.0181	1,000,000	0	0	0.0115	11,473	11,085
計						33,928	33,801		34,418	33,801

⑫Aにとっての時価評価額	0	⑯Bにとっての時価評価額	0

(注) 各項目の値は，以下のとおり：
- ③スポット・レート ＝契約期間の始期における各年ものの割引債 (又は，ゼロ・クーポン債) の利回り (年複利) に相当する値
- ④割引率　　　　　＝$(1+③)^①$
- ⑤想定短期金利　　＝(その年の割引率④)/(前年の割引率④)−1
- ⑥想定元本額　　　＝百万円
- ⑦変動利息見積額　＝⑤×⑥
- ⑧変動利息現在価値＝⑦/④
- ⑨固定利率(算定額)＝変動利息現在価値⑧の合計額と固定利息現在価値⑪の合計額が等しくなるように定めた利率
- ⑩固定利息見積額　＝⑨×⑥
- ⑪固定利息現在価値＝⑩/④
- ⑫Aにとっての時価評価額＝(Aの受取額の現在価値)−(Aの支払額の現在価値)＝(⑪の合計額)−(⑧の合計額)＝−⑯

第1章 税務への金融工学的アプローチ　73

(例3-2) 前払・定額受取型金利スワップの価値 (2006年末)

単位：円

No. ①	年 ②	スポット・レート ③	割引率 ④	想定短期金利 ⑤	想定元本額 ⑥	変動利息見積額 ⑦	変動利息現在価値 ⑧	固定利率（算定額）⑨	固定利息見積額 ⑩	固定利息現在価値 ⑪
1	2007	0.0127	1.0127	0.0127	1,000,000	0	0	0.0115	11,473	11,329
2	2008	0.0154	1.0311	0.0181	1,000,000	0	0	0.0115	11,473	11,127
計						0	0		22,945	22,455

⑫Aにとっての時価評価額	22,455	⑯Bにとっての時価評価額	−22,455
⑬Aにとってのスワップ損益	−22,455	⑰Bにとってのスワップ損益	22,455
⑭Aにとっての正味評価損益	22,455	⑱Bにとっての正味評価損益	−22,455
⑮Aにとっての当期損益	0	⑲Bにとっての当期損益	0

(注) 追加項目の値は，以下のとおり：
  ⑬Aにとってのスワップ損益＝(Aのその年の受取額)−(Aのその年の支払額)＝(直前の例のNo.1の⑩)−(直前の例のNo.1の⑦)＝−⑰
  ⑭Aにとっての正味評価損益＝(その年の時価評価額)−(前年の時価評価額)＝(その年の⑫)−(直前の例の⑫)＝−⑱
  ⑮Aにとっての当期損益　　＝⑬＋⑭＝−⑲

(例3-3) 前払・定額受取型金利スワップの価値 (2007年末)

単位：円

No. ①	年 ②	スポット・レート ③	割引率 ④	想定短期金利 ⑤	想定元本額 ⑥	変動利息見積額 ⑦	変動利息現在価値 ⑧	固定利率（算定額）⑨	固定利息見積額 ⑩	固定利息現在価値 ⑪
1	2008	0.0181	1.0181	0.0181	1,000,000	0	0	0.0115	11,473	11,268
計						0	0		11,473	11,268

⑫Aにとっての時価評価額	11,268	⑯Bにとっての時価評価額	−11,268
⑬Aにとってのスワップ損益	11,473	⑰Bにとってのスワップ損益	−11,473
⑭Aにとっての正味評価損益	−11,187	⑱Bにとっての正味評価損益	11,187
⑮Aにとっての当期損益	286	⑲Bにとっての当期損益	−286

(例3-4) 前払・定額受取型金利スワップの価値 (2008年末)

単位：円

⑫Aにとっての時価評価額	0	⑯Bにとっての時価評価額	0
⑬Aにとってのスワップ損益	11,473	⑰Bにとってのスワップ損益	−11,473
⑭Aにとっての正味評価損益	−11,268	⑱Bにとっての正味評価損益	11,268
⑮Aにとっての当期損益	205	⑲Bにとっての当期損益	−205

（例 4-1）後受け・変額支払型金利スワップの価値（契約当初）

単位：円

No. ①	年 ②	スポット・レート ③	割引率 ④	想定短期金利 ⑤	想定元本額 ⑥	変動利息見積額 ⑦	変動利息現在価値 ⑧	固定利率（算定額）⑨	固定利息見積額 ⑩	固定利息現在価値 ⑪
1	2006	0.0038	1.0038	0.0038	1,000,000	3,763	3,749	#N/A	0	0
2	2007	0.0082	1.0165	0.0127	1,000,000	12,728	12,521	#N/A	0	0
3	2008	0.0115	1.0350	0.0181	1,000,000	18,144	17,531	#N/A	34,983	33,801
計						34,635	33,801		34,983	33,801

⑫Aにとっての時価評価額　0　　⑯Bにとっての時価評価額　0

(注) 各項目の値は，以下のとおり：
③スポット・レート＝契約期間の始期における各年ものの割引債（又は，ゼロ・クーポン債）の利回り（年複利）に相当する値
④割引率＝(1＋③)^①
⑤想定短期金利　　　＝(その年の割引率④)／(前年の割引率④)−1
⑥想定元本額　　　　＝百万円
⑦変動利息見積額　　＝⑤×⑥
⑧変動利息現在価値　＝⑦／④
⑨固定利率（算定額）＝変動利息現在価値⑧の合計額と固定利息現在価値⑪の合計額が等しくなるように定めた利率
⑩固定利息見積額　　＝⑨×⑥
⑪固定利息現在価値　＝⑩／④
⑫Aにとっての時価評価額＝(Aの受取額の現在価値)−(Aの支払額の現在価値)＝(⑪の合計額)−(⑧の合計額)＝−⑯

（例 4-2）後受け・変額支払型金利スワップの価値（2006年末）

単位：円

No. ①	年 ②	スポット・レート ③	割引率 ④	想定短期金利 ⑤	想定元本額 ⑥	変動利息見積額 ⑦	変動利息現在価値 ⑧	固定利率（算定額）⑨	固定利息見積額 ⑩	固定利息現在価値 ⑪
1	2007	0.0127	1.0127	0.0127	1,000,000	12,728	12,568	#N/A	0	0
2	2008	0.0154	1.0311	0.0181	1,000,000	18,144	17,597	#N/A	34,983	33,928
計						30,872	30,165		34,983	33,928

⑫Aにとっての時価評価額　3,763　　⑯Bにとっての時価評価額　−3,763
⑬Aにとってのスワップ損益　−3,763　　⑰Bにとってのスワップ損益　3,763
⑭Aにとっての正味評価損益　3,763　　⑱Bにとっての正味評価損益　−3,763
⑮Aにとっての当期損益　0　　⑲Bにとっての当期損益　0

(注) 追加項目の値は，以下のとおり：
⑬Aにとってのスワップ損益＝(Aのその年の受取額)−(Aのその年の支払額)＝(直前の例のNo.1の⑩)−(直前の例のNo.1の⑦)＝−⑰
⑭Aにとっての正味評価損益＝(その年の時価評価額)−(前年の時価評価額)＝(その年の⑫)−(直前の例の⑫)＝−⑱
⑮Aにとっての当期損益　＝⑬＋⑭＝−⑲

第1章 税務への金融工学的アプローチ 75

（例4-3）後受け・変額支払型金利スワップの価値（2007年末）

単位：円

No. ①	年 ②	スポット・レート ③	割引率 ④	想定短期金利 ⑤	想定元本額 ⑥	変動利息見積額 ⑦	変動利息現在価値 ⑧	固定利率（算定額）⑨	固定利息見積額 ⑩	固定利息現在価値 ⑪
1	2008	0.0181	1.0181	0.0181	1,000,000	18,144	17,821	#N/A	34,983	34,360
計						18,144	17,821		34,983	34,360

⑫Aにとっての時価評価額	16,539	⑯Bにとっての時価評価額	-16,539
⑬Aにとってのスワップ損益	-12,728	⑰Bにとってのスワップ損益	12,728
⑭Aにとっての正味評価損益	12,776	⑱Bにとっての正味評価損益	-12,776
⑮Aにとっての当期損益	48	⑲Bにとっての当期損益	-48

（例4-4）後受け・変額支払型金利スワップの価値（2008年末）

単位：円

⑫Aにとっての時価評価額	0	⑯Bにとっての時価評価額	0
⑬Aにとってのスワップ損益	16,839	⑰Bにとってのスワップ損益	-16,839
⑭Aにとっての正味評価損益	-16,539	⑱Bにとっての正味評価損益	16,539
⑮Aにとっての当期損益	300	⑲Bにとっての当期損益	-300

（例5-1）後払・定額受取型金利スワップの価値（契約当初）

単位：円

No. ①	年 ②	スポット・レート ③	割引率 ④	想定短期金利 ⑤	想定元本額 ⑥	変動利息見積額 ⑦	変動利息現在価値 ⑧	固定利率（算定額）⑨	固定利息見積額 ⑩	固定利息現在価値 ⑪
1	2006	0.0038	1.0038	0.0038	1,000,000	0	0	0.0115	11,473	11,430
2	2007	0.0082	1.0165	0.0127	1,000,000	0	0	0.0115	11,473	11,286
3	2008	0.0115	1.0350	0.0181	1,000,000	34,983	33,801	0.0115	11,473	11,085
計						34,983	33,801		34,418	33,801

⑫Aにとっての時価評価額	0	⑯Bにとっての時価評価額	0

（注）各項目の値は，以下のとおり：
　③スポット・レート＝契約期間の始期における各年ものの割引債（又は，ゼロ・クーポン債）の利回り（年複利）に相当する値
　④割引率　　　　＝$(1+③)^①$
　⑤想定短期金利　＝（その年の割引率④）／（前年の割引率④）－1
　⑥想定元本額　　＝百万円
　⑦変動利息見積額＝⑤×⑥
　⑧変動利息現在価値＝⑦／④
　⑨固定利率（算定額）＝変動利息現在価値⑧の合計額と固定利息現在価値⑪の合計額が等しくなるように定めた利率
　⑩固定利息見積額＝⑨×⑥
　⑪固定利息現在価値＝⑩／④
　⑫Aにとっての時価評価額＝（Aの受取額の現在価値）－（Aの支払額の現在価値）＝（⑪の合計額）－（⑧の合計額）＝－⑯

(例5-2) 後払・定額受取型金利スワップの価値(2006年末)

単位:円

No. ①	年 ②	スポット・レート ③	割引率 ④	想定短期金利 ⑤	想定元本額 ⑥	変動利息見積額 ⑦	変動利息現在価値 ⑧	固定利率(算定額) ⑨	固定利息見積額 ⑩	固定利息現在価値 ⑪
1	2007	0.0127	1.0127	0.0127	1,000,000	0	0	0.0115	11,473	11,329
2	2008	0.0154	1.0311	0.0181	1,000,000	34,983	33,928	0.0115	11,473	11,127
計						34,983	33,928		22,945	22,455

⑫Aにとっての時価評価額	−11,473	⑯Bにとっての時価評価額	11,473
⑬Aにとってのスワップ損益	11,473	⑰Bにとってのスワップ損益	−11,473
⑭Aにとっての正味評価損益	−11,473	⑱Bにとっての正味評価損益	11,473
⑮Aにとっての当期損益	0	⑲Bにとっての当期損益	0

(注) 追加項目の値は,以下のとおり:
　⑬A にとってのスワップ損益=(A のその年の受取額)−(A のその年の支払額)=(直前の例の No.1 の⑩)−(直前の例の No.1 の⑦)=−⑰
　⑭A にとっての正味評価損益=(その年の時価評価額)−(前年の時価評価額)=(その年の⑫)−(直前の例の⑫)=−⑱
　⑮A にとっての当期損益　　=⑬+⑭=−⑲

(例5-3) 後払・定額受取型金利スワップの価値(2007年末)

単位:円

No. ①	年 ②	スポット・レート ③	割引率 ④	想定短期金利 ⑤	想定元本額 ⑥	変動利息見積額 ⑦	変動利息現在価値 ⑧	固定利率(算定額) ⑨	固定利息見積額 ⑩	固定利息現在価値 ⑪
1	2008	0.0181	1.0181	0.0181	1,000,000	34,983	34,360	0.0115	11,473	11,268
計						34,983	34,360		11,473	11,268

⑫Aにとっての時価評価額	−23,092	⑯Bにとっての時価評価額	23,092
⑬Aにとってのスワップ損益	11,473	⑰Bにとってのスワップ損益	−11,473
⑭Aにとっての正味評価損益	−11,619	⑱Bにとっての正味評価損益	11,619
⑮Aにとっての当期損益	−146	⑲Bにとっての当期損益	146

(例5-4) 後払・定額受取型金利スワップの価値(2008年末)

単位:円

⑫Aにとっての時価評価額	0	⑯Bにとっての時価評価額	0
⑬Aにとってのスワップ損益	−23,510	⑰Bにとってのスワップ損益	23,510
⑭Aにとっての正味評価損益	23,092	⑱Bにとっての正味評価損益	−23,092
⑮Aにとっての当期損益	−418	⑲Bにとっての当期損益	418

ハ　前払型金利スワップとローンとの類似性

　上記ロで説明した一括支払型金利スワップについては，ローンとの区別をどのように行うかも課税上の課題である。例えば，上記ロの(イ)の②で例示した前払・定額受取型金利スワップは，想定されるキャッシュ・フローの契約時点における現在価値が等しくなるように金利を設定した，いわゆるアドオン方式のローンと経済的な実質は，異ならないものと考えられよう。つまり，契約時点で固定利息の現在価値の合計額 33,801 円を実質年利約 0.91％で貸し付け，各期末において定額 11,473 円（総額では，34,418 円）の元利均等返済を受けることと異ならないものと考えられる。実際，米国における国際金融実務においては，源泉税を避ける目的から実質的にローンであっても極力スワップの形式を採用することが行われている模様である[37]。

　このようなこともあり，米国では，現行規則(f)(2)(iii)(A)項《前払型スワップ》において，デリバティブ取引のディーラー以外の，時価会計による必要のない一般納税者が適用できる会計方法として，前払型スワップ（prepaid swap）に対する取扱いが規定されている。その方法は，均等支払額方式（level payment method）と呼ばれるもので，それによれば，当該前払金は，それ以外の定期的な支払が行われる際に合わせ，対応額に分割され，それぞれが個々に支払われるものとみなされる。なお，その際，当該前払金は，元利均等返済方式のように当該対応額と利息相当額を加えたものが均等となるように分割され，そのうちの対応額部分のみが各期において支払われるものとみなしてスワップ損益を計算する方法である。つまり，分割した前払金とそれぞれの分

---

36)　なお，ここで例示した各金利スワップについては，期待ダイナミクスを仮定する限り，それまでの各年分のスワップ損益を以後の想定短期金利によって累積的に再投資又は借入れの対象とすれば税法上の当期損益と丁度相殺するような再運用損益を得ることができる。ここでは，そのような再運用損益については，当該再運用の任意性から飽くまでも当該スワップ取引とは別の金融取引に係る損益であると考えることとする。

37)　深尾光洋「米国におけるデリバティブ課税と日本の金融税制の将来」ファイナンシャル・レビュー51号（財務総合政策研究所，1999）http://warp.da.ndl.go.jp/info: ndljp/pid/8379094/www.mof.go.jp/pri/publication/financial_review/fr_list3/r51/r_51_138_151.pdf（平成27年2月12日現在），5頁参照。

（例6-1）前払型金利スワップに係る均等支払額方式の例

（前提）
　1995年1月1日に当事者Gは，非関連者である当事者Hと契約期間5年間の金利スワップ契約を結んだ。Gは，想定元本額1億ドルの11%の年間支払を行い，HはLIBORベースで年間支払を行う義務がある。このスワップ契約を締結する時点において市場で取引される同様のスワップ契約に係る利率は，LIBOR対して10%であったとする。この差額を補うため，Hは，1995年1月1日にGに対して3,790,786ドルの収益調整金（yield adjustment fee）を支払う。Gは，当該収益調整金額が年間支払額1,000,000ドル（1%×100,000,000ドル）5回分を10%の年複利で割り引いた現在価値に相当する旨の情報をHに提供している。G及びHは，ともに暦年ベースの納税者である。

（各年分のスワップ支払額の計算）
　上記の前提に基づいて均等支払額方式により前払いされた収益調整金を契約期間の各年分に配分した結果は次のとおりであり，各元本相当額にLIBORベースの支払額を加えたものがHに係る各年分のスワップ支払額となる：

（単位：ドル）

年	均等支払額	利息相当額	元本相当額	前払金残高
1995	1,000,000	379,079	620,921	3,169,865
1996	1,000,000	316,987	683,013	2,486,852
1997	1,000,000	248,685	751,315	1,735,537
1998	1,000,000	173,554	826,446	909,091
1999	1,000,000	90,909	909,091	0
計	5,000,000	1,209,214	3,790,786	

割額に対する支払時点までの利息相当額を併せた金額が均等になるように分割額の調整を行い，当該分割額の支払が各支払時点において行われるものとみなすわけである。なお，その際利息相当額は，スワップ損益を計算する際には無視される。これは，利息相当額については，相手側からのスワップ支払を通じて実現されるものと考えるためであろう[38]。例6-1に具体的な計算例を示す。なお，本例及び下記の例6-2は，現行規則(f)(4)項の解説例に基づくものである。

第1章　税務への金融工学的アプローチ　79

（例6-2）後払型金利スワップに係る均等支払額方式の例

（前提）

Hが1999年12月31日にGに対して収益調整金6,105,100ドルを後払いする以外は，例6-1と同じである。

（各年分のスワップ支払額の計算）

Hは，当初に後払いする収益調整金6,105,100ドルを10％の年複利で割り引いた額3,790,786ドルをGから前借りするものとみなされる。したがって，当該ローン残高に応じた利息相当額が発生し（利息相当額欄），当該ローン残高は，利息相当額だけ増加する（ローン残高欄）。また，Hは，当該借入れに基づいて例6-1と同様の均等支払額を各年分に支払うものとみなされる（その元本相当部分は例6-1の元本相当額欄と等しくなる。）。そして，利息相当額と元本相当額の合計額（想定支払額欄）にLIBORベースの支払額を加えたものがHに係る各年分のスワップ支払額となる：

（単位：ドル）

年	ローン残高	利息相当額	元本相当額	想定支払額
1995	3,790,786	379,079	620,921	1,000,000
1996	4,169,865	416,987	683,013	1,100,000
1997	4,586,852	458,685	751,315	1,210,000
1998	5,045,537	504,554	826,446	1,331,000
1999	5,550,091	555,009	909,091	1,464,100
計	[6,105,100]	2,314,314	3,790,786	6,105,100

二　後払型金利スワップと積立預金との類似性

一方，後払型金利スワップについても，積立預金との類似性が認められる。

---

38)　なお，多額な不定期支払のある場合（現行規則(g)(4)項《多額な不定期支払のあるスワップ取引》，同(g)(6)項例3《多額な不定期支払》）や複数のスワップ取引が組み合わされることによって実質的にローンとみなされる場合（現行規則(g)(2)項《ヘッジされたNPC》，同(g)(6)項例4《ローンとみなされる複数のスワップ取引》）には，利息発生が認識されることとなる。ちなみに，上記例4では，当事者Nが，あるスワップ取引により相手当事者MにLIBORを支払い，Mから年率6％の確定支払と前払金Aを受け取る一方，別のスワップ取引により同じNが相手当事者Oに年率12％で確定支払を行い，OからLIBORと前払金Bを受け取る場合には，Nは，実質的にA＋Bの金額を年利6％で借り入れているものとみなされることが例示されている。

例えば，上記ロの(イ)の④で例示した，後払・定額受取型金利スワップは，想定されるキャッシュ・フローの契約時点における現在価値を等しくしなければならないという金利設定上の制約があるものの，その経済的な実質は，積立預金と異ならないものと考えられよう。

　これについても，米国では，現行規則(f)(2)(iii)(B)項《その他の不定期スワップ支払》において，デリバティブ取引のディーラーを除く一般納税者に適用できる会計方法として，その取扱いが規定されている。具体的には，**例 6-2** における収益調整金など，前払金以外のすべての不定期スワップ支払（non-periodic swap payment）については，個々に契約時点における現在価値に引き戻して，当該現在価値の合計額を求め，後払いする側の当事者が他方の当事者から契約当初に当該金額の借入れ（以下，「みなし借入金」という。）を行うものとみなされる。

　そして，当該みなし借入金額に基づいて上記ハと同様の計算方法により均等支払額を算出し，個々の均等支払額のうちの元本相当額部分とみなし借入金残高に係る複利計算による利息相当額との合計額について，再分割の基準となった定期的な支払に合わせ，後払いする側からスワップ支払が行われるものとみなしてスワップ損益が計算されることとなる。つまり，後払いする側は，みなし借入金を原資として，不定期スワップ支払相当額を分割して定期的に支払うものとみなされるわけである。ただし，みなし借入金に係る利息相当額については，不定期スワップ支払額がそれほど多額ではない場合[39]にのみ，米国内国歳入法上の利息としては認識されずに，当該定期的な支払額に含められる（現行規則(f)(2)(iii)(B)項及び(g)(4)項《多額な不定期支払のあるスワップ》）。**例 6-2** に具体的な計算例を示す。

　ホ　検討

　上記ハ及びニに説明したとおり，米国における前払型金利スワップ及び後払型金利スワップの取扱いは，非常にテクニカルなものとなっているが，そ

---

[39] 後払額が多額な場合の取扱いについては，本文6の(2)のロの(イ)参照。

の原因の一つは，米国においては，現状では，デリバティブ取引のディーラー以外の一般納税者に対しては，NPC に係る時価評価が強制されていない点が挙げられよう。このような状況も踏まえ，米国では，NPC の評価の際に問題となる不確定な不定期支払（contingent nonperiodic payment）に対する統一的な取扱方法を定めて，特に一括後払型の TRS のように一般に変動の大きい後払額が事後的に確定されるような取引についても適切に対応できるようにするため，確定スワップ方式（noncontingent swap method）と呼ばれる方式を原則とし，納税者の選択により時価評価方式によることもできることを主な内容とする現行規則の改正案（以下，「規則改正案」という。）が 2004 年 2 月 26 日付で提案されている[40]。

(2) **不確定な一括支払額の評価上の課題**

イ　米国における課税上の問題点

我が国における TRS に関する課税上の取扱いは，米国におけるものとは異なるものの，米国において課税上問題となっている点については，我が国における TRS の取扱いについて検討する上で参考になるものと考えられることから，以下，検討しておくこととしたい。

米国における TRS に関する問題点の主要なものは，上記(1)のホで触れたような一括後払型の TRS 等を用いたタックス・シェルターである[41]。その具体的な内容と IRS の対応策について関連する IRS 通告 2002-35 号[42]を抄訳したものを**資料 1** に掲げる。

（資料 1）　IRS 通告 2002-35 号「想定元本取引を用いた租税回避」（抄訳）

事実

　一般に，当該取引は，ある納税者 T によって行われる定期支払（periodic payment）について現時点における損金計上を求める一方，その見返りの支払を将来受け取る権利が［同時に］発生することを無視するような想定元本取引（NPC）を含んでいる。当該 NPC は，1 年超の契約期間を有している。当該 NPC においては，T は，［契約相手の］CP に対して固定又は変動する指標に基づき定期支払を 1 年以内の一定期間ごとに行う必要がある。その見返

りとして，CP は，当該 NPC の契約期間の終わりに一括して支払を行う必要
があり，その支払は，確定的な部分（noncontingent component；確定部分）
と不確定な部分（contingent component；不確定部分）で構成されている。当
該確定部分は，不確定部分と比較して多額であり，固定又は変動金利に基づ
いて定められている場合もある。［一方，］当該不確定部分は，株価指数又は
為替変動を反映していることもある。

 T は，定期支払を行う義務のすべて又は一部の資金を手当てするため資金
提供者（CP である場合もある。）から借入れを行う。さらに，T は，金利カ
ラー取引［金利オプションの売建と買建を同時に行う取引形態］のようなそ
の他の取引を行って当該 NPC に係るリスクを限定することもある。また，T
は，事業活動を行う［外観を作る］ことを目的として，短期の証券取引を行
うこともある。さらに，T は，パートナーシップを通じて取引を行うことも
あり，その場合には，T に代わって当該パートナーシップが上記のような活
動のすべて又は一定部分を行うこともある。T は，CP の［当初の一括］支払
予定日よりも前に当該 NPC を解約することができるように CP と合意する
ことが多い。T は，それぞれの定期支払の日割り額を当該日割り額に関連す
る課税年分［の所得］から控除する。しかし，T は，［一括］支払を受ける年
までは，［CP からの］不定期支払（nonperiodic payment）に係る所得の発生
を認識することはしない。T は，当該 NPC の解約（termination）時点におい
て得られる収益をキャピタル・ゲイン［(資産所得)］として申告することを
目論む。

分析

 内国歳入規則 1.446-3 条(f)(2)(i)項［《認識ルールの一般規定》］は，不定期
支払は，NPC の契約期間にわたり，当該契約の経済的実質を反映するような
方法によって［収入として］認識されなければならないとしており，この要
件は，当該契約の［不確定部分以外の］確定部分については，当該［確定］
部分が固定金利あるいは変動金利に基づいているか否かにかかわらず，個別

---

40) IRS (2004) "Notional Principal Contracts；Contingent Nonperiodic Payments" REG-166012-02, 69 FR 8886 or 2004-13 I.R.B. 655 参照。なお，ここで「69 FR 8886」は，Federal Register, Vol. 69, p. 8886 を表している。以下，同じ。なお，IRS は，本規則改正案が，抜本的なものであり，同改正案に含まれる包括的な諸規定によって，NPC を濫用して所得操作を行うことは，もはやできなくなるものとして，NPC に係る一般的な濫用防止規定（本文 3 の(2)参照）を廃止することとしている（69 FR 8890）。
41) 前掲注 1 参照。
42) IRS (2002) Notice 2002-35 "Tax Avoidance Using Notional Principal Contracts" 2002-21 I.R.B. 992 参照。

に適用されなければならない。

　確定部分が固定金利に基づく金利スワップ取引に従って行われる定期及び不定期支払の適切な取扱いに関しては，2002年5月28日付IRS裁定2002-30号［「想定元本取引」］（2002-21 I.R.B. 971）（不定期な支払については，NPCの契約期間にわたって比例的に発生するものとされるべきことを裁定）を参照のこと。さらに，IRSは，それ以外の他の観点からも各個別事案の事実関係に応じて，これらの取引の意図された租税効果（結果）について追及することになろう。追及する観点としては，①内国歳入規則1.446-3条(g)(2)項［《ヘッジされた想定元本取引》］又は同条(i)項［《濫用防止規定》］に基づいて一つ又は［組み合わされた］複数の取引を再評価すること，②スワップの支出がある場合には，当該支出が事業遂行に伴ってなされたものではなく，したがって，内国歳入法67条［(雑損控除額は総所得の2%超であるべきこと)］の2%フロア制限の対象となるか検討すること，③借入れと定期支払の組合せを循環的な資金の流れとして否認すること，又は④実質優先主義（substance-over-form）の他のバリエーションを適用することが含まれる。

　若干の補足的な説明を行うと，例えば，金利スワップ等における上記(1)のニに紹介したような一括支払額については，契約当初に確定されていることから，各期にスワップ収益を配分する方法が明確に規定されているのに対し，エクイティ・スワップやTRSの場合には，後払いされる一括支払額自体が支払われる時点における株価等を指標として確定されるため，契約当初には不確定となる。この場合，現行規則では，後払などの不定期支払については，「一般にNPCの契約期間にわたって当該契約の経済的実質を反映するような方法によって認識されなければならない」（現行規則(f)(2)(i)項《認識ルールの一般規定》）と規定されているだけで，不確定な場合の具体的な取扱いが定められておらず，現状では，一括支払額が確定した後にスワップ収入又は支出と認識するという静観主義的（wait-and-see）な取扱いも許容されている模様である[43]。上記IRS通告に示されている事例は，この点を捕らえて，一括支払

---

43)　このような現状については，前掲注40に掲げた規則改正案の「規定の解説」（Explanation of Provisions）の「A．概要（Overview）」において紹介されている（69 FR 8887）。なお，静観主義的な取扱いは，損益の認識方法の点では，我が国における特例処理（前掲注33参照）と同じであるものと考えられる。

額の大部分が確定的であり，価格変動リスクを伴わないにもかかわらず，当該一括支払額の実務上の取扱いを奇貨として損益の繰延べを目論むものである。

一般に上記のような期間損益操作の問題については，TRS の時価評価が可能であることを前提とすれば，我が国におけるみなし決済制度のように課税上，TRS の時価評価損益の認識を行うことにより改善されるものと考えられている[44]が，規則改正案では，一括支払額が多額である（significant）場合には，納税者が時価評価方式を選択したとしても，当該方式による TRS の期末評価損益等とともに，原則的な確定スワップ方式に準じて利息相当額を算定することとされている[45]（規則改正案(i)(5)項《多額の不定期支払について利息の発生する NPC》）。この規定案は，多額の不定期支払のあるスワップ取引については，実質的にローンが組み込まれているとみなすべきであり[46]，それは，時価評価方式によっても解決されないという認識に基づいている[47]。しかるに，この問題認識は，既に期末時価評価制度を税法上取り入れた我が国においても，共有すべき課題であるものと考えられることから，以下，詳細に検

---

[44] 時価評価（みなし決済）制度を導入した平成12年度税制改正は，期間損益操作の可能性の排除を念頭においたものである。柴崎澄哉「法人税法の改正」『平成12年版改正税法のすべて』（大蔵財務協会，2000）173頁

[45] 後掲注56参照。なお，不確定不定期支払が一方の当事者の一回のみであり，その他の支払の金額と時期がすべて確定している場合には，例外的に想定同額方式（deemed equivalent value method）によることもできるとしている。ここで，想定同額方式とは，不確定不定期支払のない当事者のすべての支払額の現在価値と当該不確定不定期支払を行う当事者のすべての支払額の現在価値が契約時点において等しいものとみなして，当該不確定不定期支払額を逆算する方式である。（同項）

[46] 現行規則においても同様の規定がある（現行規則(g)(4)項）が，これは，いわゆる「バイファケーション（bifurcation）」という考え方によるものと考えられる。このバイファケーションは，一つのデリバティブ取引を複数の金融取引に分解して個々に取引されたものとみなして課税することであり，それによって，当該デリバティブ取引の経済実態に合った公平な課税が実現できるという考え方である。また，逆に複数のデリバティブ取引を一つの取引としてみなした方が取引の経済実態を表すものと考える考え方を「インテグレーション（integration）」と呼び，前掲注38に触れた現行規則(g)(6)項例4に掲げられている複数のスワップ取引をローンとしてみなす取扱いは，インテグレーションの例である。駒宮史博「オプション取引と課税（下）」ジュリスト1081号（1995）111頁～112頁参照。

討することとしたい。そこで，まず確定スワップ方式の具体的な内容について紹介することから始めることとする。

　ロ　確定スワップ方式

　確定スワップ方式[48]は，不確定支払額を各課税期間において見積もり，当該見積額に基づいて上記(1)のハで述べた均等支払額方式（多額な後払の不定期支払がある場合には，それに準じた方式）により当期のスワップ損益を計算し，当該見積額と次の課税期間における再見積額との違いによって発生するであろう当期以前分のスワップ損益面の差額については，次の課税期間において，いわば前期損益修正額として調整することとし，そのような再見積りと調整を NPC が存在する間繰り返し行うものである（規則改正案(g)(6)項《不確定不定期支払のある NPC》）。

　以下では，TRS で一般的である，多額な後払の不定期支払がある場合について，確定スワップ方式に基づく具体的な計算方法を例 7-1～例 7-5 に示す。

---

47)　時価評価方式による場合にも多額の不確定不定期支払がある場合に，本文 6 の(2)のロの確定スワップ方式に基づいて利息部分の認定をする必要がある点については，前掲注 40 に掲げた規則改正案の「規定の解説（Explanation of Provisions）」の「B．個別規定（Specific Provisions）」の「選択的な時価評価方式（Elective Mark-to-Market Methodology）」において次のとおり説明されている（69 FR 8890）。

　　　時価評価方式という選択肢を加えたのは，不定期支払に関する 1993 年財務省規則(f)項［《不定期支払》］及び本規則案(g)(6)項［《不確定不定期支払のある NPC》］の規定に対する代替とするためである。しかし，多額な不定期支払に関しては，本規則案は，スワップに係る支払の利息相当部分を計算するため，それらの規定の一定の特徴［的な取扱方法］を保持している。そのような計算は，増加額を引き続き利息として性格付けるために必要である。IRS 及び財務省は，納税者に対して選択的な時価評価方式に基づく場合にも，多額な不定期支払については，利息相当額を計算することを求めることが適切であるか否かについて意見を求める。特に，時価評価方式の相対的な利便性や執行容易性に関して［利息相当額を求めなければならないとする］当該要件が与える影響について意見を求める。

48)　確定スワップ方式は，不確定支払について将来における期待値を求めて，当該期待値と現在価値との差額を社債発行差金とみなして課税上取り扱い，確定額との差額については，事後的に調整することを基本とした期待価値課税（Expected Value Taxation）を基本としているものと考えられる。当該課税方式は，既に内国歳入規則 1.1275-4 条《不確定支払債券（contingent payment debt instruments）》において，「確定債券方式（noncontingent bond method）」として採用されている。期待価値課税については，前掲注 14，同論文，p. 30 参照。

なお，当該解説例は，規則改正案(g)(7)項以降に記載されているものの仮訳である。おって，以下に，各例について若干の補足的な説明を行うこととするが，当該説明を簡明にするため，契約当事者の各会計年度は，暦年ベースであると仮定する。

(イ)　**例 7-1**

　例 7-1 は，多額な後払の不定期支払についてローン部分をどのように分離認識するかを明らかにしたものであり，後払額自体は，確定額である。その取扱方法の概要は，まず，均等支払額方式に準じた方式（以下，「均等ローン方式」という。）により，均等支払額の現在価値額の合計額と後払額の現在価値額が等しくなるように当該均等支払額を決定し，当該均等支払額については，スワップ契約の定期支払側の当事者Ｐから一括支払側の当事者Ｑへ毎年前貸が行われるものとみなされる。なお，均等ローン方式は，みなし借入金が毎年発生する点で均等支払額方式と異なる点に留意されたい。

　つぎに，各年の当該前貸額は，その時点でＱの契約上のスワップ支払額の一部としてＰに戻されるものとみなされる。これにより，Ｑの多額な一括支払額については，みなし借入金を原資として，各年に分割して支払われるものとみなされることとなる。つまり，Ｑにとっては，みなし借入金に係る利息相当額の増加とはなるものの，各年のスワップ支払額が前倒しとなることから，スワップ損益は各年で平準化されることとなる。

　なお，当該みなし借入金に係る利息相当額については，上記(1)のニに述べた取扱いとは異なり，スワップ損益の計算には含まれず，それとは別に，米国内国歳入法上の利息として取扱われることとなる[49]（規則改正案(g)(4)項《多額な不定期支払のあるスワップ》）。

　また，本例における無リスク利率（risk-free interest rate）は，一般には，国債等のデフォルト・リスクのない運用利回りを指すもので，金融資産の現在価

---

[49]　利息とみなされることにより，所得税の源泉徴収の必要性が生じることとなるものと考えられる。本文６の(1)のハ参照。

第1章 税務への金融工学的アプローチ　87

（例7-1）多額な後払型不定期支払

(i) 2003年1月に非関連者である当事者P及びQが，金利スワップ契約を結んだ。当該契約条件によれば，Pは，Qに対して年ごとの支払を5回行い，その額は，想定元本額1億ドルのLIBOR倍である。その見返りとして，Qは，Pに対して1億ドルの6%を年ごとに支払うとともに，2007年12月31日には，24,420,400ドルを支払うこととなっている。このスワップ契約をPとQが締結する時点における市場で取引されているスワップは，[変動利率である]LIBORと[固定利率]10%とのものである。2003年1月1日における無リスク利率は，10%であるとする。

(ii) QからPに対する[後払である]24,420,400ドルの支払は，当該契約に基づいてQが支払わなければならない総支払額[54,420,400ドル]の現在価値[41,698,654ドル]に比べて多額である。したがって規則改正案（以下の各例において「本条」という。）(g)(4)項に基づき当該取引は，二つの個別な取引に再評価される。まず，Pは，Qに対して4百万ドルの均等支払の前貸(level payment loan advance)を継続的に行うものとして取り扱われる。これらの均等支払の前貸額の現在価値は，多額な当該不定期支払である24,420,400ドルの現在価値に等しい。これを言い換えれば，均等支払である前貸の総額とそれぞれの前貸額に対して発生する利息との合計額は，多額な当該不定期支払額に等しいこととなる。

(iii) つぎに，Qは，それぞれの前貸額を5回の年均等スワップ支払額4百万ドルに当てるものとして取り扱われる。均等支払の当該前貸額及び10%複利で計算した当該前貸に対する利息発生額は次に示すとおりである：

	均等支払額	利息発生額
2003……	$ 4,000,000	$ 0
2004……	4,000,000	400,000
2005……	4,000,000	840,000
2006……	4,000,000	1,324,000
2007……	4,000,000	1,856,400
	$20,000,000	$4,420,400

(iv) それぞれの課税年分について[このように]想定された当該均等支払の前貸額に係る利息発生額に等しくなるように，Pには，利息収入が認識され，Qには，支払利息が発生する。これらの利息額は，本条(d)項に基づく当該スワップ契約に係る両当事者の正味収入額又は正味控除額には含まれない。[つまり，スワップ損益の算定基礎とはならない。]

(v) [ただし，]4百万ドルの[想定された]均等支払額[自体]は，本条(d)項に基づき当該スワップに係る両当事者の正味収入額及び控除額を算定するための考慮対象となる。[結局，当期損益計算上，Pは，Qに対して上記(i)で規定された額を支払うとともに上記(iii)の利息発生額を受け取るものとみなされ，その見返りにQは，上記(i)で規定された額（6百万ドル）に4百万ドルを加えた計1千万ドルと上記(iii)の利息発生額を支払うものとみなされることとなる。]

(例7-2) エクイティ・スワップに係る不確定不定期支払

(i) 2005年1月1日に非関連者である当事者VとWは、エクイティ・スワップ契約を結んだ。当該契約条件によれば、Vは、Wに対して想定元本額5千万ドルの1年ものLIBOR倍に等しい支払を各年［末］払いで3回行うこととされている。その見返りとして、Wは、ある持分証券のバスケットに対する5千万ドルの投資について、もしも当該スワップの契約期間における値上り額があれば、その値上り額に等しい額を一括して2007年12月31日に［Vに対して］支払うこととされている。［一方、］Vは、もしも当該持分証券のバスケットに対する同じ5千万ドルの投資に値下り額があれば、その値下り額に等しい額を一括して2007年12月31日に［Wに対して］支払う義務がある。ここでは、2005年1月1日における1年ものLIBORは、9.5％であり、無リスク利率は、10.0％であると仮定する。

(ii) この契約は、本条(c)(1)項に定義されている想定元本取引である。毎年のVからWに対するLIBORベースの支払は、定期支払であり、2007年12月31日における一括支払額は、不確定不定期支払である。

(iii) 本条(g)(6)(iii)項［《不確定支払額の見積額の算定》］に記述されている方法に基づき、両当事者は、WがVに対して2007年12月31日に支払う不確定不定期支払額を16,550,000ドルであると見積もっている。このように見積もられた確定支払額の現在価値は、当該契約に基づきWから支払われる支払総額の現在価値と比較して［、当該金額がWの支払うべき金額のすべてであることから、］多額である。したがって、本条(g)(4)項に基づき、当該取引は、二つの個別な取引に再評価される。

(iv) その準備として、両当事者は、10.0％の無リスク利率を割引率として用いて、多額な不定期支払の見積額である16,550,000ドルの現在価値に等しい現在価値をもつような均等支払額を算定する。これを言い換えれば、均等支払額とそれらに対する10.0％の利息発生額との合計額が、多額な当該不定期支払の見積額に等しくなければならない。このように算定された均等支払額は、5百万ドルである。

(v) つぎに、Vは、Wに対して5百万ドルの前貸を継続的に支払うものと取り扱われる。

(vi) そして、一方、Wは、［一括支払額が分解された］年均等スワップ支払5百万ドルの3回のうちの1回分に当てるためにそれぞれの［Vからの］前貸額を用いるものとして取り扱われる。当該均等前貸額及び当該前貸額に対して10.0％の年複利で計算された利息発生額は、次のとおりである：

	均等 支払額	利息 発生額
2005………	$ 5,000,000	$ 0
2006………	5,000,000	500,000
2007………	5,000,000	1,050,000
	$15,000,000	$1,550,000

(vii) 2005年については、当該契約について利息発生額は計上されない。

(viii) 5百万ドルの均等支払額は、本条(g)項［《帰属課税年分ほか》］に基づき、当該スワップ契約に係る両当事者の2005契約年分の正味収入額及び控除額を算定する際に考慮対象となる。［つまり、スワップ損益の計算の対象となる。］

(ix) 2005契約年については、Vは、5千万ドルの1年ものLIBOR（9.5％）倍、つまり、4,750,000ドルに等しいスワップ支払をWに対して行い、［一方、］Wは、Vに対して5百万ドルの年均等支払額に等しいスワップ支払を行う。これらの支払の正味日割り額によって、V及びWそれぞれについて当該契約からの年間の正味収入額又は控除額が決定されることになる。［つまり、25万ドルの日割り額が当該契約に係るVの収入額となり、同額がWの控除額となる。］

値を求める上での一つの基準となるものであるが，具体的には，規則改正案(c)(5)(i)項《無リスク利率》で評価期日におけるフェデラル・レート[50]（federal rate）を用いることとされている。

(ロ)　例7-2

　例7-2〜5は，エクイティ・スワップを例に，後払で不確定な一括支払額のあるスワップ取引の取扱いについて解説するものである。例7-2では，契約期間当初時点における当該スワップ契約の状況を説明している。なお，本例においては，配当等の遣り取りが行われないことから厳密な意味では，TRSではないものと考えられる[51]点に留意されたい。

　当該エクイティ・スワップにおいては，当事者Vは，当事者Wに対してLIBORベースの支払を行うのに対して，Wは，その見返りとして同額の株式バスケット（basket of equity securities）に係る契約期間中のキャピタル・ゲイン相当額を一括して契約終了時点で支払うこととされる。なお，キャピタル・ロスが発生した場合には，WはVから逆に支払を受けることができる。

　したがって，当該スワップのキャッシュ・フローを評価する上で課題となるのは，契約終了時点における当該株式バスケットの価額をいくらに見積もるかということである。これについては，規則改正案(g)(6)(iii)項《不確定支払額の見積額の算定》において次のような算定方法が規定されている：

① 活発に取引されている先物契約又は先渡契約の指標に基づいた見積額（同(A)項）
② 現在の価額から均一利回り法[52]（constant yield method）を用いて推計した見積額（同(B)項）
③ 上記①及び②が適当でない場合には，客観的な金融情報に基づく個別

---

50) フェデラル・レートは，内国歳入法1274条(d)(1)項《債券発行価格評価のための割引利率》において，債券の契約期間（3年以内，9年以内，9年超の3区分）ごとに財務省長官が毎月翌月分を定めることとされている。
51) ただし，配当等を考慮して，当該配当分を後払いとするようなTRSは，構成することは可能であろう。

的な見積額（同(C)項）

　そして，本例においては，当該スワップ契約について契約満了時に上記の方法による見積額（16,550,000ドル）で一括支払が確定的に行われるものとみなして，上記(イ)と同様の計算に基づき契約期間1年目の支払が行われるものとして取り扱われることとなる。つまり，後払を行うWは，契約上，当期については実際に支払を行う必要はないのであるが，課税上は，当期末において契約期間1年目分として，当該見積額と無リスク利率（10％）に基づいて計算された均等支払額（5,000,000ドル）をVからの前借り（5,000,000ドル）に基づいてVへ支払うものとみなされるわけである。

　結局，Vにとっては，当期は，LIBORベースの支払（4,750,000ドル）を行い，Wからみなし借入金を原資として均等支払額（5,000,000ドル）の支払を受けることとなる。したがって，Vのスワップ損益は，差引き250,000ドルということになり，当期の所得に加算される。

(ハ)　例7-3

　つぎに，契約2年目期首においては，まず，上記(ロ)と同様の手順に基づき，

---

52)　均一利回り法は，そもそもゼロ・クーポン債等に係る社債発行差金の収益計上方法を規定するもの（内国歳入規則1.1272-1条《社債発行差金の当期における所得計上》）で，複利計算に基づいて一定の利回りを算出し，それに応じて社債等の契約期間にわたり社債発行差金を配分して所得計上する方式である。将来における見積額を計算する際には，固定の無リスク利率（これを一定の利回りと考える。）から予想配当率又は予想クーポン利率を控除した率により，複利で価格が上昇するものと想定されることとなろう。例えば，無リスク利子率が10％で，予想配当率が3％とした場合の5年後の株価を見積もる場合には，当初価格を100とすると次に示すとおり，約140になるものと考えられる：

年	期首価格 ①	無リスク利率 ②	予想配当率 ③	株価上昇額 ④	期末価格 ⑤	値上がり率 ⑥
2006	100.00	10％	3％	7.00	107.00	7％
2007	107.00	10％	3％	7.49	114.49	7％
2008	114.49	10％	3％	8.01	122.50	7％
2009	122.50	10％	3％	8.58	131.08	7％
2010	131.08	10％	3％	9.18	140.26	7％

（注）④＝①×（②－③）；⑤＝①＋④；⑥＝⑤÷①－1

第1章　税務への金融工学的アプローチ　　91

(例 7-3) 契約初年度末における調整

(i) エクイティ・スワップ契約の契約条件は，**例 7-2** と同じとする。さらに，最初の再算定日である 2006 年 1 月 1 日において，1 年もの LIBOR は，10.0％，そして，無リスク利率は，10.5％になったと仮定する。同日において，両当事者は，当日有効な現在価値を用いて不確定不定期支払の見積額を再算定する。本条(g)(6)(iii)(B)項に規定されている方法に基づき，2007 年 12 月 31 日に W が V に対して支払う見込みの不確定不定期支払の再見積額は，23,261,500 ドルであると算定されたとする。この見積もられた確定支払額の現在価値は，当該契約に基づき W が支払わなければならない支払総額に比べて，多額である［**例 7-2** の(iii)参照］。したがって，本条(g)(4)項に基づき，当該取引は，二つの個別の取引として再評価されることとなる。

(ii) 両当事者は，当該再算定された見積額 23,261,500 ドルを用いて，本条(g)(4)項で規定されている方法を［当該再見積額が］当該スワップの開始日において有効であったとみなして再度適用することとなる。その準備として，無リスク利率 10.5％を割引率として用いて，両当事者は，再見積もりされた多額な不定期支払である 23,261,500 ドルの現在価値に等しい現在価値を有した均等支払額を算定する。これを言い換えれば，当該均等支払額とそれらに対する 10.5％の利率による利息発生額との合計額は，再見積りされた多額な当該不定期支払額に等しくなければならない。［そして，］そのように算定された均等支払額は，6,993,784 ドルである。

(iii) つぎに，V は，W に対して 6,993,784 ドルの前貸額を継続的に支払うものとして取り扱われる。

(iv) そして，［**例 7-2** の(vi)と同様に］W は，［一括支払額が分解された］年均等スワップ支払額 6,993,784 ドルの 3 回の支払のうちの 1 回分に当てるためにそれぞれの前貸額を用いるものとして取り扱われる。当該均等前貸額及び当該前貸額について 10.5％の年複利で計算された利息発生額は，次のとおりである：

	均等 支払額	利息 発生額
2005………	$ 3,306,304	$　　　　　0
2006………	3,306,304	363,693
2007………	3,306,304	767,393
	$ 9,918,912	$ 1,131,086

(v) 2006 契約年については，V は，想定された当該均等前貸額に係る 734,347 ドルに等しい利息収入を認識することとなり，［一方，］W には，同額の支払利息が発生することになる。これらの利息額は，本条(d)項に基づき［スワップ損益計算の対象外となるので］，当該スワップ契約に係る両当事者の正味収入額又は正味控除額には含まれない。

(vi) 6,993,784 ドルの均等支払額は，本条(d)項に基づき，2006 契約年において当該スワップに係る両当事者の正味収入額及び控除額を算定する際に考慮されることとなる。［つまり，スワップ損益の計算の対象となる。］

(vii) また，両当事者は，2005 年分として［既に］認識されている額と，仮に［再見積りに伴い算定された］この**例 7-3** における新しい均等支払スケジュールが 2005 年において有効であったとした場合に認識されたであろう額との差額を，2006 契約年について考慮にいれなければならない。したがって，本条(d)項の適用上，W は，1,993,784 ドル（6,993,784 ドル－5,000,000 ドル）のスワップ支払を［前年の見積不足額の調整のため当年に］行うものとして取り扱われ，また，V は，同額のスワップ支払を［見積不足調整額として］受け取るものと取り扱われる。

(viii) 2006 契約年については，V は，W に対して 5 千万ドルを 1 年もの LIBOR（10.0％）倍したもの，つまり，5 百万ドルに等しいスワップ支払を行い，［一方］W は，年間均等支払額 6,993,784 ドルと調整額 1,993,784 ドル［の合計額］に等しいスワップ支払を行うものとみなされる。これらの支払の正味の日割り額によって，V 及び W 双方にとっての当該契約に係る年間正味収入額又は控除額が算定されることとなる。

不確定な一括支払額の再見積りが行われる。そして、当該再見積額（23,261,500ドル）及びその時点における無リスク利率（10.5%）に基づいて均等支払額（6,993,784ドル）が再計算され、当該金額がVからの前借りによりWからVへ当期に支払われるものとみなされる。

さらに、本例における均等支払額（6,993,784ドル）は、上記(ロ)の前年の均等支払額（5,000,000ドル）よりも増加することから、前年の均等支払額は、過少であったとしてその差額（1,993,784ドル）が当期のWの支払額に加えられる。また、そのように見直された前期分の均等支払額に係る前借額（6,993,784ドル）に対する利息として、当期の無リスク利率（10.5%）に基づき、利息発生額（734,347ドル）がW及びVに認識される。

結局、Vにとってみると当期は、Wに対してLIBORベースの支払（5,000,000ドル）を行い、Wからみなし借入金を原資として、均等支払額（6,993,784ドル）とその調整額（1,993,784ドル）を受け取ることから、スワップ損益は、3,987,568ドルの利益となるとともに、前貸額に対する利息発生額（734,347ドル）が利息収入として計上されることとなる。したがって、スワップ利益と利息収入を合わせた額（4,721,915ドル）が当期の所得に加算される。

(ニ) 例7-4

つぎに、契約3年目期首においても、上記(ハ)と同様に、再見積額（11,050,000ドル）と無リスク利率（11%）から均等支払額（3,306,304ドル）が再計算される[53]。そして、Vからの前借りにより当該均等支払額がWからVへ当期に支払われるものとみなされる。

さらに、本例における均等支払額（3,306,304ドル）は、上記(ハ)の均等支払額（6,993,784ドル）と比べて、今度は、減少することから、調整額を含めた前年以前の均等支払額（6,993,764ドル×2＝13,987,548ドル）は、過大であったとしてその差額（13,987,548ドル－3,306,304ドル×2＝7,374,940ドル）が当期のVの支

---

53) なお、再見積額が大きく減少したために均等支払額も本文6の(2)のロの(ハ)の例7-2に比べ大きく減少している点に留意されたい。

（例 7-4） その後の調整

(i) エクイティ・スワップ契約の契約条件は、**例 7-3** と同じとする。さらに、2 回目の再算定日である 2007 年 1 月 1 日における 1 年ものLIBOR は、11.0％であり、無リスク利率も、11.0％であると仮定する。同日において、両当事者は、当日有効な現在価値を用いて当該不確定不定期支払の見積額を再算定することとなる。両当事者は、WがVに対して 2007 年 12 月 31 日に支払う再見積りされた当該不確定不定期支払額が 11,050,000 ドルであると算定したとする。

この見積もられた確定支払額の 2005 年 1 月 1 日における現在価値は、当該契約に基づき W が支払わねばならない総支払額の現在価値に比較して［やはり］多額である［**例 7-2** の(iii)参照］。したがって、本条(g)(4)項に基づき、当該取引は、二つの個別の取引に再評価される。

(ii) 両当事者は、当該再算定された見積額 11,050,000 ドルを用いて、本条(g)(4)項で規定されている方法を［当該再見積額が］当該スワップの開始日において有効であったと仮定して再度適用することとなる。その準備として、無リスク利率 11.0％を割引率として用いて、両当事者は、再見積りされた多額な不定期支払である 11,050,000 ドルの現在価値に等しい現在価値を有した均等支払額を算定する。これを言い換えれば、当該均等支払額とそれらに対する 11.0％の利率による利息発生額との合計額は、再見積りされた多額な当該不定期支払額に等しくなければならない。［そして、］そのように算定された均等支払額は、3,306,304 ドルとなる。

(iii) つぎに、V は、W に対して 3,306,304 ドルの前貸額を継続的に支払うものとして取り扱われる。

(iv) そして、［**例 7-2** の(vi)と同様に］W は、［一括支払額が分解された］年均等スワップ支払額 3,306,304 ドルの 3 回のうちの 1 回分に当てるためにそれぞれの前貸額を用いるものとして取り扱われる。当該均等前貸額及び当該前貸額に対して 11.0％の年複利で計算された利息発生額は、次のとおりである：

	均等 支払額	利息 発生額
2005………	$ 3,306,304	$ 0
2006………	3,306,304	363,693
2007………	3,306,304	767,393
	$ 9,918,912	$ 1,131,086

(v) 2007 年分について、V は、想定された当該前貸額に係る利息発生額 767,393 ドルに等しい利息収入を認識し、［一方］W には、同額の支払利息が発生することになる。なお、V は、［過年分について、もらい過ぎになるため］370,654 ドル（734,347 ドル－363,693 ドル）の正味利息収入を支払うこととなり、W は、同額の利息収入を受け取ることとなる。つまり、当該正味額は、2006 年分として［既に］認識された額と、仮にこの例 7-4 における新しい均等支払スケジュールが 2006 年分について有効であったとした場合に、2006 年分として考慮されたであろう額との差額である。結局、V は、2007 年分として、396,739 ドル（767,393 ドル－370,654 ドル）の正味利息収入を受け取り、W は、同額の正味支払利息を支払うこととなる。これらの利息は、本条(d)項に基づき、両当事者の当該スワップ契約に係る正味収入額又は控除額には含まれない。［つまり、スワップ損益自体の計算対象とはならない。］

(vi) 3,306,304 ドルの均等支払額は、本条(d)項に基づき、2007 契約年において当該スワップに係る両当事者の正味収入額及び控除額を算定する際に考慮されることとなる。

(vii) また、2007 年分については、両当事者は 2005 年分及び 2006 年分として既に認識されている額と、［再見積りに伴い算定された］この例 **7-4** における新しい均等支払スケジュールが仮に 2005 年及び 2006 年において有効であったとした場合にそれらの分として認識されたであろう額との差額を、2007 年分について考慮にいれなければならない。既に認識されている額は、2005 年分としては、6,993,784 ドルであり、これは、2005 年における 5 百万ドルと 2006 年における［調整額］1,993,784 ドルの合計額である。また、2006 年分としては、2006 年における 6,993,784 ドルである。したがって、調整額は、［2 年分で］3,587,480 ドル（6,993,784 ドル－3,306,304 ドル）の 2 倍、つまり、7,374,960 ドルとなる。［そして、］この金額が、本条(d)項の適用上、［スワップ］支払額として考慮される。

(viii) 2007 契約年については、V は、5 千万ドルを 1 年ものLIBOR（11.0％）倍したもの、つまり、550 万ドルに等しいスワップ支払を W に対して行うこととなる。W は、V に対して 2007 年分として 3,306,304 ドルの年均等支払額に等しいスワップ支払と、そして、V に［既に］調整額 7,374,960 ドルに等しいスワップ支払を W に対して行うものとみなされる。これらの支払の正味の日割り額によって、V 及び W 双方にとっての当該契約に係る年間正味収入額又は控除額が算定されることとなる。

払額から控除されることとなる。

　また，そのように見直された前期以前分の均等支払額に係る前借額（3,306,304 ドル×2 回分）に対する利息として，当期の無リスク利率（11%）に基づく複利計算により，利息発生額（767,393 ドル）が W 及び V に認識される。ただし，上記(ハ)で認識した前年分の利息発生額も過大となっていることから，前年分の既計上額（734,347 ドル）と新たな均等支払額と当期の無リスク利率に基づいて再計算した前年分利息発生額（363,693 ドル）の差額（370,654 ドル）が利息調整額として当期利息発生額から減額されることとなる。

　結局，V にとってみると当期は，W に対して LIBOR ベースの支払（5,500,000 ドル）を行い，前貸ではあるが，均等支払額（3,306,304 ドル）を受け取り，調整額（7,374,960 ドル）を W に返戻することから，スワップ損益は，9,568,656 ドルの損失となり，一方，前貸額に対する利息発生額（767,393 ドル）から利息調整額（370,654 ドル）を控除した額（396,739 ドル）が利息収入となる。

(ホ)　**例 7-5**

　本例は，一括支払額が確定した期末における処理について説明しており，当該一括支払額（25,000,000 ドル）から期首において想定した一括支払額（11,050,000 ドル）を控除した金額（13,950,000 ドル）を V のスワップ収入に加えることとなる（規則改正案(g)(6)(vi)項《見積額と実際支払額の差異の調整》）。

　結局，V の当期のスワップ損益は，上記(ニ)のスワップ損失（9,568,656 ドル）と本例のスワップ収入（13,950,000 ドル）を合わせた 4,381,344 ドルの利益となる。当該利益と上記(ニ)の利息収入（396,739 ドル）の合計額（4,778,083 ドル）が当期の総合的な損益として所得に加算される。

　全体を通した V にとっての本スワップ契約に係る総合的な損益の一覧を表 1 に掲げる。言うまでもなく，W の損益は，各期で V の逆となる。

ハ　法人税法における時価評価に基づく損益との比較

　上記ロで述べた確定スワップ方式に基づくことにより，実質的なローン部分が区分されることにより，どの程度損益面に影響が出るものであろうか。

(例7-5) 実際支払額に係る調整

(i) エクイティ・スワップ契約の契約条件は，**例7-4**と同じとする。さらに，2007年12月31日，Wは，Vに対して2500万ドルを持分証券のバスケットに対する5千万ドルの投資額の値上り額に等しい額として支払うものとする。

(ii) 2007年分として，2500万ドルと2007年1月1日現在の不確定支払の見積額11,050,000ドルとの差額である13,950,000ドルがそれぞれの当事者の2007年12月31日を含む課税年分に係る本条(d)項に基づく正味収入額又は控除額に対する調整額として考慮されることとなる。[つまり，Vについて考えると，2500万ドルのうち11,050,000ドルについては，すでに最終の再算定日（2007年1月1日）時点でスワップ受取額として計上されていることから，それとの差額のみ調整額として追加計上すればよいこととなる。本条(g)(6)(vi)項参照。]

そこで，それを確かめるため，試みに**例7-2**と同じ契約例に基づいて，期末時価評価のみで実質ローン部分を区分して認識しない法人税法上の取扱方法（以下，「法人税評価方式」という。）により各期のスワップ損益を具体的に計算してみることとした。その結果は，**表2**に示すとおりである。

なお，VとWの会計年度（課税年度）は，計算を簡明とするために暦年ベースであると仮定している。また，法人税評価方式により時価評価額を求めるためには，**例7-2**では明示されていない，各期首における残存契約期間にわたって想定される1年ものLIBORの予測値を定める必要があるが，次のとおりとした。①契約初年度については，当事者VとWのキャッシュ・フローの現在価値が契約開始時点でバランスし，かつ，**例7-2**で仮定されている契約初年度の1年ものLIBOR（9.5%）及び**例7-3**で想定されている翌年度の同LIBOR（10.0%）と整合するように，3年間では9.50%，10.00%，10.61%と変化するものと予想されていると仮定した。②翌年度は，契約初年度と整合的に，残存契約期間にわたって10.00%，10.61%と変化するものと予想されていると仮定した。そして，③最終年度の1年ものLIBORは，**例7-4**で想定されている同LIBORと整合的に11.0%とした。おって，比較を容易にする

表1 Vにとっての本スワップ契約に係る総合的な損益

年分		2005	2006	2007	2007末
無リスク利率	①	10.00%	10.50%	11.00%	
想定元本額	②	50,000,000	50,000,000	50,000,000	
LIBOR	③	9.50%	10.00%	11.00%	
Vの支払額	④	4,750,000	5,000,000	5,500,000	
株価見積額	⑤	16,550,000	23,261,500	11,050,000	25,000,000
2005年価格	⑥	12,434,260	17,240,541	8,079,665	
Wの均等支払額	⑦	5,000,000	6,993,784	3,306,304	
調整額	⑧	0	1,993,784	−7,374,960	
正味均等額	⑨	5,000,000	8,987,568	−4,068,656	
利息発生額	⑩	0	734,347	767,393	
利息調整額	⑪	0	0	−370,654	
正味利息額	⑫	0	734,347	396,739	
Vのスワップ損益	⑬	250,000	3,987,568	−9,568,656	13,950,000
Vの利息損益	⑭	0	734,347	396,739	—
計	⑮	250,000	4,721,915	4,778,083	

(注) ④＝②×③；⑧＝⑦×（年分−2005）−前年までの⑨の合計；
⑨＝⑦＋⑧；⑩＝⑦をベースとして認定した利息発生額；
⑪＝前年までに計上された利息の調整額；⑫＝⑩＋⑪；⑬＝⑨−④；
2007年末の⑬＝2007年末の⑤−2007年の⑤；⑭＝⑫；⑮＝⑬＋⑭

表2 法人税評価方式に基づく損益

(単位：ドル)

時点	当事者	2005	2006	2007	期首現在価値	時点	洗替損益	スワップ損益	評価損益	損益計
2005期首	V	4,750,000 1.100 4,318,182	5,000,000 1.210 4,132,231	5,302,500 1.331 3,983,847	12,434,260	2005期末		−4,750,000	10,183,248	5,433,248
	W	0 1.100 0	0 1.210 0	16,550,000 1.331 12,434,260	12,434,260			4,750,000	−10,183,248	−5,433,248
2006期首	V		5,000,000 1.105 4,524,887	5,302,500 1.221 4,342,663	8,867,550	2006期末	−10,183,248	−5,000,000	5,000,000	−10,183,248
	W		0 1.105 0	23,261,500 1.221 19,050,797	19,050,797		10,183,248	5,000,000	−5,000,000	10,183,248
2007期首	V			5,500,000 1.110 4,954,955	4,954,955	2007期末	−5,000,000	19,500,000		14,500,000
	W			11,050,000⇒25,000,000 1.110 9,954,955	9,954,955		5,000,000	−19,500,000		−14,500,000

(注) 各年分の上段は、スワップ支払額、中段は、割引率、下段は、時点現在における現在価値額を表す。

ため，**例 1-1** とは異なり，各期首時点における現在価値を求めるための割引率は，便宜的に上記ロに準じて，その時点における無リスク利率によることとした[54]。

評価方式による損益面への影響を当事者 V について示すと，次のように確定スワップ方式と法人税評価方式間で全体としての損益は，ほとんど異ならない[55]ものの，各期の総合的な損益に大きな差異が発生することが認められた：

(単位：ドル)

	方　式	2006 年	2007 年	2008 年	計
①	確定スワップ方式	250,000 内　　　0	4,721,915 内　734,347	4,778,083 内　396,739	9,749,998 内 1,131,086
②	法人税評価方式	5,433,248	-10,183,248	14,500,000	9,750,000
③	差異（①-②）	-5,183,248	14,905,163	-9,721,917	-2
④	新時価評価方式	5,433,248 内　　　0	-9,683,248 内　500,000	15,550,000 内 1,050,000	11,300,000 内 1,550,000
⑤	差異（④-②）	0	500,000	1,050,000	1,550,000

(注) 内書は，収益計上された利息相当額である。

上記試算結果によれば，本設例のように後払の一括支払額の見積額が乱高下するような場合には，法人税評価方式においては，当該乱高下が当期の期末時価評価額に直接に影響するのに比べ，確定スワップ方式においては，当該乱高下の影響が経過年分の均等支払額に限定されるため，一般に各期の損益の変動がより平準化されるものと考えられる。

なお，上記イで触れたように，規則改正案においては，上記の法人税評価

---

54) より厳密に各方式を定量的に比較するためには，期待ダイナミクス等の前提をおいて時価評価額を求めるなど，モデルを再構成する必要があろう。
55) 本比較においては，法人税評価方式について確定スワップ方式と比較するため便宜上各期とも固定的な無リスク利率に基づき時価評価を行っていることから差異がほとんど見られないものと考えられる。したがって，法人税評価方式において無リスク利率ではなく通常のスポット・レート・カーブ（前掲注29参照）に基づいて時価評価を行った場合には，全体としての損益についても差異が発生する可能性がある。

方式のような時価評価方式によることも選択的に認められており（規則改正案(i)項《時価評価の選択》)，ただし，その場合でも，本設例のように多額な不確定不定期支払があるときには，確定スワップ方式の初年度において想定される利息相当額（本設例の場合，例7-2の利息発生額）について所得に別途算入しなければならない取扱いとなっている点（規則改正案(i)(5)項）について留意する必要がある[56]。当該利息相当額調整済の法人税評価方式（以下，「新時価評価方式」という。）の損益を上表の「新時価評価方式」欄に示す。

　結局，本設例では，各年分の損益を単純に合計すると確定スワップ方式と法人税評価方式はほぼ同じであり，新時価評価方式を適用する場合の利益が最も多いこととなる。しかし，支払税額のキャッシュ・フローの形状が各方式で異なることから課税面への影響を単純に比較することはできない。そこで，実効税率を仮に40％として，無リスク利率により各方式に係る想定支払税額の2007年末現在における現在価値を求めた結果を表3に示す。これによれば，租税負担額は，実質的に法人税評価方式が最も低く，次に確定スワップ方式，そして，新時価評価方式の順となることが分かる[57]。

二　検討

　上記ロ及びハにおいては，エクイティ・スワップの具体例に基づいて各評価方式間の比較を行ったが，TRSとして構成される場合には，配当相当額の遣り取りが行われることとなる。しかし，当該配当相当額のWからの支払とLIBORベースで支払を行うVにとってのスプレッド[58]に係る支払が見合う

---

[56] 新時価評価方式においては，原則として初年度に1回限り確定スワップ方式に基づいて利息相当額を見積もればよく，次年度以降の再見積りは必要とされない（規則改正案(i)(5)(ii)項《多額な不確定不定期支払に係る特別ルール》）。

[57] なお，当然ではあるが，相手側当事者Wにとっては，この逆の結果となる。したがって，当該スワップ取引を全体としてみれば，国内取引の場合には，濫用的でない限り，課税上の大きな問題とはならないであろう。おって，この結果は，各方式間で結果が異なることを一般に示すものであると考えられるが，その程度や順序等について一般的な傾向を明らかにしているものではない点に留意する必要がある。

[58] スプレッドとは，契約の両当事者のキャッシュ・フローが経済的に等価となるようにするために，一方の当事者の支払額の基準となるLIBOR等の利率に加えられる追加的な利率のことをいう。

第1章 税務への金融工学的アプローチ　99

表3　Vにとっての支払税額の期末現在価値

年分	2005	2006	2007
無リスク利率	10.00%	10.50%	11.00%
確定スワップ方式	100,000	110,500 1,888,766	122,655 2,096,530 1,911,233
期末現在価値			4,130,418
法人税評価方式	2,173,299	2,401,496 −4,073,299	2,665,660 −4,521,362 5,800,000
期末現在価値			3,944,298
新時価評価方式	2,173,299	2,401,496 −3,873,299	2,665,660 −4,299,362 6,220,000
期末現在価値			4,586,298

こととなり，それぞれのキャッシュ・フローは相殺関係にあることから，当該配当相当額が余り変動しなければ，各期の損益のバラツキの状況は，上記ハの結果と余り異ならないものと考えられる。いずれにしても，TRSの場合にも，上記ハと同様に評価方式によって無視できない課税面の差異が生じるものと考えられる。

したがって，TRSの場合も含め，多額な一括支払のあるスワップ取引について，米国における現行規則や規則改正案に規定されているような利息相当額の認定等の必要性の有無について検討することが，我が国におけるスワップ取引の今後の課税上の取扱いに係る当面の課題となろう。

なお，新時価評価方式において多額な一括支払額について確定スワップ方式による利息相当額を認定しなければならない理由について，バイファケーション[59]の考え方を用いて具体例に基づき分析した結果を**資料2**に掲げるので参考とされたい。

---

59) 前掲注46参照。

さらに，TRS は，一面において契約期間における参照資産の売買と取得資金の借入れとの合成取引とみなすことができる[60]ことから，これらの合成される取引の課税上の取扱いとの整合性についても，バイファケーションの観点から検討しておく必要があろう[61]。例えば，子会社等株式のような売買目的外有価証券を保有している場合には，当該保有株式は，期末時価評価の対象とはならない[62]。ところが，関係者間で貸付けを行う場合に，保有する子会社等株式を参照資産とするような一括前払型のエクイティ・スワップとして構成できれば，当該保有株式に係る時価評価損益相当額の一定額が各期のスワップ損益として計上されることとなる。

なお，上記のような例に対応するためにも，米国では既に明示的に規制されているような契約当事者やその影響下にある事業関係者の指標（TRS の場合には，参照資産自体の価格等）を用いたスワップ取引の規制（上記3の(3)参照）の必要性について今後検討する必要があるものと考えられる。

また，バイファケーションとは逆に，複数のスワップ取引を一体的に取り扱うインテグレーション[63]の観点からの規制の必要性についても今後検討する必要があろう。

7．おわりに

本節においては，金利スワップ取引や TRS を素材として，課税面におけるスワップ取引の期末時価評価の限界について，米国内国歳入法上の取扱規定を参照しながら，なるべく具体的に検討した。

スワップ取引を含めたデリバティブ取引の更なる活発化，取引量の顕著な

---

60) TRS が参照資産の売買と極めて似た経済効果をもたらす点については，前掲注3，同書同頁参照。
61) 前掲注11参照。
62) 法人税法第61条の3《売買目的有価証券の評価益又は評価損の益金又は損金算入等》第1項第1号，法人税法施行規則第119条の13《売買目的有価証券の時価評価金額》，法人税法基本通達2―3―29《上場有価証券等の区分及び時価評価金額》以下参照。
63) 前掲注46参照。

増加を背景として，今後，デリバティブ取引等に係る適正かつ公平な課税を行う上で，より詳細かつ具体的なルール作りの必要性は更に高まるものと考えられる。

また，同一のデリバティブ取引について関係国間で課税上の取扱いが異なれば，課税の中立性の面でも問題があるものと考えられ，少なくとも各国間においてデリバティブ取引に係る損益認定方法の調和が図られる必要もあろう。

しかし，デリバティブ取引で先行する米国においてさえ，本節で紹介したNPC関連の規則改正案が公表後11年以上たった現在においても正式に採択されていないことをみても，これからのルール作りがそれ程容易なものではないことが分かろう。

そもそもデリバティブ取引に係る割引現在価値法による評価アプローチは，将来の想定キャッシュ・フローが何時，どのような形で発生するとしても，それを比較・評価可能とするために，そのような個々のキャッシュ・フローの時期や金額以外の発生状況等を無視して評価することを基本としている。したがって，個々のキャッシュ・フローの頻度，時期，確実性（実現性）及び費用・収益の対応関係等に応じて通常所得と資産所得を細やかに区別し，課税時期，課税標準，適用税率等を調整するという従来型の租税理論から見れば，そのようなアプローチは，ある意味で大変「乱暴」なものといえようし，また，その意味で，従来型の租税理論の上に形成されている現在の租税体系との「相性」も悪いものといえるのではないだろうか[64]。

いずれにしても，本節がスワップ取引を含むデリバティブ取引に係る課税上の取扱いについて今後検討していく上で，読者の何らかの参考となれば幸いである。

---

64) 前掲注14, op. cit. p. 2 において，米国における金融商品税制の問題点として，①実現主義による課税制度は，伝統的に，収益の確定と未確定を課税時期のメルクマール（distinction）としてきたこと，②当該メルクマールが事実上維持不能であることが金融理論によって明らかにされていること，③米国の所得税制が立脚しているその他の課税上のメルクマールについても，革新的な金融取引によって，その妥当性が徐々に蝕まれていることが指摘されている。

(資料2) 新時価評価方式において利息認定が必要な理由

　新時価評価方式において，法人税評価方式による当期損益の計算とともに，確定スワップ方式に準じた利息認定が必要な理由について，具体例に基づいて検討する。
　例えば，あるスワップ取引（以下，「当初スワップ」という。）（A）がローン相当部分（B）とスワップ部分（C）にバイファーケーションできるとしよう。そして，一括支払側の当事者からみた A，B 及び C のキャッシュ・フローや法人税評価方式による当期損益等がそれぞれ**表1**，**表2**及び**表3**のとおりであったとする。参考に掲げたように A，B 及び C については，2003年期首現在で正味キャッシュ・フローの割引現在価値は，ともに0であり，それぞれがスワップになっていることが分かる。また，当初スワップ（A）の当期損益は，ローン相当部分（B）のローン損益とスワップ部分（C）の当期損益の合計額となっている。
　つぎに，契約当事者間で当該ローン相当部分（B）を打ち消すようなキャッシュ・フローを持つスワップ（以下，「ローン消去スワップ」という。）（D）を**表4**のとおり新たに取引するものと考えよう。ローン消去スワップ（D）については，2003年期首現在で正味キャッシュ・フローの割引現在価値は0であり（**参考**参照），スワップになっていることが確認できる。また，そのキャッシュ・フローの形状から，<u>ローン消去スワップ（D）は，確定スワップ方式初年度における均等ローン方式に基づく，みなし借入金を原資としたみなしスワップ支払と一括支払額の減額とを併せた取引と等価な取引</u>であることが分かる。なお，その法人税評価方式による当期損益は，**表4**に示すとおりとなり，その注書に示したように，均等ローン方式におけるみなし借入金部分に係る利息発生額に等しい。
　最後に，このローン消去スワップ（D）と当初スワップ（A）をインテグレーションした合成スワップ（E）を**表5**のとおり考える。当該合成スワップ（E）に係る2003年期首現在の正味キャッシュ・フローの割引現在価値は0であり（**参考**参照），合成された後でもスワップになっていることが確認できる。そして，この合成スワップ（E）と当初スワップ（A）のスワップ収入額及びスワップ支払額とを見比べると，<u>合成スワップ（E）は，当初スワップ（A）に対して均等ローン方式を適用してキャッシュ・フローを平準化した場合のスワップと見なすことができることが確認できよう</u>（**表1**及び**表5**参照）。
　この合成スワップ（E）の法人税評価方式による当期損益等は，**表5**に示したとおりであるが，正味キャッシュ・フローがスワップ部分（C）（**表3**参照）と同じとなるため，当期損益も同じである。そして，この合成スワップ（E）の当期損益と当初スワップ（A）の当期損益（**表1**参照）とを比較すると，当初スワップ（A）の方が丁度みなし借入金部分に係る利息発生額（**表4**の注書参照）だけ少ないことが分かる。
　結局，当初スワップ（A）の法人税評価方式による当期損益は，当初スワップ（A）を均等ローン方式によって平準化した場合（合成スワップ（E）に相当）に比べ，各年の当期損益がみなし借入金部分に係る利息発生額だけ少ないことから，<u>均等ローン方式によって再構成した合成スワップ（E）の法人税評価方式による当期損益を求めるためには，当初スワップ（A）の法人税評価方式による当期損益に当該利息発生額を加える必要があり，それは，すなわち，新時価評価方式によって当初スワップ（A）の当期損益を求めることに等しい。</u>
　なお，この結果は，スワップ部分（C）のキャッシュ・フローが上記例のように固定されておらず，変動する場合でも，ローン相当部分（B）及び対応するローン消去スワップ（D）のキャッシュ・フローさえ固定されていれば同様となる。

○当期損益等の計算

表1 当初スワップ

年	無リスク利率	当初スワップ（A）						
		スワップ収入額	スワップ支払額	正味キャッシュ・フロー	洗替額	期末時価額	評価損益	当期損益
No.		①	②	③			④	
計算式		⑤+⑨	⑥+⑩	①-②				③+④
2003	10%	219.9	100.0	119.9	—	-119.9	-119.9	0.0
2004	10%	219.9	110.0	109.9	119.9	-241.8	-121.9	-12.0
2005	10%	219.9	121.0	98.9	241.8	-364.9	-123.1	-24.2
2006	10%	219.9	133.1	86.8	364.9	-488.2	-123.3	-36.5
2007	10%	219.9	756.9	-537.0	488.2	0.0	488.2	-48.8

表2 ローン相当部分

年	無リスク利率	ローン相当部分（B）						
		スワップ収入額	スワップ支払額	正味キャッシュ・フロー	洗替額	期末時価額	評価損益	当期損益
No.		⑤	⑥	⑦			⑧	
計算式				⑤-⑥				⑦+⑧
2003	10%	100.0	0.0	100.0	—	-100.0	-100.0	0.0
2004	10%	100.0	0.0	100.0	100.0	-210.0	-110.0	-10.0
2005	10%	100.0	0.0	100.0	210.0	-331.0	-121.0	-21.0
2006	10%	100.0	0.0	100.0	331.0	-464.1	-133.1	-33.1
2007	10%	100.0	610.5	-510.5	464.1	0.0	464.1	-46.4

表3 スワップ部分

年	無リスク利率	スワップ部分（C）						
		スワップ収入額	スワップ支払額	正味キャッシュ・フロー	洗替額	期末時価額	評価損益	当期損益
No.		⑨	⑩	⑪			⑫	
計算式				⑨-⑩				⑪+⑫
2003	10%	119.9	100.0	19.9	—	-19.9	-19.9	0.0
2004	10%	119.9	110.0	9.9	19.9	-31.8	-11.9	-2.0
2005	10%	119.9	121.0	-1.1	31.8	-33.9	-2.1	-3.2
2006	10%	119.9	133.1	-13.2	33.9	-24.1	9.8	-3.4
2007	10%	119.9	146.4	-26.5	24.1	0.0	24.1	-2.4

表4 ローン消去スワップ

年	無リスク利率	ローン消去スワップ (D)						
		スワップ収入額	スワップ支払額	正味キャッシュ・フロー	洗替額	期末時価額	評価損益	当期損益
No.		⑬	⑭	⑮			⑯	
計算式		⑥	⑤	⑬−⑭				⑮+⑯
2003	10%	0.0	100.0	−100.0	—	100.0	100.0	0.0
2004	10%	0.0	100.0	−100.0	−100.0	210.0	110.0	10.0
2005	10%	0.0	100.0	−100.0	−210.0	331.0	121.0	21.0
2006	10%	0.0	100.0	−100.0	−331.0	464.1	133.1	33.1
2007	10%	610.5	100.0	510.5	−464.1	0.0	−464.1	46.4

(注) 利息発生額の計算

年	無リスク利率	みなし前貸部分			
		期首ローン残高	前貸額	利息発生額	期末ローン残高
2003	10%	0.0	100.0	0	100.0
2004	10%	100.0	100.0	10.0	210.0
2005	10%	210.0	100.0	21.0	331.0
2006	10%	331.0	100.0	33.1	464.1
2007	10%	464.1	100.0	46.4	610.5

表5 合成スワップ

年	無リスク利率	当初スワップ(C)+ローン消去スワップ(D)=合成スワップ(E)						
		スワップ収入額	スワップ支払額	正味キャッシュ・フロー	洗替額	期末時価額	評価損益	当期損益
No.		⑰	⑱	⑲			⑳	
計算式		①+⑬	②+⑭	⑰−⑱				⑲+⑳
2003	10%	219.9	200.0	19.9	—	−19.9	−19.9	0.0
2004	10%	219.9	210.0	9.9	19.9	−31.8	−11.9	−2.0
2005	10%	219.9	221.0	−1.1	31.8	−33.9	−2.1	−3.2
2006	10%	219.9	233.1	−13.2	33.9	−24.1	9.8	−3.4
2007	10%	830.4	856.9	−26.5	24.1	0.0	24.1	−2.4

第1章 税務への金融工学的アプローチ 105

（参考）期末時価額の計算

年	無リスク利率	当初スワップ（A）					
		正味キャッシュ・フロー	2003期首	2003末	2004末	2005末	2006末
2003	10%	119.9	109.0				
2004	10%	109.9	90.8	99.9			
2005	10%	98.9	74.3	81.7	89.9		
2006	10%	86.8	59.3	65.2	71.7	78.9	
2007	10%	−537.0	−333.4	−366.8	−403.5	−443.8	−488.2
各時点における評価額		0.0	−119.9	−241.8	−364.9	−488.2	

年	無リスク利率	ローン相当部分（B）					
		正味キャッシュ・フロー	2003期首	2003末	2004末	2005末	2006末
2003	10%	100.0	90.9				
2004	10%	100.0	82.6	90.9			
2005	10%	100.0	75.1	82.6	90.9		
2006	10%	100.0	68.3	75.1	82.6	90.9	
2007	10%	−510.5	−317.0	−348.7	−383.6	−421.9	−464.1
各時点における評価額		0.0	−100.0	−210.0	−331.0	−464.1	

年	無リスク利率	スワップ部分（C）＝合成スワップ（E）					
		正味キャッシュ・フロー	2003期首	2003末	2004末	2005末	2006末
2003	10%	19.9	18.1				
2004	10%	9.9	8.2	9.0			
2005	10%	−1.1	−0.8	−0.9	−1.0		
2006	10%	−13.2	−9.0	−9.9	−10.9	−12.0	
2007	10%	−26.5	−16.5	−18.1	−19.9	−21.9	−24.1
各時点における評価額		0.0	−19.9	−31.8	−33.9	−24.1	

年	無リスク利率	正味キャッシュ・フロー	ローン消去スワップ (D)				
			2003期首	2003末	2004末	2005末	2006末
2003	10%	-100.0	-90.9				
2004	10%	-100.0	-82.6	-90.9			
2005	10%	-100.0	-75.1	-82.6	-90.9		
2006	10%	-100.0	-68.3	-75.1	-82.6	-90.9	
2007	10%	510.5	317.0	348.7	383.6	421.9	464.1
各時点における評価額			0.0	100.0	210.0	331.0	464.1

第4節　米国におけるデリバティブ取引を用いた節税策に対する規制の概要

概要

　米国では、2004年2月にトータル・リターン・スワップなど不確定な一括支払額が規定されているスワップ取引に対応すべく、前節で紹介したように財務省規則改正案が公表されたが、公表以来10年以上の時間が経過しているものの、2014年12月時点で同改正案については、正式な採用に至っていない。その理由の一つは、不確定な一括支払額について実質的な利息相当額を認識するために新たに提案された確定スワップ方式[1]と呼ばれる不確定なキャッシュ・フローの合理的な予測と確定後の調整規定で構成される大変込み入った所得計算上の調整方法であると想定される。

　この確定スワップ方式は、既に1996年に制定されていた不確定な支払が行われる債券の取扱いを定めた内国歳入規則1.1275-4条《不確定支払債券》において規定されている「確定債券方式（noncontingent bond method）」と類似したものといわれている[2]が、当該確定債券方式は、いわゆる仕組債[3]のように組み込まれているデリバティブ取引のために実際の支払額が不確定ではあるものの、飽くまでも市場性のある債券等に係る課税上の調整規定である。なお、タックス・シェルターとして濫用されるような、市場性も乏しく、支払額が不確定な返済方法による債券等（contingent payment debt instrument）（以下「不確定債券等」という。）については、当該債券等を確定支払部分と不確定支

1）　本書85〜86頁参照。
2）　Yoram Keinan "Is There a Mark-to-Market in Your Future?", taxanalysts, April 21, 2014, http://www.taxanalysts.com/www/features.nsf/Articles/CD76225436811673852 57CC10054108A?OpenDocument（平成26年9月30日現在）の項目C.1.a.を参照。
3）　法人税法基本通達において、「有価証券…、金銭債権、金銭債務等…で、デリバティブ取引の組み込まれたもの」として定義されている「複合有価証券等」に該当する債券。同通達2-3-42《有価証券等に組み込まれたデリバティブ取引の取扱い》参照。ちなみに、米国では、仕組債は「structured bond」と呼ばれる。

払部分との二つの債券等にバイファケーション (bifurcation) することにより，その節税効果を減殺するための取扱いが後述するように同条において別途規定されている。

さらに，上記の規則による規制と並行して，1993年から1999年にかけて，デリバティブ取引を用いた節税策の効果を減殺するために三つの立法，すなわち，①内国歳入法1258条《特定の金融取引からの収益の所得区分変更 (Recharacterization of gain from certain financial transactions)》，②同1259条《値上がりした金融ポジションに対するみなし売却処理 (Constructive sales treatment for appreciated financial positions)》，③同1260条《みなし所有権取引による収益 (Gains from constructive ownership transactions)》の新設が行われたが，当該立法においても課税上の種々の調整規定が置かれているので，確定スワップ方式の提案された背景を理解する上での参考として，本節において上記の諸規制について概説しておくこととしたい[4]。

1．確定債券方式

(1) 規定の概要

確定債券方式の基本的な仕組みは，それぞれの不確定な支払額について合理的な予測を行い，当該予測額に基づいて当該支払額の取得時点における現在価値を計算し，当該予測額と現在価値額との差額を金利調整差額 (Original Issue Discount)（以下，当該金利調整差額に基づいて算定される当該年分の有価証券利息額を米国における一般的な用法に準じて「OID」という。）とみなして取引開始時点から当該支払額の支払予定時期までの期間についてOIDを比較対象利回り[5]

---

4) 特に断らない限り，本節の以下の本文の説明は，Boris I. Bittker and Lawrence Lokken "Federal Taxation of Income, Estates and Gifts", Warren, Goram & Lamont (2000), pp. 56-6 to 56-17, pp. 57-91 to 57-108 の解説に基づくものであるので，あらかじめお断りしておきたい。
5) 「比較対象利回り」とは，基本的には発行者が発行日現在において同様の条件で固定金利の債券を発行しようとした場合に適用可能な利回りである。前掲注4，同書，p. 56-7参照。

（comparable yield）を用いて配分する[6]ものである。つまり，本来不確定である支払額を当該予測額で返済額が確定している割引債とみなして OID を配分することから，本方式は確定債券方式と呼ばれるわけであろう。なお，当該債券が利付債券である場合でも，当該利息の支払額は，通常の利息とはみなされず，他の支払額と同様に返済額として取り扱われることとされている[7]。

いずれにしても，多くの場合，上記予測額と実際の支払額が相違することとなるが，当該年分における当該差額の総額がプラスであれば，当該債券に係る追加的利息（additional interest）として取り扱われ，マイナスであれば，当該債券に係る OID に基づく累積的な利息相当額から控除される[8]。

(2) **タックス・シェルター対策**

確定債券方式の適用対象は，市場性のある仕組債等[9]であり，通常，証券会社等の専門ディーラーが関与して大規模に発行されるもので，そもそも当該仕組債等の経済合理性がそれなりに高く，組み込まれたデリバティブ取引の濫用性も低いと考えられるものである。

一方，同様に不確定の支払額がある債券等ではあるが，主にタックス・シェルターの手段として濫用され，特定の顧客に提供される不確定債券等については，そもそも当該債券等自体の経済合理性が疑わしいものがある[10]。この

---

6) 配分方法は，「定率利息方式（constant interest method）」と呼ばれ，償還までの平均利回り（yield to maturity）による複利計算に基づいて利息相当額が発生するものとみなして OID を配分する方法であり，単純に按分するものではない。詳細については，前掲注 4，同書，p. 56-10 及び pp. 53-38 to 53-40 参照。なお，当該 OID を求めるために必要な予測支払額は，それと対応する発行額（issue price）に比較対象利回りを適用して求めるのが原則であるが，不確定な支払額が市場で決定される場合など，そうすることが合理的ではないようなときには，当該予測支払額と対応する発行額が整合するように比較対象利回り自体が調整されることになる。同書，p. 56-9 参照。
7) 前掲注 4，同書，p. 56-10 参照。
8) つまり，控除対象となる当該年分の利息相当額が不足する場合には，前年分までの利息相当額の累計額（前年分までの控除後のもの）までは，通常所得の控除額として取り扱われ，それによっても控除不足額がある場合には，次年分に繰り越すことができる。前掲注 4，同書，pp. 56-10 to 56-11 参照。
9) 規則上，確定債券方式の適用対象は，金銭若しくは公開市場において取引される資産の対価として発行される不確定な支払額がある債券（contingent payment debt instruments）又はそれ自体が公開市場において取引される当該債券である。前掲注 4，同書，p. 56-3 参照。

ような不確定債券等のうち，不動産や閉鎖会社（closely held corporation）の株式など，公開市場で取引されない資産（以下「購入対象資産」という。）の対価として発行される債券等については，（複数の）不確定な支払額部分を規定した債券等と（複数の）確定した支払額部分を規定する債券等（「みなし確定債券（noncontingent deemed instrument）」と呼ばれる。）にバイファケーションしたのち，それぞれの OID に基づいて利息相当額が算定される[11]。

なお，みなし確定債券の OID を求める際に用いられる発行価格は，通常は①確定した元本返済額（noncontingent principal payments）の総額と②全ての元本及び利息の確定支払額の現在価値とのより少ない方でよいとされるが，不正が予想される場合には（in a potentially abusive situation），当該発行価格は，当該確定支払額の（発行時における）公正市場価格（fair market value）とされる[12]。また，購入対象資産の取得原価は，上記発行価格と頭金（down payment）ないしその他の対価（consideration）とを合せた金額となる[13]。

他方，各不確定支払額については，当該支払期限の属する年分において，確定した支払額に基づき，それぞれ個別に発行時の現在価値から元本相当額（principal portion）が計算され，それとの差額が利息相当額として当該年分の利子所得（interest income）に認定される。そして，それと同時に，元本相当額については，購入対象資産の取得原価に加算されることとなる。結局，この規定により，当該元本相当額については購入者が購入対象資産に係る支払利息であると主張することができなくなるわけである[14]。

---

10) 例えば，A は，B に対して甲土地を譲渡するが，その対価として，譲渡時に頭金として 100 万ドルを支払い，5 年後に 500 万ドルを支払うこととし，その 5 年間の利息として B の総賃貸収入の 40％（不確定支払額）を A に支払うこととする不動産譲渡契約などが考えられる。前掲注 4，同書，p. 56-18 参照。
11) 前掲注 4，同書，p. 56-17 参照。
12) 前掲注 4，同書，pp. 56-17 to 56-18 参照。つまり，当該確定支払額の実質的な経済価値に基づくということであろう。
13) 前掲注 4，同書，p. 56-18 参照。
14) 例えば，前掲注 10 の取引で 1 年目の不確定支払額が 20 万ドルに確定したとすると，5％の割引率では，そのうち 9,524 ドルのみが利息相当額として認定されることになる。前掲注 4，同書，p. 56-19 参照。

2. 変換取引
(1) 規定の概要

内国歳入法1258条の規定は、いわゆるレポ取引などの変換取引（conversion transaction）による売買益をキャピタル・ゲインではなく、通常所得である貸付金の利息として取り扱うこととするものである。ここで変換取引とは、「納税者が取引から期待できるほとんど全ての収益が当該取引における納税者の正味投資額の時間価値（time value）に帰着できるような取引」のみをいう[15]。

さらに、課税当局が変換取引と認定するためには、①有形資産又は無形資産を保有するとともに、当該資産の取得とほぼ同時に当該資産ないし当該資産とほぼ同じ資産（以下「対象資産」という。）について特定の価格による譲渡契約が結ばれること、②上記①と同様なキャピタル・ゲインを生む取引であるとして販売されている取引であること、又は、③株式を含む動産について互いに相殺関係にあるポジションとして定義される規制対象ストラドル取引（applicable straddle）であることが必要である[16]。

そして、変換取引において課税上問題となり得る主な点は、①変換取引によって得られる収益が実質的には通常所得である利息収入であるにも関わらず、キャピタル・ゲインとして軽課されてしまう可能性があること、②長期にわたる契約の場合には、課税適状時期が利息収入の場合に比べ、大幅に繰延べされてしまうこと[17]の2点であろう。

---

15) 前掲注4、同書、p.57-99参照。なお、変換取引と認定されるものには、当該取引について、①レポ取引のような買戻し条件付売買の取引形態や②現物取引と先渡取引の混合取引の形態が採用される場合もあるようである。同書、p.57-98参照。
16) 前掲注4、同書、p.57-99参照。なお、これらの条件のうち、本文②の規定振りは、本規定がタックス・シェルターを強く意識したものであることを物語っているといえよう。
17) 通常のレポ取引であれば、対象資産の売り手（資金の借り手）にとって価格変動リスクが大きくなり、値上がりに伴う機会費用や値下がりに伴う損失が増大する可能性があることから契約期間は短期のものとならざるを得ないため、余り問題とはならないであろう。

(2) **タックス・シェルター対策**

変換取引を用いたタックス・シェルター対策として，変換取引による収益が不当にキャピタル・ゲインとして軽課されてしまうことを防止するため，変換取引に含まれる①対象資産の再譲渡に係る収益及び②任意のポジションの処分等に係る収益については，帰着可能所得額（applicable imputed income amount）までは，通常所得とされる[18]。

ここで，「帰着可能所得額」とは，通常，納税者の正味投資額（taxpayers net investment）に対してフェデラル・レートに基づいて定められる適用可能利率（applicable rate）の120％相当利率を適用して求めた利息相当額である[19]。なお，適用可能利率を2割増しする理由は，一般の利息収入の場合に比べて，変換取引では課税適状時期が大幅に繰延べされ得ることから，キャピタル・ゲインから通常所得に転換されるべき限度額（つまり，帰着可能所得額）を単に適用可能利率によるとした場合よりも多めに設定することによって一定の税額調整を図っているものといえよう。

3．相殺関係にあるポジションに起因するみなし売却

(1) **規定の概要**

内国歳入法1259条の規定は，多大な含み益を有している有価証券の保有者が当該有価証券の空売りを行うことにより，当該含み益に対する課税を繰延べしながら，当該有価証券を売却したのと同様な資金を得ることができる「保有株に対する空売り（short sale against the box）」と呼ばれる節税策や保有株について持分スワップ取引（equity swap）を契約したり，保有株と同じ株式を売る先物取引ないし先渡取引を行ったりすることなどの濫用的な取引を規制するためのものである[20]。

ここで，持分スワップ取引とは，当事者間で一定の契約期間において（主に

---

18) 内国歳入法1258条(a)項《総則》参照。
19) 前掲注4，同書，pp. 57-99 to 57-101 参照。

株主側が)対象株式の受取配当額及び値上がり益相当額と(契約相手が)値下がり損相当額を交換する取引であるが,多くの場合,株主側は,保有株式の時価相当額に対する市場金利を受け取ることが規定されており,その場合,質的には課税対象である当該株式と利付債券等との交換取引とみなせることが指摘されている[21]。

(2) タックス・シェルター対策

上記(1)の節税策等により不当に含み益の繰延べが行われないように,値上がりした金融ポジション[22] (appreciated financial position) を保有している納税者又はその関係者 (related person) が次の取引を行った場合に「みなし売却」が発生し,それに基づいて当該値上がりした金融ポジションについてキャピタル・ゲインないしロスが認識されることとなる[23]:

① 保有資産と同じ又は実質的に同等な資産の空売り
② 保有資産と同じ又は実質的に同等な資産と相殺関係にあるスワップ取引
③ 保有資産と同じ又は実質的に同等な資産を引き渡すための先物取引ないし先渡取引

---

20) 前掲注4,同書,pp.57-92 to 57-93 参照。なお,本文中のこれらの取引が濫用的であるのは,仮に保有株式の株価が急上昇しても現物で清算することができることから,空売りによって得られた資金を相当長期にわたって管理支配することが可能である点であるといえよう。おって,我が国の有価証券取引で用いられている「つなぎ売り」と呼ばれる取引手法は,この「保有株に対する空売り」に相当する方法である。
21) 前掲注4,同書,p.57-93 参照。
22) ここで,「ポジション」とは,①株式,金融商品 (instrument) 若しくは [パートナーシップなどの] 権利 (interest) の所有権 (ownership),②先物ないし先渡取引,空売り若しくはオプション取引であり,③スワップ取引については,株式,債券若しくはパートナーシップの権利 (partnership interest) の所有権とその経済的効果がほぼ等しい支払が行われる場合にポジションに該当することとされている。前掲注4,同書,p.57-93 参照。
23) 前掲注4,同書,p.57-94 参照。なお,同じ金融ポジションに本規定が再度適用される場合や当該ポジションを処分した場合には,課税上,キャピタル・ロスが発生するものと考えられる。

なお，値上がりした金融ポジションのみなし売却の認定に伴い，みなし売却の発生日（以下「みなし売却日」という。）において当該ポジションは，公正市場価格で売却等をされたものとみなされるとともに，以後，当該金融ポジションについては当該価格でみなし売却日に再取得されたものとみなされることとなる[24]。

4．みなし所有権取引

(1) 規定の概要

内国歳入法1260条の規定は，納税者がパススルー事業体[25]（pass-through entity）に直接投資するのと同様な財務上の利得を得ているにも関わらず，当該事業体の権利を直接所有する場合に発生するはずの租税コストを不当に軽減するためにデリバティブ取引が濫用されることを防止するための規定である[26]。

なお，規制対象となる収益は，投資信託（mutual fund），REIT（real estate investment trust），投資パートナーシップ（investment partnership）又はその他のパススルー事業体（pass-thru entity）の権利［の経済的な価値］を反映（ないしシミュレーション）するように組成されたデリバティブ取引[27]（これを「みなし所有権取引[28]（constructive ownership transaction）」という。）が手仕舞いされる際に実現される収益である[29]。

---

[24] 前掲注4，同書，p.57-97参照。なお，これは，時価主義会計における，いわゆる切放法による会計処理に相当するといえよう。
[25] パススルー事業体としては，パートナーシップ，S法人（S Corporation），信託などが指定されている。前掲注4，同書，pp.57-104 to 105参照。
[26] 前掲注4，同書，pp.57-103 to 57-104参照。
[27] 例えば，ある納税者が1年間REITの持分を100ドルで購入するためのコール・オプションを取得するとともに，同時に同じ持分を100ドルで売り付けるためのプット・オプションを売却した場合には，上記の二つのオプション取引によって，納税者は，100ドルで現物のREITの持分を取得したのと同じ経済的な効果を実現することができる。つまり，当該持分の価格が100ドルより上昇した場合には，コール・オプションを行使することによって値上がり益を得ることができるし，逆に100ドルより値が下がった場合には，プット・オプションが行使されることになるため，相手方に値が下がった分を支払うことによる損失が発生するわけである。前掲注4，同書，p.57-105参照。

そして，基本的な規制方法は，デリバティブ取引を用いることにより長期キャピタル・ゲインとなる[30]収益を仮に現物の取引を行ったとした場合に得られるであろう長期キャピタル・ゲインまでに制限し，超過する部分を通常所得として取り扱うこととするものである。

(2) タックス・シェルター対策

内国歳入法1260条は，仮にその適用がなければ，長期キャピタル・ゲインとなる収益をその全部ないし一部について通常所得として取り扱うことを規定する（以下，本条により通常所得として取り扱われる当該収益を「みなし通常所得」という。）。そして，それとともに，本来，当初から通常所得として取り扱われた場合とのバランスから，みなし通常所得に係る税額について利子税（interest charge）を徴することを規定している[31]。この利子税を徴する点で，上記2の変換取引の規定に比べ，租税公平主義に対する姿勢が徹底しているものと評価できよう[32]。

---

28) みなし所有権取引は，ほぼ次のとおり定義されている（前掲注4，同書，p.57-105参照）：
　① スワップ取引に基づくロング・ポジション（つまり，実質的な金融資産の保有とみなせるもの）
　② 金融資産を取得するための先渡取引ないし先物取引
　③ 金融資産に係る実質的に同じ行使価格や満期日を有するコール・オプションの保有とプット・オプションの売却
29) 前掲注4，同書，p.57-103参照。
30) 例えば，一般の納税者が投資信託（mutual fund）の持分を購入した場合には，当該持分が固定資産（capital asset）となり，1年を超えて保有すれば，その譲渡益は，長期キャピタル・ゲインとなり，当該投資信託を対象資産としたデリバティブ取引の手仕舞い（termination）の際の損益も，内国歳入法1234A条《特定の手仕舞いからの損益》の規定に基づき，固定資産の譲渡損益として取り扱われることとされている。したがって，同1260条の規定がなければ，当該デリバティブ取引の損益はその全額が固定資産の譲渡損益とされてしまうことになる。前掲注4，同書，p.57-104参照。しかし，投資信託の運用益には，通常は，受取配当や受取利息のような通常所得分や有価証券の短期での売買損益など短期キャピタル・ゲイン分も含まれることから，現物取引との乖離が大きくなるわけである。
31) 前掲注4，同書，p.57-103参照。
32) なお，変換取引の場合に取扱いが穏やかなのは，そもそも変換取引が主に通常所得をキャピタル・ゲインへ転換することを目的として組成されるものであり，本文2の(1)で述べたとおり，変換取引が「納税者が取引から期待できるほとんど全ての収益が当該取引における納税者の正味投資額の時間価値に帰着できるような取引」と定義されているため，金額的には余り操作ができない性質の取引であるためであろう。

なお，上記のみなし所有権取引に係るみなし通常所得は，上記の利子税の計算上，フェデラル・レートに基づく一定の利率により，時間価値を除いた元本となる所得が均等に発生するものとして経過年分に配分されるが，それらの配分額については，各年分の受益者の限界税率に基づいて算出される税額を基礎として，当該利子税がそれぞれの遅延期間に応じて算定される。そして，当該利子税は，合算されたのち，手仕舞いが行われた年分において付加税（additional tax）として課税されることとなる[33]。

ちなみに，このように大変理論的かつ緻密ではあるが，相当に込み入った利子税の計算方法が法律として許容され得るのは，そもそもそのようなタックス・シェルターを組成できるようなプロモーターないし納税者の一定の金融工学的な計算能力を当然の前提としているようにも思われる。

5．検討

そもそも米国の税制を含めその法制度は，我が国と大きく異なることから，本節で取り上げた米国におけるデリバティブ取引に関連した諸規制の背景となったような問題が我が国においても顕在化するとは限らないであろう。特に，本節で取り上げた諸規制に限ってみても，米国においては，不動産や有価証券等について分離課税を採用していない点，キャピタル・ゲインを1年で長期と短期に区分している点，さらには，節税目的によるパススルー事業体の活用が大幅に進んでいる点などの相違点の影響は大きいものと考えられる。

しかし，経済取引や資産運用がグローバル化する中で，国際的な税制の調和が課題となっている昨今，米国におけるデリバティブ取引を含めた金融商品取引課税の現状やその動向については，これからも注目していく必要があるものと考えられる。

---

33) 前掲注4，同書，pp. 57-107 to 57-108 参照。

第2章　金融商品課税面の幾つかの論点

第1節　米国における金利スワップ取引の税務上の時価評価に関する論点について
―― 企業会計と税務会計との調整上の留意点 ――

概要

　米国においては，金利スワップ取引等のデリバティブ取引を含む有価証券のディーラー等が期末時点で保有する投資目的以外の有価証券については，我が国と同様に内国歳入法上の期末時価評価の対象となる。しかるに，金利スワップ取引の課税上の期末時価評価方法が争点となった事件[1]（以下，「本件訴訟」という。）が本節の原論文執筆時点でも第一審提訴から12年間以上という長期にわたり係争中であった。本件訴訟の主要な争点は，金利スワップ取引の期末時価評価において，企業会計上は許容される契約相手の信用リスクに係る調整やディーラーの管理運営費用等の見積りを通じて所得の繰延べが内国歳入法上許容されるかという点である。そして，本件訴訟を複雑にしているのが，特に将来の管理運営費用に係る所得の繰延べについて，課税当局が主張するような未確定債務の単なる引当ての問題としてではなく，金利スワップ取引の割引現在価値[2]を求めるための基礎となる将来の予想キャッシュ・フローについてディーラーの将来の管理運営費用のような間接原価に

---

1) 第7巡回控訴審裁判所2006年8月9日判決 "JPMorgan Chase & Co. v. Commissioner of Internal Revenue", Nos. 05-3730 & 05-3742, http://media.ca7.uscourts.gov/cgi-bin/rssExec.pl?Submit=Display&Path=Y2006/D08-09/C:05-3730:J:_:aut:T:op:N:0:S:0（平成27年2月11日現在）参照。

係る予想キャッシュ・フローを含めることが課税上許容されるかという金利スワップ取引の評価方法に係る争点として争われている点である。

また，本件訴訟と並行して，有価証券の期末時価評価について企業会計上の取扱いを一定の条件の下で税務上も認めることとする許容規則（safe harbor rule）の制定が課税当局によって提案されているが，そのような提案は，内国歳入法の首尾一貫性（coherence）の確保や不正操作防止（anti-manipulation）の観点で問題であるとの批判的な意見も見られる。

今後，金融商品の利用がその高度化と国際化と併せて更に進むことが予想されることから，我が国における金融商品の税務上の取扱いを更に検討していく上で，米国における上記のような動きは大変参考になるものと考えられる。また，金融商品会計のように複雑で，かつ，めまぐるしく変化していく先端的分野においては，企業会計の急激な進歩に税務会計がなかなか追いつけないことから，米国におけるように税務会計も企業会計を追認するような姿勢となりやすいものと考えられる。しかし，かかる姿勢は，経過的にこそ許容されるべきものであって，適正かつ公平な課税を実現するためには，相当の時間や労力を要するとしても，税務会計としての主体性を確保していく必要があろう。

以上のような観点から，本節では，上記の訴訟や許容規則案の概要と共に今後我が国においてデリバティブ取引に係る課税上の取扱いを前広に検討していく上で参考となると考えられる事項について紹介することとしたい。

2）「現在価値とは，将来の見積キャッシュ・インフローまたはキャッシュ・アウトフローの現在における測定値であり，現在と見積キャッシュ・フローとの期間の数だけリスク調整後の利子率で割り引いた値である。…したがって，現在価値を計算するには，2つのファクターが必要である。1つは，キャッシュ・フローの見積りであり，もう1つはリスク調整後利子率の選択である。」広瀬義州『財務会計（第6版）』（平成18年，中央経済社）162頁参照。

1. 米国における金利スワップ取引の期末時価評価に関する訴訟の概要
(1) 事件の背景と経緯

　米国内国歳入法475条《有価証券のディーラーの時価会計方法》[3]は，有価証券[4]（security）のディーラーは，①棚卸資産である有価証券については，その公正市場価値（fair market value）で棚卸評価すること，②棚卸資産ではない有価証券で，課税年度末において保有するものについては，当該有価証券を課税年度最終日において公正市場価値で売却されたものとみなして損益を認識し，当該課税年度の損益に計上しなければならないことを規定している（同条(a)項《一般規則》）。上記②の規定は，金利スワップ取引等の金融派生商品（derivative financial instrument）についていえば，我が国法人税法におけるデリバティブ取引に係る期末時価評価制度（みなし決済制度）に相当するものである[5]。

　本件訴訟は，上記の内国歳入法475条に基づく金利スワップ取引の期末時価評価方法を争点とする初めてのものであるが，第一審である租税裁判所における係争期間が10年間にも及んだ[6]ことからも分かるように，課税当局側と本件納税者側の見解が真正面からぶつかり合った記念碑的な事件であり，しかも，第7巡回控訴審裁判所による控訴審判決が，租税裁判所に対する審理差戻し判決であることから，いまだ決着をみていないという点で金利スワップ取引の期末時価評価に係る歴史的な課税訴訟であるということもできよう。

　その大きな争点となったのは，金利スワップ取引の期末時価評価における

---

3) 26 USC Sec. 475. Mark to market accounting method for dealers in securities 参照。
4) 内国歳入法475条における"security"は，我が国の金融商品取引法における有価証券の定義に近いものであり，おおよそ①株式，②パートナーシップや信託の受益権，③債券，④金利スワップ等の想定元本取引，⑤上記①～④に係る受益証券又はオプション，先渡取引などの金融派生商品（市場の確立されている先物取引などを除く。），⑥上記①～⑤に係るヘッジ取引として定義されている。同条(c)(2)項《有価証券の定義》参照。
5) 法人税法第61条の5《デリバティブ取引に係る利益相当額の益金又は損金算入等》参照。
6) 第一次課税処分1995年1月19日，第一次提訴1995年4月17日，第二次提訴1997年3月27日，第一審判決2003年5月2日，第一審終結2005年6月17日である。

将来の未確定な間接原価に係る減額の可否である。本件納税者は，当初申告において，金利スワップ契約で直接に規定されている想定キャッシュ・フローを将来の予想金利水準（スポット・レート・カーブ[7]）によって現在価値に割り引いた値である中値（mid-market value）に基づいて期末時価評価損益を計上するとともに，当該契約に関連して将来発生の見込まれる間接費用を現在価値に割り引いた相当額について，具体的には，契約相手先の信用格付け等に基づいた信用リスク調整額（credit risk adjustment）及び当該契約を実施していく上で必要と見込まれる管理運営費用調整額（administrative cost adjustment）として引当て計上し，利益の繰延べを行っていた。これに対して，課税当局がこれらの調整額を否認したことから訴訟となったものである[8]。なお，第一審租税裁判所において，本件納税者は，当該利益繰延額は，利益の繰延べ（de-

---

[7] 一般的なスポット・レート・カーブの解説については，デービッド・G・ルーエンバーガー著，今野浩ほか訳『金融工学入門』（日本経済新聞社，2002年）90頁〜94頁参照。なお，本件租税裁判所判決では，将来金利の水準を表すものとしてスポット・レート・カーブではなく，利回りの指標であるイールド・カーブ（その形状が利息の支払方法の影響を受ける。）が参照されているが，その場合のイールド・カーブは，正確にはゼロ・クーポン債に係るイールド・カーブ（zero-coupon yield curve）でなければならない（第一審租税裁判所 2003年5月2日判決 "Bank One Corp. v. Commissioner" Docket Nos. 5759-95, 5956-97, http://www.ustaxcourt.gov/InOphistoric/bankone.TC.WPD.pdf（平成27年2月11日現在），pp. 54-58参照。）。本節では，誤解を避ける意味合いから将来金利の水準を表す用語としてスポット・レート・カーブを用いることとする。なお，上記租税裁判所判決を以下「Bank One」という。

[8] 否認の理由としては，「[本件納税者]は，実質的に，その大部分が将来の課税年度において被るであろう費用について，現在の課税所得から控除している」ことから，そのような「減額のための費用（carve-out expenses）[を計上すること]は，内国歳入法446条に従って明確に所得を反映することにはならない」ということであった。Bank One, p. 149参照。なお，Bank One Corp. は，2004年7月に J.P. Morgan Chase & Co. と合併し，JPMorgan Chase & Co. となり，同社が本件訴訟を引き継いでいる。おって，そもそもの調査対象法人は，the First National Bank of Chicago であり，同社は，Bank One Corp.の前身である企業（First Chicago Corp.）の連結納税グループに属していた（Bank One p. 12参照）。

（注）本件租税裁判所判決（Bank One）は，本件が大変新しい分野に関するものであることから，その内容は，スワップの歴史，金利スワップ市場の概要，金利スワップの一般的な評価方法，当事者における具体的な評価方法など，法令面だけでなく，判決に必要とされた金利スワップ取引に関連する商品面，業務面，経営面，会計制度面等の様々な事項を網羅したものとなっており，米国におけるスワップ・ディーリングの具体像を理解する上で大変参考になる資料である。

ferral）ではなく，金利スワップ取引の期末時価額に係る評価上の調整額であると主張を変更している[9]。おって，第一審の概要等本事件の経緯については，控訴審判決に簡潔に紹介されていることから，その該当部分の仮訳を(**資料**)に示すので参照されたい。

ここで，上記の中値を将来的に予想される契約相手の信用リスクに伴う減収分や管理運営費用等の金利スワップ取引関連費用の見積額に基づいて調整した期末時価額を調整中値（adjusted mid-market value）と呼ぶが，調整中値を用いる会計方法も中値を用いる方法と共に，企業会計上，当時の業界では一般に認知された評価方法であった[10]。つまり，中値方式による期末時価評価が，金利スワップ契約に直接かつ明示的に規定されているキャッシュ・フローのみを対象として割引現在価値を評価するのに対して，調整中値方式は，金利スワップ取引の契約上の直接的なキャッシュ・フローとともに，当該契約の実施に要する間接原価に係るキャッシュ・フローも含めて現在価値を求める方法であるということができよう。結局，本件訴訟の主要な争点は，金利スワップ取引の期末時価評価方法であり，課税当局側が課税上の取扱いとして中値方式に基づく期末時価評価を主張するのに対して，本件納税者側が，企業会計上は妥当とされている調整中値方式による期末時価評価を主張している点であるということができる。

(2) 租税裁判所2003年5月2日判決

第一審租税裁判所判決（Bank One）は，「本件納税者のスワップ取引に係る課税上の時価評価方法が九つの点でスワップ所得を明確に反映していない」と結論付けた。具体的には，当該評価方式が，①課税年度末時点における評価になっていない，②不良債権化してしまったスワップ取引（nonperforming swap）に適用されていない，③契約両当事者の信用度を反映していない，④ネッティング契約[11]などの信用補強手段を考慮していない，⑤信用リスク調

---

9) Bank One p.163参照。
10) スワップ・ディーラー業界における金利スワップの標準的な評価方法の詳細については，本文2の(3)参照。

整の時点が1ヶ月遅れである，⑥信用リスク調整を動的に行っていない，⑦既に存在していない取引についても信用リスク調整を行っている，⑧管理運営費用調整については，増分原価[12] (incremental cost) によるべきである，⑨信用リスク調整及び管理運営費用調整をポートフォリオに対して一括して行っており，個々のスワップ取引について行っていないという各点である[13]。

一方，課税当局に対しても，「本件納税者のスワップ所得に係る課税当局の計算方法も当該所得を明確に反映してはいない」と結論付けた。その理由としては，「公正市場価値とするためには，信用リスク調整額及び管理運営費用調整額によって各々のスワップ取引の中値を調整する必要があるが，課税当局の方法は，それを反映したものとはなっていない」というものであった[14]。

そこで，租税裁判所は，両当事者に対して，同所の判示した方法によるスワップ所得の再計算を指示した。具体的には，「本件納税者のスワップ取引及びそれに類似のデリバティブ取引の個々の取引について，［本件訴訟の］両当事者は，当該デリバティブに係る中値を信用リスク及び管理運営費用に関して［その変動に応じて］動的に (dynamic basis) かつ適正に調整することにより当該取引の公正市場価値を評価すべきである」とした[15]。つまり，第一審租税裁判所は，本件納税者の実際の評価時点が期末現在ではないなどの点で不適法であることを認定しつつ，課税当局の主張する計算方法も不十分であ

---

11) ネッティング契約とは，ある契約相手と複数のスワップ契約を結んでいる場合に，仮に当該契約相手がデフォルトした際に，スワップ契約間で損益を相殺する契約をいう。詳細については，Bank One pp. 142-146 参照。
12) ここで増分原価とは，あるスワップ契約を締結したことに伴って増加する管理運営費用の当該増加部分をいい，原価の関連性を最も狭く認識する方法である。一方，増加部分のみでなく，スワップ取引の増減に伴って変化しない一般管理原価 (general overhead) をも含めた原価を完全配布原価 (Fully Allocated Cost) といい，原価の関連性を最も広く認識する方法である。なお，後掲注58参照。おって，本件納税者は，完全配布原価によって管理運営費用調整額を計算していた。Bank One p. 238 参照。
13) Bank One pp. 242-243 参照。
14) Bank One p. 243 参照。
15) Bank One p. 244 参照。なお，信用リスクの調整の際には，ディーラー側だけではなく，スワップ契約の両当事者の信用度を考慮すべきであり，ネッティング契約などの信用リスクを保障する手段の影響についても配慮することとされた。また，管理運営費用調整額については，増分原価によるべきことも指示されている。

るとして，一定の信用リスク調整及び管理費用調整を許容した裁判所独自の算定方法による再計算を両者に指示する旨の判決を下したわけである。

　ここで，上記(1)で述べたとおり，中値は，契約上当事者間において明示的に規定されているキャッシュ・フローの現在価値であり，一方，調整中値は，契約には明示されてはいない間接原価に係るキャッシュ・フローを斟酌したスワップ取引の現在価値であることから，第一審租税裁判所は，ディーラーにとって，そのような間接的なキャッシュ・フローがスワップ取引の公正市場価値に影響を与えるものであると判断したといえよう。なお，課税当局も，一定の信用リスク調整額及び管理運営費用調整額がスワップ取引の公正市場価値に影響を与えることについては是認した上で，本件納税者によるその算定方法は，許容できるものではないと主張している[16]。

　本件納税者及び課税当局の双方は，租税裁判所の当該判決に従い，更に1年半ほどの期間をかけて，スワップ所得の再計算を行ったが，それを受けて租税裁判所は，最終的に2005年6月17日，争点事項に関する詳しい論述もなく，課税当局側の再計算結果をそのまま採用した。そこで，本件納税者は，租税裁判所による本件納税者の会計方法に係る判定結果及び最終的に課税当局の再計算結果が採用されたことを不服として2005年9月8日に第7巡回控訴審裁判所に控訴した[17]。

---

16)　「［課税当局］は，①契約相手が［本件納税者に比べ］より信用格付けが低い場合，及び②当該より低い格付けを解消するような信用補強手段（credit enhancement）についてスワップの契約当事者が合意していない場合には，公正市場価値を求めるために信用リスクについて金利スワップの中値を調整しなければならないことを［しぶしぶ］認めている。［課税当局］は，475条に基づいて申告される信用リスク調整額は，市場基準（market benchmark）に基づいて確認されなければならないが，本件においては行われていないと主張している。」(Bank One pp. 223-224 参照。)「［課税当局］は，管理運営コストが［金利スワップの］価値に影響を与えるかもしれず，公正市場価値を求めるために将来の管理運営費用について［中値による］市場価値を調整する必要があるかもしれないと譲歩している。［ただし，課税当局］は，管理運営費用調整額については，市場データ（market data）から算出される程度でのみ許容されるものであると主張している。」(Bank One p. 237 参照。)

(3) 第7巡回控訴審裁判所 2006 年 8 月 9 日判決

　控訴審裁判所は，2006 年 8 月 9 日，内国歳入法 446 条《会計方法の一般規則》[18]の規定に基づけば，本件納税者の計算が不適法である場合には，原則として課税当局の採用した計算方法が尊重されるべきであり，その点の審理が尽くされていないとして租税裁判所に差し戻している（以下，本件控訴審判決[19]を「JPMorgan Chase」という。）。

　つまり，差し戻す理由としては，①第一審で認定された事実によって，本件納税者の評価方法が内国歳入法の要求する金利スワップ取引の公正市場価値を表していないとする第一審の判断には，明らかな誤り（clear error）がないこと，②内国歳入法 446 条(b)項の規定により，本件のように「仮に［納税者によって］用いられた方法が明確に所得を反映しない場合には，課税所得の計算は，［課税当局］の意見において，所得を明確に反映する方法によってなされなければならない」とされているにもかかわらず，第一審は，課税当局の採用した評価方法について，それが公正市場価値を表すものであるか検討する際に，課税当局の判断を尊重（deference）していないこと，そして，③課税当局の解釈が「明白に違法である（clearly unlawful）」か「明らかに恣意的である（plainly arbitrary）」場合を除き，租税裁判所は，課税当局の解釈を無視することはできないというものであった[20]。したがって，上記③の点を適切に判断せずに課税当局の評価方法もまた明確には所得を反映していないと判定している第一審判決は，法令の解釈適用誤りにより無効であるとし，違法性又は恣意性に係る適切な基準に基づいて再審理するよう租税裁判所に差し戻したものである[21]。

---

17) **(資料)**「第 7 巡回控訴審裁判所 2006 年 8 月 9 日判決（一部）」参照。なお，Bank One の訴訟経過については，https://www.ustaxcourt.gov/UstcDockInq/DocketDisplay.aspx?DocketNo=95005759（平成 27 年 2 月 11 日現在）参照。
18) 26 USC Sec. 446. General rule for methods of accounting 参照。
19) 前掲注 1 参照。
20) JPMorgan Chase pp. 10-14 参照。
21) JPMorgan Chase p. 14 参照。

なお，差戻し審に対する指示事項として，仮に課税当局の判断に違法性や恣意性が認められなければ，課税当局の評価方法が採用されるべきこと，そして，課税当局の判断に違法性等が認められた場合にのみ，租税裁判所は，本件納税者の評価方法が勝っているか，あるいは，租税裁判所独自の評価方法を策定する権限があるかを検討すべきであることが判示されている。ただし，租税裁判所独自の評価方法を策定しなければならないような状況にはならないであろうともコメントされている。したがって，本件納税者の評価方法が適法ではないという第一審の判断が控訴審においても支持されたことから，結局のところ，本件訴訟において金利スワップ取引の期末時価評価方法として調整中値方式が課税上許容されるか否かについて司法判断が行われる可能性は，低下したものと考えられる[22]。

そこで，以下においては，まず，金利スワップ取引の企業会計上の評価方法等を本件訴訟に関連する事項について概観し，それを踏まえて，本件において仮に本件納税者に上記(2)において述べたような，本件納税者の評価方法が違法であるとされる根拠となった評価上の瑕疵がなかった場合において，企業会計が許容する調整中値方式が税務上どのように取り扱われるべきか検討することとしたい。

2．金融商品の評価に関する企業会計上の取扱い

(1) 金利スワップ取引の特徴

金利スワップ取引は，経済的な効果の面で，当事者間で想定元本額の自社

[22) ただし，控訴審判決は，課税当局の評価方法を採用する際にも，次に示すとおり，おざなりに採用することなく，顕著な争点事項に係る判断の根拠について十分に説明するように租税裁判所に対して要望していることから，調整中値方式に対する考え方の整理がなんらかの形で行われる可能性はあるものと考えられる：「最後に，控訴審で争われた計算方法に関する争点について我々が付言する必要はないものの，我々は，本案に対する意見としてではなく，特に，本件における会計方法に関する意見が広範囲にわたるのとは対照的に［租税裁判所が課税当局］の計算方法をおざなりに採用することについて懸念を表明する。［控訴審で］活発に争われた争点に対する判断については，説明を一層行うことによって，本件の将来の再控訴審の審理が容易となろう。」（JPMorgan Chase p. 15 参照。）

発行債券を交換し，利息相当部分のみを遣り取りする金融取引とみなすことができる[23]が，金利変動が想定よりも大きくなった場合には，デフォルトの危険性も伴う取引である。そのような性質から，金利スワップ取引は，一般に発行市場（primary market）としての店頭市場で取引され，流通市場（secondary market）は，契約解消取引[24]（buyout）を除き活発ではない[25]。つまり，金利スワップ取引の経済的な価値が特定の契約相手の信用度や契約ごとの契約条件に依存する性格が強いことから，金利スワップ契約に対して譲渡制限や当該取引に固有の契約条件が付されるなど，一般に，金利スワップ契約が契約当事者に関係なく転々流通することは，想定されていないわけである[26]。この点が，流通市場における取引の方がむしろ大きい債券，株式等の流通性のある金融商品と大きく異なる点である。

　また，債券や株式等は，発行者自体の信用リスクや収益性等に応じて経済的な価値が変動するものではあるが，多くの所有者が一斉に買い急ぎや売り急ぎをしない限り，通常，所有者側の信用リスク等の変動によって債券や株式等の市場価値が変動することはないものと考えられる。つまり，債券や株式等の市場価値は，発行者を除く個々の市場参加者には関係なく，基本的には市場自体が決定するといえよう[27]。

　一方，金利スワップ取引の市場価値については，債券や株式等と異なり，個別性が高く，流通に耐えるような標準化もされていないことから，個々の契約条件と評価時点における金利動向等に応じて想定されるキャッシュ・フローに基づいて現在価値法により個別に評価しなければならない[28]。ちなみ

---

23)　Bank One pp. 60, 212-213 参照。
24)　契約当事者間でその時点における時価により清算して，当該契約を解消すること。なお，スワップ契約の譲渡（assignment）を含めその詳細については，Bank One pp. 47-48 参照。
25)　Bank One pp. 36-37 参照。
26)　つまり，金利スワップは，大部分が契約終了又は解消まで保持され，転々流通しないことから一般に棚卸資産とはならない。
27)　Bank One p. 205 参照。なお，このように評価する方式は，市場アプローチ（market approach）と呼ばれる。

に，最も一般的なプレーン・バニラ型金利スワップ取引の市場価値は，同じ契約期間の米国債の利率からのスプレッドとして利率で表現されるが[29]，それは，個別評価の点で金利スワップ取引の市場価値を標準的な価格として金額表示することが難しいためであるとも考えられよう。

(2) 公正価値と公正市場価値の違い

資産・負債に係る企業会計上の評価基準である公正価値 (fair value) と税法上の公正市場価値 (fair market value) とは，次のような点で異なっており，公正価値の方が概念的には広く，公正市場価値を含むものであるといわれている[30]：

① 公正市場価値が買う意思のある買い手と売る意思のある売り手が評価対象資産に係るすべての事実を合理的に知っていることを要求するのに対して，公正価値は，そのような知識の共有を要求せず，単に，当事者が売買の意思を有していることが想定されている

② 公正市場価値が，対象となっている資産の売買について意思のある売り手と意思のある買い手が共に強制されていないことを要求するのに対して，公正価値は，単に当該資産が強制売却又は清算の対象となっていないことを要求している

③ 公正市場価値については，判例によって意思のある買い手や売り手が実際に存在する者である必要はなく仮想的な者でよいこととされ，また，当該資産は，最善かつ最良の形態で使用される (in its highest and best use) ものとみなして評価されなければならないことなどが要求されているが，公正価値にはそのような制約がない

---

28) ibid. 参照。なお，このように評価する方式は，所得アプローチ (income approach) と呼ばれる。

29) Bank One pp. 39-41 参照。なお，プレーン・バニラ型スワップは，金利スワップに限らず，固定的なキャッシュ・フローと変動するキャッシュ・フローを定期的に交換するというスワップの基本形であるが，金利スワップの場合，一般に変動サイドをLIBOR等の代表的な変動金利とすることから，それと収支がバランスする固定サイドの固定利率によってスワップの価値を表すことができる。

したがって，企業会計上公正価値として許容される価格であっても税法上，公正市場価値としては許容されない場合がある。

(3) 金利スワップ取引の一般的な評価方法

本件訴訟の対象となっている時代には，金利スワップ取引のディーラーにおいて企業会計上採用されていた標準的な評価方法には，①買い呼び値・売り呼び値方式（Bid-Ask Method），②中値方式（Mid-market Method），③調整中値方式（Adjusted Mid-market Method）の3種類の評価方法が採用されていた[31]。なお，現状では，調整中値方式が業界標準となっている[32]。

イ 買い呼び値・売り呼び値方式

買い呼び値・売り呼び値方式は，本質的に市場比較方式（market compara-

---

30) Bank One pp. 207-209 参照。なお，「公正価値（fair value）とは，独立した当事者間における競売または清算による処分以外の現在の取引において資産（もしくは負債）を購入（もしくは発生）または売却（もしくは決済）する場合のその価額をいう。…最近のFASB基準およびIASB基準（IFRS）では，金融商品の評価に公正価値を用いており，その場合の公正価値は市場価値（quoted market value），独立した第三者による鑑定，現在価値その他の妥当な手法によって決定された価額を指すものとしてきわめて時価に近い概念で用いられている」といわれている（広瀬義州『財務会計（第6版）』（平成18年，中央経済社），166頁参照。）。そして，2006年9月に公表された財務会計基準書157号「公正価値の測定」の採択に際しても，公正価値の定義として公正市場価値の定義を採用することが検討されたものの，結局，次に示すとおり採用されなかった（Financial Accounting Standard Board "Statement of Financial Accounting Standards No. 157, Fair Value Measurements"（2006），http://www.fasb.org/pdf/fas157.pdf（平成27年2月11日現在），Para. C50（Interaction between Fair Value and Fair Market Value）参照。）：

C50. 財務報告の目的で用いられる公正価値の定義に含まれている測定の目標は，［税務上の］評価のために用いられる公正市場価値の同様な定義［の目標］と一般に整合性があるということについて理事会は同意した。例えば，内国歳入庁の裁定（Revenue Ruling）59-60（種々の評価における価値の法的な基準）における公正市場価値の定義は，「買う意向のある買い手と売る意向のある売り手の間で，前者［買い手］については何ら買うことを強制されず，また，後者［売り手］については何ら売ることを強制されない状況において，［取引に］関連する事実についても両当事者が合理的な知識を有しているときに［当該］資産が取引される価格」としている。しかし，理事会は，公正市場価値の当該定義が専ら資産（財産）に関係しているものと認めた。さらに，当該定義については，課税規制（tax regulation）の分野で発展した相当数の解釈判例（interpretive case law）がある。財務報告の分野においては，そのような解釈判例は適切なものとは限らないことから，当理事会は，公正市場価値の当該定義及びその解釈判例を財務報告の目的では採用しないこととする。

bles approach）であり，当該方式においては，①比較対象として最もふさわしい標準的なスワップ取引を特定し，②当該スワップ取引の買い呼び値[33]（bid price）又は売り呼び値[34]（ask price）を確認し，③評価対象スワップ取引と標準的なスワップ取引との相違点を反映するように上記②の値を調整するという方法である。

そして，買い呼び値がロング・ポジション（long position）であるスワップ取引，つまり，当該ディーラーが固定利率を受け取り，金利変動のチャンスを利用者に提供するスワップ取引に適用され，売り呼び値がショート・ポジショ

---

[31] Bank One pp. 71-73 参照。なお，1994 年終わりごろにおけるディーラー 300 社を対象とした調査結果としては，回答企業 125 社のうち，中値方式を用いているディーラーが 44％，調整中値方式を用いているディーラーが 51％であった（Linda M. Beale "Book-Tax Conformity and The Corporate Tax Shelter Debate：Assessing The Proposed Section 475 Mark-To-Market Safe Harbor", 24 Va. Tax Rev. 301（2004），http://ssrn.com/abstract=664023（平成 27 年 2 月 11 日現在），p. 406, footnote 290 参照。以下，本論文を「Book-Tax」と呼ぶ。）。また，この数値は，それ以前の調査結果では，それぞれ 48％，37％であったことから，当時においては，調整中値方式が主流となってきている段階であったことが分かる（Book-Tax p. 422, footnote 351 参照。）。おって，Book-Tax は，米国における企業会計と税務会計の調整の問題について，歴史的な経緯を含め，どのような原理に基づいて調整されてきたか，その基準を明らかにするとともに，本文 4 で述べる許容規則案を批判的に検討するものである。170 頁を超える大変ボリュームのある論文であるが，資料的価値も高いものと考えられる。

[32] Securities Industry Association "Submission in Response to Advance Notice Regarding Proposed Safe Harbor Under Section 475"（2003），http://www.sifma.org/comment-letters/2003/sia-submits-comments-to-the-irs-on-a-proposal-regarding-safe-harbor-under-section-475/（平成 27 年 2 月 11 日現在），p. 37 参照。なお，米国証券業者連盟（Securities Industry Association）は，1972 年に，Association of Stock Exchange Firms（証券取引所業者協会）と Investment Banker's Association（投資銀行協会）の合併により設立された米国の業界団体であり，投資銀行を含む 600 社を超える証券業者が加入している。

[33] 「買い呼び値」は，ディーラーが特定の変動利率と交換に支払うことを約する固定利率である（Bank One p. 33 参照。）。したがって，金利スワップの利用者は，LIBOR 等に応じて変動するキャッシュ・フローを買い呼び値による固定的なキャッシュ・フローに変換することにより，金利変動リスクを回避することができる。つまり，ディーラーが金利変動リスクを引き受けるための取引条件である。

[34] 「売り呼び値」は，ディーラーが特定の変動利率を支払うことと交換に受け取ることを要求する固定利率である（Bank One p. 33 参照。）。したがって，金利スワップの利用者は，売り呼び値による固定的なキャッシュ・フローを LIBOR 等に応じて変動するキャッシュ・フローに変換することができる。つまり，ユーザーが金利変動のチャンスを享受するための取引条件である。

ン（short position）であるスワップ取引，つまり，当該ディーラーが固定利率を支払い，利用者の金利変動リスクを引き受けるスワップ取引に適用されることになる[35]。

したがって，この方式は，ディーラーが利用者から固定金利を受け取るロング・ポジションについては，固定金利を支払う際の買い呼び値によってディーラーの手数料相当分だけ受取額を低く評価し，一方，ディーラーが利用者に固定金利を支払うショート・ポジションについては，固定金利を受け取る際の売り呼び値によってディーラーの手数料相当分だけ支払額を多く評価することから，結局，いずれのポジションもディーラーの手数料相当分だけ低く評価されることになるという課税上の問題点が指摘されている[36]。

---

[35] Bank One pp. 71-72 参照。

[36] 「ロング・サイドのスワップを買い呼び値で契約開始時に評価すると現在価値が零［以下］になることになるが，それでは，所得を明確に反映することにはならない…」Book-Tax p. 403 脚注 282 参照。つまり，ディーラーがロング・ポジションであれば，受け取る固定金利は，支払う変動金利と比べて契約上売り呼び値によって高めに設定されていることから，受け取る固定金利をそれより低い買い呼び値によって評価することにより現在価値は，零以下になることになる。また，ディーラーがショート・ポジションであれば，支払う固定金利は，受け取る変動金利と比べて契約上買い呼び値によって低めに設定されていることから，支払う固定金利をそれより高い売り呼び値によって評価することにより現在価値は，零以下になることになる。これは，債券や株式の場合には，ロング・ポジションが現物を所有することによって実際に価格変動リスクにさらされること（エクスポージャー）を意味し，ショート・ポジションが空売り等により契約相手のエクスポージャーを引き受けることを意味するのに対して，スワップ取引における用語としては，ロング・ポジションが変動金利を支払い，固定金利を受け取ることによって，金利変動のエクスポージャーからそもそも解放されており，一方，ショート・ポジションが，固定金利を支払い，変動金利を受け取ることにより金利変動のエクスポージャーにさらされるという，根源的なエクスポージャーの所在に関して全く逆のポジションを表していることがその原因であるものと考えられる。なお，このように用語を定義することにより，スワップについて買い呼び値・売り呼び値方式を用いて時価評価を行う場合には，債券や株式と相似的に当該時価評価が保守的に行えることになるわけであるが，米国証券業者協会も本方式によって評価することにより，ヘッジされたポートフォリオを通じてディーラーが獲得できるスプレッドの現在価値が所得に反映されなくなることを認めている。Securities Industry Association "Submission Regarding Proposed Regulations Establishing Book/Tax Conformity Safe Harbor Under Section 475" (2005), http://www.sifma.org/comment_letters/2005/sia-submits-comments-to-the-irs-on-establishing-book/tax-conformity-safe-harbor/（平成 27 年 2 月 11 日現在），p. 4 参照。

第2章 金融商品課税面の幾つかの論点　131

ロ　中値方式による評価方法

　契約当事者間で交換することが合意されている将来の予想キャッシュ・フローの評価時点における（正又は負の）正味現在価値を中値というが，この中値方式は，スワップ取引の期末時価としてこの中値を用いる評価方法である。正の値は，当該ディーラーが将来の収支について正味の受取人となる見込みであることを意味している。また，負の値は，反対に，当該ディーラーが正味の支払人となる見込みであることを意味している[37]。

　中値 (mid-market value) の由来は，スワップ市場における買い呼び値及び売り呼び値の中央値 (mid-market price) を用いて予想金利水準を求めることにあると考えられる。なお，中央値自体は，代表的な契約期間ごとに複数存在し，それらに基づいて将来の連続的な金利水準の変動がスポット・レート・カーブ[38]として数理的に求められる。さらに，このスポット・レート・カーブに基づいて評価対象となる各スワップ取引の契約期間中の正味将来キャッシュ・フローが現在価値に割り引かれ，合計されることにより当該スワップ取引の中値としての時価評価額が個々に計算されるわけである[39]。ちなみに，債券や株式の時価評価の場合には，評価時点において取引が成立していなかった場合などに，買い気配と売り気配の間の中央値（「気配値」又は「中値」と呼ばれる。）が用いられるときがあるが，そのときには，当該中央値それ自体が評価対象の時価を表す価格となるのと大きく異なるので留意する必要がある。

　なお，買い呼び値と売り呼び値との差額を買売スプレッド (bid-ask spread) といい，この買売スプレッドの半額である買・中値スプレッド (bid-to-mid

---

[37] Bank One p. 72 参照。
[38] スワップ・ディーラー間で行われる定型化されたプレーン・バニラ型スワップの固定金利をスワップ金利といい，スワップ期間，1〜10年の各年分及び12，15，20，25，30年の各年分のスワップ金利の水準（買い呼び値，売り呼び値）を総合して，「スワップ・レート」という。このスワップ・レートの中値からキャッシュ・フローの現在価値を求めるために必要なスポット・レート・カーブ（前掲注7参照。）を求める具体的な方法については，田渕直也『図解でわかるデリバティブのすべて』(2004年，日本実業出版社) 90頁〜109頁参照。
[39] スポット・レート・カーブに基づいた金利スワップの期末時価の評価方法の詳細及び具体的な計算例については，本書62〜69頁参照。

spread) がディーラーのマーケット・メイカーとしての手数料部分の水準を表す指標となる[40]。つまり，利用者から見ると，買い呼び値でディーラーと新規にスワップ契約を結ぶとすれば，受け取る固定金利は，中央値から買・中値スプレッド分少ないこととなる。また，売り呼び値で契約するとすれば，支払う固定金利は，中央値から買・中値スプレッド分だけ多くなることとなる[41]。いずれにしても，利用者は，ディーラーに買・中値スプレッドの形で手数料を支払うこととなる。

　おって，買売スプレッド（又は，買・中値スプレッド）は，飽くまでもディーラー間の手数料水準を表しており，対利用者との間で実際にどのような手数料が取り交わされるかは明らかではない。なお，利用者に対するスプレッドは，ディーラーに対するものよりは，一般に大きいといわれている[42]。

　ハ　調整中値方式による評価方法

　調整中値方式においては，当該ディーラーは，その保有しているスワップ取引の中値をまず計算し，その後その値に対して一定の調整を行うものである。どのような項目について調整を行うかは，ディーラーごとに区々であるが，主な項目としては，①信用リスク (credit risk)，②将来の管理運営費用 (future administrative cost)，③投資及び財務関連費用 (investing and funding costs)，④取引解消費用 (closeout cost)，⑤ヘッジ費用 (hedging cost) などの各項目がある[43]。

　上記の項目のうち①ないし④については，世界中の主要な中央銀行，民間銀行の関係者，学識経験者等からなる，国際金融・経済問題に関する提言等を行う非営利のシンクタンクである「30人グループ (the Group of thirty)」[44] (G-

---

40) Bank One pp. 50-52 参照。
41) これに伴い，店頭取引されるスワップ取引では，契約当初であっても，ディーラーにとっては，その「中値［方式で評価した現在価値］には，スワップの契約時点で当該取引に期待できる収益の現在価値をしばしば含むこととなる。」(Bank One pp. 90-91) ちなみに，一般的なプレーン・バニラ型金利スワップにおいて固定金利を中央値で契約すれば当該スワップを中値方式で評価した現在価値は両当事者にとって零となる。
42) Bank One pp. 51-52, Book-Tax p. 403, footnote 282 参照。
43) Bank One pp. 72-73 参照。なお，このような調整額は，業界全体で年に10億ドルを超えているといわれている（Bank One p. 81 参照）。

30)によって1993年に公表された調査報告書[45]（G-30 レポート）においてその必要性が明示されている[46]。さらに，G-30 レポートが公表されたすぐ後に米国の通貨監督庁（the Office of the Comptroller of the Currency（OCC））からすべての国法銀行（national bank）に対して発遣された通達277号「金融デリバティブのリスク管理」においては，リスク管理の観点からデリバティブを保守的に評価する「最良の方法は，デリバティブのポートフォリオについて調整額を控除した中値水準によって評価することである」とされている[47]。このような経緯から調整中値方式による評価方法が業界標準となってきたものと考えられる[48]。

(4) 調整中値方式における調整項目の概要

イ　信用リスク調整

スワップ契約当事者の信用リスクの変動は，スワップ取引の価値に影響を与えるものと考えられる。一方の契約相手がデフォルトになれば，当該スワップ取引からの予想キャッシュ・フローが影響を受けることにより，当該スワップ取引の市場価値は低下することとなる。

なお，一般に周知される買い呼び値・売り呼び値は，スワップ契約の両当事者が各々信用格付け AA 相当であることを前提としており，デフォルトに至らないまでも，契約相手の信用格付けが低下することによって当該スワップ取引の市場価値は影響を受けることとなる[49]。また，AA 以外のその他の格付けを有する契約当事者間における契約条件は，公表されないことから，他の信用格付け当事者間のスワップ・レートが利用可能となることはない[50]。

---

44) 1978年設立。我が国からは，山口泰元日銀副総裁，白川方明前日銀総裁が参加している。詳細については，http://www.group30.org/（平成27年2月11日現在）参照。
45) Global Derivatives Study Group, Group of Thirty "Derivatives：Practices and Principles"（1993）参照。
46) Bank One pp. 78-79 参照。Book-Tax pp. 405-407 参照。
47) Bank One pp. 79-81 参照。Banking Circular 277, "Risk Management of Financial Derivatives"（1993）, http://www.occ.gov/static/news-issuances/bulletins/pre-1994/banking-circulars/bc-1993-277.pdf（平成27年2月11日現在）, p. 20 参照。
48) 前掲注32参照。Book-Tax p. 405, footnote 289 参照。
49) Bank One pp. 83-84 参照。

したがって，中値方式によってスワップ取引を評価する場合には，契約相手の信用リスクの変動等に応じて，当該中値を調整する必要性が生じる。このために中値から控除される調整額が信用リスク調整である[51]。

本件訴訟の対象期間においては，多くの銀行系ディーラーにおいて一般的な信用リスクの調整方法は，①それぞれの契約当事者の信用格付け，②当該格付けに対する予想損失額の期待値，そして，③ローン等価額（loan equivalency amount）に基づく計算式により信用リスク調整額を計算するものであった[52]。しかし，このような算出方法については，①そもそも契約相手の信用リスクを客観的に評価することが難しく，恣意性が入りやすい[53]，②契約相手の信用リスクに応じてどの程度見積もるのが適当なのか算定方法が確立されておらず，恣意的になりやすい[54]，③契約相手の信用リスクのみが対象であり，当該ディーラーの信用リスクが斟酌されていない[55]などの問題点が指摘されている。

ロ　管理運営費用調整

管理運営費用調整は，現存するスワップ取引のポートフォリオを満期まで保有し，運営し，管理するために将来必要となるであろう期待費用を表すものである。この調整は，当該ディーラーの取引活動，保守活動，そして，支

---

50) Bank One p. 84 参照。
51) Bank One pp. 83-89 参照。
52) Bank One pp. 84-88 参照。
53) 「契約相手の信頼性の測定手段自体が，市場で容易に利用可能で，かつすべてのデリバティブ・ディーラーによって用いられるというような客観的なものではない。［むしろ］その代わりに，契約相手の信頼性は，一般にディーラーの部内的な業務管理方法によって判定され，しかも，契約相手に対する主要な信用格付け機関によって格付けされるような第三者的格付けとも相関性が乏しいものであるかもしれない。」Book-Tax p. 412 参照。
54) 「実際，信用リスク調整に関しては，実務上いろいろな取扱いがなされているようであり，このことは，財務会計規則の下では，これらの［信用リスク調整に関する］判定においてディーラーが主観的な判断や部内的な推定を用いることに対して相当な融通性を有していることをよく示している。」Book-Tax pp. 410-411 参照。
55) Book-Tax pp. 412-413 参照。なお，財務会計基準書157号では，負債についても，報告者自身の信用状況を加味して評価しなければならないこととされた（前掲注30, 同基準書 Para. 15（Application to Liabilities）参照。）。

援体制 (support function) 及び特定の取引担当者への要員配置に必要とされるものであり，これらの要員には，既存のポートフォリオに貢献するためにスワップ取引を実行する者，当該スワップ取引に係る支払を処理する者，スワップ取引に対して適切なヘッジを判断し，実行する者，そして，契約相手の信用状況を監視する者などが含まれる。また，この調整には，適切なデータの供給費用，ソフトウェアのライセンス料，取引フロア (trading floor) を支援するために必要な活動費，そして，関連する事務所の賃貸料が反映される[56]。

なお，管理運営費用調整額は，財務面において（いわば事後的に）は考慮されるものの，業務面におけるスワップ取引の値決めや取引においては，個別に積算されたり，考慮されることはなく，また，積算に必要な情報が一般に公開される性質のものではないことから，専ら当該ディーラー自身の部内的な推計に基づいて算定されるものである[57]。さらに，本件訴訟においては，管理運営費用調整額が完全配布費用 (fully allocated cost) により算定されていたことが争点となったが，現状では，租税裁判所が相当と認めた増分費用 (incremental cost 又は marginal cost) により算定するのが業界標準となっている[58]。

ハ　その他の調整

投資及び財務関連費用調整は，スワップ取引を実行していく上で発生するキャッシュ・フローのミスマッチを調整するために必要とされる借入れに係る費用項目である[59]。

また，取引解消費用調整は，流動性調整 (liquidity adjustment) ともいわれ，

---

56) Bank One p. 82 参照。
57) Bank One pp. 82-83 参照。前掲注 32，同資料 pp. 38, 64-65 参照。
58) 完全配布費用によれば，他の部門に係る固定的な共通費用 (general overhead) については，新規分も含めすべてのスワップ契約に配分されるが，増分費用によれば，新規にスワップ契約を結ぶ際に増加するスワップ部門に係る管理運営費用のみ当該新規スワップに配分され，固定的な共通費用は配分されない。なお，増分費用によることの根拠としては，「ディーラーが新規にスワップ契約を締結するか検討する際には，ディーラーが取引しようとする価格については，当該スワップの取得に［直接］関連する［増分費用に係る］キャッシュ・フローの現在価値を控除する形で，増分費用のみが影響するであろう」ためとされている。Bank One p. 238 参照。
59) Bank One p. 89 参照。Book-Tax pp. 419-420 参照。

スワップ取引を満期以前に解消したり、譲渡したりする可能性に基づいて算定されるものであり、特に、スワップ取引の原資産の流動性が乏しい場合に必要性が高いといわれている[60]。

おって、ヘッジ費用調整は、市場リスク調整（market-risk adjustment）ともいわれ、いまだヘッジされていないスワップ取引について市場リスクの影響を考慮して設定される調整額であり、最大で買・中値スプレッドに相当する額とされている[61]。

(5) 調整中値方式の妥当性と問題点

G-30レポートによれば、「調整額を差し引いた中値による時価評価は、買い呼び値・売り呼び値方式において暗黙的に想定されている調整額を、[中値方式において] 具体的に定義し、定量化するものである。調整なしで中値方式を用いることは、将来の費用を賄うための収入や信用スプレッド[62]（credit spread）を用意するための収入を繰り延べしないことによって、ポートフォリオの価値を過大評価することになる」ものとされている[63]。

これをキャッシュ・フローの観点から言い換えれば、「中値は、[単にスワップ取引に係る] 支払額の価値であって、当該スワップ契約においては、本件納税者は管理運営費用を負担し、支払が受けられないリスクも負担しなければならないのであるから、当該契約の価値ではない」[64]という本件納税者の主張になる。確かに、将来のキャッシュ・フローを見積もって時価評価する際には、費用収益対応の原則及び保守主義の原則からいっても、当該キャッシュ・フローに関連して発生する副次的なキャッシュ・フローについても企業会計上一体として評価すべきであるという主張は分かりやすいものであろう[65]。そして、この点について租税裁判所が税法上も肯定的に判断している

---

60) Bank One p. 90 参照。Book-Tax pp. 409-410 参照。
61) Book-Tax pp. 408-409 参照。
62) 信用スプレッドとは、一般には、対応する無リスク利率との差額をいうが、ここでは、信用リスク調整に近い意味であろう。
63) Bank One p. 78 参照。
64) Bank One p. 240 参照。

ことは，上記1のとおりである。

これに対し，課税当局は，信用リスク調整に関して，当事者が信用格付けAAのディーラー同士であるプレーン・バニラ型スワップ取引については，中値が正確に公正市場価値となるとともに，信用格付けが異なる当事者間におけるプレーン・バニラ型スワップ取引についても，ある当事者については，公正市場価値が中値よりも低くなるかもしれないが，一方，他の当時者については，公正市場価値が中値よりも高くなることになることから，ポートフォリオ・ベースでスワップ取引を評価するディーラーにとっては，調整なしで中値を用いることによって適正な評価を得ることができると強く主張した[66]。

ただし，課税当局も管理運営費用がスワップ取引の価値に影響するかもしれないことは認め，公正市場価値を求めるためには，将来の管理運営費用について市場価値を調整する必要があるかもしれないと認めている。ただし，その場合でも管理運営費用調整額は，本件納税者独自の積算根拠ではなく市場データから導かれる範囲でのみ認められると主張している[67]。

このような課税当局の主張は，実際の取引の際の値決めに当たって調整中値方式が用いられないこと[68]も影響しているものと考えられる。つまり，実際の取引価格は，中値に調整額を積み上げて算定されるわけではなく，中値を基準としてスワップ市場の実勢や取引環境に応じて総合的に決定されること[69]，さらに，みなし決済価格に相当すると考えられる契約解消取引の価格

---

[65] また，プレーン・バニラ型スワップは，実質的に固定利率と変動利率の債券の交換とみなすことが可能であるが，その場合には，何らかの形で当事者間における信用リスクの調整をする必要があることは説得的であろう。Bank One pp. 212-213 参照。
[66] Bank One p. 242 参照。
[67] Bank One p. 237 参照。
[68] ディーラーは，管理運営費用調整額を考慮して値決めするものではないことが指摘されている（Bank One p. 82 参照）。また，本件納税者については，スワップ契約の値決めにおいて信用リスク調整額に頼っていなかったことが指摘されている（Bank One p. 76，Book-Tax p. 425 参照。）。
[69] Bank One pp. 102-103 参照。つまり，市場価値と調整額との関連性が明確ではないということである。

も中値方式によって値決めされること[70]から企業会計上の公正価値としてはともかく,課税当局にとって,みなし決済価格を基準とした税法上の公正市場価値としては受け入れにくいものと考えられる。

そこで,以下では,米国税制におけるデリバティブ取引に係る時価会計制度について改めて概観しておくこととしたい。

3. 時価評価関連の課税上の考え方
(1) 金利スワップ取引に係る時価会計制度

内国歳入法475条は,証券ディーラー(dealer in securities)が保有しているデリバティブ取引を含む一定の有価証券について時価会計(mark-to-market accounting)による取扱いを求めている[71]。また,同条は,その取扱方法として次の2種類の時価評価方法を定めている：

① 棚卸資産である有価証券については,公正市場価値によって棚卸資産に含めること

② 棚卸資産でない有価証券で課税年度末において保有されているものについては,当該ディーラーによって当該課税年度の最終営業日において公正市場価値によって売却されたものとして取り扱い,その損益を当該課税年度に計上しなければならないこと

しかるに,金利スワップ取引は,上記2の(1)で述べたとおり,流通性が乏しいので,スワップ・ディーラーにおいては,一般に上記②に該当することとなる。

(2) 企業会計と税務会計との関係

我が国の法人税法第22条においても,その課税標準の基礎となる企業の損益は,別段の定めのあるものを除き「一般に公正妥当と認められる会計処

---

70) スワップ契約の譲渡や契約解消取引においては,中値方式ベースで取引されることが指摘されている(Bank One pp. 47-48, 103-104, 223, Book-Tax p. 425, footnote 357 参照。)。

71) 26 USC Sec. 475. Mark to market accounting method for dealers in securities 参照。

第 2 章　金融商品課税面の幾つかの論点　139

理の基準」に従って計算される[72]ものとされており，これは，「企業所得の計算についてはまず基底に企業会計があり，その上にそれを基礎として会社法の規定があり，さらにその上に租税会計がある，という意味での『会計の三重構造』を前提としている」わけである[73]。つまり，我が国においては，例えば，実質所得者課税の原則[74]等の通則的な規定によって税法上規制されていなければ，一般に公正妥当と認められる限り，企業会計準拠主義に基づいて基本的に企業会計が尊重されるものと考えられる[75]。

　なお，同条の規定は，昭和42年に法人税法の簡素化の一環として設けられたもので，「法人の利益と法人の所得とが共通の観念であるため，法人税法は，二重の手間を避ける意味で，企業会計準拠主義を採用した」ものといわれている[76]。

　米国においても，内国歳入法446条(a)項が「課税所得は，納税者が会計帳簿をつける際にその所得を定期的に (regularly) 計算するために基礎としている会計方法に基づいて計算されなければならない」[77]としていることから，当該法文上は，企業会計が税務会計の基礎となるという我が国の企業会計準拠主義を表現しているものとみなすことができよう。しかし，同項の例外規定として，同条(b)項において「仮に納税者によって定期的に用いられているような会計方法がない場合又は［納税者によって］用いられた方法が明確に所得を反映しない場合には，課税所得の計算は，［課税当局］の意見において所得を明確に反映する方法によってなされなければならない」と規定されていることから，同条は，実質的には，納税者に対して納税申告書に記入された数値を裏付ける会計帳簿及び会計記録を整備することを単に要求している

---

72)　法人税法第22条《各事業年度の所得の金額の計算》第4項参照。
73)　金子宏『租税法（第11版）』（平成18年，弘文堂）284頁参照。
74)　法人税法第11条《実質所得者課税の原則》参照。
75)　具体的には，金融商品会計のように複雑で，かつ，めまぐるしく変化していく先端的分野については，まず，税務執行当局が調査対象企業の当該会計処理の公正妥当性について検討することとなる。前掲注73，同書285頁〜286頁参照。
76)　前同書，同頁参照。
77)　前掲注18参照。

規定であると考えられている[78]。つまり，同条(b)項が規定する「所得明確反映基準（clear reflection of income standard）」によって，課税当局は，課税上問題があると判断する点については，同基準を満たしていないとして納税者と争うことができることから，明文の許容規定がない場合には企業会計はアプリオリに是認されるわけではなく，税務会計の主体性が確保されていると考えられるわけである。なお，この所得明確反映基準は，未確定概念であり，その意義は，内国歳入法の全趣旨及び多くの解釈判例によって判断されることとなる[79]。

(3) 企業会計と税務会計の相違の具体例

Book-Tax[80]は，企業会計と税務会計の取扱いが相違する例として，相違しても問題とされないものとしては加速償却（accelerated depreciation）を，相違が重大視されているものとして前払金（prepayment）の取扱いを例示しているが[81]，以下では，本件訴訟に関連性の強い前払金等の取扱いについて紹介することとしたい。

企業会計では，費用収益対応の原則（matching principle）によって，前払金については，収益が実現するまで繰り延べられ，また，同様に，現在の所得から収益を減少させると認められる場合には合理的に期待される将来費用を控除することが認められている[82]。

これに対し，内国歳入法に明定されているなど一定の場合を除き，課税当局は，発生主義を選択する納税者（accrual taxpayer）についても企業会計とは異なり前払金を受け取った時に所得に含めなければならないという立場を

---

78) Book-Tax pp. 316-318 参照。
79) 所得明確反映基準は，内国歳入法に明文の規定のない分野や形式的には法定要件を満たしているにもかかわらず，課税面で問題のある分野について規制するための根拠となるものであり，租税回避否認に用いられる事業目的（business purpose）や経済的実質（economic substance）の法理に類似するものであると指摘されている。Book-Tax p. 316-318, footnote 33 参照。
80) 前掲注 31 参照。
81) Book-Tax p. 318 参照。
82) Book-Tax p. 335 参照。

取ってきている[83]。多くの裁判例が「請求権に基づく現実受領の法理（claim of right doctrine）」に基づいて課税当局のこの立場を支持しており[84]，一定の場合に繰り延べを認める裁判例もあるものの，それらの判決については，連邦所得税制の基本となっている課税面における「実現主義（realization principle）」と「時間価値（time value of money）」の重要性の観点から問題であるものと指摘されている[85]。

ここで時間価値については，一般に利子に相当する概念であり，所得計上の際のいわゆる「期ズレ」が課税上の問題となる理由である。具体的には，課税を繰り延べることによって納税者は，内部留保により借入れに係る利子相当額の負担を軽減することができ，一方，国は，国債の利子相当額の負担が増加することとなることから，課税上問題となるわけである。特に，前払金の繰延べが将来のサービスに関連するものであり，利益の正味現在価値が実際の前払金額にほぼ等しい場合，つまり，利益相当部分のみの前払いを割り引いて受けるような場合に問題が大きいといわれている[86]。

そして，未実現の将来費用の繰り上げ計上についても同様に実現主義及び時間価値の観点から問題であるものと考えられることから，本件訴訟において，調整中値方式によって将来の管理運営費用の調整額が期末時価評価を通じて実質的に繰り上げて計上されるということは，たとえそれが現在価値に割り引かれ，かつ，対応する未確定利益についても評価益の形で課税上前倒し計上されているとしても，課税当局にとっては，許容し難いものであったものと考えられる。

(4) 中値が相当であるとする課税当局の根拠

一方，租税裁判所が調整中値方式自体を結論として支持した理由としては，課税当局の中値方式による評価方法では本件納税者の所得を明確に反映せ

---

83) Book-Tax p.340 参照。
84) Book-Tax p.336 参照。我が国における，いわゆる管理支配基準に相当しよう。
85) Book-Tax p.342 参照。
86) Book-Tax pp.342-343 参照。

ず,「公正市場価値とするためには,各スワップ取引の中値を信用リスク調整額及び管理運営費用調整額によって調整する必要性を反映していない」というものであった[87]。これは,上記2の(5)で述べたキャッシュ・フローの観点からの妥当性とともに,中値方式による評価においては,買・中値スプレッドで表わされるディーラーとしての未確定な利益相当部分の現在価値が当該期末時価評価額に計算上入ってくる[88]ことから,それとのバランスからいって未確定債務の現在価値を見積もることとしても,課税上のバランスは悪くはないという判断ではないかと考えられる。

これに対して,課税当局は,株式や債券等の転々流通するような他の金融商品における取扱いにおいては,買い呼び値と売り呼び値の中央値が用いられ[89],その際には信用リスク調整が行われないことから中値方式の正当性を主張したが,関与したすべての専門家が信用リスク調整及び管理運営費用調整を用いた調整中値方式による評価を認めていることから租税裁判所によって採用されなかった[90]。

なお,課税当局の当該主張は,時価評価の際の市場アプローチと所得アプローチを混同したものと考えられなくもない[91]が,課税当局は,更に次のような理由により中値方式の正当性を主張している[92]:

① 取引価格自体に信用リスクが加味されている株式・債券市場と比較すれば,中値方式による方が適切である

---

87) Bank One p.243 参照。
88) G-30 レポートにおいて認められている「想定利益(anticipated profit)」に対する調整額については,本件納税者が採用していないことを租税裁判所は認めている(Bank One pp.239-240 参照。)。なお,中値方式によってスワップ期間におけるディーラーとしての想定利益の認識が前倒しされることについては,Book-Tax p.404 参照。
89) 株式等における中値方式と金利スワップにおける中値方式の違いについては,本文2の(3)のロ参照。
90) Bank One pp.241-242 参照。
91) 市場アプローチと所得アプローチについては,本文2の(1)及び前掲注27及び28を参照。
92) Book-Tax p.440 参照。

② 調整中値は，市場ベースのアプローチ（market-based approach）とはなっていない[93]
③ ディーラーは，そのポジションについて買い呼び値による評価が適当なリスクを取る場合だけでなく，売り呼び値による評価が適当なリスクを避ける場合もあり，評価方法として市場アプローチを採用する場合には，その両方の取引を考慮に入れることになるが，中値方式も同様に両方の取引を考慮に入れている。

(5) Book-Tax の指摘する問題点

Bank-One の判示事項の前提が今様ではないことから，Book-Tax は，信用リスク調整及び管理運営費用調整について必要性を認めている同判決の重要性については評価が難しいとしつつ，同判決は，現在でも明らかに検討対象となるべき次の問題点を含んでいると指摘している[94]：

① 現在の会計規則においては，当該ディーラーの会計方法の特異性（idiosyncrasy）も一定範囲で許容されることから，ディーラーによっては，それを濫用することによって連邦所得税に係る申告所得を操作できる余地があること
② 例えば，公正価値に対する信用リスク調整額に係る明確な企業会計上の制限がないことから，そもそも利益を得るために締結されるはずのスワップ契約について契約時点でマイナスの現在価値となるような調整さえ可能となってしまうこと
③ ディーラーは，例えば，期待最大損失額を算定するための比率を適宜変動させること[95]など，相対的な信用リスクに対する特異な判断（idiosyncratic determination）に基づけば当該調整結果を変更することが可能であること，つまり，現在の会計規則の下では，ディーラーにとって，株

---

93) 詳細は定かではないが，多分これは，契約解消価格が中値方式ベースで値決めされることなどを指摘しているものと考えられる。本文2の(5)及び前掲注68, 69, 70参照。
94) Book-Tax pp. 427-428 参照。

主向けの財務諸表についてディーラー独自の部内的な評価方法を組み入れることができるという相当な柔軟性（considerable flexibility）が存在すること[96]

④ そして，仮に上記③の財務諸表の数値がそのまま課税標準として使用されることになれば，ディーラーによって課税の繰延べや当該ディーラーの租税債務を操作するために時価評価制度を濫用することが可能になってしまうこと

結論として，企業会計上デリバティブの公正価値を算定するためのディーラー独自の計算方法が，市場リスクや契約相手の信用リスク（market and counterparty risks）に係るディーラーの部内的かつ主観的な仮定に基づいている場合には，Bank One の判示事項を踏まえても，税務上は，所得を明確に反映するものであると一般に認められることはないと Book-Tax は強く主張している[97]。

4．許容規則の提案
(1) 背景

Bank One の判決当日（2003 年 5 月 2 日）に課税当局は，規則制定の事前通知「特定の有価証券及び商品に係る 475 条に基づく評価の法定要件を満たすための許容規則」[98]（以下，「本件事前通知」という。）を発表して，どのような場合に

---

[95] Bank One で取り上げられている Credit Exposure Measurement（CEM）とよばれる期待最大損失額の算定方法については，Bank One pp. 127-132 参照。なお，この CEM は，一般にはバリュー・アット・リスク（Value at Risk）と呼ばれるリスク・エクスポージャーの指標であり，一定の比率で定められる信頼度に基づいて統計学的に当該金融資産の最大の損失額を見積もるものである。また，本件納税者は，当初 95％の信頼度を用いていたが 1989 年以降は，より楽観的な 80％の信頼度を用いるようになっていた（Bank One p. 132, footnote 48 参照。）。おって，バリュー・アット・リスクの具体的な算定方法等については，前掲注 38，同書 254 頁〜264 頁参照。

[96] 減価償却制度などとの違いを指摘しているものと考えられる。なお，信用リスク調整の柔軟性に関する詳細な検討については，Book-Tax pp. 454-460 参照。

[97] Book-Tax p. 428 参照。

納税者の会計処理が税務上許容されるか，その基準を明らかにすることを検討する旨意向表明した。なお，当該許容規則の策定作業において課税当局は，課題解決促進手続[99]（Accelerated Issue Resolution（AIR）procedure）の枠組みを利用して，関係業界の協力を得て検討を進めることとした。おって，証券ディーラーに対する時価会計制度の導入の際に法律レベルでは企業会計と税務会計との調整規定が置かれなかったことから，証券業界（SIA）は，それまでにも規則レベルにおいて広範な企業会計と税務会計との調整規定を制定するように課税当局に働き掛けを行ってきていた[100]。

本件事前通知において，企業の会計方法が税務上許容されるための基本的な原則は，次の三つであることが示された[101]：

① 企業会計の方法が475条の規定する時価評価方法と十分な整合性があること[102]（以下，「整合性原則」という。）

② 許容規則が適用される財務諸表において評価額が公正に報告されるための適切な動機付けが納税者に対してなされること[103]（以下，「動機付け原

---

98) Advance Notice of Proposed Rulemaking "Safe Harbor for Satisfying Statutory Requirements for Valuation under Section 475 for Certain Securities and Commodities"（REG-100420-03），68 Fed. Reg. 23632, IRS Announcement 2003-35, 68 Fed. Reg. 23632, 2003-21 I.R.B. 956（2003）参照。
99) 課題解決促進手続は，本来，大企業の調査において把握された個別の要検討事項について，関係する部内外の機関の協力の下，問題解決のための合意を結ぶ手続で，調査終了時の合意（closing agreement）の手続として位置づけられるものである（IRS Rev. Proc. 94-67 "Accelerated Issue Resolution"（1994）http://www.irs.gov/Businesses/Revenue-Procedure-94-67（平成27年2月11日現在）参照。）。なお，ある業界に共通する課税上の問題を事前に検討する手続としては，Industry Issue Resolution（IIR）Program（Rev. Proc. 2003-36）がある。
100) Book-Tax pp. 386-387 参照。
101) Book-Tax p. 429 参照。本件事前通知 p. 957（I.R.B. の頁数で示す。以下同じ。）参照。
102) 具体的には，①法定されているように課税期間末時点で評価されること，②評価額の変動に応じて年ごとに損益が認識されること，③評価損益は，処分するとした場合の（前期末価格を基準とした）損益であることである。Book-Tax p. 429 参照。
103) 具体的には，①SECなどの課税当局以外の他の主要な規制機関に提出される財務諸表において報告される評価額が用いられること，②納税者の事業活動に当該評価額が相当に利用されること（significant use）が課税当局によって例示されている。本件事前通知 p. 957 参照。

則」という。)

③ 企業会計上の数値が税務会計上の数値となっていることを実証し，突合するための適切な手段が講じられていること[104](以下,「検証原則」という。)

当該許容規則の策定作業は，課税当局の最重要課題の一つとして位置付けられたが，課税当局は，2年間の検討の後，2005年5月に規則制定案REG-100420-03号「475条に基づく評価の許容規則」[105](以下,「許容規則案」という。)を公表した。

(2) 許容規則案の概要

許容規則案の基本的な規定は，SEC等他の規制当局に提出しなければならないものなどの「適用可能な財務諸表において適格な納税者が適格なポジションに対して割り当てた価値は，仮に内国歳入法の他の任意の目的において当該価値が公正市場価値ではないとしても，475条の目的においては適格な当該ポジションの公正市場価値となる」というみなし規定である[106]。

そして，許容規則案においては，上記(1)で述べた本件事前通知の基本三原則がそのとおり具体化されるとともに，本件事前通知では意見照会事項とされていた，「一般に承認された会計原則（Generally Accepted Accounting Principle）」（以下,「GAAP」という。）によって調整中値方式に係る各種調整が許容されるか否かという点[107]については肯定的に規定されている。具体的には，各種調整のうち信用リスク調整（信用補強手段に係る適切な補正後のもの），管理運

---

104) 「許容規則の下では，申告書の調査は，財務諸表に用いられている評価額が納税申告書の損益にどのように関連しているかに重点が置かれることになる。したがって，会計記録によって次の点が明確に示される必要がある：①財務諸表に用いられている同一の値が納税申告書で用いられていること，②475条の対象であり，かつ，適用要件とされる方法により財務諸表において報告されている有価証券が，許容規則の適用から除外されていないこと，③475条の対象となる有価証券又は商品のみが許容規則の下で納税申告書に引き継がれていることである。」，本件事前通知 p.958 参照。
105) Notice of Proposed Rulemaking and Notice of Public Hearing "Safe Harbor for Valuation Under Section 475" (REG-100420-03), 70 Fed. Reg. 29663, 2005-24 I.R.B. 1236（2005）参照。
106) 許容規則案 1.475(a)-4条(b)(1)項《許容規則の一般規定》参照。
107) 本件事前通知 p.957 参照。

営費用調整,モデル・リスク調整[108]については許容される調整の例として明記されており[109],その他の調整についても GAAP による公正価値評価において許容される限り認められるものと考えられる。

結局,許容規則案の基本的な考え方は,課税当局以外の規制当局に提出しなければならない財務諸表については,評価額を公正に報告しようとする強い動機が働くものと考えられる[110]ことから,そのような財務諸表で用いられている GAAP ベースの評価方法については許容するというものである。なお,その考え方を支持する意見として,GAAP ベースの評価方法は,例えば,部内的な業務管理及びリスク管理,トレーダーの報酬の査定,対外的な金融機関規制目的などの一定の事業目的に用いられ,そのため影響力のある異なった利害関係者による厳しいチェック・アンド・バランスにさらされることから公正であるという意見が関連業界から示されている[111]。これは,つまり,金融資産評価に関しては,通常,企業にとっての課税上の損益(得失)と株主・従業員等の企業の利害関係者にとっての企業会計上の損益(得失)とは,牽制し合うことから一定の妥当な評価額に落ち着くはずであるという主張であろう。

(3) **許容規則案に対する批判**

時系列的に,上記(2)の許容規則案は,Book-Tax の検討対象となってはいないが,Book-Tax は,本件事前通知に示された許容規則の三原則については,次のように批判的に評価している:

---

108) モデル・リスク調整(model risk adjustment)は,Valuation Model Adjustments とも呼ばれ,「ディーラーによる部内的な調査結果,他のモデルを用いた場合との比較結果,モデリングに関して種々の議論がある場合のディーラーの取扱方針などに基づくモデル自体[の精度]に係る[補正のための]調整額」である。Book-Tax p. 408 参照。
109) 許容規則案 1.475(a)-4 条(d)(3)(iii)項《費用とリスクの会計方法》,許容規則案 p. 1241(I.R.B. の頁数で示す。以下同じ。)参照。
110) 前掲注 101 参照。
111) Book-Tax p. 446 参照。

（整合性原則について）
- 475条の法律要件との整合性を満たすための最低限の要件であるが，更に内国歳入法の全趣旨との整合性を図るための規定が不足している[112]。

（動機付け原則について）
- トレーダーの業績評価を課税ベースで行う必要性は必ずしもなく，利益の平準化などの利益操作については，利害関係者間で許容されやすい[113]。したがって，適切な動機付け自体が難しい。
- 特に，財務諸表を監査すべき公認会計士が納税者と共謀するような場合には，上記(2)のチェック・アンド・バランスが働かない[114]。
- そもそも企業会計上の取扱いは，証券規制や金融機関規制の保守主義の影響を大きく受けており，そのような規制目的にとっては公正に報告された評価額であっても課税上は誤ったものとなる可能性がある[115]。

（検証原則について）
- 不正な会計操作を防止する上で必須であるとしている[116]。

また，本件に限らず，企業会計と税務会計との調整規則について検討する上で一般的な留意事項として，Book-Tax は，次のような点を挙げている：

- 会計方法が安定している分野についてこそ適当であり，例えば，金融商品会計のような流動的かつ不安定な会計分野については，調整規則の策定当初においては，それなりの整合性が認められていたとしても，会計基準自体が変化していくことにより，税務会計との整合性に問題が発生してくるおそれがあり，不適当である[117]。

---

112) Book-Tax p. 429 参照。
113) Book-Tax p. 446 参照。
114) Book-Tax p. 447 参照。
115) Book-Tax p. 431 参照。
116) Book-Tax p. 431 参照。
117) Book-Tax p. 385 参照。なお，納税者間のバラツキが大きくなる可能性も高いであろう。

- 一つの会計方法が納税者の種々の事業目的について一貫して用いられない場合には，調整規則の目標とする納税者の事務の簡略化という点については，効果が乏しいものと考えられる[118]。また，現在の高度な電子的手段を活用することによって，課税目的のために会計記録を保持し，それに基づいて課税上の評価額の再計算をすることが納税者にとって過大な負担とはならなくなってきている[119]。
- 恣意的な会計操作を防止する観点からは，当該会計方法が主要な事業目的に一貫して用いられる必要があり，例えば，金融資産評価においては，当該評価額が値決め，内部収益分析，リスク管理などに一貫して用いられるべきである[120]。

(4) 許容規則の必須要件

そして，課税上の取扱いとして企業会計上の取扱いを許容するための基本的な判断基準として，Book-Tax は，①構造的首尾一貫性（structural coherence）の確保と②自主申告制度の維持が課題であるとしている[121]。

イ　構造的首尾一貫性の確保

構造的首尾一貫性とは，「特定の文脈において租税法規を解釈する場合であっても，その解釈は，規則の体系から概念化され得る包括的な諸原理（overarching principles）と整合性のあるものでなければならず，かつ，特定の規定がそのような［例外的な］解釈を疑いなく要請しない限り，全体としてみた［規則体系の］構造が当該［特定の規定の］構造と矛盾するような解釈をもたらすことになるのを無視するようなものであってはならない」[122]という原則である。

そして，連邦所得税制の構造的首尾一貫性を規定する包括的な概念の一つが所得課税性（income tax value）であり，これは，消費や貯蓄ではなく所得こ

---

118) Book-Tax p. 385 参照。
119) Book-Tax pp. 460-461 参照。
120) Book-Tax pp. 385-386 参照。
121) Book-Tax p. 363 参照。
122) Book-Tax p. 364 参照。

そが所得税制の基盤となっているということを意味しているが，Book-Taxは，この所得課税性と所得把握の基本原則である実現主義とが一体となって，所得を形成するキャッシュ・フローの時間価値（time value of money）の認識及びその評価が課税上重要となっている[123]ことや，他方，現在の企業会計が保守主義に基づいて費用収益対応の原則を重要視する一方で，費用等が繰り上げ計上される際の時間価値については無頓着な点を指摘している[124]。

したがって，例えば，構造的な首尾一貫性の観点から金利スワップ取引に係る税務上の取扱いを検討する上で，金利スワップ取引が経済的な効果の面で自社発行債券の交換（又は相互貸借）とみなせる[125]ことから，そのような取引の課税上の取扱いとの一貫性が課題となろう。

ロ　自主申告制度の維持

連邦所得税も我が国と同様に自主申告制度の上に成立しているが，納税者の自発的かつ適正な申告を促すためには，租税制度に対する信頼を確保する必要があり，そのために租税制度が担保すべき原則が不正会計操作防止性（anti-manipulation value）の実現である[126]。

そして，納税者に対して不正な会計操作の機会を提供する原因の一つが，課税面への影響が大きい事項について，納税者の主観的な判断を税制上許容することである。また，課税の公平性を保ちながら納税者の主観的な判断を

---

123) Book-Tax では，例えば，投資収益については，実現主義による処分時における累積的な収益の一括計上は，収益の時間価値相当部分の課税の繰延べであることから，時間価値をバランスする観点から，取得費等の関連費用の資産化（費用の繰延べ）を伴うものであると説明されている。また，連邦所得税では，前受金（prepayment）については，企業会計上の一般的な取扱いとは異なり，対応する収益が課税されなくなることを防止するため，原則として収受した際に実現したとされて課税され，一方，対応関係にある未実現費用の見越し計上は認められないこととの一貫性から，例えば，475条におけるように時間価値を考慮した割引現在価値に基づき時価評価損益の計上（full accretion accounting）が行われる場合には，合理的に確実な将来期待費用のみを現在価値に割り引いて控除対象とすべきであると主張されている。Book-Tax pp. 365-366 参照。
124) 前受金の取扱いに係る企業会計上の取扱いと課税上の取扱いとの相違に関する歴史的な経緯及び時間価値との関連については，Book-Tax pp. 335-343 参照。
125) 前掲注23 参照。
126) Book-Tax p. 371 参照。

第 2 章　金融商品課税面の幾つかの論点　　151

許容しようとすれば，納税者の当該判断が正当であることを評価するために税務当局にとっては，本来，資源及び時間の面で大きな負担となる[127]。したがって，課税面へのそのような弊害を避けるためには，納税者の主観的な判断の課税面への影響を斟酌し，その影響が過大である場合には，何らかの明確かつ具体的な規制により当該影響が限定されるような制度化が必要となるものと考えられる。

　なお，金利スワップ取引の時価評価おいて主観的な判断が問題となると考えられている分野は，例えば次の各点である：

・基本となる中値についてさえ個々のディーラーによる算出方法が区々であるにもかかわらず，企業会計上は許容されている[128]。例えば，評価ためのスポット・レート・カーブ自体が個々のディーラーによって区々に求められるものであり，余り大きくはないがディーラー間でバラツキがあり，計測時点をいつにするかでも変動が大きい[129]。

・信用リスクの影響度についても，企業会計上，信用格付け機関による客観的な評価やデフォルトの実績率によらず，ディーラーの主観的な評価基準あるいは個別的判断により調整を柔軟に行うことが可能である[130]。また，ディーラー自身の信用リスクが契約相手先のそれよりも更に低い場合には，理論上マイナスの信用リスク調整を行う必要があるが，ディーラー自身の信用リスクを考慮に入れて評価しているディーラーはほとんどいない[131]。さらに，スワップ取引のデフォルト確率は，債券の場合よりも非常

---

127) Book-Tax p. 372 参照。
128) Book-Tax pp. 450-451 参照。なお，現在証券ディーラー以外の一般納税者に対するスワップ等の想定元本取引に係る規則改正案が公表されているが，その改正案においては，現在価値を求めるための割引率として課税当局が定期的に公表するフェデラル・レート（federal rate）を用いることとすることが提案されている。本書 89 頁，脚注 50 参照。
129) Bank One p. 58 参照。
130) Book-Tax pp. 451-452 参照。
131) Book-Tax pp. 452-453 参照。なお，この点は，スワップ取引を自社発行債券の交換とみなせば考えやすいであろう。

に少ないといわれていること[132]や担保やネッティング契約などの信用リスク保証手段の効果もあり、金利スワップ取引に係る所得が過小評価されている可能性がある[133]。ちなみに、信用リスクの影響を評価する上で、金利スワップ契約における担保の影響を評価モデルにどのように織り込むかが当面の重要な課題であるが、許容規則が安易に現状を肯定してしまうと評価モデルの改善が停滞する恐れがあることが指摘されている[134]。

- スワップ取引に係る損失が更に大きくなると予想される場合などには、ディーラーは、契約解消取引 (buyout) を行って契約を解消することができるが、この解消するという主観的判断を伴うオプションがある点をどのように評価するかも課題であるものと考えられる[135]。

(5) 許容規則において許容されるべき調整

上記(4)の必須要件に基づき、Book-Tax は、ディーラーによる市場リスクのヘッジという重要な事業活動が調整中値ではなく、中値を基準として行われている実態を踏まえ、税務上は、中値方式が適当である[136]としつつ、デフォルト・リスクに対応するための信用リスク調整は税務上も許容可能であるとしている[137]。

ただし、当該信用リスク調整の際には、次のような点に留意すべきであるとしている[138]：

- 担保やネッティング取引などの信用補強手段の影響を考慮すること

---

132) Book-Tax p. 454 参照。
133) Book-Tax p. 456 参照。
134) Book-Tax p. 451 参照。
135) 市場リスク調整などの金利変動や取引環境の変化に備えるための調整額は、企業会計上は許容されるとしても、ディーラーは、契約解消取引により最悪のシナリオを適宜回避することができることから、税務上は正当化できないと Book-Tax は主張している（Book-Tax p. 435 参照。）。なお、金利市場の動向等を踏まえ、スワップ契約が将来的に解消される確率を見積もること自体が当該ディーラーの主観的な経営判断に依存する点も問題であろう。
136) Book-Tax p. 447 参照。
137) Book-Tax p. 437 参照。
138) Book-Tax pp. 462-468 参照。

・契約当初における信用リスク調整額の計上は不適当であり、また、仮に信用リスク調整額の計上を認める場合にも、ディーラーの当初の予測収益額の範囲内とすべきこと
・信用リスク調整額は、信用格付けや社債券利率などの公開された具体的なデータに基づくか、仮にディーラーの個別データに基づくことを許容する場合でも、ディーラーの記録に基づいて検証可能とすべきこと
・適正な信用リスク調整額の算定のためクレジット・デフォルト・スワップ市場のデータの活用を検討すべきこと[139]
・信用リスク調整は、飽くまでもデフォルト損失のためのものに限定され、信用仲介機関としてのディーラーの手数料相当額（リスク・プレミアム）が繰延べの対象とならないことを明確にすべきこと

　さらに、当該信用リスク調整額については、納税者の恣意的な評価を防止するため、課税当局による市場調査等を通じて合理的に算定された上限を定める必要があるとしている[140]。

5．おわりに

　本節では、デリバティブ取引を含む有価証券のディーラーによる期末時価評価制度の運用上、企業会計における取扱いを一定の条件の下で税務上も認めることとする許容規則制定の動きについて、金融・証券・弁護士・会計士等の関連業界の好意的な姿勢にもかかわらず、これを批判的に検討しているウェイン州立大学 Linda M. Beale 教授の論文（Book-Tax）を主な素材として、当該許容規則案の背景、内容、問題点などについてその概要を紹介した。

　Book-Tax の論調は、例えば、「[本件事前通知における許容規則案] は、

---

139) クレジット・デフォルト・スワップ市場の活用方法の詳細については、Book-Tax pp. 464-467 参照。また、クレジット・デフォルト・スワップの仕組み等については、河合祐子・糸田真吾『クレジット・デリバティブのすべて』（財経詳報社、平成17年）7頁以降参照。
140) Book-Tax p. 468 参照。

[税務上の取扱いよりも] 全般的に優勢な [企業会計] 規則の下で課税所得を決定するために求められているというよりは，むしろ，[特定の] 納税者に対して同様な状況下にある他の納税者に比較して彼らの納税義務を削減することを認めるための単なる新たな選択肢でしかない」[141] というような表現に現れているように，本件事前通知に基づいて許容規則案を策定した課税当局に対して大変厳しいものであるが，見方を変えれば，当該見解は，課税当局に対してより適切な規則制定のために奮起を促すものとも解釈できよう。したがって，Book-Tax の主張が許容規則案には結局採用されていないことや所得明確反映基準に代表されるように我が国と米国とでは租税体系が異なるなどの事情はあるものの，Book-Tax は，今後の我が国における金融商品に係る課税上の取扱いや企業会計と税務会計との調整について検討していく上で，ここで紹介し切れなかった諸点も含め，参考にすべき多くの内容を含んでいるものと考えられる。

特に，昨今の金融商品やその取引市場の発展には著しいものがあるが，一方，それらの振舞いや価値を分析し，合理的に検討するための金融工学的手法も進歩してきており，金融商品会計がこれまでの薄闇に包まれたような状況から課税上の取扱いを真正面から検討することができるような状況に変化してきているともいえよう[142]。このような検討環境の整備が今後とも漸進していくことを踏まえれば，企業会計を追認するような許容規則を考えるよりもむしろ具体的な評価規則を策定する努力をすべきである[143] という Book-Tax の主張は妥当なものであると考えられる。ただし，それを実現するためには，課税当局にとって相当の初期投資を要することになるであろう[144]。

いずれにしても，我が国におけるデリバティブ取引関連の課税上の取扱い

---

141) Book-Tax p. 462 参照。
142) Book-Tax が，信用リスク調整の評価に CDS の活用を提案している点については，前掲注 139 参照。
143) Book-Tax pp. 461-462 参照。
144) ただし，そのような初期投資を惜しめば，反対に調査等に要する定常的な執行費用（運用コスト）がかさむという考え方については，前掲注 127 参照。

を今後更に検討していく上で，米国における本件訴訟及び許容規則案について注目していく価値は，十分にあるものと考えられる。その意味で本節が読者の本件訴訟や Book-Tax 等に関する興味を促すものであったならば望外の幸せである。

【追記】

　許容規則案については，適用対象者から証券トレーダーを除くなどの若干の修正を行った最終規則が 2007 年 6 月 12 日付で公告され，同日付で正式に採用されており，同日以後終了する課税年分について適用可能となっている[145]。

---

145)　"Safe Harbor for Valuation Under Section 475." 72 Fed. Reg. 32172（2007）参照。

（資料）　第7巡回控訴審裁判所2006年8月9日判決（一部）

JPMorgan Chase & Co. v. Commissioner, Nos. 05-3730 & 05-3742（7th Cir. 8/9/06）

第Ⅰ部

　課税当局は，1995年1月19日に本件納税者に対して1990課税年度に係る計1,661,112ドル及び1991課税年度に係る計2,956,794ドルの過少申告額通知書（notice of deficiency）を発行した。さらに，課税当局は，1993課税年度分として95,156,499ドルの過少申告額通知書を追加発行した。課税当局は，1992課税年度については過少申告額の算定を行っていないが，1993課税年度に係る過少申告額は，1992課税年度において行われた調整額が問題となっている。［なお，金利スワップ取引の評価上の争点となっている各年度分の調整額自体は，1990年度以降4年間で，それぞれ5,468,418ドル，3,543,182ドル，4,294,471ドル及び5,799,724ドルである。］本件納税者は，当該過少申告額通知書に対して不服を申し立てるとともに，租税裁判所に対して救済を申し立て，その際40件を超える異議事項を唱えた。幸いにも両当事者は，一つの争点を除いて他のすべての争点について決着している。残された争点には，「金利スワップ取引」に由来する所得に係る課税問題が含まれている。

　本件に関する租税裁判所の160頁に及ぶ判決は，金利スワップ取引に対する真の学術論文ともいえるものである。したがって，ここでは当該取引の込み入った事柄について繰り返すことはしないこととする。Bank One Corp. v. Commissioner, 120 T.C. 174, 185-208（2003）を参照されたい。つまるところ，金利スワップ取引においては，両「当事者（counter-parties）」は，「想定額（notional amount）」といわれる一定の元本額について，ある特定された期間中，互いに定期的な利息支払を行うことを合意するものである。想定額は，当該利息を計算するためにのみ使用され，基礎となるようなローンは存在せず，いずれの当事者も元本を支払うことはない。通常，一方の当事者が，固定利率で利息を支払い，他方の当事者がロンドン銀行間出し手金利（LIBOR）等の特定の金利指数に基づいた変動利率で利息を支払うものである。当事者は，金利変動を正しく予測し，それに応じてスワップ取引を行うことにより利益を得る

ことができる。例えば，当該支払期間において固定金利よりも変動金利の方が高ければ，固定金利を支払（い，変動金利をもら）う当事者は，利益を得ることとなる。このように，金利スワップ取引は，他の当事者が債務を支払えないというリスクのほかに，金利変動による投資リスクにも左右されるものである。［したがって，］当事者は，変動及び固定金利両サイドの種々のスワップ契約を結ぶことによって，これらのリスクに対応するが，当該当事者がデフォルトになった場合にも純損失となることを避けるために，［損益が相殺関係となるように］同一の当事者とも反対になる固定又は変動金利サイドで複数の取引を行うこともある。

　契約当事者は，金利スワップ取引［の資産価値］について利益を得るか又は損失を被ることから，当該当事者は，その他の投資と同様に，当該取引に係る［評価］損益を当該課税期間終了時点で記録しなければならない。本件においては，どのように当該損益を計算するかが争点となっている。本件納税者は，係争年分については，課税上，課税年度末つまりその暦年末の少し前の時点，通常12月20日において，そのスワップ取引のポートフォリオについて年ごとの評価を行っていた。本件納税者は，この早めの締切日を用いて，Devon Derivatives Software System（以下，「Devon System」という。）と呼ばれる，業界において一般的な計算機用プログラムを実行することにより，当該金利スワップ取引の価値を計算した。このシステムは，スワップ取引の買い呼び値（bid price）及び売り呼び値（ask price）と将来の予想金利を併せることにより当該スワップ取引の「中値（midmarket value）」を計算するための数理モデルを用いている。当該中値は，当該スワップ取引によって生成される将来のキャッシュ・フローの正味現在価値である。Devon System は，両当事者が同じ AA の信用格付けを有していることを仮定している。本件納税者は，課税上，スワップ取引に係る所得の申告のために，それらの中値で当該スワップ取引を評価したが，その後で，より信用力の低い当事者の信用リスク及び本件納税者自身の管理運営費用（administrative cost）に対応するため，当該所得の一部分を繰り延べした。

課税当局は，信用リスク及び管理運営費用に係る調整の考え方〔自体〕については合意したが，本件納税者がそれらの調整に対応するために所得を繰り延べる方法については合意しなかった。租税裁判所において本件納税者は，その繰延べについて，当該金利スワップ取引の公正市場価値 (fair market value) を明確に反映するために必要な評価上の調整であると，その性格を変更した。課税当局は，繰延べとして性格付けるか，調整として性格付けるかにかかわらず，信用リスク及び管理運営費用に対応するための本件納税者固有の方法は，明確に所得を反映するような，スワップ取引の公正市場価値を生成するものではないと主張した。課税当局は，本件における状況の下では，明確に所得を反映するような公正市場価値を生成するための最良の方法は，Devon System によって生成されたままの調整前の中値 (unadjusted midmarket value) を用いることであると提案した。この値は，本件納税者の申告書において報告された，所得の繰延べが計上される前の値である。

　このように，租税裁判所は，所得として申告するための，金利スワップ取引に係る公正市場価値の適正な計算方法に関する論争に直面することとなった。このような新しい課題を提出され，租税裁判所は，両当事者によって提出された5名の専門家に加え，それ自身の2名の専門家を指名した。合計では，当該裁判において，21名の事実関係に関する証人及び7名の専門家の証人による証言，そして，10,000頁を超える証拠が取り上げられた。当該訴訟記録及び3,300頁に及ぶ両当事者による追加の摘要書 (briefing) 及び提案された意見書 (finding) を再検討した後，租税裁判所は，本件納税者及び課税当局双方の方法を棄却し，両方法とも所得を明確に反映していないものと結論付けた。租税裁判所は，基本的にそれ自身の専門家に基づいて，金利スワップ取引の公正市場価値を決定する独自の方法を編み出し，その方法に従った計算結果を提出するように両当事者に命じた。裁判所が認めた方法は，それぞれのスワップ取引について種々の微妙な観点からの評価 (nuanced valuation) を求めるものであり，当該評価方法は，数ある基準の中でとりわけ当事者の信用格付けに係る変化，期間中の金利変動，及びデフォルトが発生した際に

当事者を保護するネッティング契約 (netting agreement) などに関連するものであった。

　数値と租税裁判所の基準との1年半を超える格闘の後，両当事者は，計算結果を提出した。記録の制約及び取引の複雑さのため，両当事者は，当該計算結果に対する租税裁判所のすべての要件に対応することはできなかった。例えば，本件納税者がより早い締切日を用いていたことに起因する，各課税年度の12月31日現在におけるスワップ取引の価値を再構成又は計算することは，両当事者ともできなかった。そこで，両当事者は，租税裁判所に対して，更に大量の摘要書及び計算結果を提出することとなった。2003年5月2日に行った会計方法に関する完璧かつ骨の折れた (painstaking) 判決とは極めて対照的に，租税裁判所は，2005年6月17日に行った大まかな (cursory) 命令において，争点事項に関する論述もなく，課税当局の計算結果を［そのまま］採用し，本件納税者が7百万ドルを超える所得税を負っていると判定した。本件納税者は，会計方法に係る判定結果及び租税裁判所が課税当局の計算結果を採用したことの両方について控訴した。

　一方，課税当局は，本件とは関係なく，金利スワップ取引の評価に影響を与える規則制定を提案する通知を行った。なお，475条に基づく評価のための許容規則 (Safe Harbor for Valuation Under Section 475), 70 Fed. Reg. 29663 (May 24, 2005) 参照のこと。当該規則案は，金利スワップ取引のような有価証券 (security) を評価するための許容規則 (safe harbor rule) を制定するものである。特に，当該規則案は，一定の財務諸表において用いられている評価方法が申告された課税価格 (taxable value) を反映している場合には，課税当局は，当該価格を公正市場価値であると認めるものである。仮にそのような規則が制定されれば，おそらく［本件の］類似事件に影響することとなり，本件の先例としての価値を制約するかもしれない。もっとタイムリーに規則制定が行われたならば，本件に係る論争を防止又は少なくともその解決を容易にしたであろう。それはさておき，本件は，当該規則案に先行する課税年度を含んでいることから，本件訴訟の本案に進むこととする。

［第Ⅱ部以下略］

第2節 スワップ取引における
自己側信用リスクの課税上の取扱い（試論）
―― JPMorgan Chase 事件訴訟の終結を踏まえて ――

1．はじめに

　米国においてスワップ取引の期末時価評価について，特に関連する管理運営費用や信用リスクに係る損失見込額を減額して見積もること（以下「費用等調整額」という。）の可否が争点となって争われてきた歴史的な訴訟である JPMorgan Chase 事件[1]の再控訴審判決が昨年（2008年）7月1日に行われ，1995年4月に租税裁判所に当該訴訟が初めて提起されてから，13年間にわたって争われてきた同事件が当該判決をもって終結した。

　当該事件については，前節においてその背景や争点事項について，特に米国における費用等調整額に係る批判的見解を踏まえ紹介したところである[2]が，本節においては，当該事件の再控訴審判決についてその概要等を紹介した後，その結果を踏まえて，我が国におけるスワップ取引の期末時価評価に係る現在の企業会計基準等に基づく方法について概観するとともに，今後課税上の取扱いを調整していかなければならないと考えられる点について問題提起してみたいと思う。具体的には，現行企業会計基準等では，スワップ取引の期末時価評価における会計主体自身の信用リスクの調整方法として，当該スワップ取引に係る将来キャッシュ・フローの現在価値を求める際に用いられる割引率を調整する方法が許容されているが，この点に係る課税上の問題点とその対処方法について計算例に基づいて検討してみることとしたい。

1）　JPMorgan Chase & Co. v. Commissioner, No. 07-3042（7th Cir. July 1, 2008），http://media.ca7.uscourts.gov/cgi-bin/rssExec.pl?Submit=Display&Path=Y2008/D07-01/C:07-3042: J: Flaum: aut: T: op: N: 0: S: 0（平成27年2月12日現在）参照。

2）　本書117～144頁参照。

2．再控訴審判決のポイント

(1) 調整中値方式による期末時価評価の許容

本事件は，前控訴審判決[3]において，内国歳入法第446条[4]《会計方法の一般規定》に基づけば，納税者の計算が不適法である場合には，原則として課税当局の採用した計算方法が尊重されるべきであり，その点の審理が尽くされていないとして第一審租税裁判所に差し戻されたものである。そこで，前稿の時点では，第一審で許容された費用等調整額が最終的には認められない可能性があるものと想定されたが，本再控訴審判決[5]で明らかとなったことは，本件に係る費用等調整額（以下「本件調整額」という。）を期末評価額に反映すること自体については，被控訴人である内国歳入庁(IRS)も最早争わなかったこと[6]，そして，本件調整額のうち管理運営費用の見積額については当事者間で争いがなく，控訴人であるJPMorgan Chase銀行[7]（以下「JPMorgan」という。）も信用リスクに係る損失の見積額についてのみ争ったことである。

(2) 課税当局による管理運営費用に係る調整額の認容の背景

つまり，第一審においてIRSが当初強く否定していた本件調整額自体の期末評価額への反映については，強く否定する根拠であったと想定される，未確定費用の見込みによる引き当て計上との類似性[8]が認められるものの，課

---

3) JPmorgan Chase & Co. v. Commissioner, 458 F. 3d 564 (7th Cir. 2006), http://media.ca7.uscourts.gov/cgi-bin/rssExec.pl?Submit=Display&Path=Y2006/D08-09/C: 05-3730: J:_: aut: T: op: N: 0: S: 0（平成27年2月12日現在）参照。
4) 26 USC Sec. 446. General rule for methods of accounting 参照。
5) 本再控訴審判決の仮訳を（**資料**）「JPMorgan Chase事件再控訴審判決［仮訳］」に掲げる。
6) 第一審においても，課税当局は，費用等調整額の具体的な算定方法について異議を唱えており，費用等調整額を期末評価額に反映すること自体については，同意していた経緯がある。前節の（**資料**）「第7巡回控訴裁判所2006年8月9日判決（一部）」参照。
7) JPMorgan Chase & Company。同銀行は，本件に係る課税処分の直接の対象者であったFirst Chicago Corporationの現在の承継者として課税処分を争っている。なお，以下，そのような被承継者についても便宜的に「JPMorgan」と呼ぶこととする。
8) 実際，JPMorganは，申告時においては費用等調整額に相当する金額を所得の繰延額（income deferrals）として引当て計上していたものであるが，第一審の審理中に主張を転換し，所得の繰延ではなく，費用等調整額として期末評価額の調整額であると主張した経緯がある。（**資料**）参照。

税当局として認容することが明らかとなったわけである。この背景としては，前節でも触れたように，証券取引委員会（SEC）等のIRS以外の規制当局に提出しなければならないような一定の財務諸表における時価評価額が仮に内国歳入法上の公正市場価値ではなくとも，スワップ取引等の期末時価評価を規定する内国歳入法第475条[9]《有価証券のディーラーの時価会計方法》の適用上は，公正市場価値とみなされるという内容の内国歳入規則第1.475(a)-4条[10]《評価方法に係る許容規定》（以下「新許容規定」という。）が制定されたことがあるものと考えられる。つまり，費用等調整額を考慮したスワップ取引等の時価評価方法である調整中値方式が企業会計や金融業規制面で許容されている現状では，新許容規定上も調整中値方式が許容されることになることから，IRSは，費用等調整額が考慮されない点で未確定費用の見積もり計上を否認してきた従来からの課税上の取扱いとも整合性の高い中値方式に固執することを諦めたものと考えられる[11]。

確かに，保守主義的な観点からすれば，スワップ契約に明示的に示されている，一般の商品取引であれば売上げ又は直接原価に相当するような取引対象であるキャッシュ・フロー（以下「直接キャッシュ・フロー」という。）だけでなく，費用等調整額の算出根拠となるような管理運営費用や信用リスクに係る損失などの，一般の商品取引であれば間接原価となるような間接的なキャッシュ・フロー（以下「間接キャッシュ・フロー」という。）も含めて当該スワップ取引等の正味現在価値を求めるべきということになる。しかし，従来型の金融商品取引においては，上記のような間接キャッシュ・フローについては，通

---

9) 26 USC Sec. 475. Mark to market accounting method for dealers in securities 参照。
10) 26 CFR Sec. 1.475(a)-4 Valuation safe harbor. 参照。
11) ここで中値方式（mid-market method）は，契約当事者間で交換することが合意されている将来のキャッシュ・フローの評価時点における（正又は負の）正味現在価値を意味する中値（mid-market value）を当該スワップ取引の期末時価として用いる評価方式であり，調整中値方式（adjusted mid-market method）は，当該中値を基礎として，費用等調整額を反映して当該スワップ取引の期末時価とする評価方法であり，交換対象のキャッシュ・フローのみでなく，保守主義の観点からスワップ取引に関連するキャッシュ・フローも含めて，なるべく包括的に評価しようとするものであるが，その詳細については，本書128～136頁参照。

常は会計主体にとって販売費ないし一般管理費となるものと考えられることから，JPMorgan が本件第一審において認めたように内国歳入法上も当該費用を見込み計上して所得の繰延べをすることはできない。我が国法人税法においても同様に，第22条《各事業年度の所得の金額の計算》第3項において当該事業年度の販売費，一般管理費その他の費用のうち償却費以外の費用で当該事業年度終了の日までに債務の確定しないものを損金から除くこととされており，信用リスクに係る損失についてもその見積もり計上のための評価性引当金として同法第52条《貸倒引当金》の規定を明示的に置いて対応しているところである。したがって，企業会計上は，そのような保守的な取扱いが許容されるとしても，他の従来型の金融商品や貸借取引との課税上の取扱いとのバランスを考えると問題なしとしない。

(3) **課税当局による管理運営費用に係る調整額の当初否認の理由**

例えば，IRS は，スワップ取引の時価評価において中値方式を採るべき正当性について，①調整された中値は，市場における取引価格を反映したものではないこと[12]，②スワップ取引のディーラーは，買い呼び値による評価が適切である，スワップ取引に係る市場リスクを取る場合もあれば，売り呼び値による評価が適切である市場リスクを避ける場合もあり，全体としてみれば中値方式によることが妥当であること[13]，③取引価格自体に信用リスクが加味されている株式・債券市場と比較すれば，中値方式による方が適切であることなどを理由として挙げている[14]。

---

12) 例えば，ディーラーは，一般に管理運営費用を考慮してスワップの値決めをするものではないことが指摘されており，また，JPMorgan は，スワップ契約の値決めにおいて信用リスクに係る調整額を考慮していなかったことが指摘されている。また，スワップ契約の譲渡や解消の際の取引価格については，中値方式ベースで定められる模様である。本書137頁の脚注68，同70 など参照。

13) 買い呼び値（bid price）は，ディーラーが特定の変動利率と交換に支払うことを約する固定利率であり，売り呼び値（ask price）は，反対にディーラーが特定の変動利率を支払うことと交換に受け取ることを要求する固定利率である。本書129頁の脚注33及び同34参照。ちなみに，一般的なプレーン・バニラ型金利スワップにおいて固定金利を買い呼び値と売り呼び値の平均値（中央値）で契約するとした場合には，当該スワップを中値方式で時価評価すると契約時点では契約の両当事者にとって互いに零円となる。

14) 本書142〜143頁参照。

上記①は，実際の取引価格が直接キャッシュ・フローのみを斟酌して決められていることから，期末評価の際にもそれによるべきであるという主張と考えられるが，確かに，調整中値方式による場合には，それぞれの契約当事者の事情によって，同一のスワップ取引の同時期における時価が両当事者において異なり得るということは疑問であり，内国歳入法上，期末時価が当該ディーラーの課税年度の最終営業日における公正市場価値として定義されていること[15]からもIRSの主張にはうなずけるものがある。

　一方，上記②については，スワップ取引の相手の信用リスクの問題ではなく，基本的には市場リスクに対するヘッジの議論であり，IRSの主張は，やや的外れの感じがするかもしれない。つまり，信用リスクの問題は，スワップ取引の基礎となる金利や通貨などの市場環境の変化により，取引相手が自社に対して多額に支払わなければならない状態に陥れば必ず生ずる問題であるからである。しかし，IRSの主張するように，一般にディーラーは，市場リスクをヘッジする意味で，スワップ取引のロング・ポジションとショート・ポジションをなるべくバランスして持つようにするものと考えられること[16]から，そのような場合には，全体としてみれば，当該ディーラーのポジションの半数のみが信用リスクにさらされることになるものと考えられる。したがって，個別のスワップ取引に係る信用リスクに係る調整額を単純に合算すると過大になるおそれがあるものと考えられる[17]。

　そして，上記③については，スワップ取引が正味の直接キャッシュ・フローなどその経済的実質において，一定の社債等の債券の交換[18]とみなすことが

---

15) 本書138頁参照。
16) 例えば，金利スワップ取引においては，ロング・ポジション（long position）とは，ディーラーが買い呼び値で固定利率を受け取り，金利変動のチャンスを利用者に提供するポジションをいい，ショート・ポジション（short position）とは，ディーラーが売り呼び値で固定利率を支払い，利用者の金利変動リスクを引き受けるポジションである。なお，ディーラーは，ロング・ポジションとショート・ポジションをバランスして保有することによって，買い呼び値から売り呼び値を差し引いた利率（買売スプレッド（bid-ask spread））に相当する収益を確定的に得ることができる。本書131〜132頁参照。
17) 課税上，信用リスク調整額を限定的に許容すべきことについては，本書152〜153頁参照。

できる(以下,交換されるとみなし得る債券を「みなし債券」という。)が,当該交換に当たって契約当事者間で信用力が異なれば,信用力の弱い当事者は,当然に相場よりも高い利率等で相手側に利息を支払わなければならないわけである。したがって,信用力の高い当事者は,相手の信用リスクに見合うような支払をより多く受け取ることになるが,このような金利水準等の調整は,債券市場においては従来から行われてきたにもかかわらず,債券の期末評価額に信用リスクに係る調整を行うことは課税上許容されていないことをIRSは主張したものと考えられる。確かに,米国においても,我が国と同様に,税法上債券に係る信用リスクは,そもそも貸倒引当金等の算出根拠とはなってこなかったものである[19]。したがって,IRSの主張は,債券の元本に係る信用リスクの調整が許容されていない以上,スワップ契約における直接キャッシュ・フローを形成する当該みなし債券に係る利息相当額についても同様に許容すべきではないということであろう。

(4) **租税裁判所が費用等調整額の控除を認めた理由**

以上のとおり,IRSは,従来からの金融商品に係る類似の取扱いとの比較妥当性の観点から費用等調整額の不当性を訴えたわけであるが,租税裁判所は,同裁判所が独自に委嘱した専門家も含め第一審に関与したすべての専門家が本件調整額を用いた調整中値方式による期末評価を支持したことから,IRSの主張を採用せず,調整中値方式による期末評価を支持した[20]。そして,IRSも最終的には,本件調整額がスワップ取引の公正市場価格に影響を与え

---

18) より正確には,当該債券の利札のみの交換である。
19) 内国歳入法第166条《不良債権》(26 USC Sec. 166. Bad debts 参照。)(e)項(無価値の証券(Worthless securities))において債券については,一般債権と異なり,不良債権としての部分償却が認められず,同法第165条《損失》(26 USC Sec. 165. Losses 参照。)において固定資産となるような証券については,課税年度中に無価値となった場合にのみ[事後的に資産損失として]期末において当該証券について譲渡損が発生したとみなされることとされている。我が国においても,投資有価証券である社債については,事後的に評価減の対象となることはあっても,通常は評価性引当金としての貸倒引当金の対象とはならない(法人税法第33条《資産の評価損の損金不算入等》第2項及び法人税法施行令第62条《資産の評価損の計上ができる場合》参照)。
20) 本書141~142頁参照。

ることについて認容した[21]。IRS が認容した明確な理由は定かではないが，①金融会計上は，保守的に費用等調整額を見積もる調整中値方式が妥当な期末評価方法とされていること[22]，②中値方式の基礎となる将来の直接キャッシュ・フロー自体がそもそも未確定・未実現であり，それを現在価値に引き戻して評価するというのが中値方式である以上，副次的な間接キャッシュ・フローが常に流出ではあるものの未確定・未実現であるということのみを理由として期末時価評価に含めないというのはバランスが悪いこと，③本件調整額は，毎期洗い替えされ，通常，スワップの契約期間にわたって徐々に減少していく性質があることから所得への影響が限定的であること[23]などが考えられよう。

いずれにしても，IRS は，差戻し審においても，調整中値方式によって期末評価することについては引き続き認容したわけであるが，その判断の大きな理由としては，上記(2)で触れたように，差戻し審の段階では，既に新許容規定が IRS によって提案されていたことが大きく影響したものと思われる。ただし，JPMorgan における信用リスク調整額の計算根拠となるべき会計記録の保存が不適法なものであったことから，IRS は，JPMorgan の主張する額の信用リスク調整額を認めず，租税裁判所も，IRS の計算方法を支持して，信用リスク調整額の多くを認めなかった。そこで，JPMorgan は，租税裁判所が IRS の再計算方法を全面的に支持したことなどを不服として再控訴したわけであるが，本再控訴審も租税裁判所の当該判定結果を支持したわけである。

---

21) 本書 123 頁及び同頁の脚注 16 参照。
22) 本書 136〜137 頁参照。
23) 1993 年 1 年間分の信用リスク調整額の増加額の規模は，否認対象となった信用リスクに係る所得繰延額と等しいとすると（**資料**）のⅡにあるように約 90 万ドルであった。なお，1990 年ないし 1992 年の信用リスクに係る所得繰延額の最終的な認定額が 1,440 万ドルと多額になったのは，原注 6 にあるように JPMorgan の会計方法を所得繰延べ方式から本件調整額を用いる方式へ変更することに伴って 1990 年分にそれまでの損益修正分が加算されるという内国歳入法第 481 条《会計方法の変更に伴う調整》の規定の影響であるものと考えられる。

3．JPMorgan Chase 事件の残した課題

　結局，JPMorgan Chase 事件は，その額はさておき，未確定な将来の管理運営費用や信用リスクに係る損失見込額が許容される形で決着することとなったが，その点については，新許容規則の影響が大きく影を落としたであろうことは上記2に述べたとおりである。新許容規則が一定の適格な時価評価額については，内国歳入法上の「公正市場価値ではなくとも公正市場価値であるとみなす」といみじくも規定している[24]ことを踏まえれば，本件再控訴審判決が調整中値方式による期末時価評価額について内国歳入法の他の規定と整合的であると判断したものであるのか否かについては必ずしも明らかではない[25]。

　そこで，我が国におけるスワップ取引に係る課税上の取扱いについて見てみると，金融機関に対して平成9年に時価評価が認められた際に，相手側の信用リスクについては，信用リスクの調整として税務上一定割合の「信用リスク相当額」を期末評価益総額から控除することが認められた経緯もあるところから，期末時価評価益は未確定の債権ではあるものの，評価性引当金としての貸倒引当金の取扱いに準じて調整することや将来キャッシュ・フローを信用リスクに応じた割引率で割り引く方法などにより調整することが許容されるとする意見もある[26]。そして，その一方で，管理運営費用に係る調整額については，実質的に期末時価の調整ではなく費用の引当てであることから，費用性引当金の取扱いに準じて税務上は特段の規定がない限り許容すべ

---

24) 前掲注10，同条(b)(1)項（一般規定）参照。
25) 租税裁判所は，その当初判決でスワップ取引の期末における公正市場価値を求めるためには本件調整額によって中値を調整する必要があると判示した（本書141～142頁参照。）が，租税裁判所に対して課税庁の計算方法を尊重するように述べて審理を差し戻した最初の控訴審でも，本再控訴審でも，租税裁判所が採用した調整中値方式自体の妥当性について両当事者は争わなかったようであり，同方式の課税上の妥当性については，両控訴審判決書上，何ら触れられていない。
26) 立石信一郎「デリバティブの時価評価における税務上の諸問題―金融機関が行う店頭デリバティブ取引を中心に―」税大論叢59号（平成20年）436～437頁参照。なお，信用リスクについてキャッシュ・フローを調整すること自体については，米国においても批判の対象となっていない（本書152～153頁参照。）。

きではないという意見もある[27]ところであるが，この点こそが，本件訴訟において当初から議論されてきた大きな論点であるわけである。つまり，課税上は費用性引当金であるとして引当計上が認められないような未確定の将来債務が，なぜ，税額計算上は実質的に同様な効果を有する期末時価評価額の費用等調整額として許容され得るのかという点である[28]。この点は，本件訴訟の経緯をみても，理論的な整理が容易とはいえない問題であると思われるとともに，少なくともそのような議論の余地がある以上，適正かつ公平な課税を実現する観点からは，管理運営費用に係る調整額について，法令等によってその取扱方法について適切なコントロールを行うことが好ましいものといえよう。

さて，本件調整額のうち信用リスクに係る調整額については，上述したとおり，課税上も調整すること自体については，余り異論のないところではあるが，その具体的な算定方法については，いろいろと議論のあるところであり[29]，我が国における企業会計規則等における取扱いを参照しながら，課税上の取扱いについて検討してみることとしたい。特に，信用リスクのうち相手側の信用リスクについては，上記のとおり貸倒引当金とのアナロジーにおいて，ある程度理解がしやすいものと考えられるものの，会計主体自身の信用リスクに係る調整方法については大変分かりにくいと思われることから，この点について以下検討することとしたい。

---

27) 前掲注 26, 同資料 437 頁～438 頁参照。
28) 第一審において，IRS も当初は強く否認していたが，最終的には，管理運営費用がスワップ取引の価値に影響するかもしれないことは認め，市場データから導かれる範囲のものであれば許容する旨転換している（本書 137 頁参照。）。その当否はさておき，IRS の考え方を推し量れば，実質的に費用性引当金と同様な働きをするとしても，飽くまでも，当該スワップ取引の公正市場価値を求めるための要素（間接的なキャッシュ・フロー）であり，正味の将来キャッシュ・フロー自体が未確定であることからいっても，これを殊更に区別して許容できないとすることは難しいと考えたのかもしれない。
29) 例えば，本書 152～153 頁，前掲注 26, 同資料同頁参照。

4．我が国における信用リスク評価の会計制度上の取扱い
(1) デリバティブ評価の基本的な考え方

　我が国の金融商品に関する会計基準[30]（以下「金融商品会計基準」という。）におけるスワップ取引の信用リスク評価方法に関連する規定としては，まず，その第25項《デリバティブ取引により生じる正味の債権及び債務》において，「デリバティブ取引により生じる正味の債権及び債務は，時価をもって貸借対照表価額とし，評価差額は，原則として，当期の損益として処理する。」とされ，それを受けた日本公認会計士協会の実務指針[31]（以下「本件実務指針」という。）は，その第102項《非上場デリバティブ取引の時価評価／時価評価の方法》において「取引所の相場がない非上場デリバティブ取引の時価は，市場価格に準ずるものとして合理的に算定された価額が得られればその価額とする。合理的に算定された価額は，一般に，以下のいずれかの方法を用いて算定する。」として，①インターバンク市場，ディーラー間市場，電子売買取引等の随時決済・換金ができる取引システムでの気配値による方法，②割引現在価値による方法，③オプション価格モデルによる方法の三つを列挙している。そして，スワップ取引については，一般に上記②の方法によると考えられるところ，当該割引現在価値による方法については，次のように概説されている（本件実務指針第102項の(2)）：

> 「類似する取引に気配値のないデリバティブ取引については，将来キャッシュ・フローを見積もり，それを適切な市場利子率で割り引くことにより現在価値を算定する。
> 　将来キャッシュ・フローの見積りは，一般に，契約上の諸条件を将来の各期間に展開し，信用リスク等のリスクを加味することによって行う。一方，適切な市場利子率は，一般に，短期の利子率については先物市場の相場又は銀行間短期資

---

[30] 企業会計基準委員会　企業会計基準第10号「金融商品に関する会計基準」（平成11年1月22日旧企業会計審議会公表，最終改正平成20年3月10日）
[31] 日本公認会計士協会「会計制度委員会報告第14号金融商品会計に関する実務指針」（平成12年1月31日公表，最終改正20年3月25日）

金貸借の気配値を参考にし，また，長期の利子率については金利スワップの気配値等を参考にして各将来時点の市場利子率を算定し，各将来時点を補間することによりイールドカーブを描いて見積もる。」

(2) 信用リスクの調整方法

そして，更に信用リスク等のリスクに関連して，次のとおり将来キャッシュ・フローに直接反映させることができる場合には，上記(1)の将来時点の市場利子率についてはリスク・フリーに近いものを用いて求めたイールドカーブを，現在価値を求めるための割引率として用いることとし，それができない場合には，市場利子率をリスク要因で補正したもので求めたイールドカーブを，現在価値を求めるための割引率として用いることとされている（同）：

「なお，信用リスク等のリスクを将来キャッシュ・フローに反映させることができる場合には，市場利子率はリスク・フリーに近いものを使用する。他方，リスクを将来キャッシュ・フローに反映させることが実務的に困難な場合には，市場利子率をリスク要因で補正する。」

具体的には，相手先の信用リスクについては，次のとおり，評価益の回収可能性に係るリスクとして時価の算定に加えるべきであるとされている（本件実務指針第293項《時価評価の留意事項》）：

「相手先の信用リスクは，評価益の回収可能性に係るリスクであるため，時価の算定に加味することが望ましい。」

したがって，信用リスクについて市場利子率をリスク要因で補正する場合には，仮に相手先の信用リスクが比較的に高い場合には，相手先からの将来キャッシュ・フローは，将来の市場利子率よりもリスク要因分だけ高い利率によって割り引かれることになり，その現在価値は，リスク・フリーの利率を用いる場合よりも少なくなることになる。これによって，確かに信用リス

クに基づき将来キャッシュ・フローをリスク要因により直接調整したのと同じような効果があるように思われよう[32]。

ところで，通常の金融取引では相手側に支払う将来キャッシュ・フローを意味する負債については，会計主体自身が債務者であることから，本来，自己の信用リスクは，当該負債の現在価値に何ら影響を与えるものではないはずである。これは，これまでの「継続企業の公準」からいえば，当然であると考えられよう[33]。しかし，スワップ取引に係る本件実務指針では，一般に会計主体自身の信用リスク（以下「自己側信用リスク」という。）も時価評価の際に考慮に入れるものとされている[34]。

この理由としては，次のとおり説明されている（本件実務指針第293項《時価

---

[32] ただし，後述の議論で分かるように，リスク要因を将来キャッシュ・フローから直接控除する方法と割引率で調整する方法は，その効果が相当に異なる点に留意する必要がある。

[33] 国際的な流れとしては，継続企業の公準などの会計公準を基盤として会計基準を設定する体制から，米国財務会計基準審議会（FASB）によれば「首尾一貫した会計基準を導き出すと考えられ，かつ財務会計および財務報告の本質，機能および限界を規定する相互に関連する基本目的ならびに根本原理の整合的な体系」であり，会計基準のための一種の憲法であると定義される「概念フレームワーク」を理論的な拠り所として具体的な会計基準が設定される体制になってきている（広瀬義州『財務会計（第9版）』（2009年4月，中央経済社）29〜37頁参照。）。我が国においても企業会計基準委員会（ASBJ）からFASBのものとはやや性格が異なるものの「討議資料『財務会計の概念フレームワーク』」（2006年12月, http://www.asb.or.jp/asb_j/documents/begriff_20061228.pdf（平成27年2月12日現在）参照。）が公表されており，その中で「負債の測定」に係る「リスクを調整した割引率による割引価値」については，「測定時点で見積もった将来のキャッシュ・アウトフローを，その時点における報告主体の信用リスクを加味した最新の割引率で割り引いた測定値」として定義している（第37項）。そして，「この測定値は，負債の市場価値を推定する際に意味を持つことがある」（第38項）と意味付けしている。

[34] なお，自己側信用リスクが高まると，それに伴って適用される割引率が高まり，金融負債の時価評価額が下がり，結果として評価差益が計上されることとなる。この点については，例えば，金融庁の委嘱に基づいて欧州における保険規制を検討した研究会の報告書においても，「保険会社自身の信用リスクの変動を負債評価に反映すべきか否かについては，見解が分かれている。EU（およびIAIS［保険監督者国際機構］）は自己信用リスクの反映に否定的であり，IASB［国際会計基準審議会］は肯定的である。保険会社の信用リスクが高まると，評価利率の上昇を通じて債務額が減少し，それが資本の増加につながるという，パラドキシカルな結果をもたらすことが一般にも理解しにくいこと」などから，反映すべきではないと結論している（金融庁金融研究研修センター編『欧州の先進的な保険リスク管理システムに関する研究会報告書』（2008年9月, http://www.fsa.go.jp/frtc/kenkyu/20080909/01.pdf（平成27年2月12日現在））69頁参照。）。

評価の留意事項》）：

「一般に事業会社が保有する非上場デリバティブには，会社自身の信用リスクが取引価格に反映している。例えば，A 社と，A 社より信用力が劣る B 社がそれぞれ同一の銀行と，同一の変動金利を受け取り，固定金利を銀行に支払う同一期間の金利スワップを有する場合，B 社の支払う固定金利の方が A 社の支払う固定金利より高くなる。B 社が A 社の信用リスクの水準の割引率等を参照して B 社自身の金利スワップを時価評価すると，評価益が過小・評価損が過大に算定される可能性がある。したがって，自らの信用リスクを加味した時価算定を行うことが原則として必要である。」

つまり，スワップ契約は，そもそも契約当初においてキャッシュ・フローの等価交換とみなせるはずであるから，上記銀行にとっては，A 社とのスワップ契約も B 社とのスワップ契約も等価であるはずである。しかるに，貸出金利水準の異なる A 社と B 社にとっての当該スワップ契約の当初における現在価値を同一であると認識するためには，それぞれの貸出金利水準を調整した割引率（以下「調整後割引率」という。）を用いる必要があるということであろう[35]。そして，上記のようなスワップ契約が銀行との間で行われず，A 社と B 社との間で直接に行われたとした場合にも調整後割引率を用いるべきであるという考え方であろう。なお，そのような考え方について，本件実務指針の設例 10 《非上場デリバティブ取引の時価評価》（以下「本件設例」という。次図参照。）の〈ケース 1〉（金利スワップの時価の算定と会計処理）では，会計主体自身の信用リスクが比較的高いため，自己に対する割引率が市場金利よりもより高く設定されているのに対して，相手先については，リスク・フリーである市場金利に応じた割引率が用いられている場合の期末時価評価の具体

---

[35] ちなみに，このような考え方によれば，適用される割引率は，スワップ契約の両当事者のそれぞれの信用リスクに見合う金利水準が区々に用いられることになるものと考えられる。しかし，例えば両当事者が同程度の信用リスク水準である場合には，それぞれの将来キャッシュ・フローに対する信用リスクの影響が相殺されるものと考えられることから，リスク・フリー金利によるべきとも考えられよう。

設例10　非上場デリバティブ取引の時価評価

〈ケース1〉金利スワップの時価の算定と会計処理

期間5年の金利スワップが2年経過し、残存期間3年
想定元本：100
支払金利：固定金利5％
受取金利：変動金利6カ月LIBORフラット

　この金利スワップは，経済的には，固定金利で借入れを行い，変動金利の債券を購入したのと同じである。ただし，元本部分の交換がないため，債券元本に相当する回収リスクはない。
　固定金利支払サイド（負債サイド）の時価は，期末時点の市場利子率から求めたスポット・レート（現時点から期限までのゼロクーポン利回り）によって，次のように求められる。
　なお，ここでは，まず銀行間取引の市場気配からスポット・レートのイールドカーブ（期間を横軸とし，利子率を縦軸とする線形グラフ）を作成し，自らの信用リスクを反映するため，自社の格付け（BBB-）に対応する信用リスク・スプレッドを最近の同等の格付けの社債発行事例や社債の流通価格から見積もって利子率に加算した（グラフを上の方向に移動した）スポット・レートを用いている。

	(A) 将来出金 キャッシュ ・フロー	(B) 割引率	(C) 現在価値	期末日の 対応スポット ・レート	割引率（B） の計算式
1年後	5	0.9615	4.81	4.0000％	$1/(1+0.040000)$
2年後	5	0.9202	4.60	4.2476％	$1/(1+0.042476)^2$
3年後	5	0.8719	4.36	4.6765％	$1/(1+0.046765)^3$
3年後	100	0.8719	87.19	4.6765％	$1/(1+0.046765)^3$
合計	115		100.96		

　変動金利受取サイド（資産サイド）の時価は，市場金利フラットなので，想定元本と同一である。したがって，金利スワップの時価は，100.00－100.96＝－0.96（純額で負債サイド）となる。
　この金利スワップがヘッジ手段とされない場合，評価差額を損益に計上する。

　　　　金利スワップ評価損　　　0.96　／　金利スワップ負債　　　0.96

・前期末の評価差額は洗い替えて戻し入れる。

（公認会計士協会会計制度委員会報告第14号
「金融商品会計に関する実務指針」より引用）

的な方法が解説されているので，以下，本件設例を用いて更に具体的に検討を進めることとしたい。

(3) 信用リスクの調整方法のバリエーションとその現在価値評価への影響度合い

イ 課税上の等価性に係る疑問

ところで，上記(2)で述べたように，スワップ取引が当事者間で経済合理的に合意されたキャッシュ・フローの交換契約であるからといって，企業会計上はともかく，課税上もアプリオリに当該スワップ契約が等価な将来キャッシュ・フローの交換であるとみなすことが妥当なのであろうか。

そこで，まず，信用リスクを斟酌することがどの程度期末時価評価額に影響するのか，本件設例に基づき，なるべく定量的に検討してみることとしたい。具体的には，次のような手順に従って本件設例の具体的な数値に基づいて信用リスクに係る種々の調整方法の課税面への影響を試算してみることとする：

① 本件設例では明示されていない変動利率及び信用リスク・スプレッドを推定する。

② 信用リスクの調整方法として本件設例が採用している，現在価値を求めるための割引率を信用リスク・スプレッド分調整する方法（以下「スポット・レート調整方式」という。），そして，本件実務指針では具体的に示されていない信用リスクの影響を将来キャッシュ・フロー自体で調整するための種々の方法（以下「キャッシュ・フロー調整方式」という。）について検討する。

③ 上記②の検討結果を踏まえ信用リスクを調整しない場合などと比較し，課税上の妥当な取扱いについて検討する。

ロ 信用リスク・スプレッドの見積り

中小企業については，租税特別措置法第57条の10《中小企業等の貸倒引当金の特例》を受けた租税特別措置法施行令第33条の9《貸倒引当金の特例》によって，貸倒実績率に代えて，次表のとおり業種ごとに定められている法定繰入率を用いて貸倒引当金の繰入額を損金の額に算入することが認められ

ている。

業　種	法定繰入率
卸売業及び小売業（飲食店及び料理店業を含む。）	1.0%
製造業	0.8%
金融及び保険業	0.3%
割賦販売小売業及び割賦購入あっせん業	1.3%
その他の事業	0.6%

　そこで，取りあえず信用リスク・スプレッドとしては，上表の法定繰入率を参考に，計算上の便宜から一律に債権相当額の1％を見込むこととする。
　ハ　本件設例の用いている変動利率の推定
　本件設例においては，「自らの信用リスクを反映するため，自社の格付け（BBB-）に対応する信用リスク・スプレッドを最近の同等の格付けの社債発行事例や社債の流通価格から見積もって利率に加算した（グラフを上の方向に移動した）スポット・レートを用いている」とされていることから，本来のスポット・レートのイールドカーブが上の方向に上記ロの信用リスク・スプレッドに等しい1％分だけ移動されていると想定する。したがって，本件設例における「期末日の対応スポット・レート」欄の数値から1％控除した値が実際のスポット・レートであったとみなすこととする。
　別表1-1の「調整後スポット・レート」欄に上記「期末日の対応スポット・レート」欄の数値（以下「調整後スポット・レート」という。）を，そして，同表の「調整前スポット・レート」欄に信用リスク・スプレッド調整前の推定スポット・レート（以下「調整前スポット・レート」という。）を掲げる。そして，この調整前スポット・レートに基づいて「変動利率の計算式」欄の算式によって算定される変動利率を「変動利率」欄に掲げるが，当該利率に基づいて相手先から支払を受ける変動金利相当額が計算されることとなる[36]。なお，実際の支払は，「将来出金キャッシュ・フロー」欄のキャッシュ・フローから「将来

入金キャッシュ・フロー」欄のキャッシュ・フローを控除した「正味キャッシュ・フロー」欄に掲げる相殺後の純額（以下「正味キャッシュ・フロー」という。）で行われることとなる。

ちなみに，本表の「現在価値2」欄の合計額欄の値は，100であるが，これは，本件設例の解説において，相手先である「変動金利受取サイド（資産サイド）の時価は，市場金利フラットなので，想定元本と同一である」とされていることに符合する[37]。

ニ　信用リスクの調整方法の分類

上記ロ及びハの想定を前提として，以下，信用リスクの調整方法の各バリエーションについて検討することとするが，具体的には次の6種類の調整方法について検討してみることとする：

①スポット・レート調整方式（本件設例タイプ）

②キャッシュ・フロー調整方式（想定元本基準タイプ）

③キャッシュ・フロー調整方式（キャッシュ・フロー基準タイプ）

④キャッシュ・フロー調整方式（スポット・レート調整方式準拠タイプ）

⑤スポット・レート調整方式（キャッシュ・フロー調整方式準拠タイプ）

⑥自己側信用リスク無視方式

---

[36]　本件設例では，6ヵ月LIBORに準じて計算された変動金利に基づいて支払が行われることとされているが，本件設例時点における変動利率が不明なことと計算を簡便にするため，支払が行われる年末時点におけるスポット・レート（年率）によって支払額が計算されるものと読み替えて以下分析することとする。

[37]　なお，本件設例において，「元本部分の交換がないため，債券元本に相当する回収リスクはない」としているにもかかわらず，将来出金キャッシュ・フローとして想定元本分まで含めて市場金利よりも高い調整後割引率を用いて現在価値を計算しているのは適切ではないであろう。少なくとも想定元本部分を除外し，交換が規定されている利息相当部分についてのみ現在価値を求めるべきである。仮に，想定元本部分に係るキャッシュ・フローを便宜上計算に含める必要がある場合には，受取側と支払側をバランスさせるために，調整後スポット・レートによって割り引くのではなく，調整前スポット・レートによって割り引く必要があるものと考えられる。したがって，以後の検討では，本件設例の想定元本部分については，調整前スポット・レートによって現在価値を求めている。

以下，各調整方式について概説する。

ホ　スポット・レート調整方式（本件設例タイプ）（別表 1-1 参照。）

これは，本件設例の採用している調整方式である。他の方式との比較をするために再計算したものである[38]。

ヘ　キャッシュ・フロー調整方式（想定元本基準タイプ）（別表 1-2 参照。）

これは，想定元本を基準として信用リスク・スプレッドを斟酌したものであり，想定元本を基準とする固定金利支払側利率（5%）を信用リスク・スプレッド分（つまり，1%分）減額して将来出金キャッシュ・フローを評価する方法である。

ト　キャッシュ・フロー調整方式（キャッシュ・フロー基準タイプ）（別表 1-3 参照。）

これは，上記ヘが想定元本を基準としているのに対して，実際に交換対象とされている固定金利相当額（想定元本の5%）を信用リスクの調整対象として認識するものであり，具体的には，固定金利支払側利率（5%）に基づく出金キャッシュ・フロー自体を信用リスク・スプレッド分（1%分）減額して将来出金キャッシュ・フローを評価する方法である。

チ　キャッシュ・フロー調整方式（スポット・レート調整方式準拠タイプ）（別表 1-4 参照。）

これは，スポット・レート調整方式とキャッシュ・フロー調整方式との比較を行うため，試みに上記ホの本件設例タイプにおける固定金利支払側の現在価値と将来出金キャッシュ・フローの現在価値が等しくなるように信用リスク・スプレッド分を逆算して[39]減額したものである。

結局，上記トのキャッシュ・フロー基準タイプと比較すると，上記トにおいては，出金キャッシュ・フローの控除割合が1%であったのに対して，本方式では1.8787%の控除割合となる。つまり，上記ホの本件設例タイプと等し

---

[38]　前掲注37参照。
[39]　逆算する具体的な技法については，本書64頁の脚注28など参照。

い現在価値にするためには上記トの2倍弱の控除を行う必要があることとなる。このように割引率を調整することとキャッシュ・フローを直接調整することとは，その現在価値に対する影響度合いにおいて比例的ではないことが理解できよう。

　リ　スポット・レート調整方式（キャッシュ・フロー調整方式準拠タイプ）（別表1-5参照。）

　これは，上記チと同様にスポット・レート調整方式とキャッシュ・フロー調整方式との比較を行うため，上記チとは逆に上記トのキャッシュ・フロー基準タイプにおける固定金利支払側の現在価値に等しくするためには，上記ホのスポット・レート調整方式において信用リスク・スプレッドをいくらにすればよいかを逆算したものである。

　結局，信用リスク・スプレッドを上記ホの約半分の0.4739％にすれば両方式の現在価値が等しくなることが分かる。このことからも，少なくとも本件設例の場合には，割引率を調整することの方がキャッシュ・フローを直接調整することよりも現在価値に対する影響度合いが大きいことが理解できよう。

　ヌ　自己側信用リスク無視方式（別表1-6参照。）

　これは，比較のため，信用リスク・スプレッドを全く無視した場合の現在価値等を求めたものである。

　結局，上記ホの本件設例タイプや上記トのキャッシュ・フロー基準タイプに比べて，固定金利支払側の将来出金キャッシュ・フローの現在価値が絶対値で0.27ほど大きくなる（－3.50→－3.77）ことが分かる。

　ル　信用リスクの調整方法間の比較

　以上の計算結果をまとめると次の表のとおりである。

想定信用リスク・スプレッド	調整方式	正味現在価値	⑥を基準とした比率
1%	①本件設例タイプ	-3.50	93.0%
	②想定元本基準タイプ	-0.96	25.5%
	③キャッシュ・フロー基準タイプ	-3.63	96.3%
	④スポット・レート調整方式準拠タイプ	-3.50	93.0%
	⑤キャッシュ・フロー調整方式準拠タイプ	-3.63	96.3%
	⑥自己側信用リスク無視方式	-3.77	100.0%

　これによれば，自己側信用リスク無視方式に比べ，想定元本基準タイプが正味現在価値の絶対値としては最も少なく，次に少ないのが本件設例タイプ及びスポット・レート調整方式準拠タイプ，そして，キャッシュ・フロー基準タイプ及びキャッシュ・フロー調整方式準拠タイプの順であった。

　なお，信用リスク・スプレッドの水準を以上の検討の前提とした1%の半分の0.5%とした場合の試算結果を**別表2-1**ないし**別表2-6**に示すとともに，次表に取りまとめておく。

想定信用リスク・スプレッド	調整方式	正味現在価値	⑥を基準とした比率
0.5%	①本件設例タイプ	−2.22	94.4%
	②想定元本基準タイプ	−0.96	40.8%
	③キャッシュ・フロー基準タイプ	−2.28	97.0%
	④スポット・レート調整方式準拠タイプ	−2.22	94.4%
	⑤キャッシュ・フロー調整方式準拠タイプ	−2.28	97.0%
	⑥自己側信用リスク無視方式	−2.35	100.0%

これによれば,信用リスク・スプレッドの低下に伴い,正味現在価値の較差も漸減することが分かる。これは,想定信用リスク・スプレッドの水準が0%であれば,各方式が自己側信用リスク無視方式に等しくなることと整合的である。

(4) **自己側信用リスクの各調整方法の課税への影響度合い**

イ 課税総額による比較方法

自己側信用リスクの各調整方法(以下,単に「各調整方法」という。)の本件設例時点での現在価値への影響度合いについては,上記(3)で述べたとおりであるが,一般に当初現在価値が等しい場合であっても,課税標準となるキャッシュ・フローの形状によっては必ずしも課税額が等しくなるとは限らないこと[40]から,変動利率が本件設例時点の予測どおり推移すると仮定して[41],各調整方法によった場合の課税総額を比較してみることとする。なお,各期の

---

40) この点については,本書69〜70頁など参照。
41) このように仮定して金融商品の振る舞いを分析することを「期待ダイナミクス(expectation dynamics)」というが,これについては,本書65頁の脚注29など参照。

課税額を単純に加えるだけでは、キャッシュ・フローとしての課税総額（以下「税額キャッシュ・フロー」という。）を比較することにはならないので、本件設例の契約期間が終わる3年後現在における、それまでの各期の課税額の現在価値を合計した総額（以下「実質累積税額」という。）を求めて比較することとする。

ロ　1年経過後における**課税額の計算**（別表3-1ないし別表3-6参照。）

各調整方法について計算方法自体は全く同様であるので、例えば、本件設例タイプ（**別表3-1**）を例にとって説明すると、本件設例時点から1年経過すれば、固定利率（5%）に基づいて将来出金キャッシュ・フローの5.00が確定するとともに、期末変動利率（3%）に基づいて将来入金キャッシュ・フローの3.00が確定し、その差額の2.00が固定利息受取側（相手先）に支払われることから、その額は当該会計主体にとってスワップ損失となる。そして、前期末の評価損益は、**別表1-1**のとおり－3.50の評価損であったことからこれをスワップ利益として戻入した後、当期末も前期末同様－1.75の評価損であることから、これをスワップ損失として加算すれば、課税標準となるスワップ損益の額は、「課税標準額」欄のとおり－0.24（≒－2.00＋3.50－1.75）の損失となる。

ハ　2年経過後における**課税額の計算**（別表4-1ないし別表4-6参照。）

2年経過後についても、上記ロと同様に各調整方法について計算自体は全く同様であるので、例えば、本件設例タイプ（**別表4-1**）を例にとると、本件設例時点から2年経過すれば、固定利率（5%）に基づいて2年目の将来出金キャッシュ・フローの5.00が確定するとともに、期末変動利率（3.4958%）に基づいて将来入金キャッシュ・フローの3.50が確定し、その差額の1.50が固定利息受取側に支払われることから、その額が当該会計主体にとってスワップ損失となる。そして、前期末の評価損益は、**別表3-1**のとおり－1.75の評価損であったことからこれをスワップ利益として戻入した後、当期末も前期末同様－0.40の評価損であることから、これをスワップ損失として計算すれば、課税標準となるスワップ損益の額は、「課税標準」欄のとおり－0.15（≒－1.50＋1.75－0.40）の損失となる。

二　3年経過後（最終期）における課税額の計算（別表5-1ないし別表5-6参照。）

最終期についても，各調整方法について計算自体は全く同様であるので，例えば，本件設例タイプ（**別表5-1**）を例にとると，本件設例時点から3年経過すれば，固定利率（5％）に基づいて3年目の将来出金キャッシュ・フローの5.00が確定するとともに，期末変動利率(4.5397％)に基づいて将来入金キャッシュ・フローの4.54が確定し，その差額の0.46が固定利息受取側に支払われることから，その額が当該会計主体にとってスワップ損失となる。ちなみに，想定元本額部分については，両当事者間でバランスしており何らのキャッシュ・フローも生じない。そして，前期末の評価損益は，**別表4-1**のとおり−0.40の評価損であったことからこれをスワップ利益として戻入して計算すれば，課税標準となるスワップ損益の額は，「課税標準額」欄のとおり−0.07（≒−0.46＋0.40）の損失となる。

ホ　各期の実質累積税額の推移

各期末において各調整方法について計算される課税標準額及び課税額を**別表6**に取りまとめた。そして，各期末の税額をそれ以後に経過する期間における変動利率[42]によって割り増すことにより，各期末現在の実質累積税額を求め，「合計」欄に示した。この税額キャッシュ・フローの期末現在価値（実質累積税額）を用いることにより，各調整方法において区々である税額キャッシュ・フローの形状の違いを捨象して，各調整方法を同じ基準で各期において合理的に比較することができるものと考えられる。

ヘ　各調整方法の実質累積税額による比較結果

各期末における実質累積税額の推移をグラフにして示すと次図のとおりである。

---

[42]　前掲注36の仮定により，当期においては，前期末の変動利率で運用できるものとみなすこととなる。

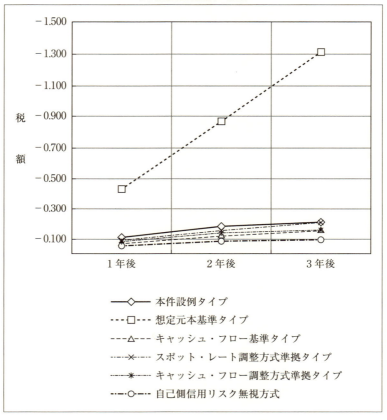

　上のグラフからも明らかなように想定元本基準タイプは，他の方法と顕著に異なる税額キャッシュ・フローであることが分かる。これは，想定元本を基準としていることから信用リスクに係る控除額が他の調整方法に比べて，過大であるためであると考えられる。

　その他の点としては，例外的な上記想定元本基準タイプを除けば，調整方法の中では，信用リスクの調整を行わない自己側信用リスク無視方式に比べ，スポット・レート調整方式が最も課税額への影響度合いが大きいことが分かる。

また，本件設例時点において評価額がそれぞれ等価である本件設例タイプとスポット・レート調整方式準拠タイプ，そして，キャッシュ・フロー基準タイプとキャッシュ・フロー調整方式準拠タイプは，1年後，2年後の時点では実質累積税額の値が異なるものの，3年後の最終期末においては，それぞれほぼ等しくなることが分かる。

(5) **検討**

イ　**自己側信用リスクの調整方法の取扱いの方向性**

　以上のとおり自己側信用リスクの調整方法について種々の考え方に基づく理論上の数種類のバリエーションについて検討してきたが，税額キャッシュ・フローの最終期末における累積された期末現在価値を調整方法の等価性を判断する基準と考えれば，本件設例のような場合であれば，当初現在価値が等しいような調整方法の間では，最終期においては課税上の等価性が認められそうである。しかし，自己側信用リスクの取扱い一つをとっても，上記のようないろいろなバリエーションが考えられるとともに，一口に割引現在価値による評価方法といっても，JPMorgan Chase事件で明らかとなったように種々の計算方法が企業会計上許容されていることを踏まえれば，適正かつ公平な課税を確保するためには，例えば，現行税制においても減価償却計算について法令上の詳細な計算規定を置いているように，あるいは，財産評価について財産評価基本通達を整備して計算方法としての実質的な規範性のあるガイドラインとして示しているように，明瞭性ないし予測可能性の観点からも，課税上の期末現在価値の計算方法自体を法令等によって，現行よりもより詳細かつ具体的に規定する必要があろう[43]。

---

43)　米国においては，デリバティブ取引のディーラー等を除く一般の納税者については，期末時価評価制度の適用がなく，スワップ取引等の想定元本取引（notional principal contract）について大変詳細な取扱規定が内国歳入規則上設けられているとともに，更に詳細な改正規定が提案されていることについては，本書54～57頁及び81～95頁参照。

ロ　キャッシュ・フロー調整方式における自己側キャッシュ・フローの控除額の性格

　自己側信用リスクの調整をキャッシュ・フロー調整方式によって行う際のキャッシュ・フローの控除額については，見方を変えれば，契約上の直接キャッシュ・フローから控除される間接キャッシュ・フローといえるわけであるが，自己側信用リスクをその理由とすることから大変イメージしにくいものといえよう[44]。しかし，やや理論的厳密さを欠くとは思われるが，当該控除額を債務保証に係る保証料とのアナロジーによってその課税上の性格付けを行うことが考えられるのではなかろうか。例えば，仮に相手先に支払うキャッシュ・フローの中から保証料を第三者機関に支払うものとみなすことができれば，それに係る間接キャッシュ・フローとして性格付けることが可能であろう。そして，そう整理することができれば，控除後の直接キャッシュ・フローが正しくリスク・フリーになるとみなせることから，スポット・レート調整方式に比べてキャッシュ・フロー調整方式の方が課税上もより妥当性の高い調整方法であるといえることになろう。

ハ　自己側信用リスク無視方式における当初現在価値の差異の調整方法

　スポット・レート調整方式の分かりにくさの本質は，そもそも自己側のキャッシュ・フローの現在価値を求めるのに際して市場利子率に自己の信用リスクに応じた信用リスク・スプレッドを加えた利率（調整後割引率）で割り引くことにある。つまり，上記ロのとおり，キャッシュ・フロー調整方式の考え方からは第三者機関に対する保証料とみなされて控除され，時価評価の枠外に置かれる間接キャッシュ・フロー部分を時価評価の枠内に留めるとともに，それに伴ってリスク・フリーの市場利子率による割引では，バランスが崩れてしまう[45]スワップ取引を敢えてキャッシュ・フローの等価交換として評価するために，割引率自体を調整するという大変目的指向の強い調整方

---

44)　前掲注34参照。
45)　つまり，スワップ取引の大前提として等価であるべき交換される両キャッシュ・フローの当初正味現在価値が零円ではなくなることになる。

法である点[46]であろう。

　そこで，視点を変えて，信用リスク・スプレッドを全く無視する自己側信用リスク無視方式を採用するとした場合にバランスが崩れ，零円ではなくなってしまうスワップ取引の当初現在価値を課税上どのように取り扱えばよいのであろうか。それに対する一つの対処方法としては，上記２の(3)で触れたように，スワップ取引がみなし債券の交換であるとみなせることから，社債発行差金の取扱いである償却原価法[47]に準じて，スワップ取引の契約期間にわたって，毎期一定の方法で段階的に調整することが考えられよう。

5．おわりに

　本節では，スワップ取引に係る自己側信用リスクの調整方法について，本件実務指針にも具体的に示されているスポット・レート調整方式と同指針には具体的に示されていないキャッシュ・フロー調整方式について課税面への影響の観点から比較検討した。

　もとより，税法における未決済デリバティブ取引の期末時価評価の規定が当該評価損益を「その時において当該未決済デリバティブ取引を決済したものとみなして」[48]算出することとしていることから，自己側信用リスクの調整方法の課税上の適否の究極的な判定基準は，当該デリバティブ取引の決済

---

46) 企業会計上は，当該取引の等価性等を吟味する上で，金利スワップなど契約上は通常両当事者が交換すべきキャッシュ・フローが相殺され，正味のキャッシュ・フローのみが遣り取りされる場合であっても，想定されるグロスのキャッシュ・フローについてそれぞれの調整後割引率で割り引いた現在価値を求めて比較するということにも一定の妥当性があるものと考えられるが，課税上は，当該スワップ契約上相殺されることにより実際には遣り取りされることのないキャッシュ・フロー部分については，そもそも両当事者の信用リスクの影響を受けないものと考えられることから，相殺される部分を除いた正味のキャッシュ・フローについてのみ，それを支払う側の調整後割引率で割り引くべきであると考えられるのではないか。ちなみに，調整後割引率が両当事者で等しくない限り，割り引いてから相殺するのと，相殺してから割り引くのでは結果が異なることとなる。
47) 法人税法施行令第139条の２《償還有価証券の調整差益又は調整差損の益金又は損金算入》参照。
48) 法人税法第61条の５《デリバティブ取引に係る利益相当額又は損失相当額の益金又は損金算入等》第１項参照。

金額が一般にどのように算定されることになっているかが基本となるものと考えられる。したがって，本節では，特にキャッシュ・フロー調整方式に関連して，理論上考えられるいくつかの方法について検討したが，更に検討を進めるためには，金融実務の中で実際にどのように自己側信用リスクの調整が行われているのかについて，スポット・レート調整方式を含めて，その実態を広く調査する必要があろう。本節によって，今後のデリバティブ取引に係る適正かつ公平な課税を更に推進する上で検討しておくべき一つの論点を読者に示すことができたとしたら，筆者の望外の幸せである。

【追記】

自己側信用リスクの変化に伴う損益の認識については，本節で述べたように大変分かりにくいものであるが，国際会計基準第9号「金融商品」（2014年7月改正後のもの）のB5.7.10項において，自社発行債券を用いた次のような設例が示されているので参考に供したい：

　　ある抵当銀行が顧客に対して融資を行い，そのための資金を当該融資と性質（例えば，発行額，返済条件，償還期限，通貨など）が合致した［自行の］債券を市場において売却することによって手当てするものとする。［さらに，］当該融資の契約条件では，抵当権を設定した顧客（mortgage customer）が当該対応債券を公正価値で市場で購入し，当該抵当銀行に引き渡すことにより，当該融資を早期に返済すること（，つまり，当該銀行に対するその返済義務を果たすこと）が許容されているものとする。［そして，このような前提において当該抵当銀行の自己側信用リスクが高まった場合には，］契約上の早期返済の当該権利があることの結果として，当該債券の信用度が低下（し，そして，そのため，当該抵当銀行の負債の公正価値が減少）するときには，当該抵当銀行の融資債権の公正価値も減少することになる。［なぜなら，］当該抵当権を設定した顧客が基礎となっている債券を公正価値（この例では，減少している）により購入し，当該債券を抵当銀行に引き渡すことにより，当該抵当権付融資を早期返済することができる

という契約上の権利が当該資金の公正価値の変化に反映されるからである。結局，[このような場合には，金融負債の公正価値の変化に係る原則的な「その他の包括利益」勘定への計上ではなく，例外的に当期の損益として]当該負債（当該債券）の信用リスクの変化の影響は，損益勘定において（in profit or loss），金融資産（当該融資）の公正価値への対応する変化によって相殺されることになる。[後略]

（別表 1-1） スポット・レート調整方式（本件設例タイプ）

	将来出金キャッシュ・フロー	割引率1	現在価値1	調整後スポット・レート	調整前スポット・レート	変動利率	将来入金キャッシュ・フロー	割引率2	現在価値2	正味キャッシュ・フロー	変動利率の計算式
1年後	5.00	0.9615	4.81	4.0000%	3.0000%	3.0000%	3.00	0.9709	2.91	-2.00	3.0000%
2年後	5.00	0.9202	4.60	4.2476%	3.2476%	3.4958%	3.50	0.9381	3.28	-1.50	$((1+3.2476\%)^2/(1+3.0000\%))-1)$
3年後	5.00	0.8719	4.36	4.6765%	3.6765%	4.5397%	4.54	0.8973	4.07	-0.46	$((1+3.6765\%)^3/(1+3.2476\%)^2-1)$
	100.00	0.8973	89.73	3.6765%	3.6765%		100.00	0.8973	89.73		
合計	115.00		103.50				111.04		100.00		

信用リスク・スプレッド　1.0000%　　正味現在価値　-3.50

（別表 1-2） キャッシュ・フロー調整方式（想定元本基準タイプ）

	将来出金キャッシュ・フロー	割引率1	現在価値1	調整後スポット・レート	調整前スポット・レート	変動利率	将来入金キャッシュ・フロー	割引率2	現在価値2	正味キャッシュ・フロー	変動利率の計算式
1年後	4.00	0.9709	3.88	3.0000%	3.0000%	3.0000%	3.00	0.9709	2.91	-1.00	3.0000%
2年後	4.00	0.9381	3.75	3.2476%	3.2476%	3.4958%	3.50	0.9381	3.28	-0.50	$((1+3.2476\%)^2/(1+3.0000\%))-1)$
3年後	4.00	0.8973	3.59	3.6765%	3.6765%	4.5397%	4.54	0.8973	4.07	0.54	$((1+3.6765\%)^3/(1+3.2476\%)^2-1)$
	100.00	0.8973	89.73	3.6765%	3.6765%		100.00	0.8973	89.73		
合計	112.00		100.96				111.04		100.00		

信用リスク・スプレッド　0.0000%　　正味現在価値　-0.96

（別表 1-3） キャッシュ・フロー調整方式（キャッシュ・フロー基準タイプ）

	将来出金キャッシュ・フロー	割引率1	現在価値1	調整後スポット・レート	調整前スポット・レート	変動利率	将来入金キャッシュ・フロー	割引率2	現在価値2	正味キャッシュ・フロー	変動利率の計算式
1年後	4.95	0.9709	4.81	3.0000%	3.0000%	3.0000%	3.00	0.9709	2.91	-1.95	3.0000%
2年後	4.95	0.9381	4.64	3.2476%	3.2476%	3.4958%	3.50	0.9381	3.28	-1.45	$((1+3.2476\%)^2/(1+3.0000\%))-1)$
3年後	4.95	0.8973	4.44	3.6765%	3.6765%	4.5397%	4.54	0.8973	4.07	-0.41	$((1+3.6765\%)^3/(1+3.2476\%)^2-1)$
	100.00	0.8973	89.73	3.6765%	3.6765%		100.00	0.8973	89.73		
合計	114.85		103.63				111.04		100.00		

控除割合　1.0000%　　正味現在価値　-3.63

第 2 章 金融商品課税面の幾つかの論点

(別表 1-4) キャッシュ・フロー調整方式（スポット・レート調整方式準拠タイプ）

	将来出金キャッシュ・フロー	割引率1	現在価値1	調整後スポット・レート	調整前スポット・レート	変動利率	将来入金キャッシュ・フロー	割引率2	現在価値2	正味キャッシュ・フロー	変動利率の計算式
1年後	4.91	0.9709	4.76	3.0000%	3.0000%	3.0000%	3.00	0.9709	2.91	−1.91	3.0000%
2年後	4.91	0.9381	4.60	3.2476%	3.2476%	3.4958%	3.50	0.9381	3.28	−1.41	$((1+3.2476\%)^2/(1+3.0000\%)-1)$
3年後	4.91	0.8973	4.40	3.6765%	3.6765%	4.5397%	4.54	0.8973	4.07	−0.37	$((1+3.6765\%)^3/(1+3.2476\%)^2-1)$
	100.00	0.8973	89.73	3.6765%	3.6765%		100.00	0.8973	89.73		
合計	114.72		103.50				111.04		100.00		

控除割合 1.8787%　　正味現在価値 −3.50

(別表 1-5) スポット・レート調整方式（キャッシュ・フロー調整方式準拠タイプ）

	将来出金キャッシュ・フロー	割引率1	現在価値1	調整後スポット・レート	調整前スポット・レート	変動利率	将来入金キャッシュ・フロー	割引率2	現在価値2	正味キャッシュ・フロー	変動利率の計算式
1年後	5.00	0.9659	4.83	3.5261%	3.0000%	3.0000%	3.00	0.9709	2.91	−2.00	3.0000%
2年後	5.00	0.9286	4.64	3.7737%	3.2476%	3.4958%	3.50	0.9381	3.28	−1.50	$((1+3.2476\%)^2/(1+3.0000\%)-1)$
3年後	5.00	0.8838	4.42	4.2026%	3.6765%	4.5397%	4.54	0.8973	4.07	−0.46	$((1+3.6765\%)^3/(1+3.2476\%)^2-1)$
	100.00	0.8973	89.73	3.6765%	3.6765%		100.00	0.8973	89.73		
合計	115.00		103.63				111.04		100.00		

信用リスク・スプレッド 0.4739%　　正味現在価値 −3.63

(別表 1-6) 自己側信用リスク無視方式（信用リスク・スプレッドの影響を無視する場合）

	将来出金キャッシュ・フロー	割引率1	現在価値1	調整後スポット・レート	調整前スポット・レート	変動利率	将来入金キャッシュ・フロー	割引率2	現在価値2	正味キャッシュ・フロー	変動利率の計算式
1年後	5.00	0.9709	4.85	3.0000%	3.0000%	3.0000%	3.00	0.9709	2.91	−2.00	3.0000%
2年後	5.00	0.9381	4.69	3.2476%	3.2476%	3.4958%	3.50	0.9381	3.28	−1.50	$((1+3.2476\%)^2/(1+3.0000\%)-1)$
3年後	5.00	0.8973	4.49	3.6765%	3.6765%	4.5397%	4.54	0.8973	4.07	−0.46	$((1+3.6765\%)^3/(1+3.2476\%)^2-1)$
	100.00	0.8973	89.73	3.6765%	3.6765%		100.00	0.8973	89.73		
合計	115.00		103.77				111.04		100.00		

信用リスク・スプレッド 0.0000%　　正味現在価値 −3.77

(別表 2-1) スポット・レート調整方式（本件設例タイプ）

	将来出金キャッシュ・フロー	割引率1	現在価値1	調整後スポット・レート	調整前スポット・レート	変動利率	将来入金キャッシュ・フロー	割引率2	現在価値2	正味キャッシュ・フロー	変動利率の計算式
1年後	5.00	0.9615	4.81	4.0000%	3.5000%	3.5000%	3.50	0.9662	3.38	-1.50	3.5000%
2年後	5.00	0.9202	4.60	4.2476%	3.7476%	3.9958%	4.00	0.9291	3.71	-1.00	$((1+3.7476\%)^2/(1+3.5000\%))-1)$
3年後	5.00	0.8719	4.36	4.6765%	4.1765%	5.0396%	5.04	0.8845	4.46	0.04	$((1+4.1765\%)^3/(1+3.7476\%)^2)-1)$
	100.00	0.8845	88.45	4.1765%	4.1765%		100.00	0.8845	88.45		
合計	115.00		102.22				112.54		100.00		

信用リスク・スプレッド 0.5000%　　正味現在価値 -2.22

(別表 2-2) キャッシュ・フロー調整方式（想定元本基準タイプ）

	将来出金キャッシュ・フロー	割引率1	現在価値1	調整後スポット・レート	調整前スポット・レート	変動利率	将来入金キャッシュ・フロー	割引率2	現在価値2	正味キャッシュ・フロー	変動利率の計算式
1年後	4.50	0.9662	4.35	3.5000%	3.5000%	3.5000%	3.50	0.9662	3.38	-1.00	3.5000%
2年後	4.50	0.9291	4.18	3.7476%	3.7476%	3.9958%	4.00	0.9291	3.71	-0.50	$((1+3.7476\%)^2/(1+3.5000\%))-1)$
3年後	4.50	0.8845	3.98	4.1765%	4.1765%	5.0396%	5.04	0.8845	4.46	0.54	$((1+4.1765\%)^3/(1+3.7476\%)^2)-1)$
	100.00	0.8845	88.45	4.1765%	4.1765%		100.00	0.8845	88.45		
合計	113.50		100.96				112.54		100.00		

信用リスク・スプレッド 0.0000%　　正味現在価値 -0.96

(別表 2-3) キャッシュ・フロー調整方式（キャッシュ・フロー基準タイプ）

	将来出金キャッシュ・フロー	割引率1	現在価値1	調整後スポット・レート	調整前スポット・レート	変動利率	将来入金キャッシュ・フロー	割引率2	現在価値2	正味キャッシュ・フロー	変動利率の計算式
1年後	4.98	0.9662	4.81	3.5000%	3.5000%	3.5000%	3.50	0.9662	3.38	-1.48	3.5000%
2年後	4.98	0.9291	4.62	3.7476%	3.7476%	3.9958%	4.00	0.9291	3.71	-0.98	$((1+3.7476\%)^2/(1+3.5000\%))-1)$
3年後	4.98	0.8845	4.40	4.1765%	4.1765%	5.0396%	5.04	0.8845	4.46	0.06	$((1+4.1765\%)^3/(1+3.7476\%)^2)-1)$
	100.00	0.8845	88.45	4.1765%	4.1765%		100.00	0.8845	88.45		
合計	114.93		102.28				112.54		100.00		

控除割合 0.5000%　　正味現在価値 -2.28

第2章　金融商品課税面の幾つかの論点

（別表2-4）キャッシュ・フロー調整方式（スポット・レート調整方式準拠タイプ）

	将来出金キャッシュ・フロー	割引率1	現在価値1	調整後スポット・レート	調整前スポット・レート	変動利率	将来入金キャッシュ・フロー	割引率2	現在価値2	正味キャッシュ・フロー	変動利率の計算式
1年後	4.95	0.9662	4.79	3.5000%	3.5000%	3.5000%	3.50	0.9662	3.38	−1.45	3.5000%
2年後	4.95	0.9291	4.60	3.7476%	3.7476%	3.9958%	4.00	0.9291	3.71	−0.96	$((1+3.7476\%)^2/(1+3.5000\%)-1)$
3年後	4.95	0.8845	4.38	4.1765%	4.1765%	5.0396%	5.04	0.8845	4.46	0.09	$((1+4.1765\%)^3/(1+3.7476\%)^2-1)$
	100.00	0.8845	88.45	4.1765%	4.1765%		100.00	0.8845	88.45		
合計	114.86		102.22				112.54		100.00		

控除割合 0.9411%　　正味現在価値 −2.22

（別表2-5）スポット・レート調整方式（キャッシュ・フロー調整方式準拠タイプ）

	将来出金キャッシュ・フロー	割引率1	現在価値1	調整後スポット・レート	調整前スポット・レート	変動利率	将来入金キャッシュ・フロー	割引率2	現在価値2	正味キャッシュ・フロー	変動利率の計算式
1年後	5.00	0.9637	4.82	3.7648%	3.5000%	3.5000%	3.50	0.9662	3.38	−1.50	3.5000%
2年後	5.00	0.9243	4.62	4.0124%	3.7476%	3.9958%	4.00	0.9291	3.71	−1.00	$((1+3.7476\%)^2/(1+3.5000\%)-1)$
3年後	5.00	0.8778	4.39	4.4413%	4.1765%	5.0396%	5.04	0.8845	4.46	0.04	$((1+4.1765\%)^3/(1+3.7476\%)^2-1)$
	100.00	0.8845	88.45	4.1765%	4.1765%		100.00	0.8845	88.45		
合計	115.00		102.28				112.54		100.00		

信用リスク・スプレッド 0.2352%　　正味現在価値 −2.28

（別表2-6）自己側信用リスク無視方式（信用リスク・スプレッドの影響を無視する場合）

	将来出金キャッシュ・フロー	割引率1	現在価値1	調整後スポット・レート	調整前スポット・レート	変動利率	将来入金キャッシュ・フロー	割引率2	現在価値2	正味キャッシュ・フロー	変動利率の計算式
1年後	5.00	0.9662	4.83	3.5000%	3.5000%	3.5000%	3.50	0.9662	3.38	−1.50	3.5000%
2年後	5.00	0.9291	4.65	3.7476%	3.7476%	3.9958%	4.00	0.9291	3.71	−1.00	$((1+3.7476\%)^2/(1+3.5000\%)-1)$
3年後	5.00	0.8845	4.42	4.1765%	4.1765%	5.0396%	5.04	0.8845	4.46	0.04	$((1+4.1765\%)^3/(1+3.7476\%)^2-1)$
	100.00	0.8845	88.45	4.1765%	4.1765%		100.00	0.8845	88.45		
合計	115.00		102.35				112.54		100.00		

信用リスク・スプレッド 0.0000%　　正味現在価値 −2.35

(別表 3-1) 本件設例タイプ（別表 1-1 の 1 年後の状況）

	将来出金キャッシュ・フロー	割引率1	現在価値1	調整後スポット・レート	調整前スポット・レート	変動利率	将来入金キャッシュ・フロー	割引率2	現在価値2	正味キャッシュ・フロー	前期評価損益戻入額	課税標準額	調整前スポット・レートの計算式
1年後	5.00				3.0000%	3.0000%	3.00			−2.00	3.50	−0.24	
2年後	5.00	0.9570	4.78	4.4958%	3.4958%	3.4958%	3.50	0.9662	3.38	−1.50			3.4958%
3年後	5.00	0.9067	4.53	5.0164%	4.0164%	4.5397%	4.54	0.9243	4.20	−0.46			$(((1+3.4958\%)(1+4.5397\%))^{1/2}-1)$
	100.00	0.9243	92.43	4.0164%	4.0164%		100.00	0.9243	92.43				
合計	115.00		101.75				111.04		100.00				

信用リスク・スプレッド 1.0000%　　正味現在価値 −1.75

(別表 3-2) 想定元本基準タイプ（別表 1-2 の 1 年後の状況）

	将来出金キャッシュ・フロー	割引率1	現在価値1	調整後スポット・レート	調整前スポット・レート	変動利率	将来入金キャッシュ・フロー	割引率2	現在価値2	正味キャッシュ・フロー	前期評価損益戻入額	課税標準額	調整前スポット・レートの計算式
1年後	5.00				3.0000%	3.0000%	3.00			−2.00	0.96	−1.03	
2年後	4.00	0.9662	3.86	3.4958%	3.4958%	3.4958%	3.50	0.9662	3.38	−0.50			3.4958%
3年後	4.00	0.9243	3.70	4.0164%	4.0164%	4.5397%	4.54	0.9243	4.20	0.54			$(((1+3.4958\%)(1+4.5397\%))^{1/2}-1)$
	100.00	0.9243	92.43	4.0164%	4.0164%		100.00	0.9243	92.43				
合計	113.00		99.99				111.04		100.00				

信用リスク・スプレッド 0.0000%　　正味現在価値 0.01

(別表 3-3) キャッシュ・フロー基準タイプ（別表 1-3 の 1 年後の状況）

	将来出金キャッシュ・フロー	割引率1	現在価値1	調整後スポット・レート	調整前スポット・レート	変動利率	将来入金キャッシュ・フロー	割引率2	現在価値2	正味キャッシュ・フロー	前期評価損益戻入額	課税標準額	調整前スポット・レートの計算式
1年後	5.00				3.0000%	3.0000%	3.00			−2.00	3.63	−0.16	
2年後	4.95	0.9662	4.78	3.4958%	3.4958%	3.4958%	3.50	0.9662	3.38	−1.45			3.4958%
3年後	4.95	0.9243	4.58	4.0164%	4.0164%	4.5397%	4.54	0.9243	4.20	−0.41			$(((1+3.4958\%)(1+4.5397\%))^{1/2}-1)$
	100.00	0.9243	92.43	4.0164%	4.0164%		100.00	0.9243	92.43				
合計	114.90		101.78				111.04		100.00				

控除割合 1.0000%　　正味現在価値 −1.78

第2章　金融商品課税面の幾つかの論点

（別表3-4）スポット・レート調整方式準拠タイプ（別表1-4の1年後の状況）

	将来出金キャッシュ・フロー	割引率1	現在価値1	調整後スポット・レート	調整前スポット・レート	変動利率	将来入金キャッシュ・フロー	割引率2	現在価値2	正味キャッシュ・フロー	前期評価損益戻入額	課税標準額	調整前スポット・レートの計算式
1年後	5.00				3.0000%	3.0000%	3.00			-2.00	3.50	-0.20	
2年後	4.91	0.9662	4.74	3.4958%	3.4958%	3.4958%	3.50	0.9662	3.38	-1.41			3.4958%
3年後	4.91	0.9243	4.53	4.0164%	4.0164%	4.5397%	4.54	0.9243	4.20	-0.37			$(((1+3.4958\%)$ $(1+4.5397\%))^{1/2}-1)$
	100.00	0.9243	92.43	4.0164%	4.0164%		100.00	0.9243	92.43				
合計	114.81		101.70				111.04		100.00				

控除割合 1.8787%　　正味現在価値 -1.70

（別表3-5）キャッシュ・フロー調整方式準拠タイプ（別表1-5の1年後の状況）

	将来出金キャッシュ・フロー	割引率1	現在価値1	調整後スポット・レート	調整前スポット・レート	変動利率	将来入金キャッシュ・フロー	割引率2	現在価値2	正味キャッシュ・フロー	前期評価損益戻入額	課税標準額	調整前スポット・レートの計算式
1年後	5.00				3.0000%	3.0000%	3.00			-2.00	3.63	-0.19	
2年後	5.00	0.9618	4.81	3.9697%	3.4958%	3.4958%	3.50	0.9662	3.38	-1.50			3.4958%
3年後	5.00	0.9159	4.58	4.4903%	4.0164%	4.5397%	4.54	0.9243	4.20	-0.46			$(((1+3.4958\%)$ $(1+4.5397\%))^{1/2}-1)$
	100.00	0.9243	92.43	4.0164%	4.0164%		100.00	0.9243	92.43				
合計	115.00		101.82				111.04		100.00				

信用リスク・スプレッド 0.4739%　　正味現在価値 -1.82

（別表3-6）自己側信用リスク無視方式（別表1-6の1年後の状況）

	将来出金キャッシュ・フロー	割引率1	現在価値1	調整後スポット・レート	調整前スポット・レート	変動利率	将来入金キャッシュ・フロー	割引率2	現在価値2	正味キャッシュ・フロー	前期評価損益戻入額	課税標準額	調整前スポット・レートの計算式
1年後	5.00				3.0000%	3.0000%	3.00			-2.00	3.77	-0.11	
2年後	5.00	0.9662	4.83	3.4958%	3.4958%	3.4958%	3.50	0.9662	3.38	-1.50			3.4958%
3年後	5.00	0.9243	4.62	4.0164%	4.0164%	4.5397%	4.54	0.9243	4.20	-0.46			$(((1+3.4958\%)$ $(1+4.5397\%))^{1/2}-1)$
	100.00	0.9243	92.43	4.0164%	4.0164%		100.00	0.9243	92.43				
合計	115.00		101.88				111.04		100.00				

信用リスク・スプレッド 0.0000%　　正味現在価値 -1.88

（別表 4-1）本件設例タイプ（別表 1-1 の 2 年後の状況）

	将来出金キャッシュ・フロー	割引率1	現在価値1	調整後スポット・レート	調整前スポット・レート	変動利率	将来入金キャッシュ・フロー	割引率2	現在価値2	正味キャッシュ・フロー	前期評価損益戻入額	課税標準額	調整前スポット・レートの計算式
1年後	5.00				3.0000%	3.0000%	3.00			−2.00	3.50	−0.24	
2年後	5.00				3.4958%	3.4958%	3.50			−1.50	1.75	−0.15	
3年後	5.00	0.9475	4.74	5.5397%	4.5397%	4.5397%	4.54	0.9566	4.34	−0.46			4.5397%
	100.00	0.9566	95.66	4.5397%	4.5397%		100.00	0.9566	95.66				
合計	115.00		100.40				111.04		100.00				

信用リスク・スプレッド 1.0000%　　正味現在価値 −0.40

（別表 4-2）想定元本基準タイプ（別表 1-2 の 2 年後の状況）

	将来出金キャッシュ・フロー	割引率1	現在価値1	調整後スポット・レート	調整前スポット・レート	変動利率	将来入金キャッシュ・フロー	割引率2	現在価値2	正味キャッシュ・フロー	前期評価損益戻入額	課税標準額	調整前スポット・レートの計算式
1年後	5.00				3.0000%	3.0000%	3.00			−2.00	0.96	−1.03	
2年後	5.00				3.4958%	3.4958%	3.50			−1.50	−0.01	−1.00	
3年後	4.00	0.9566	3.83	4.5397%	4.5397%	4.5397%	4.54	0.9566	4.34	0.54			4.5397%
	100.00	0.9566	95.66	4.5397%	4.5397%		100.00	0.9566	95.66				
合計	114.00		99.48				111.04		100.00				

信用リスク・スプレッド 0.0000%　　正味現在価値 0.52

（別表 4-3）キャッシュ・フロー基準タイプ（別表 1-3 の 2 年後の状況）

	将来出金キャッシュ・フロー	割引率1	現在価値1	調整後スポット・レート	調整前スポット・レート	変動利率	将来入金キャッシュ・フロー	割引率2	現在価値2	正味キャッシュ・フロー	前期評価損益戻入額	課税標準額	調整前スポット・レートの計算式
1年後	5.00				3.0000%	3.0000%	3.00			−2.00	3.63	−0.16	
2年後	5.00				3.4958%	3.4958%	3.50			−1.50	1.78	−0.11	
3年後	4.95	0.9566	4.74	4.5397%	4.5397%	4.5397%	4.54	0.9566	4.34	−0.41			4.5397%
	100.00	0.9566	95.66	4.5397%	4.5397%		100.00	0.9566	95.66				
合計	114.95		100.39				111.04		100.00				

控除割合 1.0000%　　正味現在価値 −0.39

（別表 4-4） スポット・レート調整方式準拠タイプ（別表 1-4 の 2 年後の状況）

	将来出金キャッシュ・フロー	割引率1	現在価値1	調整後スポット・レート	調整前スポット・レート	変動利率	将来入金キャッシュ・フロー	割引率2	現在価値2	正味キャッシュ・フロー	前期評価損益戻入額	課税標準額	調整前スポット・レートの計算式
1年後	5.00				3.0000%	3.0000%	3.00			-2.00	3.50	-0.20	
2年後	5.00				3.4958%	3.4958%	3.50			-1.50	1.70	-0.15	
3年後	4.91	0.9566	4.69	4.5397%	4.5397%	4.5397%	4.54	0.9566	4.34	-0.37			4.5397%
	100.00	0.9566	95.66	4.5397%	4.5397%		100.00	0.9566	95.66				
合計	114.91		100.35				111.04		100.00				

控除割合 1.8787%　　正味現在価値 -0.35

（別表 4-5） キャッシュ・フロー調整方式準拠タイプ（別表 1-5 の 2 年後の状況）

	将来出金キャッシュ・フロー	割引率1	現在価値1	調整後スポット・レート	調整前スポット・レート	変動利率	将来入金キャッシュ・フロー	割引率2	現在価値2	正味キャッシュ・フロー	前期評価損益戻入額	課税標準額	調整前スポット・レートの計算式
1年後	5.00				3.0000%	3.0000%	3.00			-2.00	3.63	-0.19	
2年後	5.00				3.4958%	3.4958%	3.50			-1.50	1.82	-0.11	
3年後	5.00	0.9523	4.76	5.0136%	4.5397%	4.5397%	4.54	0.9566	4.34	-0.46			4.5397%
	100.00	0.9566	95.66	4.5397%	4.5397%		100.00	0.9566	95.66				
合計	115.00		100.42				111.04		100.00				

信用リスク・スプレッド 0.4739%　　正味現在価値 -0.42

（別表 4-6） 自己側信用リスク無視方式（別表 1-6 の 2 年後の状況）

	将来出金キャッシュ・フロー	割引率1	現在価値1	調整後スポット・レート	調整前スポット・レート	変動利率	将来入金キャッシュ・フロー	割引率2	現在価値2	正味キャッシュ・フロー	前期評価損益戻入額	課税標準額	調整前スポット・レートの計算式
1年後	5.00				3.0000%	3.0000%	3.00			-2.00	3.77	-0.11	
2年後	5.00				3.4958%	3.4958%	3.50			-1.50	1.88	-0.07	
3年後	5.00	0.9566	4.78	4.5397%	4.5397%	4.5397%	4.54	0.9566	4.34	-0.46			4.5397%
	100.00	0.9566	95.66	4.5397%	4.5397%		100.00	0.9566	95.66				
合計	115.00		100.44				111.04		100.00				

信用リスク・スプレッド 0.0000%　　正味現在価値 -0.44

(別表 5-1) 本件設例タイプ (別表 1-1 の 3 年後の状況)

	将来出金キャッシュ・フロー	割引率1	現在価値1	調整後スポット・レート	調整前スポット・レート	変動利率	将来入金キャッシュ・フロー	割引率2	現在価値2	正味キャッシュ・フロー	前期評価損益戻入額	課税標準額	調整前スポット・レートの計算式
1年後	5.00				3.0000%	3.0000%	3.00			−2.00	3.50	−0.24	
2年後	5.00				3.4958%	3.4958%	3.50			−1.50	1.75	−0.15	
3年後	5.00				4.5397%	4.5397%	4.54			−0.46	0.40	−0.07	
	100.00				4.5397%		100.00						
合計	115.00						111.04					−0.46	

信用リスク・スプレッド　1.0000%

(別表 5-2) 想定元本基準タイプ (別表 1-2 の 3 年後の状況)

	将来出金キャッシュ・フロー	割引率1	現在価値1	調整後スポット・レート	調整前スポット・レート	変動利率	将来入金キャッシュ・フロー	割引率2	現在価値2	正味キャッシュ・フロー	前期評価損益戻入額	課税標準額	調整前スポット・レートの計算式
1年後	5.00				3.0000%	3.0000%	3.00			−2.00	0.96	−1.03	
2年後	5.00				3.4958%	3.4958%	3.50			−1.50	−0.01	−1.00	
3年後	5.00				4.5397%	4.5397%	4.54			−0.46	−0.52	−0.98	
	100.00				4.5397%		100.00						
合計	115.00						111.04					−3.00	

信用リスク・スプレッド　0.0000%

(別表 5-3) キャッシュ・フロー基準タイプ (別表 1-3 の 3 年後の状況)

	将来出金キャッシュ・フロー	割引率1	現在価値1	調整後スポット・レート	調整前スポット・レート	変動利率	将来入金キャッシュ・フロー	割引率2	現在価値2	正味キャッシュ・フロー	前期評価損益戻入額	課税標準額	調整前スポット・レートの計算式
1年後	5.00				3.0000%	3.0000%	3.00			−2.00	3.63	−0.16	
2年後	5.00				3.4958%	3.4958%	3.50			−1.50	1.78	−0.11	
3年後	5.00				4.5397%	4.5397%	4.54			−0.46	0.39	−0.07	
	100.00				4.5397%		100.00						
合計	115.00		0.00				111.04					−0.34	

控除割合　1.0000%

（別表 5-4）スポット・レート調整方式準拠タイプ（別表 1-4 の 3 年後の状況）

	将来出金キャッシュ・フロー	割引率1	現在価値1	調整後スポット・レート	調整前スポット・レート	変動利率	将来入金キャッシュ・フロー	割引率2	現在価値2	正味キャッシュ・フロー	前期評価損益	課税標準額	調整前スポット・レートの計算式
1年後	5.00				3.0000%	3.0000%	3.00			-2.00	3.50	-0.20	
2年後	5.00				3.4958%	3.4958%	3.50			-1.50	1.70	-0.15	
3年後	5.00				4.5397%	4.5397%	4.54			-0.46	0.35	-0.11	
	100.00				4.5397%		100.00						
合計	115.00		0.00				111.04					-0.46	

控除割合 1.8787%

（別表 5-5）キャッシュ・フロー調整方式準拠タイプ（別表 1-5 の 3 年後の状況）

	将来出金キャッシュ・フロー	割引率1	現在価値1	調整後スポット・レート	調整前スポット・レート	変動利率	将来入金キャッシュ・フロー	割引率2	現在価値2	正味キャッシュ・フロー	前期評価損益	課税標準額	調整前スポット・レートの計算式
1年後	5.00				3.0000%	3.0000%	3.00			-2.00	3.63	-0.19	
2年後	5.00				3.4958%	3.4958%	3.50			-1.50	1.82	-0.11	
3年後	5.00				4.5397%	4.5397%	4.54			-0.46	0.42	-0.04	
	100.00				4.5397%		100.00						
合計	115.00		0.00				111.04					-0.34	

信用リスク・スプレッド 0.4739%

（別表 5-6）自己側信用リスク無視方式（別表 1-6 の 3 年後の状況）

	将来出金キャッシュ・フロー	割引率1	現在価値1	調整後スポット・レート	調整前スポット・レート	変動利率	将来入金キャッシュ・フロー	割引率2	現在価値2	正味キャッシュ・フロー	前期評価損益	課税標準額	調整前スポット・レートの計算式
1年後	5.00				3.0000%	3.0000%	3.00			-2.00	3.77	-0.11	
2年後	5.00				3.4958%	3.4958%	3.50			-1.50	1.88	-0.07	
3年後	5.00				4.5397%	4.5397%	4.54			-0.46	0.44	-0.02	
	100.00				4.5397%		100.00						
合計	115.00		0.00				111.04					-0.20	

信用リスク・スプレッド 0.0000%

(別表6) 各評価方式における実質累積税額の比較

調整方式	課税時期	課税標準額	課税額	各年分の変動利率			自己側信用リスク無視方式を100とした比率
				1年後 3.0000%	2年後 3.4958%	3年後 4.5397%	
本件設例タイプ	1年後	-0.243	-0.102	-0.102	-0.105	-0.109	232.1%
	2年後	-0.154	-0.065		-0.065	-0.067	
	3年後	-0.065	-0.027			-0.027	
	合計	-0.462	-0.194	-0.102	-0.170	-0.203	
想定元本基準タイプ	1年後	-1.029	-0.432	-0.432	-0.445	-0.461	1491.2%
	2年後	-1.000	-0.420		-0.420	-0.435	
	3年後	-0.977	-0.410			-0.410	
	合計	-3.005	-1.262	-0.432	-0.865	-1.305	
キャッシュ・フロー基準タイプ	1年後	-0.159	-0.067	-0.067	-0.069	-0.071	169.6%
	2年後	-0.112	-0.047		-0.047	-0.049	
	3年後	-0.068	-0.028			-0.028	
	合計	-0.339	-0.142	-0.067	-0.116	-0.148	
スポット・レート調整方式準拠タイプ	1年後	-0.199	-0.084	-0.084	-0.086	-0.089	230.7%
	2年後	-0.153	-0.064		-0.064	-0.067	
	3年後	-0.110	-0.046			-0.046	
	合計	-0.462	-0.194	-0.084	-0.151	-0.202	
キャッシュ・フロー調整方式準拠タイプ	1年後	-0.189	-0.079	-0.079	-0.082	-0.085	170.2%
	2年後	-0.108	-0.045		-0.045	-0.047	
	3年後	-0.042	-0.017			-0.017	
	合計	-0.338	-0.142	-0.079	-0.127	-0.149	
自己側信用リスク無視方式	1年後	-0.113	-0.047	-0.047	-0.049	-0.051	100.0%
	2年後	-0.066	-0.028		-0.028	-0.029	
	3年後	-0.020	-0.008			-0.008	
	合計	-0.199	-0.083	-0.047	-0.076	-0.088	

(注) 税額は，実効税率を42%として計算した。

（資料）JPMorgan Chase 事件再控訴審判決［仮訳］

No. 07-3042
控訴人　　JPMORGAN CHASE & CO.（First Chicago Corporation の承継者である旧 NBD Bankcorp, Inc. であった First Chicago NBD Corporation の承継者である Bank One Corporation の承継者）及びその系列企業
被控訴人　COMMISSIONER OF INTERNAL REVENUE

連邦租税裁判所からの控訴
Nos. 5759-95 & 5956-97──David Laro 判事判決

弁論期日 2008 年 5 月 29 日，判決日 2008 年 7 月 1 日

FLAUM，MANION 及び EVANS 巡回区判事の前で。

　FLAUM 巡回区判事。本件は，スワップ取引からの JPMorgan の所得に対する課税に関するものである。JPMorgan は，当該所得の一部を控除して（to carve out）当該スワップに関連した特定の費用や支出のために繰り延べようとした。内国歳入庁長官（以下「長官」という。）及び最終的には租税裁判所も，これらの所得の繰延べ（income deferrals）は適切ではなく，そして，JPMorgan の評価方法は，所得を明確に反映していないと結論付けた。そこで，JPMorgan は，租税裁判所判決について当裁判所に控訴したが，当裁判所は，租税裁判所が長官の評価方法をより尊重した審査基準（a more deferential standard of review）を適用すべきものとして本件を租税裁判所に差し戻した。下記の訴訟手続の結果，再び長官が支持されたことから，JPMorgan は，このたび，再度控訴したものである。本控訴審において同社は，所得の繰延べ及び評価方法の問題については争点とせず，これらの控除額（carve-outs）に係る特定の計算方法についてのみ争った。当裁判所においても，租税裁判所

が長官の計算方法を承認したことに何ら誤りが認められないことから、当裁判所は［租税裁判所の判決を］支持する。

I 背景[1]

JPMorgan Chase & Company[2]（以下「JPMorgan」という。）は、「スワップ取引」として知られている一対の契約の最大級のディーラーの一つである。本件において、その仕組みが特に関係するというわけではないが、これらの契約は、本質的には、二人の当事者間において、投資に伴う変動に対する防御手段として働くように設計された契約である。これらの変動の源泉は、金利、商品、通貨などいろいろなものであり得る。スワップ契約の両当事者は、指定された間隔で支払を交換することに合意する。スワップ取引の本来的な価値は、一方の当事者が他方の当事者（つまり、「取引相手」である。）と遣り取りする金額の差額の［もたらす］機能である。明確にするために［補足すると］、金利スワップの場合には、双方向の支払の規模は、関連する利率に「想定元本[3]」と呼ばれる一定の定数を乗ずることによって決定される。通常、一方の当事者は、この想定元本に固定利子率を乗じ、そして、他方の当事者は、この額に変動利子率（例えば、ロンドン銀行間出し手金利［LIBOR］）を乗じることになる。そして、これらの支払額は、定期的に、交換され、あるいはスワップされることになる。仮に、例えば、変動金利が固定金利よりも低ければ、当該スワップの際に、変動金利を支払うべき当事者は、金銭を受け取り、他方の当事者は、金銭を失うことになる。

---

1) 本件は、2度目の控訴審であることから、そして、かなり絞られた争点について検討することから、関連する事実についてのみ簡単に再述する。より包括的な背景の記述については、JPMorgan Chase & Co. v. Commissioner, 458 F. 3d 564 (7th Cir. 2006) 参照のこと。
2) JPMorgan は、同社の系列企業である First National Bank of Chicago の承継者及びその代理として本件訴訟に及んだものである。
3) 実際に支払われるものではないために、この金額が実際に何であるかは直接には問題ではない。これは、通常当該投資家がヘッジしようとしている、下地となっている投資において危険にさらされている金額によって決まる定数である。

1993年に，JPMorganは，少なくとも1000億ドルのスワップ契約を同社の帳簿上有していた。これらの金融商品を評価することは，この膨大な数量を別にしても，困難なものであった[4]。そうではあっても，所得を正確に申告し，納税するためには，JPMorganは，1年ごとにそれを行わなければならなかった。当初，JPMorganは，(1)スワップ契約を取り扱うために必要な管理費用（administrative costs），及び(2)取引相手が債務不履行となるかもしれないリスクのために，この所得の一部を繰り延べていた。この繰延べの後者の部分，つまり，信用リスク（credit risk）が，本控訴審の争点である。特に，JPMorganは，信用リスク関連の年間の所得繰延額を二つの異なった方法を用いて計算していた。そして，同社が繰り延べた金額は，後年度において「取り崩される（amortized）」，つまり，所得に戻入されていた。［つまり，］「スワップ手数料控除額（swap fee carve-outs）」と呼ばれる当該繰延額は，スワップが前倒しで全評価される（full valuation）のを防止するためのものであった。

　長官の見方によれば，JPMorganの繰延額の会計方法は，所得を明確に反映しないものであった。したがって，JPMorganは，内国歳入庁（以下「IRS」という。）から，更正決定通知（notices of deficiency）を受けたが，その主旨は，同社に対して，管理費用及び信用リスク費用のために繰り延べられた繰延額を対応する各年分に加算することを求めるものであった。当該［更正］金額は，1990年ないし1993年において350万ドルないし580万ドルであった。最初の同社に対する更正決定通知を受けた後，JPMorganは，租税裁判所に提訴し，同社の繰延額の会計方法は，（関連する費用と対応させるために所得を繰り延べるものであり，）所得を反映するための正確な方法であると主張した。［ただし，］当該事件が当該裁判所で争われている中で，JPMorganは主張を180度転換し，本件のような環境においては，繰延方式（deferral method）は，実の

---

4) JPMorganは，これらの取引の多数について「固定金利」側にも「変動金利」側にも付いていた。ある特定のスワップ取引について，スワップ契約期間にわたり，支払う場合の利率と支払われる場合の利率との金利差の平均値，つまり，買売スプレッド（bid-ask spread）が予測され，「中値（midmarket value）」を求めるために用いられた。同社によってそのスワップ契約を評価する際に用いられたのは，この中値である。

ところは (actually)，許されないと認めた。

そこで，租税裁判所は，裁定を行い，いずれの訴訟当事者の所得計算の方法も適当ではないと判定した。それらのスワップ取引の種々の評価方法を理解することは，本控訴審の争点に特に関連することではないが，当裁判所においても，完璧を期するためにその概要について触れることとする。全体として，租税裁判所は，JPMorgan が管理費用及び信用リスクに関連してスワップ取引関連の所得を繰り延べることはできないことについて長官に同意した。しかし，租税裁判所は，それらの金額のすべてが 1990 年分ないし 1993 年分の所得に加算されるべきではないとも裁定した。その代わりに，租税裁判所は，本質的に［所得の］繰延べの必要がなく，管理費用及び信用リスクに対応した所得を［実質的に］除外する方式である「調整中値方式 (adjusted midmarket valuation)」を支持した。長官は，理論的には当該方式に賛成したものの，JPMorgan の管理費用及び信用リスクに係る繰延額の計算方法には欠陥があると考えた。長官の観点からすると，JPMorgan の記帳状況が悪いために，信用リスクに関連する支出について中値を調整すべき程度を確認することが困難ということであった。

にもかかわらず，租税裁判所は，租税裁判所規則第 155 条[5]に基づき，この新しい評価方法を前提として，両当事者に対して JPMorgan の過少申告額を計算するように命じた。JPMorgan と長官は，各年分の管理費用と 1993 年分の信用リスクについては合意に達したが，1990 年分ないし 1992 年分の信用リスクに係る繰延額については，合意に達することができなかった。長官は，当該［過少申告］額を 1990 年分ないし 1993 年分の合計額として約 1,440 万ドルと算定した。長官は，当該額となることについては基本的に更正決定通知に基づいていた。なぜなら，長官の見解によれば，JPMorgan は，より正確

---

5) 租税裁判所規則第 155 条(a)項は，裁判所が「訴訟の争点について検討するための」見解を提示した後，「両当事者において裁判所の争点に係る当該検討に沿った計算結果を提出して，正しい過少申告額を示し，…判決として採用するため，裁判所は，判決を保留することができる」ことを規定している。両当事者は，当該計算結果について合意できない場合には，別々の計算結果を提出することができる。

な推計額に至るために必要な法令上強制されている記録（statutorily mandated records）を保存していなかったためである。これに対して，JPMorgan は，当該［過少申告］額が 1990 年から 1993 年の期間において総額で高々約 360 万ドルであるとし，その計算根拠は，（当該訴訟のために作成された）当事者間で争いがある概要図（a summary chart）に基づくものであった。租税裁判所は，いずれの結果についても満足せず，両当事者に対して，追加的な計算結果を提出するように命じた。［しかし，］これらの追加的な訴訟手続によっても新たな事実が明らかとはならなかった。そこで，租税裁判所は，長官の計算結果を支持する判決を行った。

　JPMorgan は，当該判決について当裁判所に控訴し，租税裁判所の評価方法及び租税裁判所規則第 155 条による計算結果の両方について異議を申し立てた。［しかし，それに対して］当裁判所は，当該争点について実質的な審議を行っていない。なぜなら，当裁判所は，租税裁判所が長官のスワップ取引評価に係る計算方法を尊重するような審査基準を適用すべきであったことを根拠として，租税裁判所に本件を差し戻したためである。その判決において，当裁判所は，「特に…」「納税者が記録を保存せず提供することができないこと」を含め，「本件に特有な記録及び環境を前提とすれば」，（JPMorgan 判決，458 F. 3d at 571）長官の［所得計算の］方法を尊重することが相当であると判示した。しかし，同時に当裁判所は，「長官の計算結果をおざなりに適用することに対する懸念」を表明し，計算結果に関する「より詳細な説明」を求めた（同 572）。

　租税裁判所は，本件の差戻し審において，長官の計算結果になぜ同意するのかについて，よりしっかりした計算書（a more robust account）を提供している。租税裁判所は，問題となっている年分において，その不適切な信用リスクに係る繰延額を取り除くことによる影響［つまり，過少申告額］の総額が，長官によって支持され，その前判決にも反映された 1,440 万ドルではなく，［同社が主張するように］高々 360 万ドルであるということを JPMorgan が論証できなかったと認定した。租税裁判所がこのような筋道（route）[6]を選択

したのは，JPMorgan の計算結果が記録によって裏付けされておらず，年度毎会計（annual accounting）の原則にも反していたからである（つまり，JPMorgan は，3年間分の総額を示すのみで，各年分に細分化されていなかったものである）。また，租税裁判所は，JPMorgan の概要図（証拠番号 149-P）に記載されている数値を採用しなかった。しかるに，JPMorgan が無効の申立て（a motion to vacate）を行ったことから，両当事者は，上記のとおり行われた同じ弁論を再度行った。租税裁判所は，当該申立てを同様な理由で認めなかった：[つまり，] 信用リスクに係る繰延額について信頼できる証拠がないためであった。記録に欠陥があることを前提とすれば，租税裁判所は，JPMorgan の信用リスクに係る繰延額の実際の金額が，長官による算定額か，JPMorgan による算定額か，あるいは，いずれの算定額により近いのかについて認定することができなかった。結局，租税裁判所は，「記帳が行われていなかったことによって[納税者]及びその承継者を報いること，つまり，[納税者が] 課税を免れるのを是認すること」を望むものではないと結論した。

II 審議

本再控訴審において，JPMorgan は，租税裁判所の評価方法について異議を申し立てず，同社は，長官の規則第 155 条に基づく計算結果を租税裁判所が認容したことについてのみ争っている。当裁判所は，租税裁判所規則第 155 条に基づいていずれかの当事者によって提出された計算結果を租税裁判所が採用したことについて裁量権の逸脱（an abuse of discretion）があるか審査した。Chimblo v. Commissioner 判決，177 F. 3d 119, 127（2d Cir. 1999）参照。規則第 155 条に係る審議は，当該規則の規定上，純粋に計算上の項目に限定

---

6) これには，3段階の手続が含まれている：(1)1990 年から 1993 年の間の各年について当初の信用リスクに係る繰延額の年間減少額からのスワップ所得［既計上分］を認容するための調整，(2)過年分（つまり，1990 年より前の年分）において除外されていた所得を修正するために，既に控除されていた繰延額を所得に戻すための内国歳入法第 481 条［《会計方法の変更に伴う調整》］に基づく調整，そして，(3)［上記(2)で］否認される当該繰延額に係る所得への［既］取崩し額を認容するための調整である。

されるものであり，当該項目が租税裁判所の［示した］見解における認定事実や結論と整合性があるか否かについてのみ行われる。租税裁判所規則第155条(b)項。仮に両当事者が判決に採用されるべき金額について合意できない場合には，それぞれの当事者が租税裁判所に対して各々が租税裁判所の認定事実や結論と整合性があると信じる計算結果を区々に提出することができる。そして，［それを踏まえて］租税裁判所は，判決を行うことができる。同項。

重要な点は，「［規則第155条の］計算の出発点は，法定の更正決定通知［額］であって，それを出発点として両当事者によって合意されたか又は租税裁判所が裁定した事項に基づいて過少申告額を再検討すること」である。Home Group, Inc. v. Commissioner 判決, 91 T.C. 265, 269 (1988)・同控訴審判決（支持）875 F. 2d 377 (2d Cir. 1989) 参照。一般論として，長官による過少申告額の更正決定については，「正当性の推定 (presumptively correct)」が行われ，「納税者は，そうではないことの立証責任がある」。Zuhone v. Commissioner 判決, 883 F. 2d 1317, 1323 (7th Cir. 1989) 参照。さらに，納税者は，その正しい租税債務が算定できるように十分な記録を保存する必要がある。内国歳入法第6001条，内国歳入規則第 1.6001-1 条（連邦規則集第26巻）参照。事実，本件の前審において，当裁判所は，「租税裁判所は，納税者が立証責任を有していることを認識すべきであり，そして，納税者が記録を保存せず，提供することができないことに伴って長官の［算定］方法が不十分である場合にはそのことが考慮されるべきである」と判示している。JPMorgan 判決, 458 F. 3d at 571 参照。

しかるに，租税裁判所は，（両当事者も述べているとおり）JPMorgan が1993年分の信用リスクについてスワップ所得のうち 981,995 ドルを繰り延べていたものと認定したが，租税裁判所は，1990年分ないし1992年分については具体的な認定を行わなかった。長官は，JPMorgan が1990年分ないし1992年分に係る同社の信用リスクについて繰延額及び取崩し額を実証することができなかったものであり，したがって，それらの年分については，納税者にお

いて更正決定通知の誤りを立証すべき責任を有することから更正決定通知の金額が用いられるべきであると主張した。［一方，］JPMorgan は，更正決定通知は，恣意的であり，過大であると主張した。［それに対して，］租税裁判所は，反対の認定を行い，(1)更正決定通知は，恣意的あるいは過大ではないこと，(2)更正決定通知に用いられた繰延額を反証する責任を有すること，(3) JPMorgan が立証できたのは 1993 年分に係る信用リスクに係る繰延額のみであること，(4)JPMorgan が立証できた信用リスクに係る取崩し額も 1993 年において取り崩されたと主張された信用リスクに係る繰延額に限られることを認定した。1990 年分ないし 1992 年分の信用リスクを把握するため，長官は，当該年分の信用リスクに係る繰延額及び管理費用に係る繰延額を含む更正決定通知［の合計繰延額］を用い，後者の［管理費用に係る］繰延額を差し引くこととした。長官の観点によれば，［更正決定通知の］過少申告額が正当であると推定され，JPMorgan がその正当性について反証するための対抗できるような証拠を示さなかった（そして，実際に，［JPMorgan は，］証拠不足（a dearth of evidence）であり，更正決定通知額が採用されることになった）という点が重要である。

　JPMorgan は，租税裁判所が政府の評価方法を部分的に不採用としたことが更正決定通知に係る正当性の推定を否定するものであると主張した。この主張には，形式的には何らかの理由（some surface appeal）があるものとも考えられるが，それについて法律的な根拠のないものである。確かなことは，租税裁判所が長官の決定を明示的に支持し，納税者の繰延会計方式（deferral accounting method）を認めなかったことである。租税裁判所は，調整中値方式によるアプローチについて（政府による）中値方式（midmarket valuation）によるアプローチを排斥したことは確かであるが，更正決定通知に係る正当性の推定の効果を減じたわけではない。租税裁判所は，当初の更正決定額が修正されるべきであるとは裁定したが，それと同時にその［更正決定自体の］効果を取り消すものではなかった。Paccar, Inc. v. Commissioner 判決，849 F. 2d 393, 400（9th Cir. 1988）（「長官が，その当初の計算結果について誤りを認め，さらに，租

税裁判所が長官の修正した当該決定を維持した場合には，そのような誤りは，正当性の推定［の効果］を覆すための根拠とはならない。」）参照。

　JPMorgan は，更正決定通知に係る正当性の推定［の効果］があるか否かは別として，当該通知に含まれている金額が正確ではないということを示す十分な証拠を同社が提示していると主張している。具体的には，同社は，証拠番号 149-P の証拠を根拠にしているが，当該証拠は，概要説明図であり，信用リスク引当残高（credit risk reserve balances）の合計額を表していると主張されている。この説明図によれば，1993 年末において当該信用リスク引当残高は，360 万ドルであるとされている。JPMorgan の主張の論理は次のとおりである：［つまり，］1993 年末における当該残高が分かっている，そして，1993 年において設定された信用リスクに係る繰延額の規模（約 90 万ドル）も分かっている，したがって，これらの値を減算することによって 1992 年末の信用リスク引当残高が計算できる［というものである］。このようにして，JPMorgan は，同社の 270 万ドルという金額を求めたわけであるが，その金額は，1990 年ないし 1992 年の間の所得に加算されるべき信用リスクに係る繰延額の合計金額を表していると同社が確信するものであった。当該 270 万ドルがどのように各年に配分されるかは重要ではないと JPMorgan は主張した。簡単にいえば，1990 年分ないし 1993 年分に配分される合計金額は，高々 360 万ドルであり，政府によって提示された 1,440 万ドルにはほど遠い金額であることは確かである［ということであった］。

　JPMorgan の主張の致命的な欠陥は，同社が 360 万ドルという金額が正確であると想定している点であり，［そして，実際には］そうではない。このことは少なくとも次の 2 点によって，間違いではない。第 1 点目として，当該金額は，証拠番号 149-P の証拠から求められたものであるが，当該証拠は，「Devon System」と呼ばれる，ある特定の機器に記録されたすべての未決済の信用リスクに係る繰延額を要約するものであると主張されるものである。しかし，**JPMorgan 自身が認めているように**，Devon System は，**すべての**同社のスワップ取引を評価するために用いられたものではない。例えば，租

税裁判所において JPMorgan は，自認する事実として同社が「商品スワップ（commodity swaps）」については「中値を計算するために異なったシステム」を用いたと述べている。さらに，同社は，一団の通貨スワップ（currency swaps）の「評価にも Devon［System］は用いられなかった」と認めている。第2点目は，JPMorgan は，同社が実際に評価したスワップ取引に関して当該証拠の正確性を論証する努力をしなかったことである。当該証拠は，証拠として採用されなかった 600 頁を超える報告書のわずかに1頁の要約である。さらに，当該証拠は，「Devon システムの月次報告の要約（Summary of Monthly Devon Reports）」と題するものであるが，多くの月分（例えば，1991年の1月分ないし9月分）が含まれていなかった。［したがって，］JPMorgan は，余りにも簡略で，実証されておらず，そして，不完全な1頁の概要説明図によっては，長官の更正決定通知に係る正確性の推定［の効果］を覆すことができなかったわけである。

　ここに至って JPMorgan がなさねばならなかったことは，同社の 1993 年分の取引について提示したものと同様の情報を 1990 年分ないし 1992 年分の取引についても租税裁判所に提示することであった。［なお，］JPMorgan は，1993 年については，内国歳入法第 6001 条［《記録，計算書及び特別な申告書を求めるための通知又は規則》］の帳簿保存義務を満たすことができ，同社が 1993 年において 488 件のスワップ取引を行ったことを論証することができた。［結局，上記のような］記録の不備のため，検討対象となっている先行年分について租税裁判所が同様の事実認定を行うことを妨げることとなった。JPMorgan は，租税裁判所が規則第 155 条に基づく計算を行う時には更正決定通知のみに基づくことはできないと主張するために，Transport Mfg. & Equip. Co. v. Commissioner 判決，374 F. 2d 173（8th Cir. 1967）及び Commissioner v. Jacobson 判決，164 F. 2d 594（7th Cir. 1947）の2件の裁判例を引用している。一般論としてこの点について反対する者はいないであろう，［しかし，］本件では，1990 年分ないし 1992 年分に係る JPMorgan の証拠不足のために租税裁判所の両手は，拘束されてしまっているのである。まさし

くこのような状況の**ためにこそ**，推定（presumptions）や立証責任（burdens of proof）［の法理］があるわけである。租税裁判所は，差戻し審においてJPMorgan に対して1990年分ないし1992年分の信用リスクに係る繰延額及び関連する取崩し額について明らかにするための2度目の機会を与えたにもかかわらず，同社は，補足的な証拠を提示することをせず，また，証拠番号149-P の証拠に固執することにより，その機会を逃してしまったものである。したがって，当裁判所は，「過少申告額を求めるに当たって，納税者自身が記録を保存していないことによって板挟み（dilemma）が生じた場合には，租税裁判所が事実に基づいて審理する者として（as the trier of the facts），当該納税者に厳しく対応する（bearing heavily against the taxpayer）ことが許される」ものと結論する。Mitchell v. Commissioner 判決，416 F. 2d 101, 103（7th Cir. 1969）参照。租税裁判所は，闇夜で当て推量をする（to take a stab in the dark）必要はない，特に，租税裁判所に対して推認を求める当事者が照明を消してしまった場合には。

Ⅲ 結論

以上の理由により，当裁判所は，租税裁判所の判決を支持する。

第3節　FX取引に係る損益の確定時期について
──FX取引のFXスワップ取引内包性──

1. はじめに

　平成23年度税制改正大綱では，金融証券税制について，「個人金融資産を有効活用し，我が国経済を活性化させるためにも，金融所得間の課税方式の均衡化と損益通算の範囲拡大を柱とする金融所得課税の一体化に向けた取組みを進める必要が」あるため[1]，現在，所得税法上，総合課税とされている店頭金融デリバティブ取引に係る所得について，「金融商品間の課税の中立性を高める観点から，市場金融デリバティブ取引に係る所得と同様に，20％申告分離課税とした上で，両者の通算及び損失額の3年間の繰越控除を可能と」することとされた[2]。

　本節では，上記のような金融所得課税の一体化と緩和を目指す法改正の流れを踏まえ，店頭金融デリバティブ取引のうち，外国為替証拠金取引（以下「FX取引」という。）に注目して，これまで契約形態に応じて区々であった当該取引の個人課税上の取扱いについて整理した上で，特に店頭取引であるか，取引所取引であるかにはこだわらず，FX取引の金融取引としての本来的な課税面の性格をいわゆるバイファケーション[3]の考え方に基づいて分析し，将来的な総合課税への転換を見据え，FX取引に係る損益の本来的な確定時期について検討しておくこととしたい。

1）　税制調査会『平成23年度税制改正大綱』（平成22年12月6日）14頁，http://www.cao.go.jp/zei-cho/history/2009-2012/news/2010/__icsFiles/afieldfile/2010/12/25/221216taikou.pdf（平成27年2月13日現在）参照。
2）　前掲注1，同資料同頁参照。

2．FX取引に係るこれまでの個人課税上の取扱い
(1) 値洗いの有無による分類

　FX取引は，課税上の取扱いの違いから，①清算型（値洗い型）ロールオーバーを行う契約形態と，②値洗いなしのロールオーバーを行う契約形態の二つに分類することができる。

　ここで，清算型ロールオーバーとは，顧客が保有している外貨のポジションを各営業日の引値[4]で換算評価すること（これを「値洗い[5]」という。）により，取引証拠金の余裕額又は不足額を算出した後で取引の清算を次の営業日に繰り延べることをいい，一方，値洗いなしのロールオーバーとは，当該顧客が保有している外貨のポジションについては，あえて値洗いせず，取引証拠金の余裕額又は不足額については明示的に算出せずに，取引の清算を次の営業日に繰り延べることをいう。

　なお，清算型ロールオーバーによる場合にも，値洗いなしのロールオーバー

---

3) バイファケーション（bifurcation）とは，特に，新規の金融取引に対する課税上の取扱いを考える場合に，既に課税上一定の取扱いがなされている基礎となるべき複数の金融取引（以下「要素取引」という。）が複合されて一体の金融取引として構成されているとみなせるときには，当該要素取引の個々の課税上の取扱いと整合性のある取扱いとすべきとする観点から，当該新規の金融取引を各要素取引に分解して課税上取り扱うことをいう。例えば，多額の不定期支払のあるスワップ取引については，実質的にローンが組み込まれているとみなすことができる。本書84頁の脚注46参照。ちなみに，それとは逆に，個々の取引をみると課税上一定の取扱いがなされている独立した取引ではあるが，それらが総合されると他の経済的に同値な一体の金融取引とみなせる場合に，個々の要素取引を単体としてではなく，むしろ一体として課税上取り扱うことを「インテグレーション」（integration）という。例えば，米国内国歳入規則には，複数のスワップ取引が組み合わされることによって実質的に課税上ローンとみなされる場合があることが例示されている（同規則 1.446-3 条(g)(6)項例4《ローンとみなされるスワップ》）。本書79頁の脚注38及び本書84頁の脚注46参照。また，我が国においても法人税制では，デリバティブ取引を用いたいわゆるヘッジ取引について法人税法第61条の6《繰延ヘッジ処理による利益額又は損失額の繰延べ》及び第61条の7《時価ヘッジ処理による売買目的外有価証券の評価益又は評価損の計上》によってその課税上の取扱いが規定されているが，このヘッジ取引をヘッジされる金融取引等と一体として課税する取扱いもインテグレーションの一形態であるということができよう。

4)「ひけね」と読み，「終値（おわりね）」ともいうが，FX取引の場合，各営業日はニューヨーク市場の終了を基準に区切られていることから，ニューヨーク市場における夕方5時（日本時間で午前6時ないし7時）前における為替レートのことをいうこととなる。

5) 英語では，値洗いを「mark-to-market」といい，時価会計制度を「mark-to-market accounting」という。

による場合にも，当該顧客が保有している外貨のポジション自体には何ら違いはないこと，そして，前者における値洗いのそもそもの目的は，後述する商品先物取引の場合と同様に取引証拠金の過不足を明らかにして当該取引を清算するための担保としての十分な証拠金額を確保することにあることが認められる。ちなみに，後者においては，前者のように取引証拠金が不足した場合に追加証拠金（追い証）が発生することはない[6]が，いわゆる自動ロスカット[7]などの仕組みにより取引の実行可能性が乏しくなった場合には，強制的に清算が行われることとなる。

　つぎに，FX取引の損益の課税適状時期についてみると，「くりっく365」などの取引所におけるFX取引については，清算型ロールオーバーが行われるものの，租税特別措置法第41条の14《先物取引に係る雑所得等の課税の特例》によって「当該金融商品先物取引等の決済」の際に先物取引に係る課税雑所得等の金額に対して分離課税することとされており，立法的に課税時期が反対売買による決済の時点であることが明らかにされている。

　一方，店頭取引においては損益の確定時期に係る明確な法令等による規定がなく，課税実務上，所得税法第36条《収入金額》等の基本条項の解釈として，清算型ロールオーバーによるFX取引については，年末時点で手仕舞されていない未清算の取引（未決済ポジション）についても，所得税法上，直近の値洗い額に基づいて損益が確定しているものとして取り扱われ，他方，値洗いなしのロールオーバーによるFX取引については，スワップ金利[8]を除き，取引所取引と同様に反対売買による手仕舞が行われるまで損益は確定しない

6）　値洗いなしロールオーバー方式を採っているものの更に追加証拠金の仕組みをも採用しているような取引形態の場合には，実質的に清算型ロールオーバー方式によっていると認定できる場合もあろう。
7）　相場が悪くなり保有ポジションの評価額が取引証拠金の一定割合を下回った場合に強制的に当該ポジションを反対売買により清算する仕組み。「自動ストップロス」とも呼ばれる。なお，自動ロスカットが行われる前に相場が一定の危険水準に達した場合には顧客に対してその旨が通知され，その際に任意で取引証拠金を増額することは可能であるものの，追い証が求められることはないようである。自動ロスカットの詳細については，「FX取引入門」FX総研，http://www.fx-soken.co.jp/nyumon/loss-cut.html（平成27年2月13日現在）など参照。

ものとして取り扱われている。

(2) 裁判例・裁決例における値洗いの取扱い

　店頭取引における上記(1)の取扱いについては，明確な取扱規定がなかったことから，これまでも関連する課税処分において納税者と課税庁との間でしばしば争いになっており，値洗いなしの FX 取引について設定した取引口座を解約して取引のすべてを清算する（決済清算）までは所得が確定しないかが争われた訴訟の判決例として，平成22年6月24日東京地裁判決[9]（平成21年（行ウ）第449号）があり，当該判決では，いわゆる権利確定主義に基づき，売買差損益金の所得確定時期については，建玉[10]を反対売買により清算して決済したときであり，スワップ金利に係る所得確定時期については，建玉を反対売買により清算して決済したとき又は毎月末であるとして，課税庁の主張が認められている。そして，その理由は，次のとおり説示されている：

> …本件契約においては，〔1〕原告が，その有する建玉を反対売買により清算して決済するために，決済に係る売買注文を P2 に対して行い，当該売買注文が成立すると，当該売買の目的となっている外国通貨の受渡し自体は行われず，本件取引口座を用いて行う差金（売買差損益金）の受払いによって当該取引が終了するものとされ（…），〔2〕また，スワップ金利差調整額は，建玉の発生した日の翌日以降，計算上日々発生するスワップ金利差相当額の累積した金額が，建玉を決済したとき又は毎月末に受払いの対象たるもの（実現スワップ金利）として本件取引口座において帳尻金の一部として処理されるものとされている（…）。〔3〕そし

---

8) スワップ金利は，「スワップ・ポイント」とも呼ばれ，通貨間の金利差を調整するために通貨の売り手と買い手の間で遣り取りされる金額であるが，金融工学的にいえば，スワップ金利は，二つの異なった通貨のキャッシュフローを約定時点で経済的に等価にするために別途遣り取りされるキャッシュフローであるということができよう。
9) 当該判決に係る解説としては，一杉直「外国為替証拠金取引により生じた売買差損益等の課税所得性」『実務家のための判例・裁決例セミナー29』，国税速報第6163号（平成23年4月25日）38～45頁），北澤達夫「外国為替証拠金取引により生じた売買差損益金等は，雑所得に当たるとされた事例」『特集商品先物取引・FX・レポ取引等を巡る諸問題』税務事例，Vol. 43, No. 6 (2011年6月) 21～25頁がある。
10) 買い又は売りをしたまま，未決済（現物引渡しや反対売買が行われていない状態）になっている契約を「建玉（たてぎょく）」という。

て，本件契約に基づく本件 FX 取引によって，原告から見てプラスの帳尻金が生じている場合には，それは，上記の処理の結果，有効証拠金（預託金，帳尻金及び評価差損［益］金の合計額）の一部を構成し，原告が P2 に対して返還を求めることができる金員又は建玉の維持や新たな取引をするための証拠金の一部を成すものとして，本件取引口座に留保されることになる（…）。

　以上からすると，本件契約において原告から見てプラスの売買差損益金又はスワップ金利差調整額（実現スワップ金利）が生じた場合，それらは所得税法 36 条 1 項にいう「収入すべき金額」に当たるというべきであり，収入の原因となる権利が確定した時期（収入計上時期）は，売買差損益金については，建玉を反対売買により清算して決済したときであり，スワップ金利差調整額（実現スワップ金利）については，建玉を反対売買により清算して決済したとき又は毎月末というべきである。

　また，値洗いありの FX 取引において反対売買により決済が行われるまでの持高ないし保有高について，営業日ごとの評価替えにより生じる為替差損益は，その時点で損益として確定するか否かが争われた裁決例として，平成 21 年 4 月 27 日大裁（所）平 20-71[11]（以下「本裁決例」という。）がある。当該裁決においては，審査請求人（以下，単に「請求人」という。）により，FX 取引は，「一定の証拠金を預託して外貨保有の権利を取得し，それを反対売買することにより損益が確定するものであるから，本件清算型ロールオーバーにより営業日ごとに生じる本件為替差損益は［値洗いによって］確定しておらず，当該損益は，所得税法上，実現した収益には該当しない」などと主張されたが，当該取引では，営業日ごとの評価替えにより生じる為替差損益が顧客の取引口座において日々清算され，当該口座の預託金残高が必要証拠金を上回っている場合には，いつでも現金による返還を請求できることなどの認定

---

11)　当該裁決に係る解説としては，石川欽也「FX 取引における反対売買により決済が行われるまでの持高などにつき生じた為替評価差損益は営業日ごとに確定するとした事例」裁決事例研究，月刊税務事例 42 巻 6 号 1 頁などがある。

事実に基づき，清算型ロールオーバーが行われた時点において，本件為替差損益が確定するものとして，原処分庁の課税処分が支持されている。そして，その理由は，権利確定主義に基づき，次のとおり説示されている：

> すなわち，営業日ごとに行われる本件清算型ロールオーバーにより，評価益が生じた場合には，[FX取引業者である] C社には評価益相当額の支払義務及び請求人には評価益相当額を受け取る権利が確定し，これとは逆に評価損が生じた場合には，C社には評価損相当額の支払を受ける権利及び請求人には評価損相当額を支払う義務が確定するとともに，本件為替差損益の金額が具体的に確定するというべきである。そして，これを前提に，C社は，営業日ごとに本件為替差損益を本件取引口座内において清算し，未決済ポジションの取得価額は，営業日ごとに本件清算型ロールオーバーにより評価替され，さらに，評価替による評価益が生じた場合には，一定の要件のもとで現金による返還を請求することができるのであるから，本件FX取引においては，本件清算型ロールオーバーが行われた時点において，本件為替差損益が確定し，これについて現実に収入があった又は収入の原因たる権利が確定的に発生したというほかない。
>
> したがって，本件為替差損益は，営業日ごとに行われる本件清算型ロールオーバーの時点で損益が確定するとともに実現したと認めるのが相当である。

3．米国におけるFX取引に係る課税上の取扱い

我が国における店頭外国為替証拠金取引に相当する取引については，米国において一般的には，「spot Forex」と呼ばれている[12]が，内国歳入法上，同法988条《特定の外貨取引の取扱い》による規制の対象となり，同条の規定

---

12) 例えば，「Spot forex trading」Forexrealm, http://www.forexrealm.com/trading-practice/spot-forex-trading.html（平成27年2月13日現在）など参照。なお，同資料や Sam Y. Cross「The Foreign Exchange Market in the United States」（1998年, Federal Reserve Bank of New York）31〜57頁，http://www.spytrdr.com/ForeignExchangeMarket.pdf（平成27年2月13日現在）によれば，spot Forex は，高い流動性が必要とされることから，いわゆるインターバンク市場という国際市場を基礎とした店頭取引により取引される。おって，「spot Forex」は，内国歳入規則上は，「spot contract」として定義されている（規則1.988-1条(b)項《スポット取引》参照。）。

を受けた内国歳入規則（以下，単に「規則」という。）1.988-1条《一定の定義及び特別規則》(b)項《スポット取引》において，「スポット取引」として定義されている。

ここで，スポット取引とは，「非機能通貨[13]を当該契約の実行日から2営業日以内に売り買いする契約」と定義されており[14]，また，同条(e)項《為替損益》において，スポット取引などによる為替損益[15]とは，「『988条取引[16]』について規則1.988-2条で規定されているとおり実現される損益の額を意味する」こととされている。

そして，上記の為替損益の計算規定を具体的に定めた規則1.988-2条《為替損益の認識及び計算》の(d)項《先渡取引，先物取引及びオプション取引に係る為替損益》の(ii)項《スポット取引の取扱い》では，「スポット取引が当該通貨の引渡しよりも前に処分（さもなければ終了）されるようなものでない限り，本(d)項においては，規則1.988-1条(b)項で定義されている非機能通貨の売買のためのスポット取引は，同条(a)(2)(iii)項で規定されている先渡取引ない

---

[13] 非機能通貨（nonfunctional currency）とは，内国歳入法985条《機能通貨》で規定されている機能通貨（functional currency）以外の通貨と定義されており（規則1.988-1条(c)項《非機能通貨》参照。），通常は外貨を指す。同法同条によれば，機能通貨は，基本的には米ドルを意味するが，海外支店など当該事業単位の事業活動の主要な部分が執行される経済環境において用いられる通貨であって，記帳にも用いられている通貨とされる場合がある。

[14] 具体的には，「A spot contract is a contract to buy or sell nonfunctional currency on or before two business days following the date of the execution of the contract.」と定義されており，特に店頭取引であるか否かは区別されてない。

[15] 具体的には，「The term "exchange gain or loss" means the amount of gain or loss realized as determined in §1.988-2 with respect to a section 988 transaction.」と定義されている。

[16] ここで「988条取引」（Section 988 transaction）とは，「当該納税者が受け取ることのできる（又は支払うべき）金額が，①非機能通貨によって表示されているか，②一つ又はそれ以上の非機能通貨の価値を参照して定められている取引であって，次のような取引が該当する。つまり，①債券等を取得すること又はその支払義務者となること，②本項の目的の限りで，費用又は総所得若しくは総収入の任意の項目（item）について，その実現する日以後に支払うべき又は受け取るべき項目が実現したと認識すること，③任意の先渡取引，先物取引，オプション取引又はそれらに類似する金融商品について契約するか取得すること」である。内国歳入法988条(c)(1)項《988条取引》参照。なお，少額の個人取引に係る適用除外規定がある。同条(e)項《個人に対する適用》参照。

しその類似の取引には該当しない」こととされている[17]。つまり，スポット取引において取引通貨がいわゆる現引き[18]される場合には，先渡取引等としては取り扱われないこととされている。

なお，spot Forex の場合には，ほとんどの場合，反対売買によって決済されることになるものと考えられるが，一般的には現引きすることもできる契約形態となっていることから，特定の先渡取引等に係る期末時価評価とその損益に対する宥恕的な取扱いを定めた内国歳入法 1256 条《1256 条取引に係る期末時価評価》の適用は原則としてない[19]。したがって，spot Forex に係る為替損益については，通常所得又は通常損失として課税されることとなる[20]。

さらに，988 条取引のロールオーバーについては，規則 1.988-2 条(d)(2)(v)項《特定の契約の満期の延長》にその取扱いが規定されており，「引渡し時期の延長は，その公正市場価値による当該契約の売却又は交換であり，新たに

---

17) 具体的には，「Solely for purposes of this paragraph (d), a spot contract as defined in § 1.988-1 (b) to buy or sell nonfunctional currency is not considered a forward contract or similar transaction described in § 1.988-1 (a)(2)(iii) unless such spot contract is disposed of (or otherwise terminated) prior to making or taking delivery of the currency.」と規定されている。
18) 「現引き」とは，差金決済する代わりにその時点の為替レートで外貨相当分の証拠金を入金し，買い待ちしていた外貨を実際に受け取ること。「現受け」，「デリバリー」とも呼ばれる。
19) ただし，内国歳入法 988 条(a)(1)(B)項《先渡取引等に係る特別規定》において，固定資産である先渡取引，先物取引又はオプションに伴う為替損益については，納税者の選択によって資産所得又は資産損失（capital gain or loss）として取り扱うことが認められていることから，IRS Notice 2007-71「Modification of Notice 2003-81」(2007 年 8 月 27 日付 Internal Revenue Bulletin 2007-35) が発遣されるまでは，spot Forex についても，特定の先渡取引等に係る期末時価評価とその損益に対する宥恕的な取扱い（60/40 capital gain or loss）を定めた内国歳入法 1256 条が適用される「1256 条契約」(section 1256 contract) に該当するものとして，納税者が事業者 (trader) である場合には，その選択によって宥恕的な取扱いが事実上認められていた模様である。「Forex Tax Issues-Notice 2007-71」Forex Law Blog, http://www.forexlawblog.com/forex-tax-issues-notice-2007-71/（平成 23 年 5 月現在）参照。

なお，spot Forex が 1256 条取引に該当し得るか否かについては，現在でも個々の取引形態によっては，該当し得る余地があるようであるが，IRS は，その点に関する明確な見解を示していない模様である。Robert A. Green ほか「Spot Forex Tax Update」(2011 年 1 月 29 日付) Green Trader Tax, http//www.greentradertax.com/spot-forex-tax-update/（平成 27 年 2 月 13 日現在）参照。

契約が行われる」ものとみなされ[21]，その時点で為替損益が確定するものとして取り扱われる旨規定されている。ただし，一般的にFX取引業者は，当該規定の趣旨とは異なり，取引実務上，個々のロールオーバーによって利益が確定するものとは取り扱っていないようである[22]。

以上で概観したとおり，米国におけるspot Forexについては，現引きされる場合やヘッジ取引に該当する場合[23]などを除いて，少なくとも税制上は，988条取引として日々行われるロールオーバーごとに為替損益が確定するものとみなされる模様である。

4．商品先物取引との比較
(1) 商品先物取引における値洗いの取扱い

ここで先物取引としてはFX取引よりも歴史のある商品先物取引における

---

20) 具体的には，内国歳入法988条(a)(1)(A)項《通則》において「Except as otherwise provided in this section, any foreign currency gain or loss attributable to a section 988 transaction shall be computed separately and treated as ordinary income or loss」と規定されている。William R. Pomierski「Current Federal Tax Developments—Separate vs. Integrated Contracts, Foreign Currency Contracts Under Code Sec. 1256, Prepaid Forwards and Contingent Exchange Traded Notes」(2008年，Journal of Taxation of Financial Products, Volume 7 Issue 1) 9頁，http://www.mwe.com/info/pubs/Pomierski_JOFP_07-01.pdf（平成27年2月13日現在）参照。
21) 具体的には，「An extension of time for making or taking delivery under a contract described in paragraph (d)(1) of this section (e.g., a historical rate rollover as defined in §1.988-5(b)(2)(iii)(C)) shall be considered a sale or exchange of the contract for its fair market value on the date of the extension and the establishment of a new contract on such date.」とされている。

ちなみに，上記で，「historical rate rollover」とは，特に中長期の先渡取引において当初の為替レートのままで決済を先延ばしにすることで，為替差損益の繰延手段として用いられ得ることが指摘されている。例えば，雨夜恒一郎「見栄っ張りは破滅のもと」マネックスFXプレミアム・ホームページ，http://www.monexfx.co.jp/market/amaya/2009/12/16/180000.php（平成27年2月13日現在）など参照。
22) したがって，為替相場が年をまたがって大きく変動した場合などには，FX取引業者から提供される取引情報のみに基づいて申告すると，課税上の問題が生じる可能性がある模様である。前掲注19, Robert Greenほか同資料では，そのような事情から「Our tax preparers aren't going to be happy with some of these situations, especially when a client stays in Section 988 and doesn't use MTM [mark-to-market] reporting.」と課税上の取扱いに注意しなければならないことが紹介されている。
23) 規則1.988-5条(b)項《ヘッジされた未履行の契約》参照。

値洗いの課税上の取扱いについて概観しておきたい。

　商品先物取引においては，反対売買が成立し，差金等決済を了した時に差損益金として債権債務の金額が具体的に確定するから，その時点をもって，商品先物取引に係る雑所得の総収入金額又は必要経費の計上時期とするのが相当であるとされており，参考となる裁決例としては，平成16年4月26日札裁（所）平15-22（公刊物未登載）が挙げられよう。当該裁決では，年末における建玉に係る値洗い損の額について，当該商品先物取引に係る雑所得の金額の計算上損失が生じたものとして取り扱うべきである旨の請求人の主張に対して，①商品先物取引における損益は，差金等決済を行うことによって生じるところ，建玉の値洗いは売り又は買いの契約が成立したときの約定値段とその日の商品取引所の終値との価格差を計算するもので，値洗い損はその終値により反対売買をしたとすれば見込まれる仮定の損失であること，そうすると，②値洗い損は，委託者と受託者である商品取引員との間では，取引の担保である委託証拠金の預託必要額の判断，いわゆる委託追証拠金（追い証）の要否判断の指標であって，値洗い損が生じたことのみで，商品先物取引における損失が生じたとすることはできないことから，本件商品先物取引に係る雑所得の金額の計算上損失が生じたものとは認められないと裁決している。

　しかるに，本裁決例のFX取引においても，値洗いに伴って追い証があり得ることから，値洗いの目的自体は，上記の商品先物取引の場合と何ら異なるものとはいえないことが，上記2の(2)で紹介した本裁決例の請求人の主張の主な根拠であると思料される。つまり，請求人の当該主張は，値洗いについては飽くまでも取引の実行可能性を担保するために取引証拠金の余裕額ないし不足額を見極めるための手続であり，保有する未決済ポジションについて損益が相場の動きと共に変動しなくなるという意味における確定は，商品先物取引と同様に反対売買を行わない限り実現できないというものであると考えられる。

(2)　**商品先物取引とFX取引との相違点**

　そこで，本裁決例の請求人の上記疑問に応えるべく，商品先物取引とFX

取引の相違点を明らかにしておきたい。

　まず，二つの取引の取引形態の大きな違いは，商品先物取引においては，約定はされるものの，飽くまでも当該建玉の限月[24]までは当該取引が実行されず，取引自体は存続し続ける先渡取引によって構成されているのに対して，FX取引の場合には，その構成要素となるのが直物為替取引[25]（スポット取引）であり，当該スポット取引は約定（かつ実行）の2営業日後には決済日を迎えてしまうという点にある。つまり，FX取引においては，顧客が取得した為替ポジションの基礎となるスポット取引は約定時点で既に実行されており，ロールオーバーの判断をしない限り，顧客は，約定2営業日後には決済をしなければならず，そのため各営業日の終了までの段階でロールオーバーによって決済日をその翌営業日に繰り延べるか，あるいは，反対売買を行うことにより手仕舞うかを選択しなければならないのである。

　しかし，FX取引における上記の特徴のみからは，なぜロールオーバーをした場合にも反対売買をしたのと同様に日々損益が確定することとなるのかについては必ずしも明らかではないであろう。そこで，この点について更に検討するために，FX取引をバイファケーション[26]することにより以下分析してみることとしたい。

5．FX取引のバイファケーションによる検討
(1) FX取引のバイファケーション例

　FX取引をバイファケーションした例を次表に掲げる。その例1は，当日だけ米ドルの買いポジションを保有するための取引のバイファケーション例

---

24) 商品先物取引においては，一定の決まった月までに現物引渡し（先渡し契約を伴うもの）又は反対売買（転売・買戻し）で決済することが約束されている商品を売買するが，この決められた月を限月（げんげつ）という。
25) 英語では単に「spot」と呼ばれる取引であり（前掲注12, Sam Y. Cross 同書31～36頁参照。），米国内国歳入規則上，「spot contract」と呼ばれるのは，前掲注14のとおり。したがって，以下，同様に「スポット取引」という。
26) 前掲注3参照。

を表している。

○FX 取引のバイファケーション例（その 1）

（例 1） 当日だけ米ドルの買いポジションを持つための取引
第 1 日　円売り米ドル買いの約定
米ドル売り円買いの約定（手仕舞）
第 2 日　　　　　：
第 3 日　円売り米ドル買いの決済
米ドル売り円買いの決済

　つまり，そのような取引は，第 1 日目に行われる円売り米ドル買いのスポット取引と同営業日中の手仕舞のための米ドル売り円買いのスポット取引に分解し得るものと考えられる。なお，このような取引によれば顧客が当該営業日における為替レートの変動に係る損益を実現できることは自明であろう。また，顧客から当該注文を受けた FX 取引業者は，為替リスクを負担したくなければ，実際に当該注文をインターバンク市場に取り次がなければならないものと考えられる[27]。

　つぎに，次表の例 2 は，2 日間にわたって米ドルの買いポジションを保有するための取引のバイファケーション例を表している。

---

[27] ただし，現実の取引では，FX 取引業者がインターバンク市場に取り次がなければならない注文の規模は，一定期間内のすべての顧客の売りと買いの注文を集約した正味（ネット）の注文の量を基礎とすれば十分であろう。後掲注 28 後段参照。

○**FX 取引のバイファケーション例（その 2）**

（例 2）一晩米ドルの買いポジションを持ち越したい場合（決済を 1 日間繰り延べる取引） 第 1 日　円売り米ドル買いの約定 　　　　spot-next 型の FX スワップ 　　　　（sell/buy 型米ドル・スワップ）の約定 第 2 日　米ドル売り円買いの約定（手仕舞） 第 3 日　円売り米ドル買いの決済 　　　　FX スワップの前段（first leg）の実行 　　　　（米ドルを円に交換） 第 4 日　FX スワップの後段（second leg）の実行 　　　　（円を米ドルに交換） 　　　　米ドル売り円買いの決済

　ここで，例 1 と異なるのは，第 1 日目の営業日の終わりに spot-next 型の FX スワップ取引[28]を行うことにより，第 3 日目に行われる第 1 日目の円売り米ドル買いのスポット取引の決済を実質的に第 4 日目に繰り延べることを

28）　FX スワップ取引（FX swap）は，決済日（value date）の異なった二つの通貨の異なるキャッシュフロー（先行するキャッシュフローを first leg と呼び，後行するキャッシュフローを second leg と呼ぶ。）によって構成されるスワップ取引であり，契約両当事者は，first leg として二つの通貨を特定のレートで一旦交換し，second leg として first leg と同一のレートを含む調整後のレートにより再交換する取引である。FX スワップ取引のうち，spot-next 型の FX スワップ取引は，スポット取引の翌々日の決済日を 3 日後に 1 日繰り延べるために用いられる FX スワップ取引であり，そのほかに tom-next 型と呼ばれる，翌日の決済日を翌々日に 1 日繰り延べるための FX スワップ取引などがよく用いられる。なお，それらの詳細については，前掲注 12，Sam Y. Cross 同書 40〜44 頁を参照されたいが，同書において，FX スワップ取引がインターバンク市場のディーラーの間では非常に一般的な取引であって，同書作成時点における米国店頭外国為替市場の取引高の半分近くを占めていることが紹介されている（同書 41 頁参照）。
　おって，spot Forex におけるロールオーバーのことを「tom-next rollover」と呼んだり，実際に遣り取りされるスワップ金利が，tom-next 型の FX スワップ取引を基礎として計算されることもあるようである（例えば，「Forex Rollovers」CitiFX Pro, http://www.citifxpro.com/us/rollovers（平成 27 年 2 月 13 日現在）参照。なお，spot-next 型によるものとしては，http://www.mfngroup.com/overnight-interest.html（平成 23 年 5 月現在）参照。）が，これは，FX 取引業者が為替リスクを回避するために実際にインターバンク市場において行う FX スワップ取引がすべての顧客の前日末のポジションを相殺したネットのポジションを基準として翌日に行われるためであると考えられる。「Rollover Fees」（2013 年 5 月 13 日付）forextraders, http://www.forextraders.com/forex-strategy/rollover-fees.html（平成 27 年 2 月 13 日現在）参照。

行っている点である。なお，このspot-next型のFXスワップ取引は，契約期間については約定日を含め4日間であり，スワップ金利を対価として第3日目に発生する第1日目のスポット取引に係る米ドルのキャッシュフローを一旦円転し（この時点で損益が確定するものと考えられる。），その見返りとして，当該円転した円を第4日目に当初額と同額の米ドルに再度戻すための取引である[29]。これによって，第2日目に行われた手仕舞のための米ドル売り円買いのスポット取引の決済のための米ドルのキャッシュフローが為替リスクなしに第4日目に確保されることとなる。そして，これにより顧客は，スワップ金利を対価として米ドルの一定のポジションを2営業日にわたって保持するとともに，2営業日分の為替レートの変動に係る損益を実現できるわけである。なお，顧客から当該注文を受けたFX取引業者は，為替リスクを負担したくなければ，実際にこれらの取引をインターバンク市場に取り次ぐ必要があることは例1と同様である。

　さらに，次表の例3は，3日間にわたって米ドルの買いポジションを保有するための取引のバイファケーション例を表している。ここで，例2と異なるのは，同例における第4日目に発生する米ドルのキャッシュフローを更に繰り延べるためにその時点のスワップ金利を対価としてspot-next型のFX

---

[29]　FX取引業者が為替リスクを回避せず，投機的に振る舞う場合などには，そのようなFXスワップ取引がインターバンク市場に実際に取り次がれて実行されるとは限らないものの，FX取引においては，例外なく，外貨を直接保有する場合（為替リスクが伴う。）には必要のないスワップ金利（スワップ・ポイント）に等しい（あるいは，それに準じた）金銭の遣り取りが実際に行われることから，FX取引に係るバイファケーションにおいてFXスワップ取引が必須であることをも併せ考えれば，「FX取引の中でFXスワップ取引が実質的に行われている」あるいは「FX取引にはFXスワップ取引が内包されている」と推認することが十分にできるものと思料される。なお，米国においては「多くの業者がインターバンク直結のビジネスモデルを採用している」ことから，FX取引業者がスポット取引やFXスワップ取引などの要素取引を実際にインターバンク市場に取り次ぐことが一般的なようである。尾関高「最近の米国におけるFX規制の動き」（2009年4月27日付）FOREX PRESS，http://www.forexpress.com/columns/blog.php?ID=300&uID=ozeki（平成27年2月13日現在）参照。そして，FX取引業者によるそのような取引は，個々の顧客からの取引が集約されてインターバンク市場に取り次がれたものとみなせることから，その集約された取引の経済的効果というものは，個々の顧客の取引に対する経済的効果が集約されたものとみなすことが可能であろう。

スワップ取引を第2日目に再度約定する点である。

○**FX取引のバイファケーション例（その3）**

（例3）二晩米ドルの買いポジションを持ち越したい場合（決済を2日間繰り延べる取引）
第1日　円売り米ドル買いの約定 　　　　spot-next型のFXスワップの約定
第2日　spot-next型のFXスワップの再約定 　　　　（「再スワップ」）
第3日　円売り米ドル買いの決済 　　　　FXスワップの前段の実行 　　　　（米ドルを円に交換） 　　　　米ドル売り円買いの約定（手仕舞）
第4日　FXスワップの後段の実行 　　　　（円を米ドルに交換） 　　　　再スワップの前段の実行 　　　　（米ドルを円に交換）
第5日　再スワップの後段の実行 　　　　（円を米ドルに交換） 　　　　米ドル売り円買いの決済

　以上の説明から明らかなように、顧客が更にポジションを保持し続ける目的で決済日を遅らせるためには、スワップ金利を対価としてspot-next型のFXスワップ取引を繰り返し行えばよく、一方、手仕舞したければその時点で反対売買を行うこととすればよいわけである。

　結局、FX取引は、実質的にこのような一連の取引の流れとして構成されているものとみなすことが可能であるわけである。そして、そのような流れの中で、建玉したポジションがFXスワップ取引により外貨と邦貨[30]との間で形を変えながら、いわば動的に保持されるとともに、それに応じてスワップ金利が遣り取りされるものと認識することが可能なわけである。まさしく、

---

[30]　外貨間のFXスワップ取引の場合もあるが、外貨に係る債権債務の変動については、所得税法第57条の3《外貨建取引の換算》第1項の規定により、当該外貨建取引を行った時における外国為替の売買相場により換算した円換算額に基づき各年分の各種所得の金額が計算されることとなる。

このような点がインパクトローン[31]におけるような，いわば静的な外貨ポジションの保持とは決定的に異なるものと考えられる。

(2) **検討**

上記(1)の分析からすると，FX取引にとって本質的なスポット取引は，当該ポジションの保有期間の最初と最後に実行されるのみであって，それ以外の期間は，FXスワップ取引が日々のスワップ金利の相場に基づいて新規に繰り返されるとみなせるわけである。

そして，このような決済の繰延べのメカニズムは，短期のスポット取引を基礎とするFX取引に特徴的なものであって，中長期の先渡取引を基礎とする商品先物取引には想定することはできない。したがって，商品先物取引においては，日々の値洗いは取引証拠金の確保のための建玉の単なる時価評価でしかなく，手仕舞によって初めて損益が確定すると認識すべきであるのに対し，他方，FX取引における値洗いは，その目的自体については商品先物取引と同様ではあるものの，FX取引に実質的に内包されている，決済日の繰延べのために顧客の日々の判断により行われるFXスワップ取引そのものとみなせることから，当該取引によって各営業日ごとに損益が確定すると考えられるわけである。

なお，上記バイファケーションの妥当性や説得力について議論の余地なしとはしないものの[32]，仮に本裁決例において請求人が事前に上記のような考え方について理解することができたとすれば，原処分に準じた申告が納得して行えたのではなかろうか。

おって，上記の考え方がロールオーバーの方式に特に依存していないこと

---

[31] インパクトローン（使用の目的に制限のない外貨による貸付け）に係る為替差益は，弁済のため邦貨を元本相当額の外貨に換えた時に確定すると解すべきとされている。金子宏『租税法〔第16版〕』（平成23年，弘文堂）251頁参照。

[32] バイファケーションに対する一般的な批判については，OECD「Innovative Financial Transactions：Tax Policy Implications」(2001年，Ad Hoc Group of Experts on International Cooperation in Tax Matters Tenth Meeting (UN)) 28～31頁，http://unpan1.un.org/intradoc/groups/public/documents/un/unpan002448.pdf（平成27年2月13日現在）参照。

からすると，仮に値洗いなしのロールオーバーの場合にも敷衍できるとすれば，店頭取引におけるFX取引について，権利確定主義に基づき値洗いの有無によって損益の確定時期を区別している現在の実務上の取扱いは総合課税に移行する場合には再検討すべきであろう[33]。また，取引所取引に係るFX取引に対する現行の取扱いについても，そのような経済的実質の上に設けられた特例的なものであるというその性格が理解できよう。

6．まとめ

本節では，FX取引のバイファケーションによる分析を通じて，FX取引に実質的に内包されている，決済日の繰延べのためのFXスワップ取引に注目してFX取引に係る損益の本来的な確定時期について検討した。

金融商品に対する課税の現状は，既に企業会計上の時価会計の考え方が取り入れられた法人税制[34]と従来からの権利確定主義に貫かれた個人税制との間で大きな乖離が生じているものといえよう。例えば，商品先物取引などの先物取引についても，法人税法上は期末時価評価が規定されている[35]のに対して，所得税法上はそのような規定がない。したがって，個人の場合，米国では税法上一定の規制が行われている，いわゆる両建て取引[36]によって損益

---

[33] ただし，この場合，値洗いなしのロールオーバーによるFX取引については，営業日ごとに売買評価損益を清算しないものとして取り扱われてきたこれまでの経緯などにも配慮すべきことになろう。

[34] 平成12年の法人税法の改正で一定の範囲で時価主義が導入された。前掲注31同書289頁参照。なお，時価会計については，例えば，広瀬義州『財務会計（第10版）』（2011年，中央経済社）163〜165頁など参照。

[35] 法人税法第61条の5《デリバティブ取引に係る利益相当額又は損失相当額の益金又は損金算入等》，法人税法施行規則第27条の7《デリバティブ取引の範囲等》第1項第2号参照。

[36] ストラドル取引（straddle）とも呼ばれるが，米国では内国歳入法1092条《ストラドル取引》によって，その損益が相殺関係にある複数の動産の一部を処分した損失については，未処分の動産の公正市場価格に基づく期末時価評価益に相当する部分を繰り延べることとされている。また，1986年の税制改革において，商品先物業者によるストラドル取引を用いた利益操作対策として内国歳入法1256条に基づく期末時価評価制度が個人及び法人の当該業者に対して導入された経緯がある。「The Tax Benefits of Futures」（2007年3月26日付）Attain Capital Management, http://www.attaincapital.com/managed_futures_newsletter/9（平成23年5月現在）参照。

第2章 金融商品課税面の幾つかの論点　229

の発生を操作することが現状では可能である。一方，我が国においても法人税法上は取扱規定が定められているヘッジ取引[37]についても，所得税法上は特段の取扱規定が定められていない。

　金融商品が高度化し，複雑化するにしたがい，個人税制において従来からの権利確定主義に拘泥することは，上記2の(2)で紹介したFX取引に係る各事例をみても明らかなように，納税者サイド，課税庁サイド双方にとって課税上の取扱いに係る明瞭性や予見可能性を阻害する要因になってきているものと考えられる。また，権利確定主義に捉われすぎることにより，金融取引の持つ経済的実質から乖離した課税上の取扱いが行われる可能性も高くなるであろう[38]。したがって，金融取引については，米国において行われているようなバイファケーションやインテグレーションなど経済的実質を踏まえた課税上の取扱いを可能とするように，例えば，そのような取扱いに係る通則的な法令等の規定を整備することなどにより，権利確定主義との調整を図る必要性が更に高まるものと考えられる[39]。

　おって，平成23年度税制改正によりFX取引等に限ってみれば，分離課税とすることを通じて，取引所取引・店頭取引の区別なく，その課税上の損益の確定時期が明確化され，整理されたものの，新たな金融商品の出現の可能性や金融所得に対する本来的な総合課税への移行を見据えれば，今後は個人税制においても法人税制に準じた金融商品の包括的な取扱いの法整備が期待されよう[40]。さらに，金融取引のグローバルな性格を考慮すれば，現在は国

---

[37]　前掲注3参照。
[38]　我が国の法人税制における時価主義に基づくデリバティブ取引課税が権利確定主義の例外規定であることについては，前掲注31，同書289〜293頁参照。
[39]　デリバティブ取引などの新金融商品又は新金融取引の取扱いを既存税制と調整する方法としては，①一般的な財務会計基準に準じて課税すること，②バイファケーションを用いて要素取引に分解し，その経済的実質に基づき課税すること，③インテグレーションを用いて実現主義ないし権利確定主義を緩和してヘッジ取引等を許容するとともに，悪質な租税回避行為を防止すること，④時価主義に基づいて課税すること，⑤悪質な租税回避行為について個別に又は通則的な対抗策を講じることが挙げられる。前掲注32，同資料26〜39頁参照。ちなみに，時価主義方式の限界については，本書51〜106頁参照。

ごとに区々である金融取引の課税上の取扱いの国際的なハーモナイゼーションという課題への対応もより重要になってくるであろう。

---

40) なお,例えば,金融商品に係る期末時価評価制度を個人所得税制にも導入する際には,特に金融商品取引を業務として行っていない個人納税者に対して時価評価のための技術的な支援をどのように制度化するかが課題と考えられるが,「クラウド・コンピューティング」に代表される IT 化社会の更なる進展を踏まえれば,そのハードルはそれほど高くはないものと考えられよう。

第3章 租税法分野への数理学的アプローチの有効性

第1節 倍半基準による推計課税の数理学的構造に関する一考察
―― より妥当性の高い推計課税方法をめざして ――

1．はじめに

　税務署長が所得税又は法人税について更正・決定をする場合に，直接資料によらずに，各種の間接的な資料を用いて所得を認定する方法，例えば，事業所得者について電気又はガスの使用量や売上原価の額から類似同業者の申告状況等に基づいて売上高を推計し，それに類似同業者における特前所得率（同業者率）を適用して所得を算定することができることとされている[1]が，このような課税方法を推計課税という。推計課税については，推計課税に係る根拠規定がある所得税や法人税の場合のみでなく，判例・通説は，明確な規定のない消費税などについても，推計課税を行うことが可能であるとしている[2]。

　ところで，平成26年からの消費税増税を踏まえると，適正・公平な課税を実現する上で，適切な推計課税の重要性は以前よりも更に高まるものと考えられ，そのような状況変化に対応するために，推計課税の精度は，更に向上される必要があるものと考えられる[3]。そこで，本節では，所得税の推計課税

---

[1]　所得税法第156条《推計による更正又は決定》・法人税法第131条《推計による更正又は決定》。
[2]　川崎亨「判例等からみた消費税の推計課税に関する一考察」（白鴎大学大学院法学研究年報(6)，1-49，2010-07）4頁参照。

において,課税実務上,主要な推計方法となっている「倍半基準」[4]によって選定された類似同業者における比率法[5]による推計方法(以下「同業者比率法」という。)に着目して,現状行われている推計課税方法について特に数理学的な観点から再検討を行うこととしたい。

　本節では,まず,裁判例に基づいて同業者比率法による推計課税方法について具体的に概観した上で,その数理学的性質について分析した後,同業者比率法の適用に当たって今後留意すべき点について検討することとしたい。

---

3) 実額課税との関連で,推計課税の法的な性格に関する現在の通説的な考え方となっている「補充的代替手段説」(推計課税は,本質的に実額課税とは異質のもので,実額課税を行うことのできないときにやむを得ず課税庁に代替手段として認められる認定方法であるとするもの)によれば,「そもそも推計課税は,実額近似値にとどまる代替手段としての課税方法であり,…補充的代替手段説は,実額反証が可能であるとすることによって最終的には真実の所得金額とのつながりが確保されている」とされ(今村隆「推計課税の本質と推計方法の合理性の程度(平成6.5.23京都地判)」(租税判例研究207,税理,39(2), 22-30, 1996.2) 27頁参照),所得税や法人税に係る推計課税の方法については,明確な推計課税規定がある以上,一応の合理性が認められれば違法とはいえないこととされる。ただし,推計課税が明定されていない消費税法のような場合には,「事実上推定説」(推計課税は,立証方法の問題にすぎず,真実の所得金額を認定するための間接資料に基づいて行う事実上の推定であるとする考え方)による推計課税と解される余地があり(同資料28頁参照),仮に当該「事実上推定説」によるとすれば,より実額に近い所得金額を求めるための,より合理的な推計方法について争点となる余地があるものと考えられる。
　なお,上記地裁判決では,真実の所得金額の推計方法としては,課税庁が主張する同業者の平均算出所得率による方法と比べて回帰分析を用いた統計学的手法がより精度が高く正確であるから,課税庁主張の推計方法は不合理であるとの納税者の主張が,「他により合理的な推計方法があるとしても,課税庁の採用した推計方法に実額課税の代替手段にふさわしい一応の合理性が認められれば,推計課税は適法というべきである」から「それとの推計方法の優劣を争う主張は,主張自体失当である」と判示されたが,その控訴審判決(大阪高判平成8年3月22日,税務訴訟資料215号981頁)では採用されていない。

4) 「倍半基準は,納税者と事業(営業)規模の観点から類似する同業者を選定するために,納税者の収入金額の2分の1以上2倍以下の範囲という基準を設定し,その範囲内にある同業者を選定し,その平均値を算定して同業者率とするもので,右同業者率による推計を行う場合に広く用いられている手法である」(名古屋高判金沢支判平成6年3月28日,税務訴訟資料200号1206頁)とされている。なお,類似する同業者を倍半基準により選定することの合理性を認めた裁判例については,金子『租税法〔第18版〕』(弘文堂,平成25年) 780頁参照。

2．同業者比率法の仕組み

　同業者比率法は，推計対象者のなるべく近傍に事業所を有する類似同業者のうち当該推計対象期間における仕入金額・売上金額・収入金額等の所得金額の算定要素となる金額（以下「推計基準額」という。）が倍半基準を満たす者（以下「比準同業者」という。）を同規模とみなして，推計対象者の推計基準額に比準同業者における一定の比率を適用して所得金額を推計する方法である。そして，その方法は，①収入金額などの売上金額を推計基準額とする場合と②仕入金額などの売上原価を推計基準額とする場合の二つに類別することが可能である。

(1) 売上金額を推計基準額とする場合（直接法）

　売上金額を推計基準額とする場合には，売上金額に係る倍半基準で選ばれた比準同業者の平均特前所得率（各比準同業者の青色申告特典控除前の事業所得の金額をそれぞれの総売上金額で除した比率の算術（単純）平均値）を申告書等の課税資料から算出し，次の式のとおり，当該平均特前所得率を推計対象者の売上金額に乗じて推計対象者の事業所得（特前所得金額）を推計する（以下「直接法」という。）。なお，この方法は，同規模同業者間においては，経験則上，個々の売上金額と当該特前所得金額（ないし必要経費額）との間にほぼ同様な比例的関係が想定されることを前提とするものである。

　　　（推計対象者の売上金額）×（平均特前所得率）＝（特前所得金額）

(2) 売上原価を推計基準額とする場合（間接法）

　一方，売上原価を推計基準額とする場合には，通常，まず売上原価に係る倍半基準で選ばれた比準同業者の平均売上原価率（各比準同業者の売上原価の金

5）　推計課税の方法には，①純資産増減法（課税期間の期首と期末の純資産を比較し，その増加額を計算して，所得を推計する方法），②比率法（仕入金額・売上金額・収入金額等，所得金額の算定の要素となる金額に一定の比率を適用して所得金額を推計する方法），③効率法（推計課税をされる納税者の電力使用量・従業員数・販売戸数等に，比準同業者の調査から得られた，これらの指標1単位当たりの所得金額の平均値を乗じて所得金額を推計する方法）などがある（前掲注4同書777〜778頁参照）。

額をそれぞれの総売上金額で除した比率の平均値)を申告書等の課税資料から算出し，当該平均売上原価率で推計対象者の売上原価を除して推計対象者の売上金額(以下「推計売上金額」という。)を推計する。そして，同じ比準同業者について，直接法と同様の方法で平均特前所得率を求め，当該平均特前所得率を推計売上金額に乗じて推計対象者の事業所得を推計する(以下「間接法」という。)。この方法は，同規模同業者間においては，経験則上，個々の売上金額と当該売上原価との間には，ほぼ同様な比例的関係が想定されることを前提とするものであり，平均売上原価率によって推計対象者の売上原価を割り戻すことによって推計売上金額を推計し，これに直接法を適用することによって特前所得金額を求めようとするものであるといえよう。なお，厳密にいうと，間接法は，飽くまでも売上原価に係る倍半基準によって類似同業者を選定するので，必ずしも推計売上金額に係る倍半基準を満たさない場合がある。おって，間接法による推計方法を算式で示せば次のとおりである。

　　(推計対象者の売上原価)／(平均売上原価率)＝(推計売上金額)
　　(推計売上金額)×(平均特前所得率)＝(特前所得金額)

3．同業者比率法の事例研究

　それでは，事例に基づいて同業者比率法が具体的にどのように適用されるのかを紹介したのち，同法に係る要検討課題の存在について明らかにしたい。なお，同業者比率法は，売上原価の総額が分からない場合であっても，その売上金額との比例的関係が経験則上想定し得る場合には，一部の売上原価を推計基準額とすることが課税訴訟においても許容されているが，本件もそのような事例であり，居酒屋に係る酒類等の仕入金額を推計基準額とした間接法による同業者比率法の適用事例である[6]。

---

[6]　さいたま地判平成14年10月30日(税務訴訟資料252号順号9226)。なお，当該訴訟においては，ここで紹介する年分(平成7年分)の所得金額自体については，争点となっておらず，裁判所が課税庁の方法によらずに前年分(平成6年分)の一部の所得金額を認定するために平成7年分の比率が援用されたという事情がある。

(1) 同業者調査票

本件の比準同業者に係る売上金額と酒類等の仕入金額の調査結果は、**表1**の「同業者調査票」のとおりである。当該年分における同表の「②」欄の比準同業者における酒類等の仕入金額が最大で 6,133,165 円であり、最低で 1,595,994 円であることから、以下の検討では、本件の推計対象者に係る酒類等の仕入金額は、3,129,000 円であると想定することとする[7]。

また、酒類等の仕入金額の売上金額に占める比率（酒類等仕入率）は、**表1**の「③」欄のとおり、最大で 26.73％、最低で 12.77％であり、また、その平均値である平均酒類等仕入率は 17.31％である。

さらに、売上金額に対する所得金額の比率（所得率）は、**表1**の「⑤」欄のとおり、最大で 42.31％、最低で 3.97％であり、また、その平均値である平均特前所得率は、21.40％である。

したがって、本件の場合、上記1の(2)の計算式によれば、本件の推計対象者に係る酒類等の仕入金額が 3,129,000 円である場合には、次の計算式により、その特前所得金額は 3,868,318 円と推計されることとなる。

$$3{,}129{,}000\text{円} / 17.31\% \times 21.40\% = 3{,}868{,}318\text{円}$$

(2) 間接法と一括法による推計所得金額の相違

ところで、上記(1)の計算式をよく見ると、平均酒類等仕入率から売上金額を敢えて求めなくとも、酒類等の仕入金額から直接に一定の比率、つまり、各比準同業者の酒類等の仕入金額に対する特前所得金額の比率（以下「一括法による特前所得率」といい、間接法における特前所得率については「間接法による特前所得率」という。）を求めて、その平均値により、一括して特前所得金額を求める方法（以下「一括法」という。）の方がより直接的であるといえるのではなかろう

---

[7] 前掲注6に述べたとおり、平成7年分の所得金額については、争われていないため当該年分に係る推計対象者の酒類等の仕入金額の実額は、本件の判決文には記載されていないが、倍半基準を満たすためには、推計対象者の酒類等の仕入金額は、3,066,582 円以下ではなく、3,191,988 円を超えることもない。

(表1) 同業者調査票【飲食業（酒場）の比準同業者（平成7年分）】

順号	①売上（収入）金額 円	②酒類等の仕入金額 円	③酒類等仕入率（②÷①）%	④所得金額 円	⑤所得率（④÷①）%
1	37,607,067	6,133,165	16.31	1,947,373	5.17
2	33,168,970	5,026,190	15.16	9,691,017	29.21
3	31,896,970	4,923,958	15.44	6,786,100	21.27
4	30,593,172	4,861,832	15.90	9,891,587	32.33
5	29,772,011	5,289,005	17.77	4,733,588	15.89
6	21,082,662	3,726,359	17.68	5,185,411	24.59
7	19,246,190	3,342,355	17.37	3,147,233	16.35
8	17,895,380	2,717,790	15.19	7,572,810	42.31
9	17,314,012	2,210,871	12.77	2,469,039	14.26
10	17,091,010	3,323,830	19.45	3,801,982	22.24
11	17,062,980	2,532,060	14.84	4,583,835	26.86
12	16,592,350	2,948,365	17.77	5,776,693	34.81
13	16,093,520	2,212,569	13.75	3,744,346	23.26
14	16,069,235	2,176,020	13.55	6,123,210	38.10
15	15,954,380	2,266,219	14.21	3,287,687	20.60
16	15,775,730	2,924,295	18.54	3,226,755	20.45
17	13,068,615	2,218,586	16.98	519,467	3.97
18	12,901,680	2,089,120	16.20	3,552,837	27.53
19	12,367,834	2,085,026	16.86	2,599,433	21.01
20	12,024,650	2,009,820	16.72	2,018,163	16.78
21	12,021,600	3,213,341	26.73	4,168,030	34.67
22	11,759,790	2,067,876	17.59	1,420,397	12.07
23	11,330,340	1,646,480	14.54	1,550,105	13.68
24	10,572,400	1,620,700	15.33	1,983,900	18.76
25	10,547,130	2,068,620	19.62	4,033,417	38.24
26	10,544,870	2,550,340	24.19	1,299,470	12.32
27	10,369,260	1,704,417	16.44	3,281,461	31.64
28	9,172,420	1,595,994	17.40	662,328	7.22
29	8,537,830	1,697,419	19.89	829,207	9.71
30	7,659,130	1,905,111	24.88	515,873	6.73
合　計（30件）			519.07		642.03
平　均　値	(519.07÷30)		17.31	(642.03÷30)	21.40

か。そして，当該平均値を求めるための各比準同業者に係る一括法による特前所得率は，それぞれの酒類等仕入率の逆数の値（つまり，比準同業者における酒類等の仕入金額に対する売上金額の倍率であり，以下「仕入売上倍率」という。）に間接法による特前所得率を乗じたものに等しいことが容易に分かるが，この関係を算式で表せば，次のとおりである。

$\quad$ 1／（酒類等仕入率）×（間接法による特前所得率）
$\quad$ ＝（仕入売上倍率）×（間接法による特前所得率）
$\quad$ ＝（一括法による特前所得率）

そこで，上記の一括法による特前所得率から求められる平均特前所得率（以下「一括法平均特前所得率」といい，これまでの間接法による平均特前所得率を「間接法平均特前所得率」という。）によって求めた特前所得金額と間接法による特前所得金額を表1の同業者調査票の数値に基づいて，それぞれ算定した結果を表2「間接法と一括法による推計所得金額の比較」に示す。

表2の結果を見ると，間接法による特前所得金額は「⑥」欄の太枠で囲われた3,868,318円であり，一括法による特前所得金額は「⑧」欄の太枠の4,031,716円であることから，一括法による特前所得金額の方が間接法による特前所得金額よりも金額で163,398円，率にして4.2％ほど多いことが分かる。意外に感じられる読者が多いと思われるが，このような差が発生するのは，間接法では，まず売上金額の推計額を表2の「②」欄の二重枠の酒類等の仕入金額3,129,000円について同「③」欄の細枠の平均酒類等仕入率17.31％で除して売上金額の推計額を同「①」欄の太枠のとおり18,076,256円として求め，そして，その値に同「⑥」欄の細枠の平均特前所得率を乗じて同欄の太枠のとおり特前所得金額3,868,318円を求めるという2段階で行っているのに対して，一括法では，同「②」欄の二重枠の酒類等の仕入金額3,129,000円に直接同「⑧」欄の細枠の平均仕入売上倍率128.85％を乗じて単段階で行っているためである。ここで，「平均仕入売上倍率」とは，全ての比準同業者の仕入売上倍率の平均値をいう。しかるに，なぜ2段階で計算

(表2) 間接法と一括法による推計所得金額の比較

(単位:円)

順号	売上金額 ①	酒類等の仕入金額 ②	酒類等仕入率 (②/①) ③	仕入売上倍率 (①/②) ④	所得金額 ⑤	間接法による特前所得率 (⑤/①) ⑥	仕入所得倍率 (④×⑥) ⑦	一括法による特前所得率 (⑤/②) ⑧
1	37,607,067	6,133,165	16.31%	6.131	1,947,373	5.17%	31.70%	31.75%
2	33,168,970	5,026,190	15.16%	6.599	9,691,017	29.21%	192.76%	192.81%
3	31,896,970	4,923,958	15.44%	6.477	6,786,100	21.27%	137.77%	137.81%
4	30,593,172	4,861,832	15.90%	6.292	9,891,587	32.33%	203.42%	203.45%
5	29,772,011	5,289,005	17.77%	5.629	4,733,588	15.89%	89.44%	89.49%
6	21,082,662	3,726,359	17.68%	5.657	5,185,411	24.59%	139.11%	139.15%
7	19,246,190	3,342,355	17.37%	5.758	3,147,233	16.35%	94.14%	94.16%
8	17,895,380	2,717,790	15.19%	6.584	7,572,810	42.31%	278.57%	278.63%
9	17,314,012	2,210,871	12.77%	7.831	2,469,039	14.26%	111.67%	111.67%
10	17,091,010	3,323,830	19.45%	5.141	3,801,982	22.24%	114.34%	114.38%
11	17,062,980	2,532,060	14.84%	6.738	4,583,835	26.86%	180.98%	181.03%
12	16,592,350	2,948,365	17.77%	5.627	5,776,693	34.81%	195.88%	195.92%
13	16,093,520	2,212,569	13.75%	7.273	3,744,346	23.26%	169.17%	169.23%
14	16,069,235	2,176,020	13.55%	7.384	6,123,210	38.10%	281.33%	281.39%
15	15,954,380	2,266,219	14.21%	7.040	3,287,687	20.60%	145.02%	145.07%
16	15,775,730	2,924,295	18.54%	5.394	3,226,755	20.45%	110.31%	110.34%
17	13,068,615	2,218,586	16.98%	5.890	519,467	3.97%	23.38%	23.41%
18	12,901,680	2,089,120	16.20%	6.175	3,552,837	27.53%	170.00%	170.06%
19	12,367,834	2,085,026	16.86%	5.931	2,599,433	21.01%	124.61%	124.67%
20	12,024,650	2,009,820	16.72%	5.982	2,018,163	16.78%	100.38%	100.41%
21	12,021,600	3,213,341	26.73%	3.741	4,168,030	34.67%	129.70%	129.71%
22	11,759,790	2,067,876	17.59%	5.686	1,420,397	12.07%	68.63%	68.68%
23	11,330,340	1,646,480	14.54%	6.881	1,550,105	13.68%	94.13%	94.14%
24	10,572,400	1,620,700	15.33%	6.523	1,983,900	18.76%	122.37%	122.41%
25	10,547,130	2,068,620	19.62%	5.098	4,033,417	38.24%	194.95%	194.98%
26	10,544,870	2,550,340	24.19%	4.134	1,299,470	12.32%	50.93%	50.95%
27	10,369,260	1,704,417	16.44%	6.083	3,281,461	31.64%	192.47%	192.52%
28	9,172,420	1,595,994	17.40%	5.747	662,328	7.22%	41.49%	41.49%
29	8,537,830	1,697,419	19.89%	5.029	829,207	9.71%	48.83%	48.85%
30	7,659,130	1,905,111	24.88%	4.020	515,873	6.73%	27.05%	27.07%
計	506,093,188	85,087,733	519.07%	178.475	110,402,754	642.03%	3864.53%	3865.63%
平均値	16,869,773	2,836,258	17.31%	5.949	3,680,092	21.40%	128.82%	128.85%
推計値	18,076,256	3,129,000				3,868,318		4,031,716
分散	6.3243E+13	1.5367E+12	0.11%	0.916	6.1757E+12	1.11%	44.37%	46.58%
標準偏差	7,952,534	1,239,632	3.24%	0.957	2,485,091	10.52%	66.61%	68.25%
変動係数	47.14%	43.71%	18.74%	16.09%	67.53%	49.15%	51.71%	52.97%

した場合と単段階で計算した場合で値が異なるのか，その理由については，後述することとして，まず，その前にそもそも間接法によって売上金額の推計額を求める際にも，①本件で採用されたように推計対象者における酒類等の仕入金額（実額）を平均酒類等仕入率で除して求める場合と②当該実額に平

均仕入売上倍率を乗じて求める場合で推計対象者の売上金額の推計額が異なる点について説明しておきたい。

(3) 売上金額の推計額の計算方法による違い

まずは，実際に計算した結果を表3に掲げる。同表の「④」欄の太枠の値18,076,256円が上記(2)の①の平均酒類等仕入率で除して求めた場合の売上金額の推計値である。一方，同「⑦」の太枠の値18,608,163円が上記(2)の②の平均仕入売上倍率を乗じて求めた場合の売上金額の推計値である。したがって，金額にして531,907円，率にして2.9％ほど仕入売上倍率によって計算した方が多いこととなるが，この点は，消費税の課税売上高を推計する上で無視できない金額であるといえよう。

さて，平均値の求め方には，その用途により，一般的に用いられる算術平均のほかに幾何平均（相乗平均）と調和平均の2種類の計算方法がある。ここで，幾何平均は，平均を取る値を全て乗じて，値の個数のべき乗根を求めるものである[8]。また，調和平均は，平均を取る値の分数を求め，それらを全て加えた値で値の個数を除することによって求められる。1から5の平均値を具体例として示せば，次のとおりである。

（算術平均）$(1+2+3+4+5)/5 = 3$
（幾何平均）$(1 \times 2 \times 3 \times 4 \times 5)^{(1/5)} = 2.605\cdots$
（調和平均）$5/(1/1+1/2+1/3+1/4+1/5) = 2.189\cdots$

そして，これら3種類の平均値については，上の具体例からも分かるように，一般に（算術平均）≧（幾何平均）≧（調和平均）の関係がある[9]。つまり，算術平均値は，調和平均値に等しいか大きいわけである。

ところで，上記の平均酒類等仕入率（売上金額に占める酒類等の仕入金額の比率の算術平均値）の逆数を比準同業者の各仕入売上倍率（酒類等の仕入金額に対する

---

[8] 広中平祐編『現代数理科学事典』（大阪書籍，1991年）495頁など参照。
[9] 前掲注8同資料参照。なお，前提として平均をとる値が全て正の値でなければならない。

(表3) 酒類等仕入率と仕入売上倍率による推計売上金額の比較

(単位:円)

順号	売上金額 ①	酒類等の仕入金額 ②	酒類等仕入率 (②/①) ③	平均酒類等仕入率による売上金額の期待値 (③/④) ④	平均酒類等仕入率による売上金額の平方誤差 ((①-④)^2) ⑤	仕入売上倍率 (①/②) ⑥	平均仕入売上倍率による売上金額の期待値 (①×5.947) ⑦	平均仕入売上倍率による売上金額の平方誤差 ((①-⑦)^2) ⑧
1	37,607,067	6,133,165	16.31%	35,431,340	4.7338E+12	6.131	36,473,932	1.284E+12
2	33,168,970	5,026,190	15.16%	29,036,337	1.7079E+13	6.599	29,890,752	1.0747E+13
3	31,896,970	4,923,958	15.44%	28,445,742	1.1911E+13	6.477	29,282,778	6.834E+12
4	30,593,172	4,861,832	15.90%	28,086,840	6.2817E+12	6.292	28,913,315	2.8219E+12
5	29,772,011	5,289,005	17.77%	30,554,622	6.1248E+11	5.629	31,453,713	2.8281E+12
6	21,082,662	3,726,359	17.68%	21,527,204	1.9762E+11	5.657	22,160,657	1.1621E+12
7	19,246,190	3,342,355	17.37%	19,308,810	3921256441	5.758	19,876,985	3.979E+11
8	17,895,380	2,717,790	15.19%	15,700,693	4.8166E+12	6.584	16,162,697	3.0022E+12
9	17,314,012	2,210,871	12.77%	12,772,218	2.0628E+13	7.831	13,148,050	1.7355E+13
10	17,091,010	3,323,830	19.45%	19,201,791	4.4554E+12	5.141	19,766,817	7.1599E+12
11	17,062,980	2,532,060	14.84%	14,627,730	5.9304E+12	6.738	15,058,161	4.0193E+12
12	16,592,350	2,948,365	17.77%	17,032,727	1.9393E+11	5.627	17,533,927	8.8657E+11
13	16,093,520	2,212,569	13.75%	12,782,028	1.0966E+13	7.273	13,158,148	8.6164E+12
14	16,069,235	2,176,020	13.55%	12,570,884	1.2238E+13	7.384	12,940,791	9.7872E+12
15	15,954,380	2,266,219	14.21%	13,091,964	8.1934E+12	7.040	13,477,204	6.1364E+12
16	15,775,730	2,924,295	18.54%	16,893,674	1.2498E+12	5.394	17,390,782	2.6084E+12
17	13,068,615	2,218,586	16.98%	12,816,788	6.3417E+10	5.890	13,193,931	1.5704E+10
18	12,901,680	2,089,120	16.20%	12,068,862	6.9359E+11	6.175	12,423,997	2.2818E+11
19	12,367,834	2,085,026	16.86%	12,045,211	1.0409E+11	5.931	12,399,650	1012233803
20	12,024,650	2,009,820	16.72%	11,610,745	1.7132E+11	5.982	11,952,400	5220128970
21	12,021,600	3,213,341	26.73%	18,563,495	4.2796E+13	3.741	19,109,739	5.0242E+13
22	11,759,790	2,067,876	17.59%	11,946,135	3.4725E+10	5.686	12,297,659	2.893E+11
23	11,330,340	1,646,480	14.54%	9,511,727	3.3074E+12	6.881	9,791,617	2.3677E+12
24	10,572,400	1,620,700	15.33%	9,362,796	1.4631E+12	6.523	9,638,303	8.7254E+11
25	10,547,130	2,068,620	19.62%	11,950,433	1.9693E+12	5.098	12,302,083	3.0799E+12
26	10,544,870	2,550,340	24.19%	14,733,333	1.7543E+13	4.134	15,166,872	2.1363E+13
27	10,369,260	1,704,417	16.44%	9,846,430	2.7335E+11	6.083	10,136,168	5.4332E+10
28	9,172,420	1,595,994	17.40%	9,220,069	2270458086	5.747	9,491,376	1.0173E+11
29	8,537,830	1,697,419	19.89%	9,806,002	1.6083E+12	5.029	10,094,551	2.4234E+12
30	7,659,130	1,905,111	24.88%	11,005,841	1.12E+13	4.020	11,329,695	1.3473E+13
計	506,093,188	85,087,733	519.07%	491,552,473	1.9072E+14	178.475	506,016,748	1.8016E+14
平均値	16,869,773	2,836,258	17.31%	16,385,082	6.3574E+12	5.947	16,867,225	6.0054E+12
推計値		3,129,000	(≒5.777倍)	18,076,256			18,608,163	
分散	6.3243E+13	1.5367E+12	0.11%	5.1285E+13		0.916	5.4348E+13	
標準偏差	7,952,534	1,239,632	3.24%	7,161,365		0.957	7,372,093	
変動係数	47.14%	43.71%	18.74%	43.71%		16.09%	43.71%	

売上金額の倍率)で表すと次式のとおり,ちょうど仕入売上倍率の調和平均値となる。

1／(平均酒類等仕入率)
＝(比準同業者数)／
　　(全ての比準同業者について（1／(仕入売上倍率)）の値を加えた値)
＝(仕入売上倍率の調和平均値)

　そして，上記(2)の①によって売上金額の推計額を求めるためには，平均酒類等仕入率で推計対象者の酒類等の仕入金額（実額）を除算するわけであるが，除算は逆数の乗算に等しいことから，それは当該実額に上記の各仕入売上倍率の調和平均値を乗ずることと等しいわけである。一方，同②によって売上金額の推計額を求めるためには，同実額に平均仕入売上倍率を乗じるが，これは，各仕入売上倍率の算術平均値を乗じることに等しい。結局，調和平均値は算術平均値よりも少ないか等しいため，同①の売上金額の推計額の方が同②の売上金額の推計額よりも一般に大きくなりやすいわけである。
　それでは，どちらの売上金額の方が推計額としてより妥当なのであろうか，以下検討することとしたい。

(4) **本件における平均酒類等仕入率と平均仕入売上倍率による推計の優劣**

　ある測定データ間の関係を統計学的に推定する方法に回帰分析[10]があるが，その基本となる考え方は，いわゆる最小2乗法である。つまり，回帰分析を用いれば，推定された当該関係によって求められる推定値と実際の測定値との差の2乗の和を全ての測定データについて求めた場合に，その値を最小にすることができるが，そのように推定された関係こそが測定データに「最もよく」当てはまると考えるわけである。本稿においても，この最小2乗法により推計方法の優劣を判定することとしたい。したがって，二つの推計方法がある場合に，それぞれについて，すべての実測値とそれに対応する推定値（以下「期待値」という。）の差の2乗和のより少ない方をより良い推計方法であると考えることとする。

---

10) J.E. フロイントほか著，福場庸ほか訳『経済・経営系のための統計学入門下』（培風館，昭和49年）109～141頁など参照。

さて，平均酒類等仕入率による売上金額の期待値は，**表3**の「④」欄のとおりであるが，その値と同「①」欄の売上金額との差の2乗の値（以下，そのような値を「平方誤差」という。）は，同「⑤」欄のとおりである。そして，全ての期待値に係る平方誤差の和の値は，同欄の「計」欄のとおり，15桁の数値（指数表示で$1.9072E+14$）となるが，比較しやすいようにその平方根の値を求めると，同欄の二重枠の欄のとおり6兆3,574億円ほどの値となる。一方，平均仕入売上倍率による売上金額の期待値は，同表の「⑦」欄のとおりであり，その値と同「①」欄の売上金額との平方誤差は，同「⑧」欄のとおりである。そして，全ての平方誤差の和の平方根は，同欄の二重枠の欄のとおり6兆54億円ほどの値となる。そうすると，平均仕入売上倍率による方が平方根の値で，3,220億円ほど，率にして5.5％ほど少ない。したがって，少なくとも本件の場合には，平均仕入売上倍率による推計方法の方が本件で採用された平均酒類等仕入率による推計方法よりも売上金額のよりよい推計方法であるといえるわけである。

(5) **一般の場合の平均酒類等仕入率と平均仕入売上倍率による推計の優劣**

上記(4)の結論が間接法による推計課税のどのような事案にも敷衍できるか否かについては，実測データの個別の分布状況によって結論が異なり得ることから，消極的に考える。ただし，傾向としては，推計対象者の推計売上金額よりも売上金額がより少ない比準同業者が選定された場合には，平均酒類等仕入率による推計の方が優れており，逆に，売上金額がより多い比準同業者が選定された場合には，平均仕入売上倍率による推計の方が優れている傾向があるものと予想される。その理由を，グラフを用いて直観的に説明してみることとしたい。

そこで，**図1**の「売上金額と酒類等仕入率・仕入売上倍率による各期待値との関係」と題するグラフをご覧頂きたい。このグラフは，表題のとおり，売上金額の実額を横軸とし，上記の二つの推計方法による期待値を縦軸として実測データをプロットしたものであるが，グラフからも明らかなように平均酒類等仕入率による売上金額の期待値「○」は，対応する平均仕入売上倍

第 3 章　租税法分野への数理学的アプローチの有効性　243

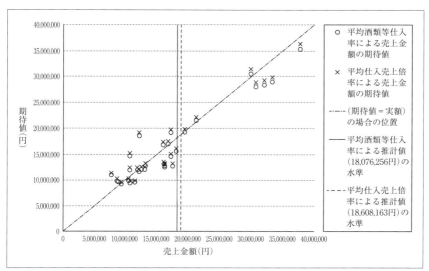

（図 1）　売上金額と酒類等仕入率・仕入売上倍率による各期待値との関係

率による売上金額の期待値「×」よりもすべからく下に位置している。このため，売上金額の実額と期待値が一致する位置を表している一点鎖線よりも上に「○」が位置する場合には，「×」の方が一点鎖線からより遠ざかるため，平方誤差は，「○」の場合よりも「×」の方がより大きくなり，逆に，一点鎖線よりも下に「○」が位置する場合には，ほぼ「×」が一点鎖線により近くなることから，平方誤差は，「○」の場合よりも「×」の方がより小さくなるという性質がある。

　ところで，**図 1** のグラフ中の縦の実線は，倍半基準の基準となる推計対象者の値（本件の場合，「酒類等の仕入金額」3,129,000 円）に対応する売上金額（平均酒類等仕入率による推計値 18,076,256 円）の水準を表しているが，推計対象者の売上金額が仮に当該推計どおりであるとすると，この直線の左側の比準同業者の売上金額は，推計対象者よりも少なく，逆に，当該直線の右側の比準同業者の売上金額は，推計対象者よりも多いといえる。しかるに，当該直線の左側の売上規模がより小規模な類似同業者の「○」の位置を遠見にすると各

「○」の位置が一点鎖線の下よりもむしろ上に位置しているものと概観できよう。一方，当該直線の右側，すなわち，売上規模がより大規模な類似同業者の「○」の位置を遠見にすると各「○」の位置が一点鎖線の上よりもむしろ下に位置しているものと概観できよう。なお，同グラフ中の点線は，推計対象者の平均仕入売上倍率による売上金額（18,608,163円）の水準を表しているが，仮にそれを基準としても同様であるといえよう。

そして，上記のような傾向は，おそらく事業規模によるスケールメリットの点から次のように説明することができるであろう。すなわち，仕入単価は，通常，取引金額が大きくなればなるほど低減する傾向があると考えられることから，売上金額が大きくなっても仕入金額はそれに比例して増大することはないものと考えられる。ところが，間接法では，平均酒類等仕入率ないし平均売上仕入倍率によって比例的に売上金額を推計するため，推計対象者の売上金額の水準よりも低く，上記実線ないし点線の左側に位置する，より小規模な比準同業者については，仕入金額が多めであるため，売上金額の実額に比べて期待値がより高く，一方，上記実線ないし点線の右側に位置する，より大規模な比準同業者については，仕入金額が少なめであるため，売上金額の実額に比べて期待値がより低く算定される傾向があるといえるのではなかろうか。

仮にそうであるとすると，推計対象者の売上金額の水準よりも低い比準同業者については，平均酒類等仕入率による推計方法の方が，平方誤差がより少なくなることから推計方法としてより優れており，推計対象者の売上金額の水準よりも高い比準同業者については，平均売上仕入倍率による推計方法の方が平方誤差がより少なくなることから，推計方法としてより優れているものと予想されるわけである。

(6) **間接法と一括法における推計所得金額の相違の理由**

それでは，上記(2)で保留にしていた問題に戻ることとしたい。つまり，平均酒類等仕入率によって推計対象者の仕入金額から売上金額を推計し，当該売上金額に間接法による特前所得率の平均値を乗じて推計所得金額を求める

という2段階の間接法と当該仕入金額に一括法による特前所得率の平均値を乗じて単段階で推計所得金額を求めるという一括法で，推計される特前所得金額がなぜ異なるかということである。

ところで，確率論で基本的な定理として，二つの確率変数，XとYがあった場合に，XとYが独立である，つまり，XとYが無関係に変動し得る場合には，XとYを掛け合わせた値（積）の期待値（E(XY)）は，Xの期待値（E(X)）とYの期待値（E(Y)）の積に等しい（E(XY)=E(X)E(Y)）[11]。そして，これを用いて算術平均値（以下，単に「平均値」という。）についていえば，ある二つの測定データの集合AとBがあった場合に，AとBの全ての組合せの積の平均値は，Aの平均値とBの平均値との積である。例えば，Aとして ｛1, 3, 5｝，Bとして ｛2, 4, 6｝ を考えるとAとBの平均値は，それぞれ3と4であり，その積は12であるが，AとBの全ての組合せの積の平均値も，（1×2+1×4+1×6+3×2+3×4+3×6+5×2+5×4+5×6）／9=12 となる。ただし，上記の全ての組合せのうち一部でも欠ければ，その平均値とAとBの各平均値の積の値とは必ずしも一致しないこととなる。

さて，間接法による特前所得金額の算出方法は，上記(2)で述べたとおりであるが，計算式にまとめれば，次のとおりである。

（間接法による特前所得金額）
＝（推計対象者の酒類等の仕入金額）
×（1／（「酒類等仕入率」の平均値））
×（「間接法による特前所得率」の平均値）

そして，上記(3)で述べたように次の関係があり，

（1／（「酒類等仕入率」の平均値））≦（「仕入売上倍率」の平均値）

また，上記の二つの平均値が共に正の値であるため次の不等式が成り立つ。

---

11) 本間鶴千代『統計数学入門』（森北出版，1970年）訂正版47頁など参照。

<u>（間接法による特前所得金額）</u>
<u>≦（推計対象者の酒類等の仕入金額）</u>
<u>×（「仕入売上倍率」の平均値）</u>
<u>×（「間接法による特前所得率」の平均値）</u>

一方，一括法による特前所得金額の計算式は，次のとおりであるが，

（一括法による特前所得金額）
＝（推計対象者の酒類等の仕入金額）
×（「一括法による特前所得率」の平均値）

上記(2)で述べたように，次の関係があることから，

（一括法による特前所得率）＝（仕入売上倍率）×（間接法による特前所得率）

結局，次の等式が成り立つことになる。

<u>（一括法による特前所得金額）</u>
<u>＝（推計対象者の酒類等の仕入金額）</u>
<u>×（（「仕入売上倍率」×「間接法による特前所得率」）の平均値）</u>

上記の下線付の不等式と等式を見比べると，不等式においては，「仕入売上倍率」の平均値と「間接法による特前所得率」の平均値とが掛け合わされているのに対し，上記の等式では，各比準同業者個々の「仕入売上倍率」と「間接法による特前所得率」を掛け合わせた値の平均値となっており，全ての比準同業者における組み合わせの積の平均値とはなっていないことから，本件において，間接法による特前所得金額と一括法による特前所得金額が必ずしも等しくなるとは限らないことが分かる。

(7) **本件における間接法と一括法による推計方法の優劣**

それでは，上記(4)と同様な方法で，本件の特前所得金額を推計する場合の推計方法の優劣について分析した結果を**表4**に掲げよう。

上記(4)と同様に，同表の「⑧」欄の二重枠の値（11,094,595円）は，間接法による所得金額の平方誤差の和の平方根の値であり，また，同「⑪」欄の二重枠の値（11,081,487円）は，一括法による所得金額の平方誤差の和の平方根の値である。したがって，一括法による方が間接法による場合に比べて13,108円，比率にして0.12％ほど少ないことから，一括法の方がよりよいという結果は上記(4)の売上金額の場合と同じではあるものの，ただし，それに比べてその差は大変限定的である。その理由を検討するため所得金額の期待値について実際の所得金額との関係を図1と同様にプロットしたものを図2「所得金額と間接法・一括法の各期待値との関係」に掲げる。

一見して図1と比べて，プロットした点の一点鎖線からの乖離ないしバラツキが大きいことが分かる。そして，これは，そもそも両方の平方誤差の値自体が大きくなってしまう原因となっている。また，図1では，売上金額の実額と期待値との，ほぼ比例的な関係が窺えるのに対して，図2では，所得金額についてそのような関係が窺えない。その理由としては，所得金額の実額が200万円ほどであるにも関わらず，酒類等の仕入金額が多いことから所得金額の期待値が800万円となるような異常値とおぼしき比準同業者がいることの影響もあるとはいえよう。しかし，その本質的な理由は，酒類等の仕入金額という一部の売上原価との関係において，売上金額の方が所得金額よりも比例的な関係が強いためであると考えられる[12]。

いずれにしても，間接法ないし一括法による推計対象者の所得金額（3,868,318円ないし4,031,716円）の水準を表す実線ないし点線の左側では，実額と期待値が一致することを表す一点鎖線の上方に位置している比準同業者が多く，右側では，当該一点鎖線の下方に位置している比準同業者が多いことが分かる。そして，その乖離ないしバラツキの状況に比べれば，対応する

---

[12] 実際，比例的な関係（線形関係）の程度を表す指標としては，相関係数がある（相関係数の詳細については，前掲注(10)同資料，125～131頁など参照）が，本件の比準同業者における酒類等の仕入金額と売上金額との間の相関係数は，0.9499であり，強い比例的な関係があることを示しているが，一方，酒類等の仕入金額と所得金額との間の相関係数は，0.5660であり，売上金額に比べて比例的な関係が弱いことを示している。

(表4) 間接法と一括法による推計

順号	売上金額	酒類等の仕入金額	酒類等仕入率 (②/①)	所得金額	間接法による特前所得率 (④/①)	平均酒類等仕入率による売上金額の期待値 (②/17.31%)
	①	②	③	④	⑤	⑥
1	37,607,067	6,133,165	16.31%	1,947,373	5.17%	35,431,340
2	33,168,970	5,026,190	15.16%	9,691,017	29.21%	29,036,337
3	31,896,970	4,923,958	15.44%	6,786,100	21.27%	28,445,742
4	30,593,172	4,861,832	15.90%	9,891,587	32.33%	28,086,839
5	29,772,011	5,289,005	17.77%	4,733,588	15.89%	30,554,621
6	21,082,662	3,726,359	17.68%	5,185,411	24.59%	21,527,203
7	19,246,190	3,342,355	17.37%	3,147,233	16.35%	19,308,809
8	17,895,380	2,717,790	15.19%	7,572,810	42.31%	15,700,693
9	17,314,012	2,210,871	12.77%	2,469,039	14.26%	12,772,218
10	17,091,010	3,323,830	19.45%	3,801,982	22.24%	19,201,790
11	17,062,980	2,532,060	14.84%	4,583,835	26.86%	14,627,729
12	16,592,350	2,948,365	17.77%	5,776,693	34.81%	17,032,726
13	16,093,520	2,212,569	13.75%	3,744,346	23.26%	12,782,027
14	16,069,235	2,176,020	13.55%	6,123,210	38.10%	12,570,883
15	15,954,380	2,266,219	14.21%	3,287,687	20.60%	13,091,964
16	15,775,730	2,924,295	18.54%	3,226,755	20.45%	16,893,674
17	13,068,615	2,218,586	16.98%	519,467	3.97%	12,816,787
18	12,901,680	2,089,120	16.20%	3,552,837	27.53%	12,068,861
19	12,367,834	2,085,026	16.86%	2,599,433	21.01%	12,045,210
20	12,024,650	2,009,820	16.72%	2,018,163	16.78%	11,610,745
21	12,021,600	3,213,341	26.73%	4,168,030	34.67%	18,563,495
22	11,759,790	2,067,876	17.59%	1,420,397	12.07%	11,946,135
23	11,330,340	1,646,480	14.54%	1,550,105	13.68%	9,511,727
24	10,572,400	1,620,700	15.33%	1,983,900	18.76%	9,362,796
25	10,547,130	2,068,620	19.62%	4,033,417	38.24%	11,950,433
26	10,544,870	2,550,340	24.19%	1,299,470	12.32%	14,733,333
27	10,369,260	1,704,417	16.44%	3,281,461	31.64%	9,846,429
28	9,172,420	1,595,994	17.40%	662,328	7.22%	9,220,069
29	8,537,830	1,697,419	19.89%	829,207	9.71%	9,806,002
30	7,659,130	1,905,111	24.88%	515,873	6.73%	11,005,840
計	506,093,188	85,087,733	519.07%	110,402,754	642.03%	491,552,457
平均値	16,869,773	2,836,258	17.31%	3,680,092	21.40%	16,385,082
推計値	18,076,256	3,129,000				
分散	6.3243E+13	1.5367E+12	0.11%	6.1757E+12	1.11%	5.1285E+13
標準偏差	7,952,534	1,239,632	3.24%	2,485,091	10.52%	7,161,365
変動係数	47.14%	43.71%	18.74%	67.53%	49.15%	43.71%

所得金額の相違分析表　　　　　　　　　　　　　　　（単位：円）

間接法による所得金額の期待値 (⑥×21.40%)	間接法による所得金額の平方誤差 (④-⑦)^2)	一括法による特前所得率 (④／②)	一括法による所得金額の期待値 (②×128.85%)	一括法による所得金額の平方誤差 ((④-⑩)^2)
⑦	⑧	⑨	⑩	⑪
7,582,306	3.1752E+13	31.75%	7,902,583	3.5465E+13
6,213,776	1.2091E+13	192.81%	6,476,246	1.0335E+13
6,087,388	4.882E+11	137.81%	6,344,520	1.9499E+11
6,010,583	1.5062E+13	203.45%	6,264,471	1.3156E+13
6,538,688	3.2584E+12	89.49%	6,814,883	4.3318E+12
4,606,821	3.3477E+11	139.15%	4,801,414	1.4745E+11
4,132,085	9.6993E+11	94.16%	4,306,624	1.3442E+12
3,359,948	1.7748E+13	278.63%	3,501,872	1.6573E+13
2,733,254	6.981E+10	111.67%	2,848,707	1.4415E+11
4,109,183	9.4372E+10	114.38%	4,282,755	2.3114E+11
3,130,334	2.1127E+12	181.03%	3,262,559	1.7458E+12
3,645,003	4.5441E+12	195.92%	3,798,968	3.9114E+12
2,735,353	1.0181E+12	169.23%	2,850,895	7.9825E+11
2,690,168	1.1786E+13	281.39%	2,803,802	1.1018E+13
2,801,680	2.362E+11	145.07%	2,920,023	1.3518E+11
3,615,246	1.5093E+11	110.34%	3,767,954	2.929E+11
2,742,792	4.9432E+12	23.41%	2,858,648	5.4718E+12
2,582,736	9.411E+11	170.06%	2,691,831	7.4133E+11
2,577,674	473454081	124.67%	2,686,556	7590417303
2,484,699	2.1766E+11	100.41%	2,589,653	3.266E+11
3,972,587	3.8198E+10	129.71%	4,140,390	763976317
2,556,472	1.2907E+12	68.68%	2,664,458	1.5477E+12
2,035,509	2.3562E+11	94.14%	2,121,489	3.2648E+11
2,003,638	389588644	122.41%	2,088,272	1.0894E+10
2,557,392	2.1786E+12	194.98%	2,665,417	1.8714E+12
3,152,933	3.4353E+12	50.95%	3,286,113	3.9468E+12
2,107,135	1.379E+12	192.52%	2,196,141	1.1779E+12
1,973,094	1.7181E+12	41.49%	2,056,438	1.9435E+12
2,098,484	1.6111E+12	48.85%	2,187,124	1.8439E+12
2,355,249	3.3833E+12	27.07%	2,454,736	3.7592E+12
105,192,210	1.2309E+14	3865.63%	109,635,544	1.228E+14
3,506,407	11,094,595	128.85%	3,654,518	11,081,487
3,868,318			4,031,716	
2.3487E+12		0.466	2.5513E+12	
1,532,532		0.683	1,597,266	
43.71%		52.97%	43.71%	

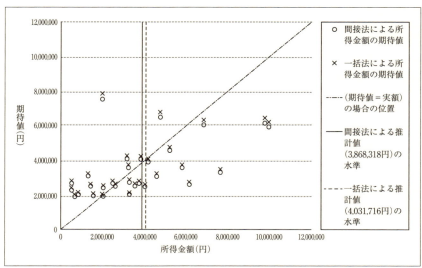

(図2) 所得金額と間接法・一括法の各期待値との関係

　期待値同士の差は限定的なものといえることから，それぞれの平方誤差の和の平方根の値について上記のとおりその差が限定的なものになるわけであろう。

　ところで，間接法による所得金額の推計の場合に，上記1の(2)で指摘したように，間接法は，飽くまでも売上原価に係る倍半基準によって類似同業者を選定するので，必ずしも推計売上金額に係る倍半基準を満たさない場合がある。本件においても**表4**の一点鎖線の位置に推計対象者の売上金額の期待値（18,076,256円ないし18,608,163円）が位置するわけであるが，仮に当該期待値を基準値として改めて倍半基準を適用する（以下，当該倍半基準を「再倍半基準」という。）と，二重線で区切られた最上位の1件（順号1）と最下位の2件（同29及び30）は，再倍半基準から外れることとなる[13]。そこで，これらの再倍半基

---

13) 勿論，この逆の場合も発生し得るわけである。つまり，推計対象者の売上金額の期待値の倍半基準を満たす比準同業者が新たに発生する可能性もあろう。

準で除外される比準同業者を除いて再度間接法と一括法による所得金額の平方誤差の和の平方根の値を求めると，それぞれ9,292,104円と9,040,558円となり，一括法による方が間接法による場合に比べて251,546円，比率にして2.7％ほど少ないこととなる。したがって，再倍半基準によれば一括法と間接法の優劣は，無視できない水準となるといえよう。

(8) 一般の場合の間接法と一括法による推計方法の優劣

ところで，図2で明らかなように本件では，全ての比準同業者について一括法による所得金額の期待値（「×」）の方が間接法によるもの（「○」）よりも大きく，上位に位置している。このことは，他の事例においても一般的にいえるのであろうか。結論からいえば，そのようになる場合が多いものと考えられる。なぜなら，上記(6)において述べたとおり，下線付きの不等式と等式において，「仕入売上倍率」の平均値と「間接法による特前所得率」の平均値を掛けた値は，各比準同業者について「仕入売上倍率」と「間接法による特前所得率」を掛け合わせたものの平均値とは必ずしも等しくなるとはいえないものの，それらの期待値としては等しくなることから，一定の誤差を除いて，ほぼ等しいとみなせるはずであり，そして，その誤差が無視できる場合には，上記の不等式と等式から次の不等式を導くことができるためである。

（間接法による特前所得金額）≦（一括法による特前所得金額）

なお，上記の誤差が実質的に無視できるか否かは，上記(3)で述べた平均値の算定方法による差の影響がどの程度であるかによるものと考えられよう。

そして，少なくとも上記不等式が成り立つことが確認できる場合であれば，上記(5)と全く同様な傾向分析が可能となり，その結果として，次のことが結論として予想されることとなる。つまり，推計対象者の売上金額の水準よりも低い比準同業者については，平均酒類等仕入率による推計方法の方が，平方誤差がより少なくなることから推計方法としてより優れており，推計対象者の売上金額の水準よりも高い比準同業者については，平均売上仕入倍率による推計方法の方が，平方誤差がより少なくなることから，推計方法として

より優れているといえるわけである。

(9) **検討**

間接法による所得金額の推計計算は、売上原価を推計基準額とする推計方法であるが、その仕組みからいって、その合理性を担保するために経験則的にも分かりやすく、また、判例上も許容されている、売上金額を推計基準額とする直接法を援用するものであると解される。そして、間接法においては、本件と同様に、売上原価から比準同業者における平均的な原価率に基づいて売上金額を推計する際に、売上原価に係る倍半基準に基づいて売上金額を推計することが一般的である。確かに、売上金額と売上原価との間に比例的な関係が想定できれば、間接法によっても、直接法と同様な所得金額の推計が行えるものと考えられる。しかし、本件のように酒類等の仕入金額のような売上原価の一部のみに基づいて推計をしなければならず、他の売上原価の影響を無視して推計するような場合には、必ずしも売上金額と当該一部の売上原価との間に比例的な関係があるとは限らないであろう。

したがって、そのような場合において、直接法による場合との整合性をできる限り確保するためには、間接法によるとしても、一部の売上原価による倍半基準の適用の弊害を緩和するため、一部の売上原価と売上原価全体との関係を調整する必要があるものと考えられる。例えば、一部の売上原価の倍半基準に基づいて、まず、売上原価全体の金額を推計し、当該売上原価推定額による倍半基準により比準同業者を再選定して、改めて間接法を適用するなどの2段階方式による新たな推計方法が考えられるのではなかろうか。また、そのような推計方法の大幅な変更が容易ではないとしても、特に一部の売上原価による間接法の場合には、直接法との整合性を重くみるならば、少なくとも上記(7)で述べたように、一部の売上原価による倍半基準により売上金額をまず推計し、当該推計売上金額による再倍半基準により、比準同業者を再選定[14]して、推計対象者と比準同業者の売上金額の類似性を確保する必要があろう。

そして、以上のような改善策が加えられるならば、上記(8)で述べたように、

たとえ一括法の方が間接法よりも数理学的にはよりよい推計方法であるといえるような場合であっても，売上金額についての調整がなし得ない点で，一括法を採用すべき根拠は，乏しいということができよう。

4．おわりに

　倍半基準による推計課税については，戦後の課税訴訟の長い歴史の中でその妥当性に関する理論的検討が積み重ねられてきたものであり，具体的には，適正・公平な課税と納税者の権利・義務とのバランスの観点，さらには，税務執行に係る行政効率等の観点から繰り返し検討されてきたものである。したがって，そのようにして築かれてきた倍半基準の体系を変更することは，それほど容易なことではなかろう。しかし，消費税が更に主要な財源として位置付けられるような，これからの成熟化した社会において，本来実額で行われるべき課税について推計課税を行わなければならないような場合には，推計課税の妥当性（ないし合理性）がこれまでよりも更に厳格に追求されなければならないであろう。

　本節では，最小2乗法を評価基準とし，図表等を用いて推計方法自体の優劣を直観的に把握する手法を提案したが，当該評価手法が上記妥当性の分析ツールとして関係者の今後の検討の一助となることを期待したい。

　また，本節では一定の分析等はできたものの，いまだ未解決の事項，例えば，上記(5)で分析したような，一般に売上原価から売上金額を推計する場合に，売上原価率を用いるべきか，仕入売上倍率を用いるべきかなどの点について結論を出すためには，他の複数の事例による更なる検討が必要であると思われるが，本節が読者の今後の検討のきっかけとなれば幸いである。

---

14) 再選定を容易にするためには，当初の選定においてこれまでよりも比準同業者の選定を幅広く行っておく必要があろう。

第2節 「馬券裁判」の数理
―― 所得税法上の所得区分の判定に
数理学的検討が有効と考えられる事例 ――

1. はじめに

　勝馬投票券（馬券）の払戻金に係る所得の所得区分が一時所得か雑所得かが争われている，いわゆる「馬券裁判」（（控訴審）大阪高判平成26年5月9日，（第一審）大阪地判平成25年5月23日）は，現在，国側が上告受理申立てを行っており，いまだ確定してはいないが，第一審，控訴審両判決共に，当該被告人の行った馬券の投票活動について業務性を認めて，雑所得と認定している。ただし，第一審判決が，被告の当該所得について所得発生の基盤となる一定の源泉から繰り返し収得され得るという「所得源泉性」があることから一時所得ではないとしているのに対して，控訴審判決では，所得源泉性について殊更に認定する必要はなく，むしろ直接に「営利を目的とする継続的行為から生じた所得」に該当するか否かを認定すべきであるとしている点が異なっている。

　確かに，控訴審判決が引用する訴訟で行われた所得源泉性の議論は，本件とは異なり，納税者側が一時所得該当性を主張し，一方，課税庁側が事業所得該当性を主張した事案に用いられた論点と考えられる[1]ため，それとは状況も異なり，いわば反対の主張が納税者側から行われている本件の判断基準としてふさわしいか否かについては，議論があり得るであろう。しかし，控訴審判決が第一審判決における所得源泉性による判定を採用できないとして

---

[1] 控訴審判決が引用する人造絹糸の先物取引（清算取引）による所得区分に関する名古屋高裁金沢支判昭和43年2月28日参照。同判決では，納税者によって3年間に売りと買いを合わせて1回と見た場合に700回ほど行われた清算取引による所得区分を一時所得ではなく，事業所得と判示している。

挙げる理由が，①「所得源泉性がどのような概念かは…［その所得の基礎に源泉性を認めるに足りる程度の継続性，恒常性があるか否かが基準となり，所得発生の蓋然性という観点から所得の基礎となる行為の規模（回数，数量，金額等），態様その他の具体的状況に照らして判断することになるという第一審判決が採用した］判断要素によってもなお不明確である上，一時所得や雑所得をも課税対象とした現行の所得税法の下で，これを一時所得かどうかの判断基準として用いるのには疑問があ」ること，そして，②第一審判決が説示するように「一回的な行為として見た場合所得源泉とは認め難いものであっても，強度に連続することによって所得が質的に変化して（所得の基礎に源泉性を認めるに足りる程度の）継続性，恒常性を獲得すれば，所得源泉性を有する場合がある」としても「結局，所得源泉という概念から継続的所得という要件が導かれるわけではなく，どのような場合に所得が質的に変化して所得源泉性が認められるのかは明らかではな」いことから，所得源泉性それ「自体に判断基準としての有用性を見いだせない」としていることは，たとえ雑所得には戦前には所得源泉性が認められないとして課税されていなかった所得も含まれ得る[2]としても，そもそも一時所得を所得源泉性や対価性がないことから雑所得から区分して軽課している趣旨[3]を軽視するものであるようにも思われる。

　控訴審判決の所得源泉性に対する上記の見解の当否については，取り敢えず置くとしても，第一審判決の説示する「一回的な行為として見た場合所得

---

[2]　我が国の戦前の所得税制が「特定の源泉からの利得あるいは反復的な利得のみを所得としてとらえ，一時的・偶発的・恩恵的な利得は所得の範囲から除外するのが通例であった」ことから一般に「所得源泉税」と呼ばれた（金子宏『租税法理論の形成と解明 上巻』（有斐閣，2010年）423頁）のに対し，戦後は，「所得源泉税の下で一般的に所得の範囲から除かれてきた譲渡所得を課税の対象に加えているほか，一時所得という類型を設け，すべての一時的・偶発的・恩恵的利得を課税の対象とし，また雑所得という類型を設けて利子所得から一時所得のいずれにも属さない所得をすべて課税の対象とする方針をとる」包括的所得概念が採用された（同書422頁）。

[3]　「一時所得は，その2分の1のみを合算し，残りの2分の1は課税の対象から除外することとされている」のは一時所得が「一時的・偶発的利得であるため担税力が低い，というのがその理由である」とされている（金子宏『租税法〔第19版〕』（弘文堂，2014年）188頁）。

源泉とは認め難いものであっても,強度に連続することによって所得が質的に変化して(所得の基礎に源泉性を認めるに足りる程度の)継続性,恒常性を獲得すれば,所得源泉性を有する場合がある」という所得源泉性に係る注目すべき命題(以下「質的変容命題」ということとする)は,本件の場合,後述するように数理学的アプローチを採ることによって,その真偽を具体的に確認することができるものと考えられ,また,仮に当該命題を肯認できたとすれば,控訴審としても「どのような場合に所得が質的に変化して所得源泉性が認められるのか」について一定の確信をもって所得源泉性に基づく判示を行い得たのではないかと思われる。本節においては,実際の競馬データに基づき,上記の質的変容命題が本件において少なくとも数理学的には真であることを具体的に明らかにすることとしたい。

2. 本節における数理学的アプローチの概要
(1) 所得源泉性

控訴審判決が消極的に引用する人造絹糸の先物取引(清算取引)による所得区分に関する高裁判決[4](以下「先物取引判決」という)においては,一時所得の性質を,単なる臨時的な所得というのではなく,「所得源泉を有しない」臨時的な所得としており,さらに,その「所得源泉性」の有無の判断に当たって,「所得の基礎に源泉性を認めるに足る」継続性・恒常性の有無を基準と解すべきであるとしている[5]。つまり,仮に当該納税者にとって一時的・臨時的な所得であったとしても,その所得自体に所得源泉性があれば,一時所得以外の所得とされるべきであり,所得源泉性がない場合にのみ一時所得とされ得るという解釈である。逆説的にいえば,当該所得に所得源泉性が認められれば,一時所得とはなり得ないこととなるわけである。なお,上記先物取引判決が

---
4) 前掲注1参照。
5) 酒井克彦『所得税法の論点研究』(財経詳報社,平成23年) 205頁参照。なお,酒井教授は,先物取引判決の当該解釈を「一時所得の性質を『所得源泉性』の有無によって判断しようとする解釈態度の表れである」とされている(同頁)。

所得源泉性を判断基準として採用した理由は，先物の清算取引は，競輪，競馬と同様に賭博性が高く，その所得は，臨時的・偶発的・不規則的であり，主観的営利性はあっても客観的な営利性が認められないことから，仮に連続的傾向を有していたとしても，なおその性質は一時所得であるという納税者側の主張を排斥するために，仮に個々の取引による所得が一時所得と同様に臨時性や不規則性を有しており，一時所得としての取扱いが可能である場合であっても，当該取引が大量かつ反復・継続して行われる場合には「所得源泉性」を認め得るときがあり，その際には所得の性質が事業所得等に変化することから一時所得には該当しなくなるという当該判決の論理を明確にするためであったものと考えられる[6]。

ところで，一時所得の定義[7]に含まれる「営利を目的とする継続的行為から生じた所得」とは，どのようなものであろうか。そもそも「営利を目的とする継続的行為から生じた所得以外の一時の所得」という文言は，昭和22年の［所得税法の］第二次改正で一時所得という新たな所得類型を設けるに当たって，従来の非課税所得の文言をそのまま用いたという経緯に由来し，一時的な所得という以外に特に積極的な意味をもつものではないとする見解[8]もあるわけであるが，本節では，取り敢えず，第一審判決の採用しているように「所得発生の蓋然性という観点から所得の基礎となる行為の規模（回数，数量，金額等），態様その他の具体的状況」に照らして判断すべきである[9]と考え，特に，本件馬券購入行為に係る所得発生の蓋然性自体に着目して検討す

---

6) 酒井教授も先物取引判決について「一時所得の性質を『所得源泉性』の有無によって判断しようとする解釈態度の表れである。所得の臨時性や不規則性は直截的に一時所得の判断に結び付くのではなく，そのような性質を有する所得が，通常『所得源泉』を基礎としていないという点に結び付き，継続的な源泉性が認められていない所得が一時所得に区分されると考えられているように思われる」と述べられている（前掲注5，同書207頁）。
7) 所得税法34条《一時所得》1項は，「一時所得とは，利子所得，配当所得，不動産所得，事業所得，給与所得，退職所得，山林所得及び譲渡所得以外の所得のうち，営利を目的とする継続的行為から生じた所得以外の一時の所得で労務その他の役務又は資産の譲渡の対価としての性質を有しないものをいう。」と定義している。
8) 谷口勢津夫『税法基本講義〔第4版〕』（弘文堂，2014年）300頁参照。
9) 第一審判決理由の「（争点に対する判断）」の第3の1「一時所得の判断基準」参照。

ることとしたい[10]。

(2) 馬券購入行為に係る所得蓋然性

　大量の馬券購入を組織的に行ったことについて多額の法人税の課税処分の対象となった事例としては、いわゆるユープロ事件がある。この事件では、その詳細は明らかではないものの、1着から3着までを順番通り当てる、いわゆる「三連単（さんれんたん）[11]」方式の馬券について、プログラムを用いて、レースで3着までに入らない可能性が高い「はずれ馬」を除外したうえで、残りの馬についてあらゆる組合せの馬券を購入したとされている[12]。そして、このような方法により、相当な収益を得ることができる理由は、「一般の競馬ファンが過剰に買うために［高配当が期待できるものの当たる確率は低い］大穴馬券は本来の確率からいくと割高になっており、逆に［当たる確率は高いものの高配当は期待できない］本命［馬券］サイドの、［つまり、当たる］確率が相対的に高い馬券は割安になっている」ことから「割安である本命馬券だけを買うことにより、平均的に利益を上げ」ることができるためであると説明されている[13]。そして、このような収益率の差に注目して行われる取引は、アービトラージ（裁定取引）と呼ばれる。つまり、大穴馬券を狙う投票者は、無理な賭けを行う傾向（これを「大穴バイアス」という）があり、その程度が大きければ、競馬に係るいわゆる「テラ銭」部分が投票金額の25％程度であることから、全体としての払戻率がたとえ75％程度であるとしても、部分

---

10) 第一審判決は、「被告の本件馬券購入行為は、一連の行為として見れば恒常的に所得を生じさせ得るものであって、その払戻金については、その所得が質的に変化して源泉性を認めるに足りる程度の継続性、恒常性を獲得したものということができるから、所得源泉性を有するものと認めるのが相当である」と結論している（第一審判決理由の「（争点に対する判断）」の第3の3の(3)参照）。
11) 正式名称は、馬番号三連勝単式勝馬投票法。1着、2着、3着となる馬の馬番号を着順通りに的中させる投票法。日本中央競馬会（JRA）では、平成16年より後半4レース限定での発売を開始。また、平成20年より全レースでの発売を開始。JRA「競馬用語辞典」http://jra.jp/kouza/yougo/w531.html（平成26年8月11日現在）参照。
12) 小幡績・太宰北斗「競馬とプロスペクト理論：微小確率の課題評価の実証分析」行動経済学、第7巻（2014）1頁、https://www.jstage.jst.go.jp/article/jbef/7/0/7_1/_pdf（平成26年8月11日現在）参照。
13) 前掲注12、同資料2頁参照。

的には100％を超える収益率で裁定取引が可能であるということである[14]。

(3) 本節における分析方法の概要

上記(2)のとおり，大穴バイアスをうまく捉えられれば100％を超える収益性があり，したがって，所得蓋然性のある裁定取引が馬券購入行為において可能であることが一般な傾向としていえるものと考えられるが，本節では，更に具体的な競馬データに基づいて分析・検討することとしたい（以下，本節における分析を「本分析」という）。

その具体的手順としては，まず，①1着馬を当てる単勝式[15]の馬券では，大穴バイアスが低く，所得源泉性が乏しいことを示す。つぎに，②1・2着を当てる投票方法である馬単（うまたん）[16]では，もはや大穴バイアスが発生し，一定の所得源泉性があることを示す。そして，上記②の結果から，③1・2・3着を当てる投票方法である三連単では，当たる確率が馬単よりも一般に更に低いことから上記②以上の所得源泉性が推認されることを示す。これは，三連単では，分析すべき組合せが馬単に比べ格段に多く[17]，全体的な見通しが悪くなり，また，前記ユープロ事件が三連単方式を活用していたことを踏まえれば，馬単式における部分的な検討でも十分説得的であると考えたためである。

---

14) なお，25％が控除されるという制約があっても裁定取引が可能となったのは，「市場の歪みが大きくなり，25％控除を超えて利益の上がるほどアービトラージのチャンスが生まれたからであ」り，当該「市場の歪みが大きくなったのは，三連単という高配当の馬券が登場したことによる」，つまり，「高配当であるために，多くの馬券ファンが大穴を狙って本命以外の馬券を多数買うようになった」ためであると分析されている（前掲注12参照）。おって，前掲注12の論文は，大穴バイアスが存在することを2009年1年間に行われたJRAの所管する中央競馬の全3,453レースに関して実際に購入された全ての組合せの三連単（9,398,790件）の得票数のデータを網羅的に用いて検証するものである（同論文3頁参照）。
15) 1着馬を当てる勝馬投票券で，古くは大正12年から発売されている最も歴史のあるものである。式別が増えた現在，発売シェアは小さいものであるが，競馬は1着を当てる単勝式が本筋であると考えるファンも少なくない。前掲注11，同資料参照。
16) 正式名称は，馬番号二連勝単式勝馬投票法。1着と2着になる馬の馬番号を着順通りに的中させる投票法。JRAでは，昭和44年から発売を止めていたが，平成14年に再び導入された。前掲注11，同資料参照。
17) 例えば13頭出走のレースで販売される馬単の組合せが156通りであるのに対して，三連単の組合せは1,716通りとなる。

3. 競馬データに基づいた所得蓋然性の分析結果

(1) 本分析の基礎的な前提

本件における納税者の馬券購入方法は，特定の競馬予想ソフトを用いて，「過去10年分の統計や競馬情報配信サービスから配信された情報等の競馬データを分析し，回収率［合計購入金額に対する合計払戻金の比率］に着目し，約40の条件を設定して出走馬に点数を付け，検証結果のうち一定の基準を充足したものをユーザー抽出条件として設定した上，…条件に合致する馬券を機械的，網羅的に大量購入することを反復継続するもの」であると認定されている[18]が，本分析では，それらのうち，回収率を推計する上で必須であると考えられる，投票対象の組合せごとの配当倍率であるオッズ[19]のデータのみを用いて，それ以外のデータについては，一切捨象して分析してみることとしたい。なぜなら，そうすることによって，本分析は，本件納税者の知識や経験に左右されない全く客観的なデータに基づく基礎的なものとなり，言い換えれば，馬券購入行為にいわば構造的に組み込まれている性質を分析できると考えられるためである。

(2) 単勝式馬券における得票率と勝率との関係

単勝式馬券における当該馬の得票率とその馬が1着となる勝率との間には，図1で明らかなように得票率がほぼゼロから60％までの非常に広い範囲で一致することが知られている[20]。

また，単勝の場合，当該馬の得票率（SoV）とオッズ（Odds）の間には競馬法に基づく国庫納付金の計算規定[21]から次の関係がある。

---

[18] 控訴審判決理由の第2の2の(1)「本件馬券購入行為の態様と規模」参照。
[19] 勝馬投票券が的中した場合の概算払戻率のこと。中央競馬ではトータリゼータシステムのコンピュータに直結して，100円に対する倍率で掲示されている。前掲注11，同資料参照。
[20] 守真太郎・久門正人「多数決と相転移―競馬ファンに神様は存在するのか？」（日本ソフトウェア科学会：ネットワークが創発する知能研究会（JWEIN2009）予稿）1頁，http://sharaku.sci.kitasato-u.ac.jp/mori/pdf/20090813A.pdf（平成26年8月11日現在）参照。なお，このような一見不可思議な現象が意味している「多数決による集団知」の発現のメカニズムは，いまだに完全に理解されているとまではいえないようである（同資料2頁）。

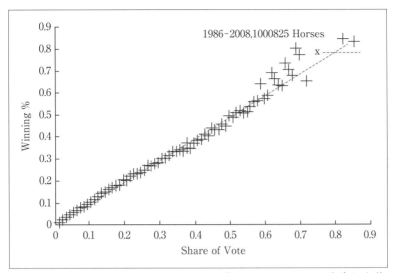

図1 1986年から2008年までのJRA主催の78454レースに出走した約100万頭の馬の得票率（単勝馬券の売上げ枚数から計算）と勝率（1着となった比率）をプロットしたもの

(出展) 脚注20の資料から転載

$$\text{SoV} = \frac{0.788}{\text{Odds} - 0.1}$$

(3) 個別競馬データに基づく分析

後述のとおり，本分析では，特定の個別レースに係るオッズに基づいて分析を行っている。また，当該レースに係る情報は，たまたまインターネット上で入手することができたものである[22]。本来，統計学的に有意な結論を出すためには，検討対象とするレースについて少なくとも，いわゆるランダム・サンプル等を行い，複数の事例について検討した上で当該結論がたまたま得られたものではないことを確認する必要がある。しかし，任意のレースのデー

---

21) 競馬法付録，第1号ないし第3号算式参照。なお，得票率（又は支持率）とオッズの関係の詳細については，「Jack Fujiiの競馬数学」http://jackfujii.blog55.fc2.com/page-3.html（平成26年8月11日現在）などを参照されたい。

表1　単勝オッズとその得票率

馬番	馬　名	単勝オッズ	得票率（％）	人気
1	ミッドタウン	22.3	3.51	9
2	マイネルモルゲン	6.3	12.57	3
3	シャイニンルビー	18.8	4.17	8
4	コスモサンビーム	5.7	13.91	2
5	ニシノシタン	6.6	11.99	4
6	ロイヤルキャンサー	41.5	1.88	13
7	キネティクス	27.3	2.86	11
8	アイルラヴァゲイン	3.8	21.05	1
9	マイネルハーティー	8.4	9.39	5
10	ウインラディウス	23.5	3.33	10
11	パリブレスト	28.9	2.71	12
12	マイネルソロモン	11.2	7.02	6
13	フォーカルポイント	14.0	5.61	7
	計		100.00	

タを与えられたとしても，後述のとおり，全く同様の手順で分析することが可能であるとともに，仮に前述した大穴バイアスや得票率と勝率との関係などのような馬券購入行為全般にいわば構造的に組み込まれている性質に基づいて個別レースの分析を行うことができれば，一定の普遍性のある結論が得られる可能性もあることから，本分析では，複数レースのデータによる分析については，今後の課題とすることとした。この点について予めお断りしておきたい。

22)　「基礎競馬.com〜初心者のためのWEB講座」http://www.kiso-keiba.com/odds/03-3.html（平成26年8月11日現在）参照。同サイトで紹介されている該当レースは，同サイト上明示はされてはいないが，2005年9月11日に中山競馬場で第11レースとしておこなわれた「第50回京成杯オータムハンデキャップ（GⅢ）」レースであるものと考えられる。なお，当該レースの各種オッズについては，「Sportsnavi」http://keiba.yahoo.co.jp/odds/tfw/0506040211/（平成26年8月11日現在）で確認できる。

表2　単勝における1枚毎期待値

馬番	単勝オッズ	1着確率(%)	1枚毎期待値	購入枚数(枚)	総合期待値
1	22.3	3.51	0.783	1	0.783
2	6.3	12.57	0.792	1	0.792
3	18.8	4.17	0.784	1	0.784
4	5.7	13.91	0.793	1	0.793
5	6.6	11.99	0.791	1	0.791
6	41.5	1.88	0.780	1	0.780
7	27.3	2.86	0.781	1	0.781
8	3.8	21.05	0.800	1	0.800
9	8.4	9.39	0.789	1	0.789
10	23.5	3.33	0.783	1	0.783
11	28.9	2.71	0.783	1	0.783
12	11.2	7.02	0.786	1	0.786
13	14.0	5.61	0.785	1	0.785
計		100.00		13	10.230
			総合期待収益率		78.7%

(4) 単勝式個別競馬データに基づく分析

本分析で分析対象となるレースの単勝オッズと当該オッズから上記(2)の計算式により求められた推定得票率は**表1**のとおりである。

そこで，上記(2)で述べたとおり，単勝では，得票率と勝率が一致すると推定して，各馬番の単勝式馬券を1枚購入した場合に，結果として，購入金額のどれだけの比率の払戻金が期待できるか（以下，当該期待値を「1枚毎期待値」という）を計算すると，**表2**の「1枚毎期待値」欄に示すとおりとなる。また，当該各馬番の1枚毎期待値に基づいて，1枚ずつ購入した場合の総合的な（ないし複合的な）期待値[23]を計算すると，同表の「総合期待値」の「計」欄のとお

---

23) 期待値は，「数学的期待値」とも呼ばれ，例えば，ある賭けの賞金 a_1, a_2, a_3, …, a_k を得る確率が，それぞれ p_1, p_2, p_3, …, p_k である場合に，得られる賞金の数学的期待値

り「10.230」となる。しかし，そのために購入が必要な馬券は，同表の「購入枚数」の「計」欄のとおり13枚であることから，その総合的な期待収益率は，約78.7％ということになる（以下，このような任意の馬券の組合せによる総合的な期待収益率を「総合期待収益率」という）。つまり，このように当該総合期待収益率が8割程度になってしまうことが，一般に言われているように，「全ての組合せの馬券を購入してもテラ銭部分があるため（平均的にみれば）収益率が100％を超えることがない」ことを表しているわけである[24]。

それでは，全ての組合せではなく，特定の買い方をすれば，どうであろうか。いろいろな購入方法が考えられるであろうが，取り敢えず，**表3**に**表2**を1枚毎期待値の降順に並べ替えたものを示す。**表3**をみると単勝オッズと1枚毎期待値の間に逆相関の関係があることが分かるが，これは，上記2の(2)で述べた大穴バイアスの影響と考えられよう。したがって，大穴バイアスの活用メリットを最大化する観点からは，1枚毎期待値のより高い方を優先して馬券を購入する戦略が考えられる。そこで，例えば単勝オッズが出走頭数である13倍を超えていれば大穴バイアスが掛かっている「はずれ馬」とみなして除外した場合の総合期待収益率を**表3**に示す。すると，その値は約79.2％となり，全組合せを購入する場合の約78.7％に比べて0.5％ポイントほど改善する。しかし，1を超える1枚毎期待値の馬券がない以上，どのように組み合わせて購入することとしても総合期待収益率を100％以上にすることは不可能である。つまり，単勝式馬券をどのように購入しようとも「平均として」得られる払戻金は，賭け金の8割程度でしかないということにな

E は，それらの賞金と対応する確率の積和として，$E = a_1p_1 + a_2p_2 + a_3p_3 + \cdots + a_kp_k$ で与えられる。いわば，当該賭けをした者が「平均として」得られる賞金の額といえる。J.E.フロイントほか著，福場庸ほか訳『経済・経営系のための統計学入門上』（培風館，昭和49年）143～145頁参照。

[24] ここで注意すべきことは，全ての組合せの馬券を購入した場合でも，たまたまその収益率が100％を上回るときがあることである。例えば，本分析の例でも，**表2**において仮に馬番1, 3, 6, 7, 10, 11, 13の計7頭のうちの1頭が1着となれば，そのオッズが13倍を超えているので，収益率は100％を超えることになる。したがって，飽くまでも同様の購入方法を繰り返していれば，その累積的な収益率が8割程度に収斂してくるということである。

表3 単勝式における1枚毎期待値

順番	馬番	単勝オッズ	1着確率(%)	1枚毎期待値	購入枚数(枚)	総合期待値
1	8	3.8	21.05	0.800	1	0.800
2	4	5.7	13.91	0.793	1	0.793
3	2	6.3	12.57	0.792	1	0.792
4	5	6.6	11.99	0.791	1	0.791
5	9	8.4	9.39	0.789	1	0.789
6	12	11.2	7.02	0.786	1	0.786
7	13	14.0	5.61	0.785	0	0.000
8	3	18.8	4.17	0.784	0	0.000
9	1	22.3	3.51	0.783	0	0.000
10	10	23.5	3.33	0.783	0	0.000
11	11	28.9	2.71	0.783	0	0.000
12	7	27.3	2.86	0.781	0	0.000
13	6	41.5	1.88	0.780	0	0.000
計			100.00		6	4.751
				総合期待収益率		79.2%

る[25]。そして,これは巷間いわれているような「競馬等の公営ギャンブルの払戻金には国庫納付金等のテラ銭部分の留保があるため一時は儲かるかもしれないが,最終的には儲かるものではない」,敢えて言い換えると,「公営ギャンブルの払戻金には所得源泉性がない」という一般的な認識にも整合的な結果であるといえよう。

 以上の検討から,馬券の特定の購入方法について所得蓋然性があるといえるか否かは,当該購入方法の総合期待収益率が100%を超えるか否かで判定することができるものと考えらえる。なぜなら,総合期待収益率が100%を

---

25) この分析結果は,本文3の(2)に述べたとおり,①単勝馬券の得票率とその馬が1着となる勝率が等しく,かつ,②単勝馬券のオッズが当該算式で計算される限り,本稿で検討したレース以外で同様の結果になるものと考えられる。また,「平均として」の意義については,前掲注23の文献参照。

表4 馬単オッズの例

2着＼1着	1	2	3	4	5	6	7	8	9	10	11	12	13
1		106.8	294.2	165.0	137.2	721.8	721.5	119.0	245.0	713.1	685.5	203.3	433.0
2	149.1		115.2	32.8	41.5	333.5	252.4	21.5	52.2	215.9	302.9	69.6	118.0
3	305.1	91.0		101.8	117.9	685.4	590.6	73.4	142.1	381.1	467.2	144.1	295.0
4	223.6	34.0	137.7		47.0	395.9	226.0	21.0	49.0	209.3	282.3	80.0	103.2
5	174.9	41.0	163.9	43.8		220.9	236.0	29.4	67.6	228.1	273.2	92.6	141.8
6	624.7	214.9	575.3	240.5	164.8		599.7	170.1	384.4	666.1	1078.4	529.6	528.8
7	599.4	148.4	540.3	127.6	148.6	516.6		95.1	223.6	525.0	732.9	201.2	405.1
8	177.7	29.2	116.0	26.5	34.2	262.0	172.6		31.2	170.8	201.9	64.9	86.6
9	299.5	47.9	168.9	41.8	63.2	443.2	330.4	21.4		324.0	245.0	96.2	130.2
10	543.4	129.3	325.7	114.2	153.0	706.7	507.5	82.8	186.8		634.4	255.3	290.4
11	629.7	215.2	459.1	201.8	194.3	1138.4	773.9	111.9	186.8	596.2		395.7	376.7
12	316.8	48.6	193.1	52.8	70.4	595.4	373.3	34.2	64.8	317.5	425.7		122.1
13	476.8	74.2	321.2	69.5	99.9	669.1	488.2	44.4	94.6	377.7	443.3	114.0	

超えれば，当該購入方法を反復・継続することによって，最終的には「平均として」賭け金以上の払戻金を得ることができると考えられるからである。

(5) **馬単式個別競馬データに基づく分析**

それでは，上記(4)で参照した同じレースの馬単式馬券についてそのオッズ（**表4**参照）のみに基づいて総合期待収益率を試算してみることにしたい。

なお，馬番iの馬が1着となり，馬番jの馬が2着となる組合せの発生確率P_{ij}は，各馬が1着となる確率をそれぞれP_i, P_jとすると，近似的に次の算式によって求めることができる[26]。

$$P_{ij} = \frac{P_i P_j}{(1-P_i)}$$

上記のことを前提として，馬番の全ての組合せについて馬単オッズ，発生確率，1枚毎期待値などを求めリストアップしたものを（**別表1**）「馬単式馬券における払戻金額検討表」に示す。併せて，当該別表には，「全件1枚ずつ

---

[26] 前掲注12，同資料4頁脚注参照。

購入」欄に全ての組合せ（156件）を1枚ずつ購入した場合の総合期待収益率をその末尾の「総合期待収益率」欄に示した。さらに，「収支が均衡する買い方」欄には，賭け金と払戻金がほぼバランスして総合期待収益率がほぼ100%となる場合の馬券（36件）の購入方法を，そして，「期待値1以上のみ購入」欄には，1枚毎期待値が1以上の組合せ（17件）のみ購入する方法を示した。なお，各購入方法の「個別期待値」欄には，各組合せの馬単オッズと発生確率と購入枚数を乗じた値を示す。

手始めに**表1**と**表4**を見比べると，単勝オッズでは，最小値が3.8，そして，最大値が41.5であり，その較差は11倍程度であるのに対し，馬単オッズでは，最小値が21.0，そして，最大値が1138.4であり，54倍ほどの開きがある。このことからも，単勝式馬券に比べて馬単式馬券には，より大きな大穴バイアスが存在し得ることが理解できよう。

そして，全件1枚ずつ購入する方法の総合期待収益率は，72.8%であり，毎回必ず勝馬を引き当てることはできるものの，単勝の場合とほぼ同様な「テラ銭」部分の留保があるため，そのような購入方法では平均して元が取れないことが分かる。

なお，ある購入方法で毎回どの程度，払戻金を受ける可能性があるのかを「配当可能性」と呼ぶこととしたい。この値は，購入対象となった馬券の組合せの発生確率を全て加えたものとして求められるが，上記のそれぞれの購入方法について（**別表1**）の「配当可能性」欄に示す。その値は，例えば，全件1枚ずつ購入する場合には100%であり，収支が均衡する購入方法では，31.0%であり，期待値1以上のみ購入する方法では，11.2%ということになる。つまり，期待値1以上の馬券のみ購入する手堅い方法では，総合期待収益率が109.6%と，10%近い収益率を確保できる可能性が高いものの，平均して9回に1回程度しか払戻金を受けられないわけである。そのため一定期間，負け続ける間の資金が必要となる。そこで，当該資金を圧縮するためには，収支が均衡するまで総合期待収益率を引き下げながら，配当可能性を引き上げることが考えられる。

そこで，どの程度まで購入対象を増やしながら総合期待収益率を確保できるか検討するために，**(別表1)** を各組合せの1枚毎期待値の降順に並べ替えたものを **(別表2)**「馬単式馬券購入における総合期待収益率検討表」に示す。なお，「収支が均衡する買い方」欄は，**(別表1)** の「収支が均衡する買い方」欄の結果を1枚毎期待値の降順に並べ替えたものであるが，当該購入方法が1枚毎期待値の上位1番目から同36番目までの組合せを購入するものであることが示されている。

つぎに，**(別表2)** の「収益率5％を目指す買い方」欄は，総合期待収益率が5％程度になることを目指す購入方法であるが，この5％という総合期待収益率の値は，控訴審判決[27]に示されている平成19年分から平成21年分の本件馬券購入行為に係る「全馬券」購入金額2,869,514,600円で「払戻金合計額」3,009,792,980円を除算して求めた当該3年間の平均収益率104.9％に見合うものといえよう。結局，そのような購入方法は，1枚毎期待値の上位1番目から同25番目までの組合せの馬券を購入するものとして実現可能であり，その際の配当可能性は，**(別表1)** の「期待値1以上のみ購入」欄の配当可能性11.2％から8.4％ポイントほど上昇して，19.6％となる。つまり，当該購入方法の平均9回に1回の割合の配当可能性を向上させ，平均して5回に1回の割合で払戻金を受けることが可能となるわけである。

ところで，1枚毎期待値の低い組合せの馬券についても敢えて少しだけ購入して，配当可能性を向上しつつ，一定の総合期待収益率を目指すことが可能なのであろうか。結論からいえば，消極的である。まさしく，このような購入方法こそが「大穴バイアス」を発生させるものであるとも考えられる。実際，**(別表2)** の「切り捨てを行わず購入枚数を増やす買い方」欄に，配当可能性を100％にするために全ての組合せの馬券を購入する一方，総合期待収益率については，「収益率5％を目指す買い方」欄と等しくなるように1枚毎期待値が1以上の各組合せについて一定枚数の馬券を購入する場合の試算

---

[27]　前掲注18参照。

結果を示す。

その結果,「切り捨てを行わず購入枚数を増やす買い方」では,1枚毎期待値が1以上の各組合せを62枚購入しなければならないことになり,そのために1回の馬券購入に必要な資金量は,「収益率5%を目指す買い方」の25枚分から1,193枚分に50倍近く必要になる。確かに,「収益率5%を目指す買い方」の場合,負け続ける間の資金が必要となるため,比較するためには,その分を調整する必要があり,前述のとおり平均9回に1回の払戻しであれば,大雑把にいって225枚分前後の資金が必要となるものといえよう。したがって,そのような調整をしたのちにも,「切り捨てを行わず購入枚数を増やす買い方」では「収益率5%を目指す買い方」の5倍ほどの資金が必要となり,多分当該方法を採用するメリットは余りないであろう[28]。

(6) 三連単式個別競馬データに基づく分析

最後に,上記(4)で参照した同じレースの三連単式馬券についてそのオッズに基づいて総合期待収益率について試算することが可能か検討したい。ただし,上記2の(3)で述べたとおり,三連単については,具体的な総合期待収益率を試算することまではしない。したがって,本節における以下の検討では,上記(5)と全く同様な手順で分析が可能であることの確認に留めることとしたい。

まず,上記(5)と同様に,馬番iの馬が1着となり,馬番jの馬が2着,そして,馬番kの馬が3着となる組合せの発生確率P_{ijk}は,各馬が1着となる確率をそれぞれP_i, P_j, P_kとすると,近似的に次の算式によって求めることができる[29]。

$$P_{ijk} = \frac{P_i P_j P_k}{(1-P_i)(1-P_i-P_j)}$$

---

[28] なお,特定の組合せについて大量の馬券を購入すると場合によってはオッズ自体が変化してしまい,期待した結果が得られない恐れも指摘できよう。むしろ,投票回数を多くする方が有利であろう。

[29] 前掲注26参照。

表5　三連単オッズの一部（一番人気の馬番8の馬を1着とするもの）

2着\3着	1	2	3	4	5	6	7	9	10	11	12	13
1		508.3	1488.7	578.1	499.6	4314.6	2673.5	697.8	2705.2	3445.8	985.8	1745.4
2	795.0		510.6	76.6	142.5	1346.2	838.1	116.3	774.7	1122.4	190.9	408.3
3	1594.4	342.2		416.8	433.3	3584.0	2069.2	371.3	1913.3	2271.0	664.0	1317.9
4	823.4	81.6	639.2		155.9	1415.8	564.7	91.6	697.5	913.5	196.2	353.7
5	703.6	123.1	547.0	130.5		1284.0	611.0	144.8	822.7	980.2	240.5	464.1
6	4158.6	877.9	3436.0	893.4	915.4		2378.8	1034.5	2995.6	5074.2	1974.1	2921.5
7	2631.5	564.4	1831.7	389.4	485.8	2730.4		444.5	1816.4	2581.7	807.0	1409.0
9	1003.3	115.6	552.8	80.8	166.9	1736.5	645.1		721.9	718.0	216.2	377.7
10	2815.8	472.0	1764.3	402.5	606.5	3229.6	1775.2	367.0		3231.2	850.7	1288.0
11	3405.9	730.5	1902.6	577.8	704.5	5419.3	2567.7	416.4	2847.3		1335.2	1576.7
12	1171.1	153.5	804.7	143.6	243.8	2638.9	998.9	158.0	984.5	1643.9		502.5
13	1994.7	281.3	1358.8	223.9	369.3	3451.2	1660.7	240.7	1409.7	1825.9	392.2	

表6　三連単オッズの一部（一番不人気の馬番6の馬を1着とするもの）

2着\3着	1	2	3	4	5	7	8	9	10	11	12	13
1		4485.8	11116.3	7713.4	2584.2	11258.2	5528.0	11769.0	8783.8	17428.7	8872.2	17314.6
2	5395.0		5774.1	2454.3	992.8	6944.1	1746.8	5357.8	7431.7	14208.8	5101.6	7745.0
3	11316.0	5327.6		8056.3	4139.1	13623.5	5576.9	8017.2	4484.2	14270.1	11079.1	16618.6
4	7850.7	2398.2	9154.6		1701.0	6320.3	2017.2	4856.3	5452.8	15083.7	6627.5	8789.6
5	3244.7	1641.1	5443.8	2381.4		4530.3	1706.7	4868.8	6335.5	7809.0	4628.6	6418.5
7	11473.0	6175.7	14332.0	5991.1	3493.1		3712.7	8980.6	9961.2	17521.0	11603.9	17997.8
8	6418.5	2045.6	6484.5	2222.9	1480.1	3596.7		2788.5	5586.3	9741.6	4960.1	6054.2
9	12363.0	4545.9	8367.1	4490.3	3603.5	8388.3	1673.3		12328.4	15562.8	9135.6	12036.8
10	9415.2	7220.8	4657.9	5115.4	4840.3	9741.1	4707.6	11316.0		17292.0	8257.4	14102.8
11	17949.0	10719.9	13335.1	12756.4	5687.2	12397.7	7624.5	13808.3	15100.9		19482.1	18296.5
12	9123.0	4470.6	11229.5	5929.4	3723.2	10440.7	3695.1	8216.4	7713.4	19006.3		11779.5
13	16494.2	6759.6	15899.5	8046.5	4861.6	16211.3	4389.0	10515.4	13007.3	19143.8	11800.5	

つぎに，同レースにおいて一番人気の馬（馬番8番）と一番不人気の馬（馬番6番）をそれぞれ1着とする三連単オッズをそれぞれ**表5**及び**表6**に示す。そして，**表5**の太線で囲った組合せ（8番—4番—2番）のオッズ76.6がこの表の最小の三連単オッズであり，二重線で囲った組合せ（8番—6番—11番）のオッ

第3章　租税法分野への数理学的アプローチの有効性　271

表7　三連単の各組合せの1枚毎期待値（一番人気の馬番8の馬を1着とするもの）

2着\3着	1	2	3	4	5	6	7	9	10	11	12	13
1		0.90	0.78	1.16	0.84	0.98	0.94	0.88	1.11	1.15	0.90	1.25
2	1.24		0.95	0.55	0.86	1.10	1.06	0.53	1.14	1.34	0.62	1.05
3	0.82	0.72		0.99	0.86	0.97	0.86	0.56	0.94	0.90	0.72	1.12
4	1.42	0.57	1.32		1.04	1.28	0.79	0.46	1.14	1.20	0.71	1.00
5	1.05	0.75	0.98	0.89		1.00	0.73	0.62	1.16	1.11	0.75	1.13
6	0.97	0.83	0.96	0.96	0.82		0.45	0.70	0.66	0.90	0.97	1.12
7	0.93	0.81	0.78	0.64	0.66	0.51		0.46	0.61	0.70	0.60	0.82
9	1.17	0.55	0.77	0.43	0.75	1.06	0.61		0.80	0.64	0.53	0.72
10	1.16	0.79	0.87	0.76	0.96	0.70	0.59	0.44		1.02	0.74	0.87
11	1.15	1.00	0.77	0.89	0.91	0.96	0.70	0.41	0.91		0.94	0.87
12	1.02	0.54	0.84	0.57	0.82	1.20	0.70	0.40	0.81	1.09		0.72
13	1.39	0.80	1.13	0.72	0.99	1.26	0.93	0.49	0.93	0.97	0.57	

表8　三連単の各組合せの1枚毎期待値（一番不人気の馬番6の馬を1着とするもの）

2着\3着	1	2	3	4	5	7	8	9	10	11	12	13
1		0.44	0.33	0.86	0.24	0.23	1.02	0.84	0.21	0.33	0.46	0.71
2	0.48		0.62	0.98	0.33	0.50	1.15	1.37	0.63	0.97	0.95	1.13
3	0.34	0.63		1.06	0.46	0.33	1.22	0.68	0.13	0.32	0.68	0.81
4	0.78	0.94	1.08		0.63	0.51	1.47	1.37	0.51	1.14	1.36	1.42
5	0.28	0.55	0.56	0.9		0.31	1.07	1.18	0.51	0.51	0.82	0.89
7	0.23	0.50	0.35	0.54	0.27		0.56	0.52	0.19	0.27	0.49	0.60
8	0.96	1.21	1.16	1.48	0.83	0.44		1.19	0.79	1.12	1.54	1.48
9	0.83	1.20	0.67	1.33	0.9	0.45	0.82		0.78	0.80	1.27	1.31
10	0.22	0.68	0.13	0.54	0.43	0.19	0.82	0.76		0.31	0.41	0.55
11	0.35	0.82	0.31	1.09	0.41	0.19	1.08	0.76	0.28		0.78	0.58
12	0.46	0.88	0.67	1.32	0.70	0.42	1.36	1.17	0.36	0.73		0.96
13	0.66	1.07	0.76	1.43	0.73	0.52	1.29	1.20	0.49	0.58	0.98	

ズ5419.3がこの表の最大の三連単オッズである（以下，他の表についても同様に表記する）。なお，オッズ全体では，最小オッズ76.6と最大オッズ19482.1の間には，254倍ほどの開きがあり，これは馬単の場合の54倍ほどの開きと比べて更に大きい。したがって，大穴バイアスの影響も馬単の場合よりも更に

そこで，上記(5)と同様に，それぞれの馬の単勝オッズから求めた1着確率を上記の算式に代入して発生確率を求め，それに該当する三連単オッズを乗じて1枚毎期待値を求めると，表5と表6の各組合せにつき，それぞれ表7と表8のとおりとなる。

　表7と表8だけをみても，1枚毎期待値の最大値1.42と最小値0.13の間の1.29の開きは，馬単の場合の最大値1.36と最小値0.28の間の1.08の開きよりも更に大きくなっており，この点も三連単の大穴バイアスの大きさを物語るものと考えられる。したがって，1枚毎期待値の低い「はずれ馬券」の切り捨て効果は，馬単よりも三連単の方がより大きいものと考えられる。

　いずれにしても，1枚毎期待値の分布状況等からみて，三連単についても，上記(5)と同様の分析が可能であると結論してよいであろう。

4．まとめ
(1) 質的変容命題の検討

　大穴バイアスについては，その程度の違いはあれ，どのようなレースにも普遍的に存在するものと考えられるが，少なくとも本節で取り上げたレースと同様な1枚毎期待値の分布構造を有すると期待できるレース群を適宜選択して投票することとし，例えば，上記3の(5)で例示した馬券の購入方法ないしそれと同趣旨の買い方を反復・継続的に行うことによって，累積的な総合期待収益率を100％以上とすることが可能と考えられる。つまり，そのような馬券購入行為には，所得蓋然性があるものといえるわけである。したがって，結論として，少なくともそのようなレース群については，「一回的な行為として見た場合所得源泉とは認め難いものであっても，強度に連続することによって所得が質的に変化して（所得の基礎に源泉性を認めるに足りる程度の）継続性，恒常性を獲得すれば，所得源泉性を有する場合がある」という質的変容命題が成立するような一定の馬券購入方法が存在し得るといえよう。

　なお，本節の分析は，そもそも確定オッズ[30]に基づくものであり，上記3

の(5)で例示した購入方法がそのままで実践できるとまではいいがたいが，馬券裁判の被告も行っていたように[31]，馬券の自動購入ソフトの「当日情報自動取得機能」等を使用してなるべく確定オッズに近似した最新のオッズに基づいて馬券を自動購入することは可能であろう。

　また，単勝の1着確率から馬単や三連単の組合せの発生確率を推計する方法も飽くまでも近似的なものであるが，切り捨てる馬券についても，単にオッズ情報に基づいて単純に行うのではなく，同被告が行ったように[32]，利用可能な過去の実績データに基づいて種々のシミュレーションを行うことにより調整した，より精度の高い基準に基づいて行うことがより実践的かつ効率的であろう。

　いずれにしても，本節の分析により，勝馬投票に参加する多くの者が射幸心ないし投機心を満足させるために，当たる確率は極端に限られているにも関わらず，高倍率の馬券に投機するという大穴バイアスが勝馬投票に存在する限り，それといわば裏腹の関係で，所得源泉性を有する組織的な投票方法が存在し得ること，そして，それを実行可能とする情報インフラが安価に[33]提供される時代となってきたことを強く認識することができよう。

(2) **馬券の払戻金に係る今後の取扱い**

　上記(1)の結論を踏まえると，馬券裁判の第一審及び控訴審両判決が判示するように，馬券の個々の払戻金の性格のみで所得区分を判断することは今後

---

30) オッズには，発表される時点に応じて「予想オッズ」（発売前），「前日オッズ」（発売前日），「中間オッズ」（発売中），「最終オッズ」（締切時），「確定オッズ」（確定後）があり，その値も時間の経過とともに相当程度変動する。
31) 第一審判決理由の「（争点に対する判断）」の第2の4の(5)「自動購入」参照。
32) 第一審判決理由の「（争点に対する判断）」の第2の4の(3)「ユーザー抽出条件の作成」参照。なお，所得源泉性を優先する馬券の購入方法では，「当たる馬券を抽出する」という通常のスタンスではなく，むしろ，一定の配当可能性を確保するため「外れる馬券を除外する」というスタンスであるといえよう。おって，本文2の(2)のユープロ事件においても「はずれ馬」を精度よく除外するためのプログラムが開発されていたようである（前掲注12参照）。
33) 本件では，「毎年分の本件ソフトや競馬データ等の利用料金」が毎年 64,500 円であると認定されている。第一審判決理由の「（争点に対する判断）」の第6「本件各年分の本件馬券購入行為による所得金額について」参照。

難しくなろう。しかし、そうであるとしても、どの程度反復・継続していれば雑所得としてよいのか、また、それには、一定の所得源泉性が認められる購入方法ないし自動購入ソフトを利用していることが前提となるのか、そして、その際の所得源泉性の有無についてどのように確認すればよいのかなどの点で税務執行上の課題は尽きないであろう。

　ところで、第一審判決でも認めているように、競馬の勝馬投票に要する費用は、「一般的には、趣味、嗜好、娯楽等の要素が強いものであり、馬券の購入費用は一種の楽しみ賃に該当し、馬券の購入は、所得の処分行為ないし消費としての性質を有するといえる[34]」、いわゆる家事費である。したがって、通常は家事費であるので、所得税法45条《家事関連費等の必要経費不算入等》によって馬券裁判の被告の雑所得の金額の計算上、必要経費に算入できないはずである。これについて第一審・控訴審両判決とも明示的には触れてはいないが、控訴審判決では、「外れ馬券を含む馬券の購入がなければ所得計算の基礎となる払戻金を被告が得ることもなかったというべきであることに照らすと、当たり馬券だけではなく外れ馬券を含めた全馬券の購入費用と競馬予想ソフトや競馬情報配信サービスの利用料が、所得計算の基礎となった払戻金を得るために『直接に要した費用』（所得税法37条1項）にあたり、必要経費として控除される（同法35条2項2号）と解するのが相当」と説示している[35]。しかし、所得税法37条1項は、「別段の定めがあるものを除き」、「直接に要した費用」などを必要経費に算入すべきとしており、この「別段の定め」には、上記の45条も含まれるものと解されることから、45条に該当しない理由を併せて説示すべきであったものと考えられる[36]。

---

34)　第一審判決理由の「（争点に対する判断）」の第3の2「一般的な馬券購入行為から生じた所得について」参照。
35)　控訴審判決理由の第2の3「本件について所得計算上控除すべき金額」参照。
36)　なお、そもそも娯楽としての本件馬券購入行為に目的としての業務性はないものと考えるべきであり、そうであれば、本件馬券購入行為に係る費用については、業務関連性がないこととなるため、所得税法37条の規定する必要経費には該当しないとする見解もある。図子善信「大規模な馬券購入を反復継続して得た払戻金の所得区分」、新・判

第3章　租税法分野への数理学的アプローチの有効性　275

　なお，第一審判決は，「被告人の本件馬券購入行為は，その態様からすれば，競馬を娯楽として楽しむためではなく，むしろ利益を得るための資産運用の一種として行われたものと理解することができ」ると認定している[37]が，同人にとっては，資産運用自体が目的ではなく，むしろ，通説的には儲からない勝馬投票によって安定的に良好な収益を上げること自体に興味があったものと認定することもできるのではあるまいか。つまり，同人は，より手軽な株式運用やFX取引などの利殖行為とは別の「面白さ」や「興奮」そして「達成感」を，独自に開発したパソコン・システムによって本件馬券購入行為を自動的に行うことに見出していたものとも思われる[38]。そして，それらは勝馬投票を通じてしか味わえない種類の満足感を同人にもたらしたものと考えられる。仮にそうだとすると，払戻金は目的というよりは，むしろ，当該パソコン・システムの性能評価の指標となる単なる結果であり，馬券の購入費用には，当該満足感を得るための家事費的性格が含まれるものといえよう。

　いずれにしても，第一審判決の論理では，総合期待収益率が0％，つまり，収支が均衡しているような馬券購入行為を反復・継続して行っている者を想定すると，当該馬券購入行為には所得源泉性が認められないことから，一時所得課税が行われる可能性が高い。したがって，場合によっては，全体としては儲かっていない方が一時所得課税によってより多く課税されるという逆転現象が発生する可能性がある。一方，控訴審判決の論理では，雑所得課税となるか一時所得課税となるかは明らかではない。ただし，どちらになるかで大きく課税所得は異なることになろう。したがって，このような境界的な事例をどのように取り扱うべきかについても，税務執行上の大きな課題とな

例解説 Watch, 租税法 No.105, TKC ローライブラリー（2014年9月5日掲載）4頁，https://www.lawlibrary.jp/pdf/z18817009-00-131051108_tkc.pdf（平成26年9月8日現在）参照。
37）　第一審判決理由の「(争点に対する判断)」の第3の3の(2)参照。
38）　第一審判決理由の「(争点に対する判断)」の第3の4「被告人の行っていた馬券の購入方法」参照。なお，この面白さは，昨今強さを増しているコンピュータ将棋のプログラムの作者の気持ちにも通じるものであろう。伊藤毅志ほか『ミニ特集　第3回電王戦を振り返って』情報処理 Vol.55 No.8（2014）842～852頁掲載の各論文参照。

ろう。

(3) 一時所得課税の見直しの必要性

　パソコンの高性能・低価格化やインターネット取引の基盤となる ICT 技術の高度化には，目を見張るものがあり，そのような高度な取引環境を前提としていない，一時所得，雑所得などの所得区分に対する従来型の定性的な取扱いでは，高度な取引環境を活用した先端的取引をうまく整理できなくなってきていることは，これまでの馬券裁判判決をみても確かなようである。特に，質的変容命題にどのように対応していくかが大きな課題であろう。

　そのような観点から，本節で用いたような数理学的分析手法が，上記課題に対する一定の解決策を見出していく上で，有効な手段となることを期待したい。

【追記】

　新聞報道によれば，馬券裁判については，平成 26 年 6 月 30 日付で上告が受理され，審理が行われてきたが，弁論が開かれないまま，平成 27 年 3 月 10 日に判決が行われる模様である。

第3章 租税法分野への数理学的アプローチの有効性

(別表1) 馬単式馬券における払戻金額検討表

組合せ上位	組合せ下位	馬単オッズ(倍)	組合せ上位の1着確率	組合せ下位の1着確率	発生確率	1枚毎期待値	全件1枚ずつ購入 購入枚数(枚)	全件1枚ずつ購入 個別期待値	収支が均衡する買い方 購入枚数(枚)	収支が均衡する買い方 個別期待値	期待値1以上のみ購入 購入枚数(枚)	期待値1以上のみ購入 個別期待値
1	2	149.1	3.51%	12.57%	0.46%	0.68	1	0.68				
1	3	305.1	3.51%	4.17%	0.15%	0.46	1	0.46				
1	4	223.6	3.51%	13.91%	0.51%	1.13	1	1.13	1	1.13	1	1.13
1	5	174.9	3.51%	11.99%	0.44%	0.76	1	0.76				
1	6	624.7	3.51%	1.88%	0.07%	0.43	1	0.43				
1	7	599.4	3.51%	2.86%	0.10%	0.62	1	0.62				
1	8	177.7	3.51%	21.05%	0.77%	1.36	1	1.36	1	1.36	1	1.36
1	9	299.5	3.51%	9.39%	0.34%	1.02	1	1.02	1	1.02	1	1.02
1	10	543.4	3.51%	3.33%	0.12%	0.66	1	0.66				
1	11	629.7	3.51%	2.71%	0.10%	0.62	1	0.62				
1	12	316.8	3.51%	7.02%	0.26%	0.81	1	0.81				
1	13	476.8	3.51%	5.61%	0.20%	0.97	1	0.97	1	0.97		
2	1	106.8	12.57%	3.51%	0.50%	0.54	1	0.54				
2	3	91.0	12.57%	4.17%	0.60%	0.55	1	0.55				
2	4	34.0	12.57%	13.91%	2.00%	0.68	1	0.68				
2	5	41.0	12.57%	11.99%	1.72%	0.71	1	0.71				
2	6	214.9	12.57%	1.88%	0.27%	0.58	1	0.58				
2	7	148.4	12.57%	2.86%	0.41%	0.61	1	0.61				
2	8	29.2	12.57%	21.05%	3.03%	0.88	1	0.88	1	0.88		
2	9	47.9	12.57%	9.39%	1.35%	0.65	1	0.65				
2	10	129.3	12.57%	3.33%	0.48%	0.62	1	0.62				
2	11	215.2	12.57%	2.71%	0.39%	0.84	1	0.84				
2	12	48.6	12.57%	7.02%	1.01%	0.49	1	0.49				
2	13	74.2	12.57%	5.61%	0.81%	0.60	1	0.60				
3	1	294.2	4.17%	3.51%	0.15%	0.45	1	0.45				
3	2	115.2	4.17%	12.57%	0.55%	0.63	1	0.63				
3	4	137.7	4.17%	13.91%	0.61%	0.83	1	0.83				
3	5	163.9	4.17%	11.99%	0.52%	0.86	1	0.86	1	0.86		
3	6	575.3	4.17%	1.88%	0.08%	0.47	1	0.47				
3	7	540.3	4.17%	2.86%	0.12%	0.67	1	0.67				
3	8	116.0	4.17%	21.05%	0.92%	1.06	1	1.06	1	1.06	1	1.06
3	9	168.9	4.17%	9.39%	0.41%	0.69	1	0.69				
3	10	325.7	4.17%	3.33%	0.14%	0.47	1	0.47				
3	11	459.1	4.17%	2.71%	0.12%	0.54	1	0.54				
3	12	193.1	4.17%	7.02%	0.31%	0.59	1	0.59				
3	13	321.2	4.17%	5.61%	0.24%	0.78	1	0.78				
4	1	165.0	13.91%	3.51%	0.57%	0.94	1	0.94	1	0.94		
4	2	32.8	13.91%	12.57%	2.03%	0.67	1	0.67				
4	3	101.8	13.91%	4.17%	0.67%	0.69	1	0.69				
4	5	43.8	13.91%	11.99%	1.94%	0.85	1	0.85				
4	6	240.5	13.91%	1.88%	0.30%	0.73	1	0.73				
4	7	127.6	13.91%	2.86%	0.46%	0.59	1	0.59				
4	8	26.5	13.91%	21.05%	3.40%	0.90	1	0.90	1	0.90		
4	9	41.8	13.91%	9.39%	1.52%	0.63	1	0.63				
4	10	114.2	13.91%	3.33%	0.54%	0.61	1	0.61				
4	11	201.8	13.91%	2.71%	0.44%	0.88	1	0.88	1	0.88		
4	12	52.8	13.91%	7.02%	1.13%	0.60	1	0.60				
4	13	69.5	13.91%	5.61%	0.91%	0.63	1	0.63				

(別表1) つづき

組合せ上位	組合せ下位	馬単オッズ(倍)	組合せ上位の1着確率	組合せ下位の1着確率	発生確率	1枚毎期待値	全件1枚ずつ購入		収支が均衡する買い方		期待値1以上のみ購入	
							購入枚数(枚)	個別期待値	購入枚数(枚)	個別期待値	購入枚数(枚)	個別期待値
5	1	137.2	11.99%	3.51%	0.48%	0.66	1	0.66				
5	2	41.5	11.99%	12.57%	1.71%	0.71	1	0.71				
5	3	117.9	11.99%	4.17%	0.57%	0.67	1	0.67				
5	4	47.0	11.99%	13.91%	1.90%	0.89	1	0.89	1	0.89		
5	6	164.8	11.99%	1.88%	0.26%	0.42	1	0.42				
5	7	148.6	11.99%	2.86%	0.39%	0.58	1	0.58				
5	8	34.2	11.99%	21.05%	2.87%	0.98	1	0.98	1	0.98		
5	9	63.2	11.99%	9.39%	1.28%	0.81	1	0.81				
5	10	153.0	11.99%	3.33%	0.45%	0.69	1	0.69				
5	11	194.3	11.99%	2.71%	0.37%	0.72	1	0.72				
5	12	70.4	11.99%	7.02%	0.96%	0.67	1	0.67				
5	13	99.9	11.99%	5.61%	0.76%	0.76	1	0.76				
6	1	721.8	1.88%	3.51%	0.07%	0.49	1	0.49				
6	2	333.5	1.88%	12.57%	0.24%	0.80	1	0.80				
6	3	685.4	1.88%	4.17%	0.08%	0.55	1	0.55				
6	4	395.9	1.88%	13.91%	0.27%	1.06	1	1.06	1	1.06	1	1.06
6	5	220.9	1.88%	11.99%	0.23%	0.51	1	0.51				
6	7	516.6	1.88%	2.86%	0.05%	0.28	1	0.28				
6	8	262.0	1.88%	21.05%	0.40%	1.06	1	1.06	1	1.06	1	1.06
6	9	443.2	1.88%	9.39%	0.18%	0.80	1	0.80				
6	10	706.7	1.88%	3.33%	0.06%	0.45	1	0.45				
6	11	1138.4	1.88%	2.71%	0.05%	0.59	1	0.59				
6	12	595.4	1.88%	7.02%	0.13%	0.80	1	0.80				
6	13	669.1	1.88%	5.61%	0.11%	0.72	1	0.72				
7	1	721.5	2.86%	3.51%	0.10%	0.75	1	0.75				
7	2	252.4	2.86%	12.57%	0.37%	0.93	1	0.93	1	0.93		
7	3	590.6	2.86%	4.17%	0.12%	0.73	1	0.73				
7	4	226.0	2.86%	13.91%	0.41%	0.93	1	0.93	1	0.93		
7	5	236.0	2.86%	11.99%	0.35%	0.83	1	0.83				
7	6	599.7	2.86%	1.88%	0.06%	0.33	1	0.33				
7	8	172.6	2.86%	21.05%	0.62%	1.07	1	1.07	1	1.07	1	1.07
7	9	330.4	2.86%	9.39%	0.28%	0.91	1	0.91	1	0.91		
7	10	507.5	2.86%	3.33%	0.10%	0.50	1	0.50				
7	11	773.9	2.86%	2.71%	0.08%	0.62	1	0.62				
7	12	373.3	2.86%	7.02%	0.21%	0.77	1	0.77				
7	13	488.2	2.86%	5.61%	0.17%	0.81	1	0.81				
8	1	119.0	21.05%	3.51%	0.94%	1.11	1	1.11	1	1.11	1	1.11
8	2	21.5	21.05%	12.57%	3.35%	0.72	1	0.72				
8	3	73.4	21.05%	4.17%	1.11%	0.82	1	0.82				
8	4	21.0	21.05%	13.91%	3.71%	0.78	1	0.78				
8	5	29.4	21.05%	11.99%	3.20%	0.94	1	0.94	1	0.94		
8	6	170.1	21.05%	1.88%	0.50%	0.85	1	0.85				
8	7	95.1	21.05%	2.86%	0.76%	0.73	1	0.73				
8	9	21.4	21.05%	9.39%	2.50%	0.54	1	0.54				
8	10	82.8	21.05%	3.33%	0.89%	0.74	1	0.74				
8	11	111.9	21.05%	2.71%	0.72%	0.81	1	0.81				
8	12	34.2	21.05%	7.02%	1.87%	0.64	1	0.64				
8	13	44.4	21.05%	5.61%	1.50%	0.66	1	0.66				

第3章 租税法分野への数理学的アプローチの有効性

(別表1) つづき

組合せ上位	組合せ下位	馬単オッズ(倍)	組合せ上位の1着確率	組合せ下位の1着確率	発生確率	1枚毎期待値	全件1枚ずつ購入 購入枚数(枚)	個別期待値	収支が均衡する買い方 購入枚数(枚)	個別期待値	期待値1以上のみ購入 購入枚数(枚)	個別期待値
9	1	245.0	9.39%	3.51%	0.36%	0.89	1	0.89	1	0.89		
	2	52.2	9.39%	12.57%	1.30%	0.68	1	0.68				
	3	142.1	9.39%	4.17%	0.43%	0.61	1	0.61				
	4	49.0	9.39%	13.91%	1.44%	0.71	1	0.71				
	5	67.6	9.39%	11.99%	1.24%	0.84	1	0.84				
	6	384.4	9.39%	1.88%	0.19%	0.75	1	0.75				
	7	223.6	9.39%	2.86%	0.30%	0.66	1	0.66				
	8	31.2	9.39%	21.05%	2.18%	0.68	1	0.68				
	10	186.8	9.39%	3.33%	0.35%	0.64	1	0.64				
	11	186.8	9.39%	2.71%	0.28%	0.52	1	0.52				
	12	64.8	9.39%	7.02%	0.73%	0.47	1	0.47				
	13	94.6	9.39%	5.61%	0.58%	0.55	1	0.55				
10	1	713.1	3.33%	3.51%	0.12%	0.86	1	0.86	1	0.86		
	2	215.9	3.33%	12.57%	0.43%	0.93	1	0.93	1	0.93		
	3	381.1	3.33%	4.17%	0.14%	0.55	1	0.55				
	4	209.3	3.33%	13.91%	0.48%	1.00	1	1.00	1	1.00	1	1.00
	5	228.1	3.33%	11.99%	0.41%	0.94	1	0.94	1	0.94		
	6	666.1	3.33%	1.88%	0.06%	0.43	1	0.43				
	7	525.0	3.33%	2.86%	0.10%	0.52	1	0.52				
	8	170.8	3.33%	21.05%	0.73%	1.24	1	1.24	1	1.24	1	1.24
	9	324.0	3.33%	9.39%	0.32%	1.05	1	1.05	1	1.05	1	1.05
	11	596.2	3.33%	2.71%	0.09%	0.56	1	0.56				
	12	317.5	3.33%	7.02%	0.24%	0.77	1	0.77				
	13	377.7	3.33%	5.61%	0.19%	0.73	1	0.73				
11	1	685.5	2.71%	3.51%	0.10%	0.67	1	0.67				
	2	302.9	2.71%	12.57%	0.35%	1.06	1	1.06	1	1.06	1	1.06
	3	467.2	2.71%	4.17%	0.12%	0.54	1	0.54				
	4	282.3	2.71%	13.91%	0.39%	1.09	1	1.09	1	1.09	1	1.09
	5	273.2	2.71%	11.99%	0.33%	0.91	1	0.91	1	0.91		
	6	1078.4	2.71%	1.88%	0.05%	0.56	1	0.56				
	7	732.9	2.71%	2.86%	0.08%	0.58	1	0.58				
	8	201.9	2.71%	21.05%	0.59%	1.18	1	1.18	1	1.18	1	1.18
	9	245.0	2.71%	9.39%	0.26%	0.64	1	0.64				
	10	634.4	2.71%	3.33%	0.09%	0.59	1	0.59				
	12	425.7	2.71%	7.02%	0.20%	0.83	1	0.83				
	13	443.3	2.71%	5.61%	0.16%	0.69	1	0.69				
12	1	203.3	7.02%	3.51%	0.27%	0.54	1	0.54				
	2	69.6	7.02%	12.57%	0.95%	0.66	1	0.66				
	3	144.1	7.02%	4.17%	0.31%	0.45	1	0.45				
	4	80.0	7.02%	13.91%	1.05%	0.84	1	0.84				
	5	92.6	7.02%	11.99%	0.91%	0.84	1	0.84				
	6	529.6	7.02%	1.88%	0.14%	0.75	1	0.75				
	7	201.2	7.02%	2.86%	0.22%	0.43	1	0.43				
	8	64.9	7.02%	21.05%	1.59%	1.03	1	1.03	1	1.03	1	1.03
	9	96.2	7.02%	9.39%	0.71%	0.68	1	0.68				
	10	255.3	7.02%	3.33%	0.25%	0.64	1	0.64				
	11	395.7	7.02%	2.71%	0.20%	0.81	1	0.81				
	13	114.0	7.02%	5.61%	0.42%	0.48	1	0.48				

(別表1) つづき

組合せ		馬単オッズ(倍)	組合せ上位の1着確率	組合せ下位の1着確率	発生確率	1枚毎期待値	全件1枚ずつ購入		収支が均衡する買い方		期待値1以上のみ購入	
上位	下位						購入枚数(枚)	個別期待値	購入枚数(枚)	個別期待値	購入枚数(枚)	個別期待値
13	1	433.0	5.61%	3.51%	0.21%	0.90	1	0.90	1	0.90		
	2	118.0	5.61%	12.57%	0.75%	0.88	1	0.88	1	0.88		
	3	295.0	5.61%	4.17%	0.25%	0.73	1	0.73				
	4	103.2	5.61%	13.91%	0.83%	0.85	1	0.85				
	5	141.8	5.61%	11.99%	0.71%	1.01	1	1.01	1	1.01	1	1.01
	6	528.8	5.61%	1.88%	0.11%	0.59	1	0.59				
	7	405.1	5.61%	2.86%	0.17%	0.69	1	0.69				
	8	86.6	5.61%	21.05%	1.25%	1.08	1	1.08	1	1.08	1	1.08
	9	130.2	5.61%	9.39%	0.56%	0.73	1	0.73				
	10	290.4	5.61%	3.33%	0.20%	0.57	1	0.57				
	11	376.7	5.61%	2.71%	0.16%	0.61	1	0.61				
	12	122.1	5.61%	7.02%	0.42%	0.51	1	0.51				
合計					100.00%	113.49	156	113.49	36	35.97	17	18.63
1枚毎下限期待値							0.00		0.86		1.00	
総合期待収益率								72.8%		99.9%		109.6%
配当可能性							100.0%		31.0%		11.2%	

第3章 租税法分野への数理学的アプローチの有効性

(別表2) 馬単式馬券購入における総合期待収益率検討表

No.	組合せ 上位	組合せ 下位	馬単オッズ(倍)	組合せ上位の1着確率	組合せ下位の1着確率	発生確率	1枚毎期待値	収支が均衡する買い方 購入枚数(枚)	個別期待値	収益率5%を目指す買い方 購入枚数(枚)	個別期待値	切り捨てを行わず購入枚数を増やす買い方 購入枚数(枚)	個別期待値
1	1	8	177.7	3.51%	21.05%	0.77%	1.36	1	1.36	1	1.36	62	84.36
2	10	8	170.8	3.33%	21.05%	0.73%	1.24	1	1.24	1	1.24	62	76.79
3	11	8	201.9	2.71%	21.05%	0.59%	1.18	1	1.18	1	1.18	62	73.40
4	1	4	223.6	3.51%	13.91%	0.51%	1.13	1	1.13	1	1.13	62	70.15
5	8	1	119.0	21.05%	3.51%	0.94%	1.11	1	1.11	1	1.11	62	69.05
6	11	4	282.3	2.71%	13.91%	0.39%	1.09	1	1.09	1	1.09	62	67.82
7	13	8	86.6	5.61%	21.05%	1.25%	1.08	1	1.08	1	1.08	62	67.17
8	7	8	172.6	2.86%	21.05%	0.62%	1.07	1	1.07	1	1.07	62	66.32
9	3	8	116.0	4.17%	21.05%	0.92%	1.06	1	1.06	1	1.06	62	65.88
10	11	2	302.9	2.71%	12.57%	0.35%	1.06	1	1.06	1	1.06	62	65.75
11	6	8	262.0	1.88%	21.05%	0.40%	1.06	1	1.06	1	1.06	62	65.52
12	6	4	395.9	1.88%	13.91%	0.27%	1.06	1	1.06	1	1.06	62	65.42
13	10	9	324.0	3.33%	9.39%	0.32%	1.05	1	1.05	1	1.05	62	64.98
14	12	8	64.9	7.02%	21.05%	1.59%	1.03	1	1.03	1	1.03	62	63.95
15	1	9	299.5	3.51%	9.39%	0.34%	1.02	1	1.02	1	1.02	62	63.43
16	13	5	141.8	5.61%	11.99%	0.71%	1.01	1	1.01	1	1.01	62	62.65
17	10	4	209.3	3.33%	13.91%	0.48%	1.00	1	1.00	1	1.00	62	62.18
18	5	8	34.2	11.99%	21.05%	2.87%	0.98	1	0.98	1	0.98	1	0.98
19	1	13	476.8	3.51%	5.61%	0.20%	0.97	1	0.97	1	0.97	1	0.97
20	10	5	228.1	3.33%	11.99%	0.41%	0.94	1	0.94	1	0.94	1	0.94
21	8	5	29.4	21.05%	11.99%	3.20%	0.94	1	0.94	1	0.94	1	0.94
22	4	1	165.0	13.91%	3.51%	0.57%	0.94	1	0.94	1	0.94	1	0.94
23	10	2	215.9	3.33%	12.57%	0.43%	0.93	1	0.93	1	0.93	1	0.93
24	7	2	252.4	2.86%	12.57%	0.37%	0.93	1	0.93	1	0.93	1	0.93
25	7	4	226.0	2.86%	13.91%	0.41%	0.93	1	0.93	1	0.93	1	0.93
26	7	9	330.4	2.86%	9.39%	0.28%	0.91	1	0.91			1	0.91
27	11	5	273.2	2.71%	11.99%	0.33%	0.91	1	0.91			1	0.91
28	13	1	433.0	5.61%	3.51%	0.21%	0.90	1	0.90			1	0.90
29	4	8	26.5	13.91%	21.05%	3.40%	0.90	1	0.90			1	0.90
30	9	1	245.0	9.39%	3.51%	0.36%	0.89	1	0.89			1	0.89
31	5	4	47.0	11.99%	13.91%	1.90%	0.89	1	0.89			1	0.89
32	2	8	29.2	12.57%	21.05%	3.03%	0.88	1	0.88			1	0.88
33	4	11	201.8	13.91%	2.71%	0.44%	0.88	1	0.88			1	0.88
34	13	2	118.0	5.61%	12.57%	0.75%	0.88	1	0.88			1	0.88
35	10	1	713.1	3.33%	3.51%	0.12%	0.86	1	0.86			1	0.86
36	3	5	163.9	4.17%	11.99%	0.52%	0.86	1	0.86			1	0.86
37	13	4	103.2	5.61%	13.91%	0.83%	0.85					1	0.85
38	8	6	170.1	21.05%	1.88%	0.50%	0.85					1	0.85
39	4	5	43.8	13.91%	11.99%	1.94%	0.85					1	0.85
40	12	4	80.0	7.02%	13.91%	1.05%	0.84					1	0.84
41	9	5	67.6	9.39%	11.99%	1.24%	0.84					1	0.84
42	2	11	215.2	12.57%	2.71%	0.39%	0.84					1	0.84
43	12	5	92.6	7.02%	11.99%	0.91%	0.84					1	0.84
44	3	4	137.7	4.17%	13.91%	0.61%	0.83					1	0.83
45	7	5	236.0	2.86%	11.99%	0.35%	0.83					1	0.83
46	11	12	425.7	2.71%	7.02%	0.20%	0.83					1	0.83

(別表2) つづき

No.	組合せ 上位	組合せ 下位	馬単オッズ（倍）	組合せ上位の1着確率	組合せ下位の1着確率	発生確率	1枚毎期待値	収支が均衡する買い方 購入枚数（枚）	個別期待値	収益率5%を目指す買い方 購入枚数（枚）	個別期待値	切り捨てを行わず購入枚数を増やす買い方 購入枚数（枚）	個別期待値
47	8	3	73.4	21.05%	4.17%	1.11%	0.82					1	0.82
48	12	11	395.7	7.02%	2.71%	0.20%	0.81					1	0.81
49	1	12	316.8	3.51%	7.02%	0.26%	0.81					1	0.81
50	8	11	111.9	21.05%	2.71%	0.72%	0.81					1	0.81
51	5	9	63.2	11.99%	9.39%	1.28%	0.81					1	0.81
52	7	13	488.2	2.86%	5.61%	0.17%	0.81					1	0.81
53	6	2	333.5	1.88%	12.57%	0.24%	0.80					1	0.80
54	6	12	595.4	1.88%	7.02%	0.13%	0.80					1	0.80
55	6	9	443.2	1.88%	9.39%	0.18%	0.80					1	0.80
56	3	13	321.2	4.17%	5.61%	0.24%	0.78					1	0.78
57	8	4	21.0	21.05%	13.91%	3.71%	0.78					1	0.78
58	7	12	373.3	2.86%	7.02%	0.21%	0.77					1	0.77
59	10	12	317.5	3.33%	7.02%	0.24%	0.77					1	0.77
60	5	13	99.9	11.99%	5.61%	0.76%	0.76					1	0.76
61	1	5	174.9	3.51%	11.99%	0.44%	0.76					1	0.76
62	12	6	529.6	7.02%	1.88%	0.14%	0.75					1	0.75
63	9	6	384.4	9.39%	1.88%	0.19%	0.75					1	0.75
64	7	1	721.5	2.86%	3.51%	0.10%	0.75					1	0.75
65	8	10	82.8	21.05%	3.33%	0.89%	0.74					1	0.74
66	13	3	295.0	5.61%	4.17%	0.25%	0.73					1	0.73
67	4	6	240.5	13.91%	1.88%	0.30%	0.73					1	0.73
68	10	13	377.7	3.33%	5.61%	0.19%	0.73					1	0.73
69	13	9	130.2	5.61%	9.39%	0.56%	0.73					1	0.73
70	8	7	95.1	21.05%	2.86%	0.76%	0.73					1	0.73
71	7	3	590.6	2.86%	4.17%	0.12%	0.73					1	0.73
72	8	2	21.5	21.05%	12.57%	3.35%	0.72					1	0.72
73	6	13	669.1	1.88%	5.61%	0.11%	0.72					1	0.72
74	5	11	194.3	11.99%	2.71%	0.37%	0.72					1	0.72
75	5	2	41.5	11.99%	12.57%	1.71%	0.71					1	0.71
76	2	5	41.0	12.57%	11.99%	1.72%	0.71					1	0.71
77	9	4	49.0	9.39%	13.91%	1.44%	0.71					1	0.71
78	5	10	153.0	11.99%	3.33%	0.45%	0.69					1	0.69
79	11	13	443.3	2.71%	5.61%	0.16%	0.69					1	0.69
80	3	9	168.9	4.17%	9.39%	0.41%	0.69					1	0.69
81	13	7	405.1	5.61%	2.86%	0.17%	0.69					1	0.69
82	4	3	101.8	13.91%	4.17%	0.67%	0.69					1	0.69
83	12	9	96.2	7.02%	9.39%	0.71%	0.68					1	0.68
84	1	2	149.1	3.51%	12.57%	0.46%	0.68					1	0.68
85	9	8	31.2	9.39%	21.05%	2.18%	0.68					1	0.68
86	9	2	52.2	9.39%	12.57%	1.30%	0.68					1	0.68
87	2	4	34.0	12.57%	13.91%	2.00%	0.68					1	0.68
88	5	12	70.4	11.99%	7.02%	0.96%	0.67					1	0.67
89	3	7	540.3	4.17%	2.86%	0.12%	0.67					1	0.67
90	11	1	685.5	2.71%	3.51%	0.10%	0.67					1	0.67
91	5	3	117.9	11.99%	4.17%	0.57%	0.67					1	0.67
92	4	2	32.8	13.91%	12.57%	2.03%	0.67					1	0.67

第3章 租税法分野への数理学的アプローチの有効性　283

(別表2) つづき

No.	組合せ 上位	組合せ 下位	馬単オッズ(倍)	組合せ上位の1着確率	組合せ下位の1着確率	発生確率	1枚毎期待値	収支が均衡する買い方 購入枚数(枚)	個別期待値	収益率5%を目指す買い方 購入枚数(枚)	個別期待値	切り捨てを行わず購入枚数を増やす買い方 購入枚数(枚)	個別期待値
93	8	13	44.4	21.05%	5.61%	1.50%	0.66					1	0.66
94	9	7	223.6	9.39%	2.86%	0.30%	0.66					1	0.66
95	12	2	69.6	7.02%	12.57%	0.95%	0.66					1	0.66
96	1	10	543.4	3.51%	3.33%	0.12%	0.66					1	0.66
97	5	1	137.2	11.99%	3.51%	0.48%	0.66					1	0.66
98	2	9	47.9	12.57%	9.39%	1.35%	0.65					1	0.65
99	9	10	186.8	9.39%	3.33%	0.35%	0.64					1	0.64
100	12	10	255.3	7.02%	3.33%	0.25%	0.64					1	0.64
101	11	9	245.0	2.71%	9.39%	0.26%	0.64					1	0.64
102	8	12	34.2	21.05%	7.02%	1.87%	0.64					1	0.64
103	4	9	41.8	13.91%	9.39%	1.52%	0.63					1	0.63
104	3	2	115.2	4.17%	12.57%	0.55%	0.63					1	0.63
105	4	13	69.5	13.91%	5.61%	0.91%	0.63					1	0.63
106	1	7	599.4	3.51%	2.86%	0.10%	0.62					1	0.62
107	1	11	629.7	3.51%	2.71%	0.10%	0.62					1	0.62
108	2	10	129.3	12.57%	3.33%	0.48%	0.62					1	0.62
109	7	11	773.9	2.86%	2.71%	0.08%	0.62					1	0.62
110	4	10	114.2	13.91%	3.33%	0.54%	0.61					1	0.61
111	9	3	142.1	9.39%	4.17%	0.43%	0.61					1	0.61
112	2	7	148.4	12.57%	2.86%	0.41%	0.61					1	0.61
113	13	11	376.7	5.61%	2.71%	0.16%	0.61					1	0.61
114	4	12	52.8	13.91%	7.02%	1.13%	0.60					1	0.60
115	2	13	74.2	12.57%	5.61%	0.81%	0.60					1	0.60
116	6	11	1138.4	1.88%	2.71%	0.05%	0.59					1	0.59
117	13	6	528.8	5.61%	1.88%	0.11%	0.59					1	0.59
118	3	12	193.1	4.17%	7.02%	0.31%	0.59					1	0.59
119	4	7	127.6	13.91%	2.86%	0.46%	0.59					1	0.59
120	11	10	634.4	2.71%	3.33%	0.09%	0.59					1	0.59
121	11	7	732.9	2.71%	2.86%	0.08%	0.58					1	0.58
122	2	6	214.9	12.57%	1.88%	0.27%	0.58					1	0.58
123	5	7	148.6	11.99%	2.86%	0.39%	0.58					1	0.58
124	13	10	290.4	5.61%	3.33%	0.20%	0.57					1	0.57
125	11	6	1078.4	2.71%	1.88%	0.05%	0.56					1	0.56
126	10	11	596.2	3.33%	2.71%	0.09%	0.56					1	0.56
127	9	13	94.6	9.39%	5.61%	0.58%	0.55					1	0.55
128	6	3	685.4	1.88%	4.17%	0.08%	0.55					1	0.55
129	10	3	381.1	3.33%	4.17%	0.14%	0.55					1	0.55
130	2	3	91.0	12.57%	4.17%	0.60%	0.55					1	0.55
131	11	3	467.2	2.71%	4.17%	0.12%	0.54					1	0.54
132	3	11	459.1	4.17%	2.71%	0.12%	0.54					1	0.54
133	2	1	106.8	12.57%	3.51%	0.50%	0.54					1	0.54
134	12	1	203.3	7.02%	3.51%	0.27%	0.54					1	0.54
135	8	9	21.4	21.05%	9.39%	2.50%	0.54					1	0.54
136	9	11	186.8	9.39%	2.71%	0.28%	0.52					1	0.52
137	10	7	525.0	3.33%	2.86%	0.10%	0.52					1	0.52
138	13	12	122.1	5.61%	7.02%	0.42%	0.51					1	0.51

(別表2) つづき

No.	組合せ 上位	組合せ 下位	馬単オッズ(倍)	組合せ上位の1着確率	組合せ下位の1着確率	発生確率	1枚毎期待値	収支が均衡する買い方 購入枚数(枚)	個別期待値	収益率5%を目指す買い方 購入枚数(枚)	個別期待値	切り捨てを行わず購入枚数を増やす買い方 購入枚数(枚)	個別期待値
139	6	5	220.9	1.88%	11.99%	0.23%	0.51					1	0.51
140	7	10	507.5	2.86%	3.33%	0.10%	0.50					1	0.50
141	2	12	48.6	12.57%	7.02%	1.01%	0.49					1	0.49
142	6	1	721.8	1.88%	3.51%	0.07%	0.49					1	0.49
143	12	13	114.0	7.02%	5.61%	0.42%	0.48					1	0.48
144	3	10	325.7	4.17%	3.33%	0.14%	0.47					1	0.47
145	9	12	64.8	9.39%	7.02%	0.73%	0.47					1	0.47
146	3	6	575.3	4.17%	1.88%	0.08%	0.47					1	0.47
147	1	3	305.1	3.51%	4.17%	0.15%	0.46					1	0.46
148	12	3	144.1	7.02%	4.17%	0.31%	0.45					1	0.45
149	6	10	706.7	1.88%	3.33%	0.06%	0.45					1	0.45
150	3	1	294.2	4.17%	3.51%	0.15%	0.45					1	0.45
151	12	7	201.2	7.02%	2.86%	0.22%	0.43					1	0.43
152	10	6	666.1	3.33%	1.88%	0.06%	0.43					1	0.43
153	1	6	624.7	3.51%	1.88%	0.07%	0.43					1	0.43
154	5	6	164.8	11.99%	1.88%	0.26%	0.42					1	0.42
155	7	6	599.7	2.86%	1.88%	0.06%	0.33					1	0.33
156	6	7	516.6	1.88%	2.86%	0.05%	0.28					1	0.28
合計						100%	113.49	36	35.97	25	26.19	1,193	1,250
1枚毎下限期待値								0.85		0.93		0.00	
総合期待収益率									99.9%		104.8%		104.8%
配当可能性									31.0%		19.6%		100.0%

第4章　裁決事例等に係る小論文

第1節　簡易課税制度における事業認定について

1．事案の概要

本件は，消費税法第37条《中小事業者の仕入れに係る消費税額の控除の特例》に基づく簡易課税制度を適用するに当たり，請求人の営む事業が消費税法施行令第57条《中小事業者の仕入れに係る消費税額の控除の特例》に規定される第四種事業である，製造業のうちの加工賃その他これに類する料金を対価とする役務の提供を行う事業に該当するか，あるいは，第五種事業であるサービス業のうちの労働者派遣業に該当するかを争点とする事案である。

2．裁決

(1)　裁決のポイント

請求人の営む事業は，消費税法施行令第57条第5項第4号に規定する第五種事業に該当するとした事例（平14.9.30裁決・棄却・裁決事例集No.64-548, http://www.kfs.go.jp/service/JP/64/38/index.html（平成27年2月14日現在））

(2)　裁決の要旨

請求人は，自己が営む事業につき顧客先との間で取り交わした契約書において，その表題が「請負契約書」であり，また，その「業務の内容」の項において具体的な作業内容が明記されているとともに，請負金額は生産状況により調整する旨記載されており，当該契約に基づいて役務を提供し，その対価を受け取っていたものであるから，製造業のうちの役務の提供を行う事業に該当することとなり，消費税の簡易課税制度における事業区分上，第四種

事業に該当する旨主張する。

　しかしながら、消費税の簡易課税制度を公平に適用するためには、日本標準産業分類を基礎として判定することが有用であるところ、請求人が顧客先に派遣する社員は、顧客先の社員の指揮命令を受けて作業に従事していること、請求人が顧客先との間で別途取り交わしている「覚書」によれば、顧客先へ請求する役務の対価の額は、派遣した社員の勤務時間や時間給を基礎として算定することとされ、実際にもこれによっていること等からすれば、当該役務の対価の額は、民法第632条が規定する請負契約において予定されている仕事の結果に対する報酬ではなく、派遣した社員の労働の対価であると認められる。したがって、当該取引は、形式上、請負契約の体裁をとるものの、実質的には請負といえず、日本標準産業分類（以下、特にことわらない限り、平成14年3月改訂前のもの）の大分類L「サービス業」のうち中分類86「その他の事業サービス業」の細分類8695「労働者派遣業」（主として、派遣するために雇用した労働者を、派遣先事業所からその業務の遂行等に関する指揮命令を受けてその事業所のための労働に従事させること）に該当し、事業区分について、より合理的な他の基準がないことから、請求人の営む事業は第五種事業に区分されるサービス業に当たるものと認められる。

3．解説
(1) 簡易課税制度の変遷

　簡易課税制度は、中小事業者の消費税申告に係る事務負担を軽減することを目的として、仕入控除税額を実際に計算することなく課税売上税額の一定割合（みなし仕入率）を仕入控除税額とみなす制度であるが、消費税導入当初には、適用上限が基準期間の課税売上高5億円以下、課税事業者の営む事業に応じた2区分のみなし仕入率（90％又は80％）であったものから3度の改正を経て、平成15年度改正（平成16年4月1日以後に開始する課税期間について適用）により、適用上限が同5000万円以下、課税事業者の営む事業に応じた5区分のみなし仕入率（90％、80％、70％、60％又は50％）のものとなった（（**資料1**）参

照)。このようにみなし仕入率については，政府税制調査会による継続的な改訂の必要性の指揮を踏まえ，見直しが行われてきている。なお，本件に係る課税期間については，適用上限が2億円以下である。

(2) **みなし仕入率の認定に係る裁決等**

みなし仕入率が課税事業者の営む事業に応じて定められており，その刻みが10%ポイントと比較的大きく，さらに，今次改正前では適用上限が2億円以下とこれも相当額であったため，特定の事業を営む課税事業者について当該事業がどの区分に属するのかについて納税者サイドと原処分庁の間で見解が分かれる場合があった。本件を含め平成16年1月現在10件のみなし仕入率関連の事例が国税不服審判所のホームページで公開されているが，その内訳は，次のとおりである(**資料2**)参照)。

- 請求人(卸売業者)⇔原処分庁(その他の事業者) 2件
- 請求人(第一種事業)⇔原処分庁(第三種事業者) 1件
- 請求人(第二種事業)⇔原処分庁(第三種事業者) 1件
- 請求人(第三種事業)⇔原処分庁(第四種事業者) 4件
- 請求人(第四種事業)⇔原処分庁(第五種事業者) 1件(本件)
- 事業の該当区分自体は争点になっていない例 1件

上記のとおり，本件は，平成8年の税制改正によって第四種事業から第五種事業が分離され，平成9年4月1日以後に開始する課税期間から適用となった後，事業区分が第四種と第五種のいずれに該当するのかが争点になった先例的な裁決である。

(3) **事業区分の分かりにくさ**

消費税法は，原則的なみなし仕入率を60%としつつ，同法施行令において卸売業等の特定の事業について当該事業の種類ごとにみなし仕入率を定めているが，当該事業の内容が明示的に定義されているのは，第一種事業である卸売業と第二種事業である小売業のみである。具体的にはそれぞれ，他の者

から購入した商品をその性質及び形状を変更しないで他の事業者に対して販売する事業と他の者から購入した商品をその性質及び形状を変更しないで販売する事業で卸売業以外のものと規定している（令57条6項）。本件の争点である第五種事業についても，不動産業，運輸通信業，サービス業（飲食店業に該当するものを除く。）のうち第一種，第二種及び第三種に該当しないものとされているのみである（令57条5項）。したがって，具体的にどのような事業が第五種事業である不動産業，運輸通信業又はサービス業（飲食店業を除く。）に該当するのかは，解釈の問題となる。

そこで，消費税法基本通達（平成14年9月25日付一部改正前のもの）では，第五種事業の範囲を上記不動産業等の範囲は，おおむね日本標準産業分類の大分類に掲げる分類を基礎として判定することとしている（同通達13-2-4）。これは，同分類以外に網羅性や一貫性を有しており，規範となりうる分類がないためであると考えられるが，当該分類は統計調査の結果を産業別に表示する場合の基準として，事業所において社会的な分業として行われる財貨及びサービスの生産又は提供に係るすべての経済活動を分類したものであり，統計の正確性と客観性を保持し，統計の相互比較性と利用の向上を図ることを目的としたものである。したがって，外見上，同様な財貨及びサービスを生産又は提供する事業であっても，統計上の必要性等によっては，異なった大分類に属することになる。例えば，加工賃その他これに類する料金を対価とする役務の提供を行う事業であっても，これが農業に係るものであれば農業に属し，製造業に係るものであれば製造業に属することになる[1]。このことから，当該役務提供事業が製造業等に係るものであれば第四種事業に該当す

---

1) 具体例としては，平成14年3月改訂後の日本標準産業分類付属の解説によれば，農家等から委託を受ける各種米作作業請負業は，大分類A「農業」（細分類0131 穀作サービス業）に分類されるが，同じ作業請負であっても他の製造業者の所有に属する原材料に加工処理を加えて加工賃を受け取る賃加工業は，大分類F「製造業」に分類される。一方，賃加工として捉えることも可能であると考えられる修理を専業としている事業所は，製造業とされず，各種修理業として大分類Q「サービス業（他に分類されないもの）」に分類される。

るわけであるが，そもそも大分類のサービス業に該当する事業であれば，第五種事業に該当することとなる（同通達13-2-7の注書き）。

(4) **労働者派遣か業務請負か**

労働者派遣業は，日本標準産業分類上，大分類Lサービス業に属するが，その定義としては，「主として，派遣するために雇用した労働者を，派遣先事業所からその業務の遂行等に関する指揮命令を受けてその事業所のための労働に従事させることを業とする事業所をいう」こととされているが，「主として請負によって各種事業を行っている事業所，自らその業務の遂行等に関する指揮命令を行っている事業所は，経済活動の種類によりそれぞれの産業に分類される」とされている。これは，請負については，労働者派遣業を規制している労働者派遣法の適用がないものとされている（労働者派遣事業と請負により行われる事業との区分に関する基準（昭和61年労働省告示））こととの整合性を重視したためであるものと考えられる。なお，ここで請負とは，単に請負契約のみならず，いわゆる業務の委託契約（準委任契約（民法第656条））も含んだ広い概念であるとされているが，いずれにしても，当該業務を請け負った，あるいは，業務委託を受けた事業主が①「業務の遂行に関する指示その他の管理を自ら行う」など直接に指揮命令等を行うことにより，自己の雇用する労働者の労働力を自ら直接利用するものであること，かつ，②請け負った業務を自己の業務として契約の相手方から独立して処理するものであることとされている（同告示）。

(5) **本件における請負契約の性格**

本件の請負契約の相手方の事業が製造業であるため，請求人が自らその業務の遂行に関する指揮命令等を通じて自ら業務管理を行うとともに，契約の相手方から独立して自己の業務として処理しており，その契約内容が加工賃その他これに類する料金を対価とする役務の提供を行うものであれば，本件事業は，請求人の主張のとおり製造業に分類される役務提供事業に該当することになる。そして，消費税課税上は，第四種事業として取り扱われることとなる。そこで，本件においては，当該請負契約において請求人が自らその

業務の遂行等に関する指揮命令を行っているか否かが審判所の判断のポイントとなった。

(6) **審判所の判断**

そこで，審判所は，主要な請求人の得意先の管理者等の答述から，業務遂行に当たり請求人自らが指揮命令等を行っていないという事実を認定し，当該認定事実に基づき，請求人の行っている役務提供事業は，日本標準産業分類上サービス業としての労働者派遣業に該当し，より合理的な他の基準がないことから，同産業分類を消費税法施行令第57条に規定する各種事業に適合すると，第五種事業に区分されると裁決している。

なお，上記告示には，対価の決定方法については特に定めがなく，請負においてもいわゆる人工単価（労働者の人数×従事日数×単価）が許容されるものと考えられている[2]。したがって，審判所は，本件裁決において，請求人が顧客先との間で別途取り交わしている「覚書」によれば，顧客先へ請求する役務の対価の額が派遣した社員の勤務時間や時間給を基礎として算定することとされ，実際にもこれによっていることを請負とは認められない理由の一つとして挙げているが，これは，むしろ，同告示でいう請負の認定要件である「単に肉体的な労働力を提供するものではないこと」を否認するための一つの状況証拠として理解すべきであろう。

以上のように，審判所は，本件事業が第五種事業である労働者派遣業であると認定しているが，このような法形式的には請負契約であるが，その実態が請負には該当しない契約は，「擬制請負」と呼ばれている。これは，製造業

---

[2] ただし，「従事した労働者の賃金＝労務費の請求という実費主義は問題で，その場合でも現実の就労者いかんにかかわらず"一定金額"または"作業工程別工数×作業工程別単価"の形で実績（実費ではない。）により算定することが望ましい。」といわれている。なぜなら，かかる代金の決定方法を通して請負人の業務上の裁量ないし独立処理が表わされていると認められるからである。なお，今後も労働者派遣が禁止される建設業においても業務委託方式による契約は許容されており，この場合の対価は，人工単価によって見積価格を定め，実績に基づき事後的に対価を確定する場合が多いようである。これは，実際に施工してみなければ最終的な必要工数が発注者も受注者も分からない場合が多いからであろう。

に対する労働者派遣事業がこれまで禁止されてきたことがその背景としてあった。しかし，規制緩和の流れの中で，平成16年3月以降は，製造業に対する労働者派遣事業が解禁されることとなり，労働法制面での擬制請負の必要性は相当に減少するものと考えられる。ただし，労働法制面での取扱いの如何にかかわらず，本件のような擬制請負方式による労働者派遣業に係る消費税法上のいわゆる節税メリットは，次に示すように簡易課税制度が廃止されない限り今後も継続するため，本件のような擬制請負方式による労働者派遣は今後も存続する可能性が高いものと考えられる。

(7) 派遣側のメリットと発注側のメリット

消費税法上，そもそも給与等を対価とする役務の提供は，不課税取引であるとされ，事業者が本則課税であれば当該給与等は仕入税額控除の対象にはならない（法2条1項12号）。しかし，当該労働者派遣業者に簡易課税制度の適用があれば，例えば，第三種事業に対する業務請負と認定されれば60％の，そして，最低でも労働者派遣業としての50％のみなし仕入率が適用されることとなる。労働者派遣業の人件費割合が高い傾向にあることを考えれば，相当の節税メリットが生じるものと考えられる。一方，発注者側にとっては，専ら，柔軟な労働力確保が可能であり，仕事量が減少したときや派遣された者に不都合があれば，要員の削減や交代が可能であることなど，直接雇用に比べて，労働力確保面や労務管理面で効率的であることが労働者派遣によることの直接的なメリットである。しかし，それに加え，発注者が本則課税であれば，仕入税額控除や労務費の低減等を通じて間接的に労働者派遣業者側の節税メリットを享受することが可能であるとも考えられる。

なお，このような擬制請負方式による節税メリットの追求が故意に行われた場合には，消費税課税上，仮装・隠ぺい行為として追及されるべき悪質な行為であるといわざるを得ないであろう。

(8) 今後の展望

最低資本金規制の廃止や日本版LLC[3]の導入が議論される中で，多数の小規模な労働者派遣企業と少数の総務・会計事務担当企業をグループ化し，消

費税については，簡易課税の節税メリットを活用し，法人税については，連結納税のメリットを活用するような持ち株会社の出現も想定されるところである。このようないびつな企業形態を防止するためにも，政府税調でもこれまで継続的に議論されているように，簡易課税制度の弊害を解消し，併せて，簡明かつ確実な納税事務を実現するため，簡易課税制度を廃止し，インボイス型の本則課税に移行することが望まれるところである。

《参照条文》
　民法第632条　請負ハ当事者ノ一方カ或仕事ヲ完成スルコトヲ約シ相手方カ其仕事ノ結果ニ対シテ之ニ報酬ヲ与フルコトヲ約スルニ因リテ其効力ヲ生ス
　民法第656条　本節ノ規定ハ法律行為ニ非サル事務ノ委託ニ之ヲ準用ス

《参照文献》
　星野英一「民法概論Ⅳ」（契約）平6.10, 良書普及会, 26頁
　安西　愈「新・労働者派遣法の法律実務」2000.9, 総合労働研究所, 35頁
　公表裁決事例　http://www.kfs.go.jp/service/MP/05/0501050200.html（平成27年2月14日現在）
　国交省中部地方整備局建政部建設産業課「建設業相談事例Q＆A」平15.3, 5頁

3）　LLC（Limited Liability Company）
　・LLCとは，米国で活用が進んでいる株式会社制度と並ぶ新しい会社制度の一種である。外見は株式会社と同様，出資者が全員有限責任の法人でありながら，会社の内部ルールについては組合と同様，法律で強制されることなく自由に決められるところに特徴がある（「有限責任の人的会社制度」）。このため，ノウハウのある人材が集まって事業を展開する人材集約型の産業分野（ソフトウェアなどの情報産業，投資顧問業や投資銀行などの金融産業，事業再生コンサルタントなどの経営支援サービス産業，共同研究開発事業など）で活用されており，米国ではここ5年間で株式会社が60万社増加する一方，LLCも約60万社増加している（以上，平成15年11月17日付経済産業省資料「日本版LLC制度報告書の公表及び意見募集について」より引用）。
　・税制面では，LLCの所得を出資者個人の所得とみなす「パススルー課税」が米国において租税回避スキームに濫用されている現状を踏まえ，その取扱いが焦点になっている。

（資料1） 簡易課税制度の変遷

	創設時	平成3年改正 (平成3年10月実施)	平成6年及び8年の 税制改革 (平成9年4月実施)	平成15年改正 (平成16年4月1日 以後に開始する 課税期間に適用)
適用上限	5億円	4億円	2億円	5000万円
みなし 仕入率	卸売業者　　90% その他の事業者 80%	第一種事業（卸売業）　　90% 第二種事業（小売業）　　80% 第三程事業（製造業等）　70% 第四種事業（その他の事業）60%	第一種事業（卸売業）　　90% 第二種事業（小売業）　　80% 第三種事業（製造業等）　70% 第四種事業（その他の事業）60% 第五種事業（サービス業等）50%	（同左）

（資料2） みなし仕入率関連裁決の概況

No.	概　要	争　点	事例集-頁/裁決日
1	塗料を材料として家具の塗装を行う行為は、いわゆる家具の塗装業であり、卸売業に該当しないとした事例	卸売業⇔その他	48-479/H6.12.22
2	請求人の行っている業務は、会計処理業務であり、帳票類を販売する業務ではないとして、簡易課税制度の適用上、卸売業に該当しないとした事例	卸売業⇔その他	49-505/H7.1.25
3	悉皆業（白生地卸売業及び染色加工に係る事業）は、「加工賃その他これに類する料金を対価とする役務の提供事業」に該当し、第四種事業に当たるとした事例	第三種⇔第四種	49-515/H7.5.29
4	原材料等の有償支給を受けて行う自動車部品の加工は製造業に当たるとした事例	（事業の該当区分は争点ではない）	49-525/H7.6.20
5	紳士服等の製造販売に係るフランチャイズチェーンに加盟して行う販売事業は、製造業（第三種事業）に該当するとした事例	第二種⇔第三種	51-709/H8.4.19
6	顧客から印刷物の注文を受けて、これを外注先に印刷させ、その印刷物を顧客に納品する事業は、製造業（第三種事業）に該当するとした事例	第一種⇔第三種	51-719/H8.4.26
7	請求人の行っている事業は、第三種事業に該当するものではなく、加工賃その他これに類する料金を対価とする役務の提供を行う事業であり、第四種事業に該当するとした事例	第三種⇔第四種	53-491/H9.5.30
8	歯科技工を営む者が自ら原材料等を購入して、歯科補てつ物を製作し受注先に納入している場合の消費税の簡易課税制度における事業区分は、第四種事業（サービス業）に該当するとした事例	第三種⇔第四種	54-493/H9.12.5
9	簡易課税におけるみなし仕入率の適用に際し、歯科技工所は製造業ではなくサービス業に該当するとした事例	第三種⇔第四種	61-662/H13.2.8
10	請求人の営む事業は、消費税法施行令第57条第5項第4号に規定する第五種事業に該当するとした事例（本件）	第四種⇔第五種	64-548/H14.9.30

第2節 セール・アンド・リースバック取引に係る今後の課題について

1. 事案の概要

　本件は，リース業を営む審査請求人（以下「請求人」という。）が，①同じくリース業を営むJ社から，J社が顧客との間でリース取引中のリース物件をいったん買い取り，直ちにJ社にリースバックした一連の取引（いわゆる，「セール・アンド・リースバック取引」であり，以下「SLB取引」という。）及び②試薬品販売業を営むK社（以下，J社と併せて「J社等」という。）が，学校法人L大学（以下「L大学」という。）との間で賃貸借取引中の賃貸借物件をいったんK社から買い取り，直ちにK社にリースバックした一連のSLB取引を，原処分庁が，実質的には請求人とJ社等との間の金銭の貸借取引（以下「融資みなしリース取引」という。）に当たるとして行った法人税並びに消費税及び地方消費税の更正処分等に対し，請求人が，それぞれの一連の取引は賃貸借を目的としたリース取引に当たるから，同処分等のうち，それぞれの一連の取引を金銭の貸借取引とした部分は不当であるとして，その一部の取消しを求めた事案である。

2. 裁決

(1) 裁決のポイント

　請求人らの行うSLB取引が法人税法施行令（平成19年3月30日政令第83号による改正前のもの。以下「旧施行令」という。）第136条の3《リース取引に係る所得の計算》第2項に規定する実質的に金銭の貸借であると認められる一連の取引に該当するとした事例（平18.10.19裁決・棄却・裁決事例集 No.72-346, http://www.kfs.go.jp/service/JP/72/20/index.html（平成27年2月14日現在））

(2) 裁決の要旨

　請求人は，①リース業を営むJ社から同社が顧客へリースしている物件（パソコン）をいったん買い取り，当該物件を直ちにJ社へリースバックする取引

(以下「本件パソコン SLB 取引」という。）及び②試薬品販売業を営む K 社から同社が L 大学へ賃貸借している物件（医療機器）をいったん買い取り，当該物件を直ちに K 社へリースバックする取引（以下，「本件医療機器 SLB 取引」といい，本件パソコン SLB 取引と共に「本件各 SLB 取引」という。）について，このような SLB 取引を行う当事者の意図はリース取引を行うことであり，当事者にとって合理的かつ効率的な取引で，リースバックする相当な理由があるから，旧施行令第 136 条の 3 第 2 項に規定する実質的に金銭の貸借であると認められるリース取引には当たらない旨主張する。

しかしながら，上記 SLB 取引に関して，請求人がリースを行っているといえる実態は認められず，一方で，請求人から上記リース会社等にリース物件の購入代金として移転した金銭が当該リース物件のリース料として分割して回収されている実態があるから，本件各 SLB 取引は，実質的に金銭の貸借であると認められる。

したがって，請求人の主張は採用できない。

3．検討
(1) SLB 取引の法人税法上の取扱規定

リース取引は，所有権留保付割賦売買や譲渡担保付金銭消費貸借契約など経済的効果が類似する取引が奉ることから課税上もその取扱いについては，これまでも種々検討がなされ，必要な法規制が行われてきたところであるが，いわゆる国際会計基準へのコンバージェンスを背景としてファイナンス・リースの例外処理（賃貸借処理）が基本的に廃止されること[1]を契機として，平成 19 年度の税制改正により，これまで政令レベルでの具体的な規制であったものを法律レベルとする改正が行われたところである[2]。

---

1) 企業会計基準委員会「企業会計基準第 13 号『リース取引に関する会計基準』」（平成 19 年 3 月 30 日付）
2) SLB 取引規制は，改正後の法人税法第 64 条の 2 第 2 項に規定されることとなったが，当該規制内容は，政令レベルであった従前の取扱いと変更ないとされている（文献 [5] 337 頁参照。）。

本件は，上記2記載のとおり，当該改正前のSLB規制条項である旧施行令第136条の3第2項の適用が争われた事案であるが，同項は，次のとおり規定している：

2　内国法人が譲受人から譲渡人に対する賃貸（リース取引に該当するものに限る。）を条件に資産の売買を行った場合において，当該資産の種類，当該売買及び賃貸に至るまでの事情その他の状況に照らし，これら一連の取引が実質的に金銭の貸借であると認められるとき（下線は筆者，以下，引用部分について同じ。）は，当該資産の売買はなかったものとし，かつ，当該譲受人から当該譲渡人に対する金銭の貸付けがあったものとして，その内国法人の各事業年度の所得の金額を計算するものとする。

上記の規定は，平成10年の税制改正の折りに設けられたものであり，従来から中古資産のリースバック取引に認められていた取扱いを政令として定めたものである[3]。

そして，このSLB取引の取扱規定は，実質的には，企業が自己資産を担保として融資を受けるという譲渡担保に類似することを基礎としたものと考えられ[4]，平成19年12月7日改正前の法人税法基本通達12の5-3-1（以下「本件SLB通達」という。）は，「実質的に金銭の貸借であると認められるとき」に該当するかどうかは，「取引当事者の意図，リース資産の内容等から，そのリース資産を担保とする金融取引を行うことを目的とするものであるかどうか」により判定すること及び金銭の貸借として取り扱わない具体的な取引例を次のとおり明らかにしていた：

（金銭の貸借とされるリース取引の判定）
　　12の5-3-1　令第136条の3第2項《金銭の貸借とされるリース取引》に規定する「一連の取引」が同項に規定する「実質的に金銭の貸借であると認められる

---

3)　文献［2］820頁参照。
4)　同文献同頁参照。

とき」に該当するかどうかは、<u>取引当事者の意図，リース資産の内容等から，そのリース資産を担保とする金融取引を行うことを目的とするものであるかどうかにより判定する</u>。したがって，例えば，次に掲げるようなものは，これに該当しないものとする。
(1) 譲渡人が資産を購入し，当該資産をリース契約により賃借するために譲受人に譲渡する場合において，譲渡人が譲受人に代わり資産を購入することに次に掲げるような相当な理由があり，かつ，当該資産につき，立替金，仮払金等の仮勘定で経理し，譲渡人の購入価額により譲受人に譲渡するもの
　イ　多種類の資産を導入する必要があるため，譲渡人において当該資産を購入した方が事務の効率化が図られること
　ロ　輸入機器のように通関事務等に専門的知識が必要とされること
　ハ　既往の取引状況に照らし，譲渡人が資産を購入した方が安く購入できること
(2) 法人が事業の用に供している資産について，当該資産の管理事務の省力化等のために行われるもの

本件 SLB 通達に示された具体例は，元々，金融を目的として行われるものではないことから，金融取引としては取り扱わないことを明示したものであるが[5]，一方，同通達では，「実質的に金銭の貸借とされる」SLB 取引が具体的にどのようなものなのかは明示されておらず，結局，本件 SLB 通達の基本的な判定方法に基づきケースバイケースで認定すべきこととなる。

(2) **本件における当てはめ**

まず，本件各 SLB 取引に係る J 社又は K 社へのリースバック取引が旧施行令第 136 条の 3 第 3 項に規定されているリース取引 (以下「ファイナンス・リース取引」という。) に該当することについては，請求人と原処分庁との間に争いがないので，本件各 SLB 取引が同条第 2 項に規定されている法人の所得計

---

5) 文献 [2] 882 頁参照。

算上，本件 SLB 通達の判定基準（下線部分）に基づき金銭の貸借として取り扱われるか否かが本件の審理の基本となる。

イ　リース資産の内容

本件各 SLB 取引について，請求人と原処分庁の間ではパソコンや医療機器などの原賃貸借資産がファイナンス・リース取引の対象資産であることについて争いはなかったものの，審判所は，本裁決において本件医療機器 SLB 取引が賃貸借を目的とした取引であるとの請求人の主張を排斥する理由の一つとして，本件医療機器 SLB 取引に係る原賃貸借資産には，ファイナンス・リース取引の対象にはなり得ない「将来の役務提供に係る前払保守費や工事代金」が含まれていることを指摘している。

確かにファイナンス・リース取引においては，一般の賃貸借取引（以下「レンタル取引」という。）では賃貸人の責任において行われる保守費用が含まれないことも考えられるが，たとえ当該保守が賃貸人の責任において行われていても，その保守費用相当額がリース料の算出根拠に含まれていれば，ファイナンス・リース取引として規制対象とするための，旧施行令第136条の3第3項第2号の「当該賃貸借に係る賃借人が…当該資産の使用に伴って生ずる費用を実質的に負担すべきこと」の判定に支障はないものと考えられることから，本裁決において，あえてこの点を指摘する必要性はなかったものと思料される[6]。

また，本裁決では，本件各 SLB 取引のリース資産が既にリース契約の対象となっているいわば中古資産であることから，経緯的にみても，本件 SLB 通達の(1)に例示されているような，譲渡人（J社等）が譲受人（請求人）に代わり

---

[6]　本件医療機器 SLB 取引に係る K 社へのリースバック取引がファイナンス・リース取引に該当することについては，請求人と原処分庁との間で争いがなく，審判所もそれを認めている点との整合性も乏しいといえよう。なお，本裁決で吟味したような資産性の議論，つまり，保守・運営費用がリース料算定の基礎に含まれているか否かは，むしろリース取引を売買とみなせるか否かが争点となる場合に検討する必要があるものと考えられ，金融取引であるか否かが争点となっている本件においては，やや本質的ではない検討事項であると思われる。

リース資産を購入することに相当な理由があるものではないと認定している。確かに，本件医療機器 SLB 取引のような単発的な取引であればリース資産の購入時期と SLB 契約の時期の前後関係によって「相当な理由」を判断することも説得的であるものと考えられるが，本件パソコン SLB 取引のように，反復的かつ継続的に SLB 契約が行われる場合にまで妥当であるかについては，議論の余地があろう[7]。

いずれにしても，本件各 SLB 取引の対象となったリース資産自体については，一般にファイナンス・リース取引の対象となり得る資産であると認められ，また，本件各 SLB 取引が融資みなしリース取引に該当する限り，それらが既にリース資産であること（いわゆる転リース資産であること）は，本件各 SLB 取引の課税上の取扱いを検討する上で考慮する必要はないものと考えられる[8]。

---

[7] 本件 SLB 通達は，そもそも金融取引とみなす必要のない外形的に明らかな取引を対象外として例示しているものであることから，本件 SLB 通達に該当しないからといって必ずしも金融取引に該当するとは限らない。ただし，本件のように原リース契約があり，当該原リース資産が単発の SLB 取引の対象となっている場合には，本件 SLB 通達が例示するもの以外では，基本的にその取引の動機として金融取引以外は考えにくいことから，当該例示に該当するか否かで金融取引であるか否かの判定が可能と考えられる。したがって，本件医療機器 SLB 取引については，原リース契約が先行してあることによって本件 SLB 通達に基づく「相当の理由」がないとする判定は説得的であると考えられる。

本件パソコン SLB 取引のような継続的な SLB 取引においても，個々の資産の購入時期と原リース契約の締結時期の前後関係によって「相当の理由」の有無を判断することができるものと考えられるが，本裁決のように単に原リース契約が先行していることのみをもって，「相当の理由」がないとすることは，本件 SLB 通達の規定振り（例示）からいって相当ではない場合があるものと考えられる。

例えば，継続的な SLB 取引に係る基本契約が当事者間で締結されており，しかも，本件 SLB 通達の(1)に掲げられているような経済合理性が原リース資産の譲渡人にあるような場合に，エンドユーザーからの原リース契約の申込みが頻繁で，しかも，速やかに対応する必要があるときには，原リース契約を先行させたとしても，当該経済合理性が失われることはないものと考えられることから，原リース資産を代行取得することに「相当の理由」があるものと認めて差し支えない場合があるものと思われる。そのような場合には，実質的に転リース取引の先行と認められる余地があることから，単に原リースが先行されていることのみをとらえて，一括りに「相当の理由」がないとするのは妥当ではないと思われる。

ロ 取引当事者の意図等
　(イ) 請求人の主張
　本裁決において，請求人は，①本件パソコンSLB取引については，多種多様な資産を導入する必要があるため，J社が，リース物件を購入することにより取引全体の事務の合理化が図られ，結果としてリース料を低く抑えることができ，J社にとってはエンドユーザーからの受取リース料と請求人に対する支払リース料を経理するだけでよいことから，予算管理，決算事務，資産負債管理の効率化に大きく貢献し，さらにオフバランス処理により，バランスシートのスリム化が図られることになるなど，請求人とJ社双方にとって本件パソコンSLB取引を賃貸借取引として行う合理的な理由（意図）が存在する，また，②本件医療機器SLB取引についても，K社は，リース物件に

---

8) なお，本件と異なりSLB取引よりも後にエンドユーザーに対するリース取引（いわゆる転リース取引となる。）が行われる場合で，かつ，当該SLB取引が融資みなしリース取引に該当しないような場合には，転リース取引は，当該SLB取引に係るリースバック取引の性格に影響を与え得るものと考えられる。なぜなら，例えば，当該転リースが旧施行令第136条の3第1項によって当該リース資産の売買があったものとして取り扱われるファイナンス・リース取引（以下「売買みなしリース」という。）に該当すれば，リース資産は，エンドユーザーに売却されたものとして取り扱われるのであるから，仮に当該リースバック取引がレンタル取引であるとすると，①当該リースバック取引の賃借人（本件におけるJ社等）は，自己が所有しているとみなされないレンタル資産を売却したものとして所得の計算がされるとともに，②本来の所有者（本件における請求人）とエンドユーザーにおいて同一のリース資産について，同時に減価償却が行えることとなってしまうため，その現実性の有無はさておき，そのような場合には，所有していないものはそもそも売れないことから，ケースバイケースで当該リースバック取引を売買みなしリースと認定するか，あるいは，転リース取引をレンタル取引と認定する必要が生ずるものと考えられる。このようにリース取引が輻輳する場合には，関連するリース取引の全体像を的確に把握して，個々のリース取引の性格を認定する必要があるものと考えられる。
　おって，SLB取引の取扱いにおける売買みなしリース規定（旧施行令第136条の3第1項）と融資みなしリース規定（同条第2項）との適用順序については，まず，融資みなしリース規定の適用の有無を判定したのち，融資みなしリース規定の適用がない場合にのみ，リースバック取引について売買みなしリース規定の適用の有無を判定することになるものと考えられる。なぜなら，まず初めに当該リースバック取引について売買みなしリース規定によって売買みなしリース取引に該当すると判定したとしても，その後，融資みなしリース規定によって所得計算上「売買がなかったものと」された場合には，当該リースバック取引の前提である当該売買が所得計算上否認されることとなると考えられるからである。

係る機器と同じ機器の販売を行っているため，リース物件をK社が仕入れた方が効率的で仕入価額も安く抑えることができ，さらに，リース物件はすべてL大学へ転リースされており，K社にとってリース物件の管理事務が省略化できることが意図されており，本件各SLB取引が本件SLB通達の示す非該当事例に該当するものと主張した。

　(ロ)　本件パソコンSLB取引に係る審判所の判断について

　これに対して，審判所は，本件パソコンSLB取引について，①請求人は，リース物件の所有者としての権利を実質的に本件取引上行使していないこと，②原賃貸借取引は，本件パソコンSLB取引とはかかわりなく，J社とエンドユーザーとの間で行われているから，J社には原賃貸借取引を行う上で本件パソコンSLB取引を必要とする事情が何ら見いだせないこと，③本件パソコンSLB取引は，J社が既に自己のリース事業に供している中古のリース物件を対象にしていること，さらに，④本件パソコンSLB取引を通じて明らかなことは，当初に請求人からJ社に対して金銭の供与が行われ，取引期間にわたり，当該金銭が分割してJ社から請求人に支払われていることから，本件パソコンSLB取引が本件リース物件の賃貸借を目的とした相当の理由のある取引であるという請求人の主張を排斥し，審判所の調査によっても本件パソコンSLB取引が請求人においてJ社に対するパソコンの賃貸借を行うことを目的に行われたものとは認められないので，その取引期間にわたる請求人とJ社との金銭の授受だけがその実体である金銭の貸借取引であると認定している。

　つまり，審判所は，上記①から③の事実から，本件パソコンSLB取引が請求人においてパソコンをJ社に賃貸借することを本来的な目的として行われた取引とは認められず，上記④の事実から請求人とJ社との金銭の授受だけが実体である金銭の貸借取引であると，いわば消去法的に認定している。しかし，当該認定のとおり請求人における本来的な目的が賃貸借ではないと認定できるとしても，J社が原リース契約の履行を審判所が認定しているように事実上全面的に行っている実態からは，本件パソコンSLB取引を実質的

にJ社から請求人へのリース料債権の譲渡[9]と認定する余地が生じるものと思料される。

したがって，当該観点からは，本件SLB通達の判定基準にあるように，「そのリース資産を担保とする金融取引を行うことを目的とするものである」と認定するためには，少なくともリース料債権の譲渡とは認められないことを明らかにすべきものと考えられ，例えば，①リース資産の引渡しについては占有改定により行われているものと認められること，②パソコンに譲渡担保として相当の担保価値が認められること，③エンドユーザーに対する通知がないことからリース料債権の譲渡に係る第三者に対する対抗要件が満たせないことなどについて説明を補強することが考えられよう。

(ハ) 本件医療機器SLB取引に係る審判所の判断について

また，審判所は，本件医療機器SLB取引についても同様に，①K社とのリースバック取引には，賃貸借の対象にはなり得ない長期前払費用等が多額に含まれていること，②原賃貸借取引は，K社とエンドユーザーとの間で本件医療機器SLB取引とは無関係にそれ以前から行われており，原賃貸借取引を行う上で本件医療機器SLB取引を行う必要性が認められないこと，③本件医療機器SLB取引は，K社が既に自己のリース事業に供している中古のリース物件を対象として行われていること，④本件医療機器SLB取引を行うK社の意図が本件賃貸物件の売買利益の確定にあること，さらに，⑤本件医療機器SLB取引を通じて明らかなことは，当初に請求人からK社に対して金銭の供与が行われ，取引期間にわたり，当該金銭が分割してK社から請求人に支払われていることから，本件医療機器SLB取引が本件リース物件の賃貸借を目的とした相当の理由のある取引であるという請求人の主張を排斥し，審判所の調査によっても本件医療機器SLB取引が賃貸借を行うことを目的に行われたものとは認められないのでその取引期間にわたる請求人とJ社と

---

9) リース料債権の譲渡は，本文3の(3)のロで触れる「リース剥がし取引」の場合のように，米国におけるSLB取引を濫用した租税回避スキームにおいてよく用いられる手法である。

の金銭の授受だけがその実体である金銭の貸借取引であると認定している。

上記認定については，上記(ロ)と同様の要検討事項が指摘できるものと考えられるが，さらに，上記④の「本件賃貸物件の売買利益の確定」を目的とするという認定事実[10]については，審判所が認定しようとしている譲渡担保による金融取引においてよりも，むしろ請求人主張のリース資産の売却あるいはリース料債権の譲渡[11]において本来的目的とされるものと考えられることから，本件SLB通達の判定基準にある「そのリース資産を担保とする金融取引を行うことを目的とするもの」ではないという理由にもなり得るものと思料される。したがって，「売買利益の確定」が目的としても，そもそも「売買利益の確定」が必要な理由は，資金調達の必要性に基づいているものである点などについて説明を補強しておく必要があろう。

(3) **訴訟における取扱い**

以下，SLB取引に係る金融取引としての認否が訴訟において具体的にどのような基準によって行われているか，米国における事例も含め概観しておきたい。

イ　アルファ・ドーム事件

まず，最近の我が国におけるSLB取引関連判決としては，アルファ・ドーム事件（東京地裁平成17年（行ウ）第498号ほか法人税更正処分取消等請求事件（平成19年6月29日判決・国側一部敗訴・確定））が挙げられる。ただし，当該事件では，店舗等に係るSLB取引が融資みなしリース取引に該当するか否かは直接には争われず，即決和解により既に免責された違約金債務の支払が当該SLB取引に係る地代家賃に仮装されて行われていること（以下「本件スキーム」とい

---

[10] 本件医療機器SLB取引においては，本文3の(2)のイのとおり，取引対象に「将来の役務提供に係る前払保守費や工事代金」が含まれることから，「本件賃貸物件の売買利益の確定」と認定するよりもむしろ「原賃貸借取引の収益の確定」というべきとも考えられる。

[11] リース料債権の譲渡の場合には，譲渡原価が認められないことから譲渡時点において当該譲渡収入がそのまま益金に算入されることになり，減価償却費等の原価については依然先送りされるものの，将来のリース料収入については前倒しされ，その意味で「売買利益の確定」が行われるものと考えられる。

う。）により，賃借人である納税者の税負担を軽減させ，結果的に納税者の資金繰りの向上を図るために行われたものであるか否かが争われたが，本判決では，①当該SLB取引が賃貸人にとって本件スキームとは別個の金融収益を上げるための取引と認められること，②本件スキームについて当事者間で合意があったとは認められないこと，③当該地代家賃は，不動産鑑定評価書に照らしても適正な賃料の額と近似しており，異常に高額であるとはいえないことなどから，本件スキームを前提とする，認定賃料を超える地代家賃部分が寄附金又は仮払金であるという課税当局の主張が排斥されている。

　上記事件では店舗等が賃貸期間終了後に買い戻されることとされていることなどから，当該SLB取引は，融資みなしリース取引に該当するものと考えられ，判決でも上記①のとおり，実質的な金融取引であると認定されたことから，課税当局も控訴を諦めたものと推測されるが，地代家賃だけでなく，売買された店舗等に係る減価償却費など賃借人[12]及び賃貸人双方の課税面への影響をも考慮すれば，当該売買及び賃貸の開始が旧施行令第136条の3の施行日（平成10年4月1日）前ではあったものの，次に示す同条の前身である国税庁長官通達「リース取引に係る法人税及び所得税の取扱いについて」（昭53直法2-19，直所3-25）の第6項に基づき融資みなしリース取引として課税すべき事案であったものと思料される[13]：

6　中古資産をリースバックした場合の取扱い

　　法人又は個人が，その所有していた中古資産をいったんリース会社に譲渡した上，これをリース契約により賃借した場合において，その一連の取引が取引当事

---

[12]　賃借人には，繰越欠損金があったことから違約金債務に係る債務免除益を計上しても税負担は生じなかったという事情があり，有税申告ではあったものの，賃借人において減価償却限度額に余裕があったことが予想される。

[13]　なお，本事件においては，先行する賃貸人自体の課税処分において本件スキームの存在が賃貸人により自認されており，それを前提とした当該課税処分が行われたものであるが，本判決では，その点について，一定の重加算税を負担しても違約金債務の即決和解による債権放棄自体を否認されるよりはよいと判断した旨の賃貸人の証言に一応の合理性があると認定されている。

者の意図,取引物件の内容等からみて実質的に金融取引と認められるときは,当初からその譲渡がなかったものとして取り扱う。(以下略)

いずれにしても,争点が異なることから本判決からはSLB取引が融資みなしリース取引に該当するかを判定するための直接的な判定基準が導かれるものではないが,SLB取引の実体を吟味する上で検討すべき事項として,①当事者の意図,②融資の必要性の有無,③取引としての経済合理性,④売買価格及び賃貸料等の経済的妥当性,などが挙げられるものと考えられる[14]。

ロ　Frank Lyon Co. v. United States 判決

米国においては,SILO (sale in lease out) 取引[15]など特別なSLB取引を除き,我が国のような一般的な税法上のSLB取引の否認ないしみなし規定はなく,判例法に基づき金融取引としての該当性が判断される模様である[16]。そして,その基本となる判例が見出しの連邦最高裁判決(以下「Frank Lyon判決」という。)

---

14) 具体的には,本判決では,それぞれ次のとおり認定されている。①当事者の意図及び融資の必要性の有無：当事者は,本件SLB取引は,業績が良好であるのに黒字倒産をしかねない納税者の資金繰りを好転させるとともに,金融事業の事業化を図ろうとしていた賃貸人において,そのモデルケースの一つとして収益を上げることを目指して行われた,②取引としての経済合理性：本件スキームについての合意が存在することを前提としなくとも本件リースバック取引の開始及び継続の経緯などについて合理的な説明をすることは可能である,③売買価格及び賃貸料等の経済的妥当性：課税当局による認定賃料が,不動産鑑定評価書に照らしても相当であり,それに比べ本件地代家賃は過大であると課税当局は主張するが,本件SLB取引は,賃借人への金融支援策としての側面を有していたところ,北海道という場所的環境,パチンコ店の営業という特殊性及び投下資金回収の危険性,並びに本件物件の転用困難性等を併せ考慮すれば,本件スキームについての合意がなければそのような賃料にならなかったとまでは認められない。

15) SILO取引は,濫用的な租税回避取引として指定されたいわゆるListed Transactionsの一つであり,免税団体等の減価償却費に係る所得控除を他の納税者へ移転することを目的とするSLB取引である。詳細については,IRS Notice 2005-13 Tax-Exempt Leasing Involving Defeasance, 2005-9 I. R. B. 630 (Feb. 28, 2005) を参照のこと。参考までSILO取引の概要説明図を(**資料1**)に示す。

なお,SILO類似取引を包括的に規制するための法整備が行われている。すなわち,IRC Sec. 470. Limitation on deductions allocable to property used by governments or other tax-exempt entities が2004年(平成16年)に制定されている。おって,2002年(平成14年)現在の濫用的な租税回避スキームに対する米国における法規制の概要については,Joint Committee on Taxation (Senate Committee on Finance) "Background and Present Law Relating to Tax Shelters", JCX-19-02 (2002) http://www.jct.gov/x-19-02.pdf (平成27年2月14日現在) 参照。

である。Frank Lyon 判決に係る事件では，納税者が建設した事務所用建物に係る SLB 取引を課税当局が実質的には金融取引であるとして当該譲渡を否認したのに対して，連邦最高裁は，当該譲渡の必要性を認めて課税庁の主張を排斥している[17]。

　課税当局は，Frank Lyon 判決を踏まえ，SLB 取引の実体に係る判定基準について次のように解説している[18]：

　　取引の形式（form）ではなく取引の実体（substance）が課税上の取扱いを決定する。Gregory v. Helvering 判決 293 U. S.［最高裁判決集］465（1935）参照。Frank Lyon 判決 573 頁において連邦最高裁は，「実体優先主義（the doctrine of substance over form）を適用する際には，当裁判所は，当事者によって採用された特定の形式よりも，むしろ取引の具体的な経済実体に注目してきたところである」と述べている。連邦最高裁は，Frank Lyon 判決において特定の取引の実態を評価することにより，当該取引を金融取引としてよりもむしろ SLB 取引として取り扱うべきであると判断した。連邦最高裁は，Frank Lyon 判決において当該取引が「純粋な（genuine）経済的実体を伴う複数当事者間における取引であり，それは事業面及び社会規制面における現実によって強制又は奨

---

16)　文献［3］204 頁では「米国ではさらに，こうした制定法に拠らずにリース取引を否認し，課税上は融資として扱う場合もある。ただし，その判断は，いわゆる 2 分肢テスト（two pronged test）により行われる。すなわち，取引に事業上の目的がなく，単に税負担軽減のみを目的としていること，および，課税前利益を獲得できる可能性がないことの両方が満足された場合にのみ，否認が行われる。その過程において，単に税負担が軽減されるということだけでなく，リース資産を用いた事業活動の実態や当事者の役割等が十分に吟味され，当初から単なる課税上の利益の作出だけが見込まれていると判断される場合にのみ，否認が行われることになる。」（下線は筆者）とされている。

17)　一般に SLB 取引を融資とみなす際の IRS の判定は，ケースバイケースで行われ，破産法における裁判所の基準よりも不明確であるといわれている。ただし，Frank Lyon 判決において，①SLB 取引の実体については，契約両当事者に想定されるリスク及び利得の内容が判断要素となること及び②租税回避以外に取引の目的があるか否かも判断要素となることが示されており，IRS の判定において，少なくともこれらの点は含まれることになる。William Bronchick, "How to Structure Sale-Leaseback", REI Depo, http://www.reidepot.com/articles/Bronchick/sale-leaseback.html（平成 27 年 2 月 14 日現在）参照。

18)　IRS Notice 2005-13 "Tax-Exempt Leasing Involving Defeasance", 2005-9 I. R. B. 630（Feb. 28, 2005）参照。

励されるものであるが，課税面とは独立したしっかりとした理由を有しており，また，意味のないレッテル［としての形式］を有する租税回避的特徴によってのみ形成されたものでもない」と表現した。Frank Lyon 判決 584 頁参照。連邦最高裁は，その後，Frank Lyon 判決における当該アプローチを採用して，連邦債の現先取引を融資として再評価し（to recharacterize），当該取引の経済実体は，当該納税者によって採用された［売買という法］形式を支持するものではないと裁定した。Nebraska Department of Revenue v. Loewenstein 判決 513 U. S. 123（1994）参照。

さらに，課税当局は，より具体的な SLB 取引否認の判定基準として，本件のような既リース資産の SLB 取引が濫用的な租税回避スキームの重要な構成要素となっているリース剥がし取引[19]（lease stripping transactions）に係る IRS の調査担当者用解説文書[20]において過去の判例等を踏まえた上で次のとおり例示している：

　　当該［リース］資産の売却を認容すべきか否かについて判断する上で関連する［検討すべき］事項は，①当該資産の購入価格に対する比率でみた投資家の出資者利益（equity interest），②リース期間の完了時における更新ないし買取りオプションが当該資産の公正市場価格に基づいているか，③当該資産の耐用年数（useful life）がリース期間を上回っているか，④当該資産の予想残存価値と当該資産の賃貸によるキャッシュ・フローを加えたものによって少なくとも投資家の当初投資額が回収できるようになっているか，⑤減価償却費と支払利息が当該

---

[19] 「リース剥がし取引」は，本来はリース資産の所有者において一体であるべきリース資産に係る収益と減価償却費を分離して（to strip），リース取引における一方の当事者が収益を実現するとともに他の当事者がその所得について減価償却費の控除を受けることができる租税回避スキームであり，SILO 取引（前掲注 15 参照。）同様，Listed Transactions の一つである。参考までリース剥がし取引の概要説明図を（**資料 2**）に示す。

[20] IRS Coordinated Issue—All Industries "Lease Stripping Transactions", UIL 9226.00-00（2000）参照。なお，同文書の続編として，IRS Coordinated Issue-All Industries "Losses Reported from Inflated Basis Assets from Lease Stripping Transactions", UIL 9226.01-00（2005）がある。

リースからの収益よりも少なくなるように，いつかは黒字化（turnaround）するか，⑥投資家による当初投資額よりも投資家の正味節税額が少ないか，⑦当該資産の売却又は再リースにおいて収益又は損失が実現する可能性があるか［，つまり，損益が固定化されていないか］，⑧［契約書等の］証拠書類［の内容］について当該取引の実体と整合性があるか，⑨主張されている売却と整合性があるような形で当事者が行動しているかである。Levy 判決，91 T. C.［租税裁判所判決集］860. 及び Grodt & McKay Realty v. Commissioner 判決，77 T. C. 1221, 1238 頁（1981）参照。一方，もしも債務の返済が比較的に確実であり，また，想定されている買手（putative buyer）にほとんどリスクがなければ，当該取引は金融取引であるかもしれない。Mapco, Inc. v. United States 判決，556 F. 2d［連邦裁判所判決集第 2 集］1107（Ct. Cl.［請求裁判所］1977）参照。

ちなみに，上記のような課税当局の姿勢を踏まえ，課税当局などに当該 SLB 取引を金融取引と認定されないためには，次のような点について留意する必要がある旨，実務家によって指摘されている[21]：

・当該資産の売買価格が公正市場価格に見合うことを確実にしておくこと
・当該リース料の支払が公正市場価格に基づく賃料に見合うことを確実にするとともに，当該リース条件が当該地域及び意図されている使用方法において典型的なものであること
・当該取引について（租税回避以外の）理由があること，そして，それをリース契約の前文において明らかにしておくこと
・もしも売手又は賃借人に買戻しの選択権（option）がある場合には，それが公正市場価格に基づいていること，そして，それが異常に多額な賃借料の支払を伴って逓減するものではないことを確実にすること（つまり，融資の返済と見なされないようにすること）
・買手又は所有者が同様なリース契約において典型的な所有者が有している権

---

21) 前掲注 17 同資料参照。

利を有することを確実にすること（リース終了時において賃借人からリース資産の返還を受ける権利を含む。）
・SLB契約において買手又は所有者が当該リース資産を売却し，担保とし，その権利を譲渡し，値上がり益を享受することが何ら妨げられないことを確実にすること

(4) まとめ

本節においては，リース対象資産自体がリース資産であるSLB取引が融資みなしリース取引であるとして，その売買及び賃貸が否認された事例を取り掛かりの素材として取り上げ，SLB取引がどのような場合に金融取引としてみなされるべきか，最近のSLB取引関連の判決や米国におけるSLB取引の否認の取扱いについて検討を加えた。

濫用的なSLB取引については，本文中で米国におけるSILO取引やリース剥がし取引に係る規制に触れたが，我が国においても，レバレッジド・リース取引などにおける濫用が想定されるところ，船舶等に係るジャパニーズ・オペレーティング・リース取引など実態経済は，SLB取引を金融取引の大きな手段として動いているにもかかわらず，SLB取引に係る規定は，内容的には依然未整備のままである[22]。したがって，審判所がSLB取引についてその実体を認定するための判定基準を明らかにしていく必要性は，本件に限らず，今後とも多いものと考えられ，海外における取扱いの現状等についても今後積極的に把握していく必要があるものと考えられる。

《参照条文等》
　旧法人税法施行令第136条の3《リース取引に係る所得の計算》

---

22)「リース課税については，1998年に政令が設けられたが，法律の明文規定に基づかずに所得課税の基本原則を変更するものであり，また，多くの部分はなお通達が規律しているから，租税法律主義に反し，違憲と思われる。」という文献［3］204頁の批判は，平成19年度改正により改善されたものの，SLB取引については，施行令が単に法律化されたのみである。前掲注2参照。

《参照判決・裁決》
- 東京地裁平成17年（行ウ）第498号ほか法人税更正処分取消等請求事件（平成19年6月29日判決・国側一部敗訴・確定）
- Frank Lyon Co. v. United States 判決 435 U. S. 561（1978）

《参照文献》
[1] 金子宏『租税法〔第13版〕』（弘文堂，平成20年）
[2] 武田隆二『法人税法精説〔平成17年版〕』（森山書店，2005年）
[3] 岡村忠生『法人税法講義〔第2版〕』（成文堂，2006年）
[4] 加藤久明『現代リース会計論』（中央経済社，2007年）
[5] 佐々木浩ほか「法人税法の改正」『平成19年度税制改正の解説』247～378頁，財務省ホームページ，http://www.mof.go.jp/tax-policy/tax-reform/outline/fy2007/explanation/pdf/P247-P378.pdf（平成27年2月14日現在）

(資料1) SILO (Sale In Lease Out) 取引説明図 (IRS Notice 2005-13)

　セール・アンド・リースバック取引を用いて、非課税団体等（下図のFP）の減価償却費を投資家（下図のX）の損金に転化することを通じて、低利の融資を実現すると同時に、当該取引に係る各種のリスク等を無効化する手段（ディフィーザンス）を講じる濫用的な租税回避スキームである。

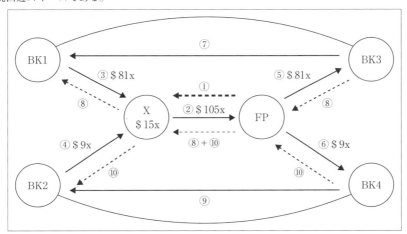

《凡例》
X：米国法人，FP：非課税団体等
BK1・BK3：銀行グループ1，BK2・BK4：銀行グループ2

① 当事者が主張する対象資産のFPからXへのリースバック条件付売却
　・全契約履行条件（comprehensive participation agreement）付き
　・リース取引はサービス契約オプション（Service Contract Option）付き
　・リース期間＋SCO期間＜使用可能期間（useful life）の80％
② XからFPへの対象資産の公正市場価格による購入代金（$105x）の支払
　・うち$15xは自己資金
③ Xによる購入代金のうち$81xのBK1からの借入れ（ノンリコース条件付き，リース期間中に返済，利息部分については元本に追加し当該期間終了時に一括返済）
④ Xによる購入代金のうち$9xのBK2からの借入れ（同上）
　・借入れの返済額とリース料の支払額とは、ほぼ同期
⑤ FPによる売却代金のうち$81xのBK3への預金
⑥ FPによる売却代金のうち$9xのBK4への預金
⑦ BK3によるFPに対する利息としてFPの支払リース料の90％相当額のBK1への送金
　・当該支払額はBK1に対するXの返済に十分な額
⑧ 当事者間における会計処理
　・BK3→FP（預金利息），FP→X（支払リース料），X→BK1（借入金返済）
⑨ BK4によるFPに対する利息としてFPの支払リース料の10％相当額のBK2への送金
　・当該支払額はBK2に対するXの返済に十分な額
⑩ 当事者間における会計処理
　・BK4→FP（預金利息），FP→X（支払リース料），X→BK2（借入金返済）

(資料2)　リース剝がし（Lease Stripping）取引説明図（IRS UIL 9226.01-00）

　本来はリース資産の所有者において一体であるべきリース資産に係る収益と減価償却費の発生を分離して，リース取引における一方の当事者が収益を実現するとともに他の当事者がその所得について減価償却費の控除を受けることができるように構成された濫用的な租税回避スキームである。下図の例においては，納税者Aの原リース資産の収益はAに，減価償却費は投資家Ｉに発生するように構成されている。

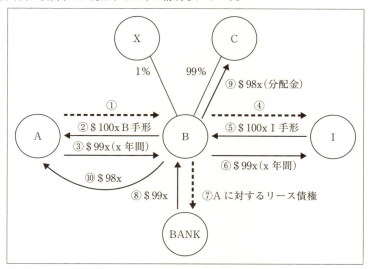

《凡例》
A：米国法人（リース期間x年の原リース対象資産を所有）
B：パートナーシップ，Ｉ：法人（投資家），BANK：A等の関連者ではない金融機関
C：Bの99％の分配権を有しているパートナー（非課税団体（tax neutral entity））
X：Bの1％の分配権を有しているパートナー

①当事者が主張するAからBに対する原リース対象資産のリースバック条件付売却
　・リースバック期間は，原リース契約と同じx年
　・原リース対象資産のx年後の残存価値は，わずか又は零
②BからAに対する原リース対象資産の購入代金の手形（額面 $100x）による支払
③AからBに対するリース料の支払（リース期間はx年，リース料総額は，$99x）
④当事者が主張するBからＩに対する原リース対象資産のリースバック条件付転売
　・リースバック期間は，原リース契約と同じx年
⑤ＩからBに対する原リース対象資産の購入代金の手形（額面 $100x）による支払
⑥BからＩに対するリース料の支払（リース期間はx年，リース料総額は，$99x）
⑦BのAに対するリースバックに係るリース料債権（受益権）のBANKへの譲渡
　・BないしCの所得計上を繰り上げる効果を目指すもの
⑧BANKからBに対する現金による支払
⑨BによるCへの分配金（distributive share）の配分
⑩BによるAに対するB手形に基づく支払（上記⑨を原資とするものと考えられる。）

第3節　所得税法施行令第94条
《事業所得の収入金額とされる保険金等》
第1項第2号の射程について

1．事件の概要

　本件は，不動産貸付業を営む審査請求人（以下「請求人」という。）が平成17年分の所得税について，法人である賃借人（以下「本件賃借人」という。）との間の不動産賃貸借契約（以下「本件賃貸借契約」という。）が本件賃借人からの申入れに基づいて中途解約されたことに伴い，本件賃借人から預託されていた保証金の返還を要しなくなったことから，当該保証金相当額を不動産所得の総収入金額に含め，平均課税を適用せずに確定申告した（以下「本件確定申告」という。）後，当該保証金相当額が臨時所得に該当するとして，平均課税の適用を求める旨の更正の請求をしたところ，原処分庁が更正をすべき理由がない旨の通知処分（以下「本件通知処分」という。）を行ったのに対して，請求人がその全部の取消しを求めた事案である。

2．裁決

（1）裁決のポイント

　賃借人が預託していた保証金で返還不要とされた金員は，臨時所得に該当しないとされた事例（平20.4.15裁決・棄却・裁決事例集No.75-260，http://www.kfs.go.jp/service/JP/75/17/index.html（平成27年2月14日現在））

（2）裁決の要旨

　請求人は，本件賃借人が請求人に預託していた保証金で返還不要とされた金員（以下「本件返還不要保証金」という。）は，臨時所得に該当するから，平均課税の適用が認められるべきである旨主張する。

　しかしながら，本件返還不要保証金は，解約時の月額賃貸料の額に基づけば3年以上の期間の不動産所得の補償に当たるとは認められず，臨時所得に

は該当しない。そうすると，請求人の場合には，平均課税の適用を受けるために必要な要件を欠いている。

したがって，本件確定申告については，更正の請求の要件である「申告書に記載した課税標準若しくは税額等の計算が国税に関する法律の規定に従っていなかったこと又は当該計算に誤りがあったことにより，同申告書の提出により納付すべき税額が過大である場合」には当たらないから，本件更正の請求に対して更正をすべき理由がない旨の通知をした本件通知処分は適法である。

3．検討
(1) 課税実務上の取扱い

賃貸借契約終了前に賃借人の都合により賃貸借契約が解除され，賃貸人が敷金等の返還を免除される場合，この経済的利益について，①臨時所得の平均課税が適用されるか否か，②所得区分が不動産所得か一時所得か，③確定申告書に平均課税の適用を受ける旨の記載等がない場合に「やむを得ない事情」があったか否かが争われるケースがあり，本裁決例は，上記①の点が争われたものである。

しかるに，本件返還不要保証金のような賃貸借契約の早期解約に伴う契約当事者間における経済的利益の授受に対する課税実務上の取扱いについては，類似のものとして質疑応答事例によって対応方法が示されており[1]，それに準じれば本件返還不要保証金のような経済的利益については，違約損害

---

1) 「建物賃貸借契約の解約に伴って家主が受領する違約損害金」国税庁課税部審理室・個人課税課・課税総括課『所得税関係質疑応答事例集』（平成13年10月）36～37頁参照。以下「本件応答事例」という。
　なお，本件応答事例は，契約書による違約損害金の規定を次のとおりに設定している：
【契約書による違約損害金】
　①契約の解約時より契約期間満了時までの賃料相当額
　　　350万円×160月＝56,000万円
　②契約の解約に伴い，貸主の被った相当因果関係のある損害額
　　　取壊し等原状回復費用

金として不動産所得の総収入金額に算入されること，そして，合意された違約損害金が①解約後の収益補償として支払われるもの（以下「収益補償額」という。）と②解約に伴う諸費用の実質弁償として支払われるもの（以下「損失補償額」という。）に二分されるところ，収益補償額に係る所得が，一定の場所における業務の全部又は一部を休止，転換又は廃止することにより受ける3年以上の期間の所得の補償として受ける補償金に係る所得に該当する場合には，所得税法施行令第8条《臨時所得の範囲》に基づき臨時所得に該当するものとされている。

そして，本件応答事例においては，「こうした違約損害金は，契約書の規定とは異なる総額だけが合意書に記載され，その内訳が不明瞭な場合が多い」とした上で，当該収益補償として支払われる部分の金額の計算の基礎とされた期間が3年以上であるか否かの判定は，解約の合意における収益補償額の算出根拠が示されている場合とそうでない場合に区分して例えば次のように行うべきこととされている。

　イ　解約後の残余期間と単位期間当たりの収益補償額に基づいて違約損害金の総額が算定される場合には，当該残余期間が3年以上か否か[2]

　ロ　解約後の減収補償として残余期間における賃料総額の一定割合（以下「みなし収益率」という。）によって収益補償額としての違約損害金が算定される場合には，当該残余期間が3年以上か否か[3]

　ハ　残余期間に基づく算出根拠が示されておらず，総額で定められる場合には，違約損害金のうち損失補償額として明らかな金額を除く金額を単位期間当たりの賃料で除して求めた期間が3年以上か否か[4]

---

2) 例えば，解約後の残余期間が160月で一月当たりの収益補償額が65万円（みなし収益率約19％に相当）であれば，違約損害金の総額は，10,400万円となり，算出根拠となった残余期間が160月で3年以上であることから臨時所得となる。

3) 例えば，解約後の減収補償として月額賃料350万円に20％のみなし収益率と残余期間160月を乗じて違約損害金が算出されていれば，算出根拠となった残余期間が160月で3年以上であることから臨時所得となる。

(2) 本件裁決と課税実務上の取扱いとの整合性とその差異

本件裁決では、本件返還不要保証金に係る所得区分が不動産所得であることや本件返還不要保証金には損失補償額に相当する金額が含まれないことについては、当事者間で特に争いがないこともあり、本件返還不要保証金を総額で定められた違約損害金としてすべて収益補償額と認定し、そして、解約時の月額賃料を単位期間当たりの賃料とすることにより、収益補償部分の金額の計算の基礎とされを期間が3年以上であるか否かの判定を行っており、上記(1)のハの判定基準とも整合的である。確かに、本件においては、本件返還不要保証金を違約損害金とみた場合に、当該違約損害金のうち明らかに損失補償額である金額が契約上も区分されていないこと、そして、仮に違約損害金のうちに何らかの損失補償額が含まれると主張することが上記(1)のハの判定基準においては請求人に不利に働くことからも、本件返還不要保証金をすべて収益補償額とみなすことは妥当であろう。

一方、本件と本件応答事例との違いについてみると、本件応答事例においては、期待収益を補償するものとして月額賃料を基礎として残余期間に係る賃借料全額に相当する違約損害金の支払規定を賃貸借契約上設けているのに対して、本件賃貸借契約においては、当該契約の対象物となった建物等（以下「本件建物等」という。）の建設に要した金融機関からの解約時点における借入金の残高相当額を損害金として支払い、かつ、保証金の返還請求権も失う旨規定されていた[5]。そして、本件においては、借入金残高は中途解約時点においては、既に無かっだものと考えられる[6]。また、本件応答事例においては、20年間の契約期間が半分以上残されていることを前提として違約損害金の取扱

---

4) 例えば、合意書において違約金が12,000万円、原状回復費用が実費相当額600万円とされている場合には、違約金部分を収益補償額とみなして月額賃料350万円で除して求めた期間が約34月となり、3年（36月）に及ばないことから臨時所得とはならない。
5) 本件では、当該賃貸借契約（以下「本件賃貸借契約」という。）の第20条（中途解約）において、本件賃貸借契約の期間満了前において、賃借人の一方的事由で中途解約する場合は、賃借人は、賃貸人に対して同人が本件建物等の建設のため、金融機関から借り入れた資金の解約時点における残債相当額を損害金として支払わなければならず、かつ、保証金の返還請求権も失うこととされていた。

いを検討しているのに対して、本件においては、解約時点で15年間の契約期間がほぼ終期に近付いており、残存契約期間が約1年5か月であったことが挙げられよう。

以下、本件応答事例と本件との上記の相違点に着目して、本件において争点とはなっていないものの、上記(1)で触れた本件返還不要保証金の不動産所得該当性について検討することとしたい。

(3) 本件返還不要保証金の性格
イ 違約金としての性格

本件返還不要保証金については、原処分庁が「解約によって生ずる損失に対する補償として本件返還不要保証金を得たものである」と主張するのに対して、請求人は、「本件賃貸借契約を解除するに当たって請求人に与えた損害を補償する文言もない」ことから「本件返還不要保証金の性質は、損害賠償ではなく、民法第519条に定める債務免除益として不動産所得を構成する」と主張している。確かに、請求人主張のとおり、本件賃貸借契約上、本件建物等に係る借入金残高相当額を中途解約における損害金と明記していること[7]からすると本件返還不要保証金については、本件応答事例における違約損害金のように収益補償金としての性格を有する損害賠償金とはいえないものとも考えられる。しかし、本件返還不要保証金の額が月額賃料に比較して高額であり[8]、かつ、固定額であることなどから考えれば本件賃貸借契約において本件返還不要保証金が規定された目的は、本件賃借人の債務履行を確保することにあり、したがって、本件返還不要保証金は、いわゆる違約罰としての違約金として規定されたものであると解することが相当であろう。そ

---

6) 請求人と本件賃借人は、本件賃貸借契約の中途解約に際して「建物賃貸借解約及び物件明渡し確認書」と題する書面を取り交わしており、本件返還不要保証金を返還しないものとした上で、当事者間に債権債務は一切存在しないことを確認している。
7) 前掲注5参照。
8) 本件建物等の賃料は、当初240万円であったが、中途解約時における本件建物等の賃料は、月額210万円であった。また、本件返還不要保証金の額は、本件賃貸借契約に規定されているとおり5,000万円（当初賃料の約21ヶ月分、中途解約時賃料の約24ヶ月分相当）であった。

して、民法第420条《賠償額の予定》第3項により「違約金は、賠償額の予定と推定」されることから、本件裁決において債務免除益が本件確認書の合意により新たに発生したという請求人主張を採用せず、本件返還不要保証金を損害賠償金として認定していることは一般論としては妥当であるものといえよう[9]。

さらに、本件返還不要保証金が違約金であると認定できる場合には、本件返還不要保証金が請求人の不動産貸付業に関連して収受されていることについては当事者間で争いがないことから[10]、所得税基本通達34-1《一時所得の例示》の(8)が「民法第557条《手付》の規定により売買契約が解除された場合に当該契約の当事者が取得する手付金又は償還金（業務に関して受けるものを除く。）」として、いわゆる手付倍返しなどの慣習による違約金を一般的には一時所得に該当するとしつつも、業務に関して受ける違約金については、一時所得としては取り扱わない旨定めていることとも整合的である。

ロ　解決金としての性格

ところで、本件においては、当初契約における15年間の予定賃貸借期間のうち中途解約時点で既に13年7ヶ月が経過しており、本件賃貸借契約上、請求人として残されている得べかりし収益は、高々17ヵ月分であったこと、本

---

9) 違約罰について「判例は、狭義の違約金を認定するのに極めて慎重であり、たとえ、契約の文言で違約金のほかに損害賠償を請求しうる旨が定められていても、それだけでは狭義の違約金とは解しない（名古屋高判昭45・1・30下民21・1＝2・155）。ただ、下級審の裁判例の中には、当初から債務不履行による損害発生の蓋然性がゼロか極めて乏しいことが明らかなときは、民法第420条第3項の推定は働かず、違約金の定は違約罰の定と解すべきことを述べるものがある（大津地判昭48・11・8判時741・100）。…判旨は先のように述べて、損害金特約を違約罰の定と解し、売買代金の5分を超える部分を無効とした。…裁判所の意図は、おそらく、違約罰においては損害賠償額の予定と解するよりも大幅な減額が可能だ、という点にあったのであろう。」（奥田昌道編『注釈民法(10)債権(1)』（昭和62年、有斐閣）714～715頁参照）と説明されているように、その内容によっては、損害賠償金としての性格が乏しくなる場合がある。

10) 請求人が「本件返還不要保証金の性質は、損害賠償ではなく、民法第519条に定める債務免除益として不動産所得を構成する」と主張しているのは、所得税基本通達34-1の(5)において「法人からの贈与により取得する金品（業務に関して受けるもの及び継続的に受けるものを除く。）」とされて業務関連性のある法人からの債務免除益が一時所得に該当しないものと取り扱っていることと整合的であり、本件においては、本件返還不要保証金の業務関連性について特に争点とはなっていない。

件返還不要保証金が中途解約時の賃借料の約24ヶ月分に相当すること[11]，上記(2)のとおり本件建物等に係る借入残高もなく，契約上明記された損害金としての金銭の授受もなかったことなどの事情を考慮すれば，賃借人は，本件賃貸借契約を中途解約せず，賃借人としての善管注意義務を満足する限りにおいて営業を中止して賃料さえ払っていれば，1年5ヶ月（17ヶ月）後には保証金を全額返還請求できると考えられるのに，あえてその利益を放棄しているといえるので，本件の中途解約は経済的合理性のある取引とはいえないという見方も可能と考えられる。

確かに賃借人としての善管注意義務を果たすためには一定の費用が掛かるものと考えられるが，請求人にとっても中途解約によって新たな賃貸借契約を結ぶことが可能となることから，本件賃借人としても本件確認書において本件返還不要保証金の減額について交渉することは可能であったものと考えられる[12]。また，見方を変えれば，そもそも15年間で賃貸借期間が終了する場合には無利息ではあるが保証金を返還しなければならないのであれば，仮に残された17ヶ月分の賃借料をすべて返済原資としたとしても本件返還不要保証金の額には7ヶ月分ほど足りないわけであり，結局，中途解約の時点で最低でも7ヶ月分（本件返還不要保証金の約3割），更に堅実に経過した賃貸借期間全期間で均等に積立てを行っていた場合には同約9割（163ヶ月÷180ヶ月）の返済資金が積み立てられているものと想定される[13]。しかるに，本件確認書において本件返還不要保証金の全額を当初契約どおり返還不要として当事者双方が確認したのは，本件返還不要保証金が得べかりし収益の補償というよりも，むしろいわゆる解決金（あるいは迷惑料）としての性格を有する部分を

---

11) 前掲注8参照。
12) 本件応答事例においても，民法第240条第1項に基づき，本来損害賠償額の予定として残余賃借料全額の請求が可能と考えられるにもかかわらず，合意解除（新たな契約とみなされる）により，損害賠償額の減額が行われることを想定して回答されているのは，このような交渉を通じた合意が現実的であることを表しているものと考えられよう。
13) 少なくとも当該返還が十分にできるように賃貸借金額が合意されたものと考えるのが自然であろう。

含むものであるためであることが想定される。これは，上記イで触れたように本件返還不要保証金のそもそもの目的が違約罰的なものであると想定されることとも符合するものである。

　解決金的性格の金銭が授受された場合の所得区分が争点となった裁決例としては，裁判上の和解により買主である請求人が支払を受けた和解金を一時所得に該当するものとした事例[14]（一部取消し）があり，当該和解金が予期しない事情の発生により生じた一時的なもので，かつ，労務その他の役務又は資産の譲渡の対価としての性質を有しない臨時的，偶発的なものに当たることからして一時所得に該当するとしている。そして，当該裁決では，当該和解金が一時所得に該当し，原処分庁の主張する譲渡所得には該当せず，そのほかの雑所得等にも該当しない理由として，「本件和解金の中には，本件不動産…の売買契約により請求人らが支出した…和解に至るまでの長期間の経済的損失を補てんするという意味の経済的利益が含まれているものの，その経済的利益の発生原因をみれば，売買契約による約定について履行がなかったことにより紛争が生じ，終局的には和解により解決を得たものであって，…労務その他の役務又は資産の譲渡の対価としての性質を有しない[15]」ことを挙げており，当該和解金の経済的実質あるいは算定根拠よりもむしろ解決金としての性格に注目しているものと考えられる[16]。

---

[14] 当該事案では，実質的な譲渡担保契約としての「不動産の売買契約に関する約定を当事者双方が履行しなかったことを原因としてなされた裁判上の和解により買主である請求人が支払いを受けた和解金は，売買契約の合意解除に伴うものと同視できるから，本件不動産の売戻しがあったとして譲渡所得とすることは相当ではなく，また，係争期間中の賃料及び金利相当分の損失を補てんするものであり，その実質は所得を得たのと同一の結果に帰着するから非課税とすることも相当でなく，その所得区分については，本件和解金が予期しない事情の発生により生じた一時的なもので，かつ，労務その他の役務又は資産の譲渡の対価としての性質を有しない臨時的，偶発的なものに当たることからして，一時所得に該当する」としている。昭和57年3月26日裁決（裁決事例集 No.23, 28頁）参照。

[15] 前掲注14，同事例集36頁参照。

(4) 付随収入としての取扱い

イ　付随収入としての不動産所得

　上記(3)のロで述べた解決金としての所得区分については，所得税基本通達34-1《一時所得の例示》の(8)において「民法第557条《手付》の規定により売買契約が解除された場合に当該契約の当事者が取得する手付金又は償還金」を一時所得として取り扱うことが示されているところでもあり，当該取扱いは，上記(3)の裁決例における審判所の判断とも整合的であるともいえよう。

　しかし，同項は，その括弧書において「業務に関して受けるものを除く。」として，そのような手付金等でも業務に関連して受けるものは，その業務の付随収入に該当するため一時所得としては取り扱わないこととしている。したがって，本件においても，仮に解決金としての性格の金銭であったとしても，業務に関連していることから一時所得とは取り扱われないこととなるが，この点については，請求人も同通達の(5)において「法人からの贈与により取得する金品（業務に関して受けるもの及び継続的に受けるものを除く。）」とされていることを踏まえて，本件返還不要保証金が業務上の債務免除益として不動産所得となるものと主張しており，その理由は原処分庁とは異なるものの一時所得性については共に否定している。

ロ　付随収入が不動産所得とされなかった裁判例

　ところで，不動産所得の付随収入の所得区分が不動産所得と一時所得のいずれに該当するかが争われ，一時所得となるとした裁判例として，名古屋高裁平成17年9月8日判決[17]がある。当該訴訟では，原処分庁が，土地の賃貸

---

16)　一方，地主が賃貸借期間の終了前において，無償で貸地の一部の返還を受け，残余の部分に係る賃貸借期間を延長した場合につき，地主が得た借地権相当額の経済的利益は不動産所得に当たるとされ，原処分庁の一時所得に当たるとの主張が排斥された裁判例としては，東京地裁昭和61年3月18日判決（昭和58年（行ウ）第130号所得税更正処分取消請求事件がある。ただし，当該裁判例においては，上記経済的利益には「紛争解決金」に相当する部分が「殆ど存在しないか，仮に存在しても極く僅かで」あると認定されたが，仮に認定された場合には，対価性が乏しいことから一時所得と解するほかないとする主旨の見解がある（村井正「裁判上の和解により借地権の一部返還を受けた土地所有者の経済的利益の所得類型とその計上時期」判例時報1212号（1987年）174頁（判例評論335号12頁）参照）。

借契約の中途解約に伴って賃貸人が無償で取得した賃借人建設の建物に係る利益が，実質的には，賃貸借契約の中途解約及び保証金の全額返還等を容認する見返りに得た所得であり，同契約の終了に当たって，権利関係を清算するために行われた不動産所得に係る付随収入として不動産所得となると主張したのに対して，裁判所は，当該建物の無償譲受けは，賃貸借契約に基づいて目的物を使用収益させる賃貸人の義務やこれに対する賃料等を支払う賃借人の義務とは関連せず，専ら同契約の終了に伴う原状回復義務の履行を賃借人が免れることを目的として行われたものであるから，何らかの意味で賃貸借の目的物を使用収益する対価，あるいはこれに代わるものの性質を有するものではない[18]ことから不動産所得には当たらないと判示した。

上記の高裁判決の考え方については，種々の賛成論・反対論が展開されている[19]ものの，いずれにしても，不動産収入に係る付随収入（不動産所得を生ずる業務に関して受ける収入）については，事業所得等に係る付随収入よりも所得区分に係るより慎重な検討が必要とされるものと考えられる。

---

[17] 更正賦課決定取消請求控訴事件（平成17年（行コ）第22号）税資第255号239（順号10120）参照。なお，当該高裁判決については上告された後，平成18年10月2日上告不受理の決定がなされ確定している。おって，地裁判決については，判タ1238号204頁参照。

[18] 対価性がない理由として高裁判決は次のとおり述べている（判決文の「事実及び理由」の第3の3の(1)参照）。「本件建物の無償譲受けが賃貸借契約終了に伴う借主の原状回復義務の履行に代わるものであるとしても，貸主が土地の賃貸借契約により通常予定できる経済的利益とはいえず，（もっとも，当初から賃貸借契約の内容として，契約の終了時に建物を無償譲受けする旨を合意し，それが地代等に反映している場合などでは，不動産所得と解する余地もあり得る。），あくまで賃貸借契約とは別個の合意に基づく本件建物の取得にすぎず，土地の貸付けによる所得とはいえない。」したがって，本件返還不要保証金は，当初から契約書に規定されているものであるから，業務関連性については当該裁判例よりは強いものといえよう。

[19] 賛成論として，増田英敏「第59回 TKC 租税判例研究会実施結果報告その2，判例評釈賃借人から無償取得した建物の一時所得該当性」TKC 税研情報15巻2号（2006年）34～62頁，田中治「一時所得と他の所得との区分」税務事例研究 Vol.95（2007年）23～47頁，反対論として，酒井克彦「所得税の事例研究―第2回―所得税法第26条の『不動産等の貸付けによる所得』の意義―所得区分を巡る諸問題―」税務事例 Vol.38, No.1（2006年）58～65頁，青柳達朗「租税判例研究会第421回賃借人から無償取得した建物の不動産所得該当性」ジュリ No.1341（2007年）192～195頁参照。

ハ　付随収入に係る限定的な捉え方と本件への当てはめ

　しかるに、上記高裁判決においては、所得税法施行令第94条《事業所得の収入金額とされる保険金等》についても触れ、同条第1項第2号に、「不動産所得を生ずべき業務に関し、『当該業務の全部又は一部の休止、転換又は廃止その他の事由により当該業務の収益の補償として取得する補償金その他これに類するもの』について、『その業務の遂行により生ずべきこれらの所得に係る収入金額に代わる性質を有するものは、これらの所得に係る収入金額とする』と定めており、補償金等のほか、共益費や実費弁償金、賃貸借契約解除に伴う明渡しが遅滞した場合に受ける損害賠償金等も不動産所得に当たるとされるが、これらも、不動産等の貸付けの業務の遂行により生ずべき収入金額に代わる性質を有するものであって、本件建物利益のように、賃貸借契約の終了する際の借地上の借主の所有建物の無償譲受けとは性質を異にするものであって、これを上記付随収入に含めることはできない。」と判示している[20]。

　この判示事項について本件に当てはめると、本件返還不要保証金（月額賃借料約24ヶ月分）のうち残存契約期間である17ヶ月分については、上記判示事項の射程範囲内にあるものと認められ、上記(3)のロに述べたような点はあるものの、賃貸借人間で月額賃借料について特に問題とされていない以上、不動産所得とすることに大きな問題はないものと考えられる。しかし、その余の7ヶ月分については、不動産所得の付随収入として「不動産等の貸付けの業務の遂行により生ずべき収入金額に代わる性質を有する」といえるかについては明らかとまではいえないであろう。

　確かに本件の場合には、損害賠償金的性格の部分が7割と過半を占めており、本件のような状況において一つの取引を二分することを認めるような取扱規定[21]もなく、明確に区分できる事実関係が確認できない[22]以上、本件返還不要保証金の全額を損害賠償金とみなすことも妥当と考えられるものの、

---

20)　高裁判決文の「事実及び理由」の第3の3の(1)参照。

仮定の話として，本件と同様の状況において残存契約期間が12ヶ月の段階で中途解約された場合や更に残存契約期間が6ヶ月の段階で中途解約された場合はどうであろうか。そのような場合にも，民法第420条第3項により「違約金は，賠償額の予定と推定」され得るのであろうか。仮に，推定され得るとしてもそのような違約金を所得税法施行令第94条第1項第2号が想定する損害賠償金の射程範囲のものとして取り扱うことが妥当であるといえるのか，そして，そのような違約金を支払う側に対する取扱い[23]とのバランスも含めて当該取引全体を見渡した場合に課税上適正かつ公平であるといえるのかについては疑問なしとしない。

(5) 違約罰的な違約損害金が設定されている場合の取扱い

民法第420条第3項の違約金の推定規定は，そもそも実際には違約金と称していても損害賠償の目的であることも多いことから当事者の意図が明らかでない限り，違約金は損害賠償の予定と推定するというのが同項の理由である[24]ことから，本件のように中途解約の際に授受される金員等（債務免除益も含む。）に損害賠償金的性格のものと解決金的性格のものとが混在する場合に，原則的には解決金的性格のものについても損害賠償金であると推認することが相当であるものと考えられる。しかし，現在の判例・学説が，約定額

---

[21] 二分することを認める取扱規定としては，例えば，所得税基本通達33-5《極めて長期間保有していた土地に区画形質の変更等を加えて譲渡した場合の所得》，同23～35共-12《自己が育成した山林を伐採し製材して販売する場合の所得》などが挙げられよう。

[22] 本件裁決では，「本件返還不要保証金は，その算出根拠が明らかではないものの，その賠償ないし補償の対象は，①本件賃貸借契約の解約日である平成17年1月31日から本件賃貸借契約の終期である平成18年6月28日…までの約1年5ヶ月分の賃料であることは明らかであるが，この他に，②再賃貸のための改装費の負担の補償など中途解約に伴う一切の損害ないし費用も含まれるものである。」と認定している（本件裁決書の「理由」の3の(3)のイ参照）。

[23] 例えば，当該金員等を支払う側が法人の場合には，解決金的性格の部分については損金算入される損害賠償金ではなく法人税法第37条《寄附金の損金不算入》第7項の寄附金に該当する場合があるであろう。そして，そのような場合においては本件のように賃貸借人間で平穏裡に当該金員等の授受が行われていることが前提であろう。いずれにしても，本件のような場合には，贈与される側の担税力と共に贈与する側の担税力についても十分配慮する必要があるものと考えられる。

[24] 前掲注9，同書713頁参照。

が損害に比して著しく過大な場合には，公序良俗違反（民法第90条《公序良俗》）を理由に予定賠償額を一部無効とすることによって，事実上，減額をある程度認めている[25]ことから，本件のような違約罰的な違約金については，上記(4)のハに述べたようにその性格が時の経過により変遷していく事情もあり，契約時における当事者の意図と共に，当該金員等の支出時あるいは清算時の当事者の意図についても十分に調査し，認定した上でその取扱いを判断すべきであろう。

　その意味で，本件裁決においては，賃貸人である請求人に係る事実認定のみに基づいて裁決を行っているが，本件賃借人についても例えば本件確認書の意図等[26]について明らかとした上で当事者間の合理的な意思を認定し，それに基づいて裁決を行うこととした方がよかったものと考えられる。いずれにしても，取引を課税対象とする消費税が主要な税目となった昨今，特定の取引についてその課税上の性格を認定する上で，取引当事者双方にとっての当該取引の性格についてしっかりと調査し，バランスのよい安定感のある事実認定を行うことが以前よりも更に重要になってきているものといえよう。

---

25) 前掲注9，同書694頁参照。
26) 想定できる理由としては，例えば，賃料を支払いながら長期間空き店舗とすることにより賃借人の企業イメージを毀損するよりは，以後の事業展開等を考えれば，円満な早期撤退を優先したというようなことが考えられるであろう。なお，そのような賃借人の判断の経済合理性については，差し当たり，賃借人における他の類似事例や同業他社における類似事例と本件との比較などについて賃借人等から事情聴取を行うことにより検討することとなろう。

第4節 生命保険年金二重課税
——分かりやすく，説得力のある，納得できる裁決を目指して——

1．事案の概要

　本件は，年金払特約付の生命保険契約の被保険者であり，その保険料を負担していた夫が死亡したことにより，同契約に基づく第1回目の年金として夫の死亡日を支給日とする年金の支払を受けた請求人が，当該年金の額を雑所得の収入金額に算入せずに，当該年金に係る源泉徴収税額の申告漏れがあったとして所得税の更正の請求をしたところ，所轄税務署長から当該年金の額から必要経費を控除した額を請求人の雑所得の金額として総所得金額に加算することなどを内容とする更正処分を受けたため，請求人において，当該年金は，相続税法（平成15年法律第8号による改正前のもの。以下同じ。）第3条《相続又は遺贈により取得したものとみなす場合》第1項第1号所定の保険金に該当し，いわゆる，みなし相続財産に当たるから，所得税法第9条《非課税所得》第1項第15号（同号につき平成22年法律第6号による改正前のもの。以下同じ。なお，同号に基づく所得税の非課税規定を以下「本件非課税規定」という。）により所得税を課すことができず，上記加算は許されない旨を主張して，上記更正処分の全部取消しを求めた事案である（平17.2.22裁決・棄却・裁決事例集No.69-59）。

2．裁決のポイント

　本件は，死亡保険金と同時に支払われた第1回目の特約遺族年金は，相続により取得するものには該当しないことから非課税所得ではないとして，原処分を維持した事例であるが，後の最高裁判決（平成20年（行ヒ）第16号所得税更正処分取消請求事件（いわゆる「生命保険年金二重課税訴訟」）平成22年7月6日第三小法廷判決）によって，当該年金の各支給額のうち相続時点における現在価値

に相当する部分は，相続税の課税対象となる経済的価値と同一のものということができ，本件非課税規定により所得税の課税対象とはならないと判示されるとともに，当該最高裁判決を受けて所得税法施行令等の改正が行われるなど，税務行政に多大な影響を与えた事案である。

3．裁決の要旨

　請求人は，配偶者の死亡に伴い年金生活保障付終身保険契約（保険事故発生により，4,000万円の死亡保険金を一括で受け取り，かつ，10年間にわたり毎年230万円の年金（以下「本件特約遺族年金」という。）を受け取ることを内容とする保険契約をいう。）に基づいて受領した平成14年分の年金（以下「本件年金」という。）は，本件年金を包含している本件特約遺族年金が相続税法第3条第1項に規定するみなし相続財産となる保険金に該当し，相続税が課税されているものであるから，本件年金に係る所得は，本件非課税規定の対象となる「相続により取得するもの」に該当し，所得税の課税対象とはならない旨主張する。

　ところで，①所得税法は，生命保険契約に係る年金を受領した場合には，同法第35条《雑所得》第1項及び所得税法施行令（以下，単に「施行令」という。）第183条《生命保険契約等に基づく年金に係る雑所得の金額の計算上控除する保険料等》第1項により計算した金額は，その支払を受ける年分の雑所得である旨規定し，また，②所得税基本通達9-18《年金の総額に代えて支払われる一時金》（以下，「本件通達」という。）は，死亡を年金給付事由とする施行令第183条第3項に規定する生命保険契約等に係る保険料又は掛金が死亡した者によって負担されたものであるときにおいて，当該生命保険契約等に基づく年金の受給資格者が当該年金の受給開始以前に年金給付の総額に代えて一時金の支払を受けたときは，当該一時金については課税しないものとする旨定めている。

　これは，生命保険契約のうち，被保険者の死亡に基因して年金方式により支払われるものについては，受給者の選択により，死亡時に年金給付の総額に代えて一時金で受け取ることができるものがあり，このような年金の支払

が始まる前に一時金で支払を受けたものについては、同じく一時金として支払われる死亡保険金との課税上のバランスを考慮し、本件非課税規定にいう「相続により取得するもの」として当該死亡保険金と同様の課税の取扱いを適用しようとするものと解され、本件非課税規定に照らし相当である。

これを本件についてみると、請求人は、被保険者が死亡した日に本件特約遺族年金を受給する権利を取得し、年金給付の総額に代えて一時金を受け取るのではなく、年金方式により受給することを選択して、本件特約遺族年金を受け取っている。

そうすると、本件年金は、本件非課税規定にいう「相続により取得したもの」には該当しないことから、非課税所得とはならず、施行令第183条第1項の規定により計算される金額が、その支払を受ける年分の同法第35条第1項に規定する雑所得となるものと認められるので、原処分は相当である。

4．解説

(1) 本節における検討内容

本件については、第一審判決において請求人勝訴、控訴審において国側逆転勝訴、上告審において請求人再逆転勝訴となったが、当該各判決に対する詳しい解説が文献[1]、[2]及び[3]などで行われている（特に、文献[2]は大変詳細かつ包括的である。）ことから、本節では視点を変えて、本件裁決と第一審判決とを比較して、本件裁決が「納得できる裁決」の観点から、請求人ないし第一審裁判所に対して、請求人の疑問に対する審判所としての考え方を「分かりやすく、説得力のある」方法で説明できていたかについて検討してみることとしたい。

なぜなら、本件の争点については、「古くから問題とされていたもの」であり、「通達化されて、長年の課税実務において定着していた」（文献[1] 96頁参照）ものであって、それに対して異論を唱える、いわば「そもそも論」的な争点であったことや第一審が当事者訴訟であったことなどが影響したのかは定かではないものの、第一審裁判所は、法令等の解釈に当たって、上記各文献

が検討を行っているような，厳密な文理解釈や関係法令の各規定間の整合性，あるいは，関連規定のこれまでの歴史的な変遷や経緯などのいわゆる課税技術的な側面には余り頓着せず，むしろ当事者主義及び自由心象主義に基づき，請求人の主張する本件年金の経済的実質に着目して判断しているものと思料されることから，本件のような，そもそも論的争点について裁決の中でどのように審判所としての判断や考え方を示していくべきなのか検討しておく必要があるものと考えるからである。

(2) **本件裁決の論理構造上の問題点**

上記3にも記載したように，本件裁決は，本件通達の取扱いが本件年金を一時金として受け取る場合にのみ適用が可能な宥恕的なものであることを当然の前提として，当該一時金について本件通達が死亡保険金と同様の課税の取扱いを適用することが，本件非課税規定に照らし相当であるとしている。しかし，請求人は，そもそも当該一時金についてのみ死亡保険金と同様の取扱いを適用するとしていることに対して疑問を呈していたわけであるから，そのような説示は，請求人にとっては，何ら説得的ではなかったものと思料される。なお，文献［1］によれば，「年金受給権（年金払いの保険金請求権）であることは一時払いの場合と年金払いの場合とで異ならないにもかかわらず，前者の一時払いの保険金請求権は所得税を非課税とし，一方，年金払いを選択した場合には，年金受給権（保険金請求権）につき相続税が，その年金払いの保険金につき所得税が課税されるという課税上の相違についての合理性も論ずることは困難である」(同文献99頁参照)と処断されていることからも審判所の説明に対する請求人の不満が裏付けられよう。

そうすると，請求人は本件非課税規定により本件特約遺族年金については所得税の課税対象とはならない旨主張しているのであるから，裁決においては，まず，本件非課税規定の解釈を基に当該年金が所得税の課税対象となるか否かを判断すべきであり，その結果（当該年金が所得税の課税対象となること）を踏まえ，補足的に本件年金については，所得税を課税しないとする本件通達の適用がないことを留意的に示すべきであったとも考えられる。

いずれにしても，文献[4]が本件に類似する定期預金の利子や配当期待権の今後の取扱いについて，「相続税・所得税の課税関係において上記…に述べた土地，株式等の値上がり益と定期預金の既経過利子等とは本質的に変わるところがないにもかかわらず，被相続人に生じている未実現の利得について実現段階で相続人に課税されることについて，前者には所得税法60条1項という明文規定がおかれ，後者には明文の規定がないことで，今後，上記と同様な議論が生じ得ることを考慮すれば，この際，現行の取扱いについて，確認的な意味で立法的手当てを講じておくことが望ましい」（同文献7頁参照）としていることからも分かるように，本件通達が法令の欠缺（けんけつ）を行政的に解決しようとする趣旨のものであったことは明らかであろう。

(3) **請求人の疑問に対する回答状況**

つぎに，請求人の原処分に対する疑問について，本件裁決によってどれほど解決されたのかについて以下評価してみることとしたい。具体的には，請求人の問題としている疑問点を本件の裁決書から抽出し，それに対比する形で，第一審においてそれらの疑問点について納得できず再度主張されたのか否か，あるいは，どのような点に関して新しく主張されたのかについて第一審判決書の記載に基づいて比較検討したところ（**別紙**）「請求人の主な疑問点の解決状況」のとおりであった。

その結果，（**別紙**）において明らかなように，上記(2)で述べた本件裁決の論理構造上の問題点（本件通達の取扱いを是として，本件通達の適用が認められないから請求理由がないとする論理構造）から，請求人の基本的な疑問に対してほとんど応えられていないことが分かるとともに，実際，請求人が裁決によって納得できたのは，疑問点の4及び5に関連して相続税の課税対象となるのは年金払いの保険金ではなく年金受給権であることのみであったと思料される。

(4) **納得できる裁決を目指して**

上記(2)及び(3)の状況を踏まえれば，「分かりやすく，説得力のある，納得できる裁決」，換言すれば，「紛争解決手段としての裁決」を目指すためには，本件のような「そもそも論」型の審査請求においては，本件に係る高裁判決

や下記参考文献等が詳細に検討しているように，保険金に係る基本権と支分権との相違あるいは保険金に係る移転による所得と年金に係る創出による所得との相違などを説示した上で，本件非課税規定に対する審判所としての解釈を裁決書上に明らかにし，もって，請求人の率直な疑問に対して丁寧に回答する必要があったのではないかと思料する。また，本件通達のように，法令面の欠缺，不整合などの不都合を課税庁による行政的な工夫により回避しているような課税上の取扱いが関係する審査請求においては，いわば，当該取扱いの当不当が争点となっていることをしっかりと認識し，必要に応じて原処分庁に対する求釈明を行うなどして，本件裁決のように当該取扱い自体の妥当性のみではなく，当該取扱いの射程外となる場合の妥当性についても裁決書上に明らかにすべきであったであろう。そして，そのような点で，本件裁決は，やはり言葉足らずであったのではなかろうか。

《参考条文》
　相続税法第3条第1項第1号（平成15年法律第8号による改正前のもの）
　相続税法第22条（平成15年法律第8号による改正前のもの）
　相続税法第24条第1項
　所得税法第9条第1項第15号（平成22年法律第6号による改正前のもの）

《参考判例》
　①最高裁平22.7.6第三小法廷判決（裁判所ウェブサイト）
　②福岡高裁平19.10.25判決（裁判所ウェブサイト）
　③長崎地裁平18.11.7判決（裁判所ウェブサイト）

《参考文献》
　[1] 大淵博義「年金受給権と『年金払い』による保険金の相続税と所得税の二重課税問題—最高裁（三小）平成22年7月6日判決の検証—」税理53巻14号94〜104頁
　[2] 酒井克彦「みなし相続財産としての年金受給権に基づいて取得した年金への所得課税（上）（中）（下-1）（下-2）—最高裁平成22年7月6日第三小法廷判決を素材として—」税務事例42巻9号1〜8頁，10号9〜16頁，11号1〜9頁，・12号8〜15頁
　[3] 品川芳宣「生命保険契約に基づき支払われる年金に対する相続税と所得税の二重課税の有無」TKC税研情報19巻5号（2010.10）35〜50頁
　[4] 最高裁判決研究会「『最高裁判決研究会』報告書〜『生保年金』最高裁判決の射程及び関連する論点について〜」（平22.10.22）平成22年度 第8回 税制調査会資料，http://www.cao.go.jp/zei-cho/history/2009-2012/gijiroku/zeicho/2010/__icsFiles/afieldfile/2010/11/24/22zen8kai6.pdf（平成27年2月14日現在）

(別紙) 請求人の主な疑問点の解決状況

No.	裁決書において取り上げられた請求人の疑問点	第一審における請求人の主張	備考
争点1	本件年金が所得税法第9条第1項第15号に規定する非課税所得に該当するか否か？	本件年金が所得税法第9条第1項第15号により非課税とされるか否か？	再度
争点2		本件年金が相続税法第3条第1項のみなし相続財産に当たるか否か？	追加
1	相続税法第3条第1項第1号の「保険金」についての文言解釈として原処分庁が主張する受給権であるとの解釈の根拠は何か？「保険金」の意味は、保険金（年金）そのものではないか？	本件年金は、相続税法第3条第1項第1号の「保険金」に該当し、みなし相続財産として相続税を課税されているので、所得税法第9条第1項第15号により非課税所得となり、同法第35条第1項の雑所得には該当しない。	再度（主張整理）
2	所得税法第9条第1項第15号は、相続により取得するもの（相続税法の規定により取得したものとみなされるものを含む。）は非課税所得である旨規定しており、同号は、一時払いの保険金と年金払いの保険金を何ら区別していないので、非課税所得となるのではないか？		
3	所得税法上、年金払いの保険金を雑所得として課税するのであれば、一時払いの保険金であっても、相続開始時には、受給権が発生し、その後に保険金を取得するのであるから、一時払いの保険金も一時所得若しくは雑所得として課税すべきではないか？	本件年金が雑所得に当たるとして課税するのであれば、一時払いの保険金であっても、相続開始時に受給権が発生し、その後、保険金を取得するのであるから、その取得時において一時所得又は雑所得として課税すべきことになるが、そのような取扱いになっていない。	再度
4	相続税法第3条第1項第1号の「保険金」の解釈で何ゆえに一時払いは保険金そのもので、年金払いは受給権となるのか？		
5	一時払いの保険金も保険金そのものではなく、受給権であるとすると、同じ受給権であっても、一時払いの保険金は所得税法第9条第1項第15号の適用があって、年金払いの保険金には同法の適用がないのは如何なる根拠に基づくものか？		
6		年金で保険金が支払われる場合、相続税法第3条第1項第1号の「保険金」は、年金受給権（基本権と支分権）と支分権に基づいて支払われる年金のすべてを包含したものと解すべきであり、基本権である年金受給権のみを指すものではない。	転換
7	仮に年金受給権がみなし相続財産だとしても、受給権とは財産権であって、売掛金、貸付金及び定期預金（以下「売掛金等」という。）と何ら債権という意味合いで異ならないのに、売掛金等を相続して現金で回収した場合には課税されないのと同様に、所得の発生する時期は、年金受給権が発生したときになるのではないか？ そして、所得税法第9条第1項第15号の規定により、非課税となるのではないか？	売掛金債権を相続し、将来それを回収して現金化した場合、その現金に対しては課税されないが、本件年金の受給権について、みなし相続財産として相続税が課税された場合、将来年金を受け取った際、年金に対して所得税を課税すべきでないことは、売掛債権の相続の場合と同様である。 相続税法第3条第1項第1号の「保険金」を「受給権」と解釈した場合、その財産的価値は、受給権という債権が将来現金化することにほかならず、債権が現金化することは権利の性質が変わるだけのことであるから、所得税法第9条第1項第15号を適用するまでもなく、本件年金は、所得の発生に当たらない。	再度 追加
8	課税のタイミングの問題にすぎない年金受給権と個々の年金を、あたかも別個の所得であるかのように観念することは誤りである。相続税の課税財産とされるのは、年金受給権発生のタイミングで所得（みなし相続財産としての生命保険金）として認識された年金払保険金である。したがって、みなし相続財産とされる年金払保険金が所得税の非課税所得となるのであるから、その支払段階において改めて所得税を課税することは違法ではないか？	年金受給権について相続税を課し、更に、当該受給権の支分権に基づいて支払われる年金に所得税を課することは二重課税になる。	再度（主張整理）

おわりに

　冒頭にも述べたように，ICT技術の進歩は，従来では不可能であったような取引を可能とする傾向がある。馬券裁判がそのよい例であり，そのような新たな取引に対する課税を従来型の取引との部分的な類似性で判定することでは当該取引の経済的な本質を見失い，審理を行った各裁判所が懸念するように，担税力に応じた課税の観点から問題を生じる可能性がある。したがって，法的安定性や予測可能性の観点，そして，税務執行の容易さの観点から考えると，今後は，そのような新しい取引に対する課税上の取扱いについて，立法的な手当てによって解決しなければならない場合も多くなってくるものと考えられる。ただし，その際にも，当該取引の本質を踏まえた，合理的な法規定としなければ，適正かつ公平な課税を実現することはできないであろう。そして，そのような取引の本質を分析し，租税法上の妥当な取扱いを検討する際に，筆者は，金融工学をはじめ，確率・統計学などの数理学的な手法は，一つの有効かつ強力な分析手段であると考えている。筆者のこの考えについて，本論文集を通じて，読者に何らかの共感を与えることができたとしたら，大変うれしいことである。

　いずれにしても，この論文集の出版を一つの励みとして，今後とも租税法分野における数理学的な分析方法の可能性について更に調査研究して参りたいと考えている。

著者紹介

関本大樹（せきもと　たいじゅ）
1953年　東京都生まれ
1978年　電気通信大学大学院電気通信学研究科修了（工学修士）
1978年　国税庁入庁
2010年　福岡国税不服審判所長
2012年　久留米大学法学部法律学科教授（現職）
情報処理学会会員，日本税法学会会員，租税法学会会員

租税法と数理
久留米大学法政叢書 19

平成27年3月25日　初版第1刷発行

著　者　　関　本　大　樹
編　者　　久留米大学法学会
　　　　　　会長　荒　井　　功
発行者　　阿　部　耕　一

〒162-0041　東京都新宿区早稲田鶴巻町514
発行所　　株式会社　成　文　堂
電話　03(3203)9201(代)　Fax 03(3203)9206
http://www.seibundoh.co.jp

製版・印刷　三報社印刷　　　　　　製本　弘伸製本
☆乱丁・落丁本はおとりかえいたします☆
Ⓒ 2015　T. Sekimoto　　Printed in Japan
ISBN 978-4-7923-0570-3　C3032

定価（本体5000円＋税）

久留米大学法政叢書

1	現代海商法の諸問題	6000 円	志津田氏治著
2	フランス行政契約論	6500 円	三好　充著
3	ドイツ労働法の基本問題	6000 円	石松亮二著
4	中国環境汚染防治法の研究	7000 円	片岡直樹著
5	国際関係の戦略とパワー構造	6200 円	荒井　功著
6	ルソーにおける人間と国家	4600 円	西嶋法友著
7	タイプフェイスの法的保護と著作権	6000 円	大家重夫著
8	刑法における因果論と侵害原理	5500 円	梅崎進哉著
9	民事訴訟法の解釈と運用	4500 円	東　孝行著
10	リーガルマインドの本質と機能	5300 円	宗岡嗣郎著
11	民営化の責任論	3200 円	松塚晋輔著
12	プーフェンドルフの政治思想	4200 円	前田俊文著
13	欧州議会と欧州統合	6500 円	児玉昌己著
14	租税法律関係論	5000 円	図子善信著
15	所有権留保の現代的課題	5800 円	石口　修著
16	職務発明制度の法律研究	5000 円	帖佐　隆著
17	転換期の市民社会と法	3800 円	阿部和光編
18	生活保護の法的課題	4200 円	阿部和光著
19	租税法と数理	5000 円	関本大樹著

（本体価格）